互联网新型竞争案件司法裁判规则

JUDICIAL ADJUDICATION RULES FOR NEW TYPES OF INTERNET COMPETITION CASES

宋鱼水／主　编

谢甄珂／副主编

法律出版社
LAW PRESS · CHINA
北京

图书在版编目(CIP)数据

互联网新型竞争案件司法裁判规则 / 宋鱼水主编
. -- 北京 : 法律出版社, 2023
ISBN 978 - 7 - 5197 - 8412 - 6

Ⅰ. ①互… Ⅱ. ①宋… Ⅲ. ①反不正当竞争法-案例
-中国 Ⅳ. ①D922.294.5

中国国家版本馆 CIP 数据核字(2023)第 190344 号

互联网新型竞争案件司法裁判规则
HULIANWANG XINXING JINGZHENG ANJIAN SIFA CAIPAN GUIZE

宋鱼水 主编

策划编辑 冯雨春
责任编辑 邢艳萍 李 军
装帧设计 鲍龙卉

出版发行 法律出版社
编辑统筹 法律应用出版分社
责任校对 朱海波
责任印制 刘晓伟
经　　销 新华书店

开本 710 毫米×1000 毫米 1/16
印张 22.75 **字数** 400 千
版本 2023 年 11 月第 1 版
印次 2023 年 11 月第 1 次印刷
印刷 天津嘉恒印务有限公司

地址:北京市丰台区莲花池西里 7 号(100073)
网址:www.lawpress.com.cn
投稿邮箱:info@lawpress.com.cn
举报盗版邮箱:jbwq@lawpress.com.cn

销售电话:010 - 83938349
客服电话:010 - 83938350
咨询电话:010 - 63939796

书号:ISBN 978 - 7 - 5197 - 8412 - 6　　**定价**:108.00 元
凡购买本社图书,如有印装错误,我社负责退换。电话:010 - 83938349

编辑委员会

主　编：宋鱼水

副主编：谢甄珂

执笔人：谢甄珂　李迎新　叶　瑞
柴　鹏　雒明鑫　王嗣卓
肖俊逸　张　迪　陈叶简

序

党的十八大以来，在以习近平同志为核心的党中央掌舵领航下，我国迅速构建了数据基础制度体系的“四梁八柱”，形成横向联动、纵向贯通的数字经济战略和政策体系，数据要素市场快速发展，数字经济规模连续多年位居全球第二，数字基础设施规模位居全球第三，中国经济航船乘着数字化的东风乘势而上，踏着信息化的浪潮破浪前行。

数字经济和新技术，在激励和创新经济社会发展的同时，也使原有的司法实践捉襟见肘，特别是由商业竞争行为和竞争模式改变引发的数字市场反不正当竞争和反垄断问题凸显：既有头部平台利用信息匹配效率（数据）优势通过针对性竞争行为（针对挑战其地位的企业）的封禁行为，又有诸如排他性协议、自我优待、大数据“杀熟”等头部平台经营者采取的排他性竞争行为，也有垄断平台滥用市场支配地位强制收集用户非必要信息行为导致隐私服务降级，还有诸如广告屏蔽、流量劫持、网络链接、骗取点击、捆绑软件、恶意侵犯等新型网络不正当竞争行为。这些无序竞争行为不仅损害了市场公平竞争和消费者合法权益，而且阻碍了数字经济新模式、新业态的创新发展。司法机关通过案件审理，努力回应问题，并初步起到了规则效果，但裁判标准尚未统一、数据权益保护路径仍待明晰。

北京正在全力推进全球数字经济标杆城市建设，依托刚刚启动的数据基础制度先行区，集中试点示范落地国家和本市相关政策措施，开展重大数据基础设施建设，促进重点行业数据汇聚和应用示范，推进数据资产价值合规高效实现，助力数据要素产业生态聚集，构建更加包容审慎的监管环境。

为应对首都新发展格局对司法提出的新挑战，服务北京全球数字经济标杆城市建设，北京知识产权法院结合审判实践，开展了“数字经济下新业态、新模式竞争行为司法规制研究”重点课题调研。课题组对互联网新型竞争案件的争议问题进行了全面、细致的研究，本书是调研的核心成果。

纵观本书，呈现出以下三个特点：

一是回应数字经济竞争司法新需求。本书坚持问题导向，关注互联网新类型竞争案件裁判规则的统一，突出针对性、实效性。账号租赁、流量劫持、软件干扰、平台封禁、自我优待等新型竞争案件悉数囊括于此，网络不正当竞争案件一般裁判规则、数据类不正当竞争案件的特别裁判规则以及平台垄断案件裁判规则涵盖了绝大部分数字市场竞争案件的裁判规则，覆盖了审判实践中的大多数问题，精准聚焦数字市场司法案件的审理重点和裁判难点，为数字市场竞争行为提供了有效指引，回应了数字经济对竞争司法的新需求。

二是汇集竞争领域一线法官的智慧成果。本书将涉及竞争案件的法律法规、司法解释、国内外典型案例等按照竞争行为类型予以归纳汇总，总结一线法官审判经验，对数字市场竞争案件的审理思路和裁判要点进行提炼，对司法实践中的主流观点进行系统梳理和总结。裁判规则不仅凝聚了北京知识产权法院竞争垄断领域法官的智慧，还借助了全市三级法院和部分专家学者的力量，历经多次修改，务求内容系统、规则明确、分析到位、使用便捷。既可以指导法官办案，又可以帮助法律共同体揭开裁判者的“面纱”，同时为数字市场经营者提供高效的“行为指南”。

三是接轨国际前沿竞争理论与实践。数字经济事关国家发展大局，成为重组全球要素资源、重塑全球经济结构、改变全球竞争格局的关键力量。同时，对前沿人工智能、数字市场中的具体风险，需要加强防范。因此，人工智能、数字市场等领域的法律治理，既要立足于我国国情，又要与国际规则接轨。本书不仅分析总结了国内的理论研究和司法实践，还前瞻性地对域外理论和实践进行了翻译和梳理，便于竞争立法、司法、执法人员深入认识域外数字经济领域反垄断及反不正当竞争政策在执法、司法层面的具体实现，为我国合理、高效地通过立法、执法、司法促进数字经济发展提供借鉴，实现与国际通行规则的接轨。

面对数字经济时代背景下的新形势、新任务，北京知识产权法院将立足司法职能作用，以本书的出版为契机，进一步把知识产权保护融入国家发展数字经济的战略背景中，找准审判工作服务国家和首都发展大局的着力点，妥善处理好各类数字经济知识产权案件，发挥司法裁判的指引和示范作用，为北京市全球数字经济标杆城市建设提供高效、有力的司法保障。

北京知识产权法院党组书记、院长

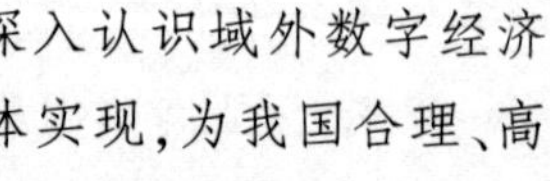

目录

第一部分　数字经济下竞争行为规制典型案例

第二部分　数字经济下新业态、新模式竞争行为司法规制

第一部分

PART 1

数字经济下竞争行为规制典型案例

第一章　我国数字经济下竞争行为规制典型案例

1. 北京百度网讯科技有限公司诉深圳市我爱网络技术有限公司不正当竞争纠纷案

关键词

干扰搜索引擎算法　刷量类不正当竞争　行为不正当性判断

参阅要点

1. 当《反不正当竞争法》第二章对被诉行为未作出特别规定时，可适用《反不正当竞争法》第二条。本案中，百度公司依据《反不正当竞争法》第二条和第八条针对被诉行为提出主张，故首先要对被诉行为是否属于《反不正当竞争法》第八条规定的行为进行认定。同时，考虑到被诉行为发生在网络环境下，故还需要认定被诉行为是否构成《反不正当竞争法》第十二条规定的情形。

2. 在网络不正当竞争案件中，经营者通过组织虚假交易、虚构评价、操控流量数据等方式，帮助他人进行虚假或引人误解的商业宣传，以及为虚假宣传提供设计、制作、发布等服务的，可以认定构成《反不正当竞争法》第八条第二款规定的帮助其他经营者进行虚假宣传的行为。反之，如经营者虽以捏造、虚构、歪曲事实或者其他误导性方式制造了虚假流量数据，但并未直接导致相关公众对商品或服务产生错误认识，则不能认定构成《反不正当竞争法》第八条第二款规定的行为。

相关法条

《中华人民共和国反不正当竞争法》

第二条第一款、第二款 经营者在生产经营活动中，应当遵循自愿、平等、公平、诚信的原则，遵守法律和商业道德。

本法所称的不正当竞争行为，是指经营者在生产经营活动中，违反本法规定，扰乱市场竞争秩序，损害其他经营者或者消费者的合法权益的行为。

第八条第二款 经营者不得通过组织虚假交易等方式，帮助其他经营者进行虚假或者引人误解的商业宣传。

第十二条第二款 经营者不得利用技术手段，通过影响用户选择或者其他方式，实施下列妨碍、破坏其他经营者合法提供的网络产品或者服务正常运行的行为：(一)未经其他经营者同意，在其合法提供的网络产品或者服务中，插入链接、强制进行目标跳转；(二)误导、欺骗、强迫用户修改、关闭、卸载其他经营者合法提供的网络产品或者服务；(三)恶意对其他经营者合法提供的网络产品或者服务实施不兼容；(四)其他妨碍、破坏其他经营者合法提供的网络产品或者服务正常运行的行为。

当事人

原告：北京百度网讯科技有限公司(以下简称百度公司)

被告：深圳市我爱网络技术有限公司(以下简称我爱公司)

基本案情

百度公司成立于2001年，经营范围包括计算机系统服务等。百度公司是百度网(www.baidu.com)的运营主体，百度网主要为网络用户提供搜索服务。

我爱公司成立于2013年，经营范围包括计算机网络等，我爱公司是“我爱广告任务网”网站(www.5iads.cn，即被诉网站)的运营主体。

我爱公司通过设置广告任务发布平台(被诉网站)，帮助、指引流量需求方发布需求任务，以“盈利”为诱饵，诱导“接任务”用户伪装成正常用户制造虚假点击量任务，以满足“发任务”用户的制造虚假点击量数据的需求，干扰搜索引擎算法，提升自然搜索排名。

百度公司将我爱公司起诉至法院，主张我爱公司的被诉行为违反了《反不正当竞争法》第二条和第八条，构成不正当竞争，请求判令我爱公司停止不正当竞争行为、消除影响、赔偿其经济损失及合理开支500万元。

我爱公司认可从事被诉行为，但提出已经停止了被诉行为；其行为不构成不正当竞争，辩称其提供的为正常的“SEO优化”服务模式，与百度公司的重要营收方式“竞价排名”相同，被诉网站提供的仅是技术服务，未违反法律和商业道德，不存在“扰乱市场秩序”以及“损害其他经营者的合法权益”的情况。同时，被诉行为未增加百度公司成本、降低用户关注度、减少网络流量，被诉网站的广告行为与被诉行为无关，且引导人工点击行为不会比机器刷量危害更大，因此被诉行为不具有不正当性。此外，本案应当首先基于《反不正当竞争法》第八条、第十二条评价被诉行为，不能径行适用《反不正当竞争法》第二条。

裁判结果

北京市海淀区人民法院于2021年12月27日作出（2020）京0108民初43224号民事判决，判决我爱公司的行为构成不正当竞争，判决我爱公司停止不正当竞争、消除影响、赔偿百度公司经济损失200万元及合理开支5万元。

我爱公司不服一审判决，提出上诉。北京知识产权法院于2023年4月17日作出（2022）京73民终1148号民事判决：驳回上诉，维持原判。

裁判理由

法院生效判决认为：

首先，百度公司是百度网的运营主体，我爱公司是被诉网站的运营主体，双方均从事互联网行业，且我爱公司提供的被诉服务依附于百度网的搜索服务，故可认定双方具有竞争关系。同时，我爱公司的被诉行为服务效果与百度公司的付费推广相似，一定程度上可替代百度公司所提供的付费推广业务，会影响百度公司的竞争利益，故被诉行为应当受到《反不正当竞争法》的规制。

其次，当《反不正当竞争法》第二章对被诉行为未作出特别规定时，可适用《反不正当竞争法》第二条。本案中，百度公司依据《反不正当竞争法》第二条和第八条针对被诉行为提出主张，故首先要对被诉行为是否属于《反不正当竞争法》第八条规定的行为进行认定。同时，考虑到被诉行为发生在网络环境下，故还需要认定被诉行为是否构成《反不正当竞争法》第十二条规定的情形。本案中，我爱公司的行为确会增加发任务用户目标网站虚假的后端点击量数据，影响搜索引擎算法，提升目标网站前端排位，但不会直接产生相关公众对特定商品或服务产生错误认识，而影响其购买选择的后果。故被诉行为不同于电商平台店铺刷量等虚构夸大信誉度的情形，不属于虚假宣传的范畴，不符合《反不正当竞争法》第八条第二款规定的情形。被诉行为明显不属于《反不正当竞争法》第十二条第二款规定中前三项行为，同时被诉行为系引导用户采用人工点击的方式增加虚假点击量，未采用技术手段，双方当事人对此均予以认可，故被诉行为不符合《反不正当竞争法》第十二条第二款规定的具体不正当竞争行为。综上，被诉行为不属于《反不正当竞争法》第八条、第十二条规定的不正当竞争行为，更不涉及《反不正当竞争法》第二章的其他具体条款，在此情况下，一审法院适用《反不正当竞争法》第二条并无不当。

最后，我爱公司所提供的服务"寄生"于百度公司搜索引擎产品和服务中，通过干扰百度搜索引擎算法的方式，获取商业利益，该种经营模式不仅直接损害了百度公司的合法权益，对于社会福利和消费者福祉亦无增益，且容易被如涉案目标网站这类存在违法性的网站所利用，不利于营造健康、安全的网络环境。从长远来看，如不对被诉行为进行规制，将使网站经营者不再通过提升网站本身内容和质量来提升搜索引擎排名，而是通过被诉行为这种作弊手段快速实现，导致市场激励机制失灵，扰乱了正常的网络经营活动和健康有序的竞争秩序。综上，我爱公司运营针对搜索引擎进行人工制造虚假点击量数据的交易平台，干扰搜索引擎算法，违背了诚信原则和商业道德，损害了百度公司的合法权益及消费者利益，破坏了互联网搜索引擎行业的竞争秩序，依据《反不正当竞争法》第二条，构成不正当竞争。

法官分析

刷量类网络不正当竞争案件中，在适用《反不正当竞争法》第二条原则条款判断被诉行为前，首先应判断被诉行为是否落入《反不正当竞争法》第二章规定的情形。具体而言，应先评判该行为是否构成虚假宣传行为，随后判断被诉行为是否符合《反不正当竞争法》第十二条第二款规定的四种情形。只有均不构成，才可使用《反不正当竞争法》第二条原则条款。适用原则条款分析被诉行为的不正当性时，可从原告合法权益因被诉行为受损、被诉行为手段是否具有不正当性，是否损害了消费者权益、扰乱了竞争秩序等角度分析。结合本案,具体分析如下。

一、刷量类不正当竞争行为的法律适用顺序

当《反不正当竞争法》第二章对被诉行为未作出特别规定时,可适用《反不正当竞争法》第二条。本案中,百度公司依据《反不正当竞争法》第二条和第八条针对被诉行为提出主张,故首先要对被诉行为是否属于《反不正当竞争法》第八条规定的行为进行认定。同时,考虑到被诉行为发生在网络环境下,故还需要认定被诉行为是否构成《反不正当竞争法》第十二条规定的情形。

《反不正当竞争法》第八条规定,经营者不得对其商品的性能、功能、质量、销售状况、用户评价、曾获荣誉等作虚假或者引人误解的商业宣传,欺骗、误导消费者。经营者不得通过组织虚假交易等方式,帮助其他经营者进行虚假或者引人误解的商业宣传。在网络不正当竞争案件中,经营者通过组织虚假交易、虚构评价、操控流量数据等方式,帮助他人进行虚假或引人误解的商业宣传,以及为虚假宣传提供设计、制作、发布等服务的,可以认定构成《反不正当竞争法》第八条第二款规定的帮助其他经营者进行虚假宣传的行为。反之,如经营者虽以捏造、虚构、歪曲事实或者其他误导性方式制造了虚假流量数据,但并未直接导致相关公众对商品或服务产生错误认识,则不能认定构成《反不正当竞争法》第八条第二款规定的行为。

本案中,我爱公司的行为确会增加发任务用户目标网站虚假的后端点击量数据,影响搜索引擎算法,提升目标网站前端排位,但不会直接产生相关公众对特定商品或服务产生错误认识,而影响其购买选择的后果。故被诉行为不同于电商平台店铺刷量等虚构夸大信誉度的情形,不属于虚假宣传的范畴,不符合《反不正当竞争法》第八条第二款规定的情形。

《反不正当竞争法》第十二条第二款规定:"经营者不得利用技术手段,通过影响用户选择或者其他方式,实施下列妨碍、破坏其他经营者合法提供的网络产品或者服务正常运行的行为:(一)未经其他经营者同意,在其合法提供的网络产品或者服务中,插入链接、强制进行目标跳转;(二)误导、欺骗、强迫用户修改、关闭、卸载其他经营者合法提供的网络产品或者服务;(三)恶意对其他经营者合法提供的网络产品或者服务实施不兼容;(四)其他妨碍、破坏其他经营者合法提供的网络产品或者服务正常运行的行为。"

被诉行为明显不属于上述规定中前三项行为,同时被诉行为系引导用户采用人工点击的方式增加虚假点击量，未采用技术手段，双方当事人对此均予以认可，故被诉行为不符合《反不正当竞争法》第十二条第二款规定的具体不正当竞争行为。

综上，被诉行为不属于《反不正当竞争法》第八条、第十二条规定的不正当竞争行为，更不涉及《反不正当竞争法》第二章的其他具体条款，因此，可以考虑适用《反不正当竞争法》第二条原则条款。

二、被诉行为是否具有不正当性

1. 百度公司的合法权益因被诉行为受损。被诉行为是帮助、指引流量需求方发布需求任务，以“盈利”为诱饵，诱导“接任务”用户伪装成正常用户制造虚假点击量任务，以满足“发任务”用户制造虚假点击量数据的需求，干扰搜索引擎算法，提升自然搜索排名。被诉行为的实质为运营主体针对搜索引擎进行人工制造虚假点击量数据的交易平台上，以收费方式为发任务用户的网站进行付费推广。

在案证据及双方陈述表明，用户输入相应关键词并点击相应网站产生的点击量，是百度公司搜索引擎算法的重要分析数据，只有用户基于真实的搜索需求进而产生的真实点击量，才能保障百度公司通过算法分析得出的自然搜索结果及排序更加匹配用户需求。而被诉行为是运营针对搜索引擎进行人工制造虚假点击量的交易平台，干扰搜索引擎算法，提升流量需求方指定网站搜索排名，以“盈利”为诱饵，诱导“接任务”用户伪装成正常用户进行搜索并产生点击，该点击量数据并非真实用户基于真实搜索需求而产生，百度公司以上述虚假点击量数据为分析数据，进而将目标网站展示在搜索结果排名靠前的位置，无法真实、客观地反映目标网站的网站质量以及与用户需求的匹配度，明显违背了百度公司的经营意愿，对百度网自然搜索结果排序造成了实质性影响，一定程度上替代了百度公司所提供的付费推广业务。上文已述，搜索结果排序是百度网服务内容的重要组成部分，按照用户浏览网页的习惯，排名越靠前的搜索结果被用户浏览的概率越大，而被诉行为使原本与用户需求匹配度较低的目标网站因排名靠前而更易被用户浏览，长此以往，会降低用户对百度网的使用体验和使用评价，影响到百度网的商业信誉，进而影响到百度网的用户流量、用户黏度，损害了百度公司本可以直接或间接获得的经济利益。此外，百度公司已针对恶意增加网站点击量数据的行为采取了防作弊的相关技术保护措施，而被诉行为的出现，必然使百度公司投入更大成本，进一步升级、改进其防作弊措施，甄别、防范虚假点击量，这也将给百度公司的经营造成更大负担。综上，被诉行为损害了百度公司的合法权益。我爱公司认为未侵害百度公司合法权益的上诉理由,缺乏事实依据,法院不予支持。

2. 我爱公司的行为手段具有不正当性。我爱公司虽然没有直接从事向目标网站刷点击量的活动,但是为此类活动提供明确指引和诱导,向发单用户和接单用户收取一定比例费用,以此获取直接经济收益。我爱公司"发单用户"发布任务时有"1 天内相同 IP 不重复点击"、"1 天内相同网段不重复点击"和"3 天内相同网段不重复点击"三种方案供选择,以规避百度公司的"反作弊算法"制造虚假的用户需求,因而其显然知悉百度公司运营的百度搜索存在"反作弊算法",但仍积极提供规避的方法和指引,以谋取利益。此外,我爱公司在明知百度公司对目标网站点击量可能采取的计算方式,以及可能因此导致搜索结果排序变化的情况下,仍允许其平台上存在大量针对百度搜索虚增点击量数据的任务,并通过发布公告等方式鼓励用户大量发单与接单。我爱公司作为互联网领域经营者,理应知道百度搜索在市场上的知名度、制造虚假点击量数据可能对搜索结果排序产生的影响以及对目标网站的影响等,客观上仍然实施了撮合交易、帮助、诱导的行为。该行为手段明显不当,可推定我爱公司具有明显的主观恶意。一审判决对此认定正确。我爱公司认为其不具有主观恶意的上诉理由,法院不予支持。

3. 被诉行为损害了消费者权益。用户使用搜索引擎的目的是通过特定关键词,在搜索引擎中找到符合其需求的内容,搜索引擎运营者提升、改进其产品算法的目标亦是更加精准、高效地为用户提供匹配其搜索关键词的网站内容。上文已述,被诉行为使原本与用户需求匹配度较低的目标网站因排名靠前而易被用户浏览,该类目标网站往往是为了通过快速提升搜索结果排名这一"捷径"而获取用户浏览量,进而获得相关收益,故网站本身含有丰富内容的可能性较低。这就使用户无法轻易获得本应呈现在排序前列的正常搜索结果,需花费更大时间成本去搜索满足其需求的网站,影响到消费者对搜索引擎服务的正常使用,损害了消费者的合法权益。此外,对于其他通过提升网站内容和质量来实现排名提升的经营者来说,被诉行为也影响到其在搜索结果中本应所在的排名位置,进而影响到其可能获得的流量和交易机会,对其他经营者的合法权益亦造成了损害。

4. 被诉行为扰乱了市场竞争秩序。百度公司与我爱公司均认可,在搜索引擎优化行业中,经营者可以在符合搜索引擎运行机制的基础上,以提升网站质量为目的,围绕网站内容、结构、代码、关键词、网页设计等方面进行网站优化,以此匹配搜索引擎的算法,进而被搜索引擎收录、提升排名。正当、合法的搜索引擎优化方式既被搜索引擎产品接受和认可,为网站带来用户流量,又符合消费者的搜索需求。反观本案被诉行为,我爱公司制造了虚假的用户需求和点击量数据,欺骗了搜索引擎的算法,未遵循搜索引擎优化行业的一般规则,并据此谋取收益,显然有悖诚实信用原则和商业道德。我爱公司明知百度公司对被诉行为所采取的技术保护措施,仍然指引、诱导"接任务"用户,逃避百度公司的相关防作弊措施,反映出其实施被诉行为的主观恶意明显。

我爱公司所提供的服务"寄生"于百度公司搜索引擎产品和服务中,通过干扰百度搜索引擎算法的方式,获取商业利益,该种经营模式不仅直接损害了百度公司的合法权益,对社会福利和消费者福祉亦无增益,且容易被如涉案目标网站这类存在违法性的网站所利用,不利于营造健康、安全的网络环境。从长远来看,如不对被诉行为进行规制,将使网站经营者不再通过提升网站本身内容和质量来提升搜索引擎排名,而是通过被诉行为这种作弊手段快速实现,导致市场激励机制失灵,扰乱了正常的网络经营活动和健康有序的竞争秩序。

综上,我爱公司运营针对搜索引擎进行人工制造虚假点击量数据的交易平台,干扰搜索引擎算法,违背了诚信原则和商业道德,损害了百度公司的合法权益及消费者利益,破坏了互联网搜索引擎行业的竞争秩序,依据《反不正当竞争法》第二条,构成不正当竞争。

本案为干扰搜索引擎刷量类不正当竞争典型案例,该案对干扰搜索引擎算法类不正当竞争案件具体法律条款的适用规则具有指导意义。

(编写人:李迎新)

2. 深圳市腾讯计算机系统有限公司与四川众聚云购电子商务有限公司、北京卓易讯畅科技有限公司不正当竞争纠纷案

关键词

不正当竞争　账号租赁　用户数据

参阅要点

1. 网络游戏"一人一号"是当前网络游戏同行的商业惯例,也是涉案服务协议约定的内容,游戏公司据此掌握真实用户数据,进而为用户提供更加完善的服务。该商业惯例的存在具有正当性、合法性,且系网络游戏行业内当前普遍遵循和认可的行为规范,可以认定为《反不正当竞争法》第二条规定的"商业道德"。

2. 租号网所提供的租号中介服务,客观上获取和传播了大量游戏账号、密码,破坏了游戏数据和用户信息的真实性,容易导致游戏黑灰产业滋生,威胁产品安全运营,干扰网络游戏实名认证机制和未成年人防沉迷要求,破坏游戏匹配规则,降低正常用户的游戏体验和对游戏公司服务的评价,属于《反不正当竞争法》第二条规定的扰乱市场竞争秩序、损害其他经营者和消费者合法权益的行为。

相关法条

《中华人民共和国反不正当竞争法》

第二条第一款、第二款　经营者在生产经营活动中,应当遵循自愿、平等、公平、诚信的原则,遵守法律和商业道德。

本法所称的不正当竞争行为,是指经营者在生产经营活动中,违反本法规定,扰乱市场竞争秩序,损害其他经营者或者消费者的合法权益的行为。

当事人

原告:深圳市腾讯计算机系统有限公司(以下简称腾讯计算机公司)

被告:四川众聚云购电子商务有限公司(以下简称众聚云购公司)

被告:北京卓易讯畅科技有限公司(以下简称卓易讯畅公司)

基本案情

腾讯计算机公司系英雄联盟、王者荣耀、穿越火线、和平精英等涉案游戏的运营商。众聚云购公司是租号网(zuhao. com)和租号网 APP 的开发者和运营者。主要从事涉案游戏账号租赁,从中抽取佣金,并对部分涉案游戏提供一键上号功能,即使用技术手段跳过游戏的账号密码验证码验证环节直接进入游戏。卓易讯畅公司在其运营的豌豆荚应用商店中提供了租号网 APP 下载服务。

腾讯计算机公司以众聚云购公司、卓易讯畅公司的行为构成不正当竞争为由诉至北京市海淀区人民法院,请求判令众聚云购公司立即停止不正当竞争行为,刊登声明、消除影响,赔偿 1,882,600 元及合理开支 117,400 元,请求判令卓易讯畅公司立即停止提供涉案 APP 的下载。

法庭上,众聚云购公司认可实施了前述被诉行为,但认为其行为不具有不正当性。众聚云购公司认为,被诉行为涉及的租号业务与现有市场中的涉案游戏账号出租、代练业务性质一致,不构成不正当竞争。

裁判结果

北京市海淀区人民法院于 2020 年 12 月作出(2020)京 0108 民初 27529 号民事判决,判决众聚云购公司的行为构成不正当竞争,判决众聚云购公司停止不正当竞争、消除影响、赔偿腾讯计算机公司经济损失 150 万元及合理开支 117,400 元。

众聚云购公司不服一审判决,提出上诉。北京知识产权法院于 2022 年 12 月作出(2022)京 73 民终 3270 号民事判决:维持一审判决,驳回众聚云购公司的诉讼请求。

裁判理由

法院生效判决认为:判断经营者是否构成不正当竞争行为,通常需要判断其在生产经营活动中是否遵守法律和商业道德,以及是否存在扰乱市场竞争秩序,损害其他经营者或者消费者合法权益的行为。在腾讯计算机公司已举证证明网络游戏用户账号"一人一号"、账号禁止转租、转借是现阶段游戏行业的通行商业惯例的情况下,考虑到该商业惯例的存在具有正当性、合法性,且系网络游戏行业内当前普遍遵循和认可的行为规范,可以认定为《反不正当竞争法》第二条规定的"商业道德"。众聚云购公司提供的租号中介服务扰乱了市场竞争秩序,损害了网络游戏经营者和消费者的合法权益,违背了《反不正当竞争法》及国家相关法律法规和上述商业道德。

租号网涉案行为干扰、打破了实名认证机制。众聚云购公司经营的租号业务使腾讯计算机公司无法掌握出租账号实际使用人的真实信息和年龄,导致甚至诱导未成年人利用租用经成年人身份信息验证的游戏账号,绕过实名认证要求,破坏了注册用户与实际使用者之间的唯一对应关系,进而干扰、阻碍涉案游戏中有关实名认证机制的正常运行。

租号网涉案行为导致游戏防沉迷系统难以有效发挥作用。首先,众聚云购公司经营的租号业务干扰了腾讯计算机公司以游戏账号作为识别基础的防沉迷体系,使未成年人通过租号方式轻易绕过"防沉迷"保护体系。其次,租号网网站公布的"防沉迷系统规则"不符合《国家新闻出版署关于防止未成年人沉迷网络游戏的通知》的要求。再次,租号网可以使未成年人在使用自己游戏账号之外,另行租号参加游戏,显然会突破游戏原有的防沉迷限制,导致防沉迷措施落空。最后,上述通知还要求网络游戏企业限制未成年人使用与其民事行为能力不符的付费服务,而租号网未对未成年人的充值进行任何限制。

租号网涉案行为损害游戏用户或消费者的合法利益。通过其租号服务,租号玩家不必投入时间和费用即可获得对应的服务,破坏了游戏服务规则,同时使腾讯计算机公司无法准确掌握游戏玩家的真实身份和注册数量。涉案行为不可避免地破坏游戏匹配规则,影响对其他游戏玩家的公平性,降低正常用户的游戏体验和对腾讯计算机公司服务的评价,对其他消费者合法权益造成损害。需明确的是,众聚云购公司搭建涉案平台推广游戏账号出租服务,破坏涉案游戏生态和平衡的行为与个人用户出租个人账户性质截然不同,禁止涉案租号服务不会对相关用户就其游戏账号所享有的合法权益造成不合理地限制或阻碍。

涉案租号平台直接损害腾讯计算机公司利益。如前所述,众聚云购公司涉案行为破坏了游戏公司提供的服务协议及实名认证和"防沉迷"措施,不仅破坏了腾讯计算机公司基于经营自主权对会员账号所做的限制,还导致普通用户无须注册即可通过租赁账号的方式获得游戏资源,将不可避免地减少注册用户的数量,降低用户使用时长和黏性,不仅破坏了腾讯计算机公司游戏网站的运营模式和盈利方式,并严重影响相关增值服务等交易机会、交易收入,给腾讯计算机公司的正当经营利益带来直接损害。此外,涉案行为还影响了涉案游戏的算法精确度及相关优化进程,不当增加腾讯计算机公司关于涉案游戏账号相关的运营难度和成本。

值得注意的是,租号网涉案行为对网络数据真实性及数据安全也将产生不良影响。租号网在提供游戏账号出租业务中,客观上获取了大量游戏账号、密码,并使大量账号信息在不同人群中传播,破坏了游戏数据和用户信息的真实性。涉案游戏账号同时也是用户的QQ、微信社交账号和网络金融服务账号,租号网还在网站公告内引导用户关闭"QQ登录保护"功能,不仅破坏用户真实社交环境及社交功能,还极易引发盗号问题,使用户数据和个人信息安全面临泄露风险,并威胁腾讯计算机公司QQ、微信等相关网络产品的安全运营。

综上,众聚云购公司的被诉行为违背了诚实信用原则和商业道德,损害了腾讯计算机公司的合法权益和用户利益,构成《反不正当竞争法》第二条规定的不正当竞争行为。

法官分析

在适用《反不正当竞争法》第二条原则条款对新型网络行为进行评价时,应当结合案件具体情况,综合考虑行业规则或者商业惯例,经营者的主观状态,交易相对人的选择意愿,对消费者权益、市场竞争秩序、社会公共利益的影响等因素,依法判断经营者是否违反商业道德。本案涉及如何判断商业惯例是否构成《反不正当竞争法》第二条规定的"商业道德",进而从多个维度对被诉行为的正当性作出评价。

(编写人:雒明鑫)

3. 深圳市腾讯计算机系统有限公司、腾讯科技(深圳)有限公司、腾讯科技(北京)有限公司与惠州市淘卓网络科技有限公司不正当竞争纠纷案

关键词

不正当竞争　商业道德　账号分时租赁

参阅要点

1. 将视频公司VIP账号进行分时出租的行为,使网络用户无须按照视频服务协议所确定的模式购买会员即可获取VIP会员权益,降低了长视频公司的用户黏性,减少了长视频带来的流量利益和会员费收益,导致同一个会员账号被多人使用而造成的观影人数、在线时长异常等后果,增加了视频公司的运营成本,损害了

长视频公司的合法权益。

2. 将视频公司 VIP 账号进行分时出租的行为，明显有悖正常的账号使用方式，亦不属于家庭成员或朋友之间账号密码分享的善意、合理情形，显属超越长视频公司授权的行为，而且有悖诚实信用以及商业道德。

相关法条

《中华人民共和国反不正当竞争法》

第二条第一款、第二款　经营者在生产经营活动中，应当遵循自愿、平等、公平、诚信的原则，遵守法律和商业道德。

本法所称的不正当竞争行为，是指经营者在生产经营活动中，违反本法规定，扰乱市场竞争秩序，损害其他经营者或者消费者的合法权益的行为。

当事人

原告：深圳市腾讯计算机系统有限公司、腾讯科技（深圳）有限公司、腾讯科技（北京）有限公司（以下统称腾讯公司）

被告：惠州市淘卓网络科技有限公司（以下简称淘卓公司）

基本案情

腾讯公司共同运营腾讯视频，淘卓公司在其官方网站和微信公众号中将腾讯视频 VIP 账号拆分，以 2～3 天为周期低价出租，付费者可以通过其提供的腾讯视频 VIP 账号登录。腾讯公司以前述行为违反了《反不正当竞争法》第二条的规定为由，诉至北京市海淀区人民法院，请求判令淘卓公司立即停止不正当竞争行为，消除影响，赔偿腾讯公司经济损失人民币 500 万元，以及合理费用 157,070 元。

裁判结果

北京市海淀区人民法院于 2021 年 12 月 30 日作出（2020）京 0108 民初 7028 号民事判决，淘卓公司的行为违反《反不正当竞争法》第二条的规定，构成不正当竞争，鉴于淘卓公司收到起诉材料后被诉不正当竞争行为已经停止，故判令淘卓公司消除影响，赔偿经济损失 30 万元及合理开支 157,070 元。淘卓公司不服一审判决，提起上诉。

北京知识产权法院于2022年9月29日作出(2022)京73民终1154号民事判决:驳回上诉,维持原判。

裁判理由

腾讯公司运营腾讯视频并通过"付费VIP会员"模式获得的商业利益,是其正当经营行为的结果,其通过此种经营策略获得的是合法的经营利益。VIP账号既是网络视频公司的盈利点,也是其重要的流量入口,因此与VIP账号相关的商业利益是腾讯公司享有的正当竞争利益。

被诉行为降低了腾讯视频的用户黏性,减少了腾讯视频VIP账号所承载的流量利益和会员费收益,损害了腾讯公司对腾讯视频会员费、流量等衍生利益,同时增加了自身的交易机会。因此,被诉行为违反了互联网领域的商业道德,并对腾讯公司的正常经营和竞争利益产生损害,构成违反诚实信用原则和商业道德的不正当竞争行为。

法官分析

一、分时租赁账号行为是否损害长视频运营者的合法权益

本案涉及《反不正当竞争法》第二条的适用。《反不正当竞争法》原则条款的适用需要同时具备以下三个条件:一是法律对该种竞争行为未作出特别规定;二是其他经营者的合法权益确因该竞争行为受到实际损害;三是该种竞争行为因违反诚实信用原则和商业道德而具有不正当性或可责性。

一般情况下,长视频公司的经营模式包括两种:一是"免费+广告",二是"VIP会员"。首先,"分时租赁"账号行为,并非《反不正当竞争法》具体列举的不正当竞争行为。其次,将VIP账号进行分时出租的行为,使网络用户无须按照视频服务协议所确定的模式向长视频公司购买即可获取相应的会员权益,降低了长视频公司的用户黏性,减少了长视频带来的流量利益和会员费收益。同时,被诉行为还会导致同一个会员账号被多人使用而造成的观影人数、在线时长异常等后果,增加了视频公司的运营成本。因此,长视频公司的合法权益已因被诉行为受到损害。

二、分时租赁账号行为是否违反互联网领域关于企业数据使用的商业道德

根据《最高人民法院关于适用〈中华人民共和国反不正当竞争法〉若干问题的

解释》第三条的规定，特定商业领域普遍遵循和认可的行为规范人民法院可以认定为《反不正当竞争法》第二条规定的“商业道德”。人民法院应当结合案件具体情况，综合考虑行业规则或者商业惯例，经营者的主观状态，交易相对人的选择意愿，对消费者权益、市场竞争秩序、社会公共利益的影响等因素，依法判断经营者是否违反商业道德。人民法院认定经营者是否违反商业道德时，可以参考行业主管部门、行业协会或者自律组织制定的从业规范、技术规范、自律公约等。

本案涉及的长视频 VIP 账号指向的海量视频内容属于企业数据范畴，针对企业数据领域的商业道德，二审法院从四个层次进行了分析。

第一，从互联网竞争的特性分析，获取（处理）数据应当有边界。随着数据成为一类新的生产要素，而产生了对数据财产利益和数据安全利益保护的制度需求。在通常情况下，由于经营者已经在市场中取得了一定的竞争优势，能够在竞争对手出现之前收回投资成本，市场能够充分地进行自我调节，无须法律的介入。然而，在一定条件下，一些数据的积累需要极高的投入，而未经授权或者超越授权获取（处理）数据（包含数据产品）的成本却很低，如果任由未经授权或者超越授权获取（处理）其他经营者的数据，就会导致经营者无法收回巨额的前期投资，进而给市场秩序带来相应的损害。此时，市场自发的调节机制失灵，法律规定的诚实信用与商业道德的干预因此具有了正当性。

第二，数据控制者采用代码设置用户行为规则的方式属于互联网行业的商业惯例。商业惯例反映的秩序意在通过预先说明良好互动模式中各方行动自由的边界，促成各方采取增进总福利的行为。商业惯例反映的这一秩序是由分散的市场主体探索而来的，是去中心化集体探索的结果。数据控制者可以在互联网空间中以代码设置用户行为规则，建立数据流转、利用的“私人秩序”，进而使采用代码设置用户行为规则的秩序成为互联网环境下的商业惯例，以防止其他经营者“搭便车”行为的发生。若他人未经授权或超越授权处理数据，破坏了该商业惯例，则应当承担相应责任，此与前述基于互联网行业竞争的特性分析得出的行为不正当性的结论相一致。

第三，从《反不正当竞争法》的立法目的分析，未经授权或超越授权处理其他经营者数据的行为也存在豁免的情形。《反不正当竞争法》的立法目的在于保障社会主义市场经济健康发展，鼓励和保护公平竞争，制止不正当竞争行为，保护经营者和消费者的合法权益。因此，如果未经授权或超越授权处理其他经营者数据的行为,未损害其他经营者利益、未影响竞争秩序、符合社会公共利益,则可能成为责任豁免的情形。

第四,上述商业道德适用范围的限制。一方面,未通过代码限制的数据处理不适用上述商业道德。互联网环境下数据获取(处理)方式有三:一是对公众开放且不需要授权的数据处理;二是需要授权但已获得授权的数据处理;三是需要授权但未获得授权的数据处理(或者超出授权处理权限的处理)。根据上述三种情况,对公众开放且不需要授权的数据处理,不存在未经授权或超出授权的问题;需要授权或访问授权(如密码验证),则存在未经授权或超越授权的问题。简言之,数据控制者通过代码限制界定其数据可处理区域,设置用户行为规则,他人破坏或者违反代码限制而处理该数据,即构成"未经授权"。进而,如果被告没有获得处理数据的授权,或者这种授权已被明确撤销,就构成未经授权或超越授权。需要指出的是,没有其他原因,仅存在违反网站或数据库的使用条款,不能成为构成"未经授权"或超越授权的责任基础。本案主要是超越授权,淘卓公司获得了腾讯视频 VIP 账号,但其使用明显有悖正常的账号使用方式(不仅是协议约定的使用方式),而且有悖诚实信用以及商业道德。另一方面,上述商业道德应排除家庭成员或朋友之间账号密码分享的善意、合理情形,不能因数据控制者的用户协议约定限制合理的账号密码分享行为。

将长视频经营公司原本为 1 个月期限的 VIP 账号拆分为 2 ~ 3 天进行出租的行为,不仅有悖视频用户协议中相关内容,同时与视频行业应通过官方或授权途径获取会员服务的通常做法相悖。同时,包括腾讯视频在内的视频行业虽一般允许用户在不同的硬件设备上使用同一账号,但是该种使用存在一定限制,在用户协议中一般会明确会员服务不得用于商业目的,且明确设置登录限制,通过技术措施限定用户在一定硬件设备数量、同时登录账号数量以及给定时间内账号登录 IP 地址数量等,如果用户超过上述范围使用,长视频公司就会根据情况中止或终止服务。而涉案公司以商业营利为目的,自述其在非官方或授权途径获得长视频 VIP 账号,并在其网站及公众号分时租赁视频 VIP 账号的行为,显属超越长视频公司授权的行为,违反了前述所论及的数据领域的商业道德。

综上所述,被诉公司分时出租视频 VIP 账号的行为构成《反不正当竞争法》第二条规定的不正当竞争行为。被诉公司未能举证证明其行为存在未造成经营者实质性损害、未影响竞争秩序、符合社会公共利益(直接或间接降低了生产或交易成本)等责任豁免情形,故应当承担相应的法律责任。

(编写人:陈叶简)

4. 腾讯科技(深圳)有限公司、深圳市腾讯计算机系统有限公司诉深圳市掌上远景科技有限公司、北京卓易讯畅科技有限公司不正当竞争纠纷案

关键词

不正当竞争　软件干扰　互联网专条　兜底条款适用

参阅要点

1. 通过技术手段以自动抢红包替代手动抢红包,系对开放平台模式下的系统功能进行异化使用,该种恶意"寄生"于他人合法商业模式下的不当行为构成不正当竞争行为。

2. 本案被诉不正当竞争行为不属于《反不正当竞争法》第十二条第二款前三项中明确列举的行为,但是否属于第四项兜底条款以及《反不正当竞争法》第二条原则条款规制的范围,则应从以下几个方面进行分析:(1)经营者是否利用网络从事生产经营活动,与其他经营者存在竞争关系;(2)经营者是否利用技术手段,通过影响用户选择或者其他方式,实施了妨碍、破坏其他经营者合法提供网络产品或者服务正常运行的行为;(3)该行为是否系扰乱互联网环境中市场竞争秩序,损害其他经营者或者消费者的合法权益的不正当行为;(4)该行为是否违反了诚信原则以及商业道德。

相关法条

《中华人民共和国反不正当竞争法》

第十二条　经营者利用网络从事生产经营活动,应当遵守本法的各项规定。

经营者不得利用技术手段,通过影响用户选择或者其他方式,实施下列妨碍、

破坏其他经营者合法提供的网络产品或者服务正常运行的行为：

（一）未经其他经营者同意，在其合法提供的网络产品或者服务中，插入链接、强制进行目标跳转；

（二）误导、欺骗、强迫用户修改、关闭、卸载其他经营者合法提供的网络产品或者服务；

（三）恶意对其他经营者合法提供的网络产品或者服务实施不兼容；

（四）其他妨碍、破坏其他经营者合法提供的网络产品或者服务正常运行的行为。

当事人

原告：腾讯科技（深圳）有限公司（以下简称腾讯科技公司）

原告：深圳市腾讯计算机系统有限公司（以下简称腾讯计算机公司）

被告：深圳市掌上远景科技有限公司（以下简称深圳掌上远景公司）

被告：北京卓易讯畅科技有限公司（以下简称卓易迅畅公司）

基本案情

原告腾讯科技公司系微信软件著作权人，2011年1月10日，将微信软件及其各升级版本授权原告腾讯计算机公司进行运营，同时将上述软件及其各升级版本的著作权（包括但不限于软件中所使用的相关元素、作品的著作权）在不排除腾讯科技公司使用的情况下，授权予腾讯计算机公司专有使用。腾讯计算机公司可对侵犯其上述合法权益的行为单独或与腾讯科技公司共同以诉讼或非诉讼方式进行权利救济。

被告深圳掌上远景公司成立于2011年7月1日，主要从事计算机软硬件的技术开发与销售等；被告卓易讯畅公司成立于2010年9月19日，主要从事设计、制作、代理、发布广告等。“微信自动抢红包”软件（又名“红包快手”软件，以下简称涉案软件）由被告深圳掌上远景公司开发并运营，“豌豆荚”平台由被告卓易讯畅公司运营。原告提交的公证书显示，2019年4月25日，从“豌豆荚”平台“2016年微信自动抢红包历史版本合集”页面，检索到涉案软件于2016年已在“豌豆荚”平台发布20个迭代版本的网页快照页面。

下载安装“豌豆荚”应用软件，通过“豌豆荚”应用软件下载安装涉案软件，根据涉案软件提示开启涉案软件通知使用权限，涉案软件主界面出现“正在抢……”无论是否打开微信聊天界面、是否锁屏，微信好友发送的微信红包都可被自动领取；涉案软件主界面中间有“加速抢红包”“红包”“福利”“抢大包功能”“抢最佳功能”“幸运红包”六个选项，点击“加速抢红包”选项，出现“立即优化”按钮，点击后显示“已加速30%，明天继续哦”，点击“抢”按钮，弹出广告页面；分别点击“红包”“福利”“抢大包功能”“抢最佳功能”“幸运红包”选项，根据提示点击后弹出广告页面；涉案软件相关页面显示，其“设置”界面具有“开启防封号保护”等功能项，点击“加速抢红包”功能，会显示“优化中”，并在“优化完成”后弹出如“微信抽奖”“微信网赚”等广告信息。原告提交的司法鉴定书中的鉴定意见显示：(1)“微信自动抢红包”程序代码显示，程序使用无障碍监听微信红包通知消息，当出现“微信红包”字样的微信红包链接时，程序通过模拟点击屏幕的方式点击该通知消息，转到拆红包的界面从而实现自动抢红包。(2)实验室功能验证发现，在开启微信的消息通知功能后“微信自动抢红包”可以在收到红包后自动打开微信(版本7.0.4)红包的领取界面。(3)“微信自动抢红包”中检出影响微信软件运行的代码。

腾讯科技公司、腾讯计算机公司起诉至法院，主张深圳掌上远景公司、卓易讯畅公司傍“微信”品牌，搭“微信红包”“便车”，截取腾讯科技公司、腾讯计算机公司商业资源的行为，违反诚实信用原则和公认的商业道德，构成《反不正当竞争法》第二条和第十二条第二款第四项所规制的不正当竞争行为，卓易讯畅公司通过“豌豆荚”平台为涉案软件提供下载服务，构成对涉案行为的帮助行为，请求判令被告深圳掌上远景公司、卓易讯畅公司立即停止不正当竞争行为、消除影响；判令被告深圳掌上远景公司赔偿腾讯科技公司、腾讯计算机公司经济损失及合理支出50,000,000元，其中合理支出为254,020元。

法庭上，被告深圳掌上远景公司明确表示涉案软件于2019年11月18日下架，并辩称涉案软件曾于2018年在原告的应用分发平台“应用宝”上线，腾讯“优量汇”广告投放平台在全网下载的涉案软件上投放广告并收益，充分表明原告已经通过行动确认涉案软件不存在不正当竞争情形；深圳掌上远景公司的涉案软件与原告开发、运营的微信软件之间不存在竞争关系；涉案软件并未改变或破坏微信软件的正常运行，自动抢红包功能只有在获得相关用户授权、许可的情况下才能使用，并未违反《反不正当竞争法》的有关规定；涉案软件没有原告声称的用户规模和盈利能力。被告卓易讯畅公司辩称其“豌豆荚”平台是应用开发平台，涉案软件由深圳掌上远景公司自行上传并发布，被告卓易讯畅公司并未宣传涉案软件且已经尽到合理审查义务；“应用宝”等平台均提供涉案软件下载服务，证明被告卓易讯畅公司对涉案软件上线的审核符合行业内通行标准，不存在过错。原告坚持诉讼请求。

裁判结果

北京知识产权法院于2021年5月6日作出(2019)京73民初438号民事裁定书，认定深圳掌上远景公司的行为并未被明确列举于《反不正当竞争法》第十二条第二款前三项之中，但应属第十二条第二款第四项和第二条所规制的不正当竞争行为。判决深圳掌上远景公司停止不正当竞争、消除影响、赔偿腾讯科技公司、腾讯计算机公司经济损失4,500,000元及合理开支254,020元。

一审判决作出后，深圳掌上远景公司不服一审裁定，向北京市高级人民法院提起上诉。2019年11月25日，北京市高级人民法院作出(2019)京民辖终306号民事判决：驳回上诉，维持原裁定。

裁判理由

法院生效判决认为：《反不正当竞争法》第二条系对不正当竞争行为作出概括的原则性规定，第十二条则专门规定了针对互联网领域不正当竞争行为的一般要件，两条款共同构成了互联网领域经营者从事经营行为的基本遵循。其中，第十二条第二款第四项是对其他损害他人网络产品或者服务正常运行行为的兜底性规定。对于不属于《反不正当竞争法》第十二条第二款列举的三种特定情况的互联网经营者的行为，是否属于第四项规定的“其他”不正当竞争行为，既要看是否符合《反不正当竞争法》第十二条规定的要件，也要看是否契合《反不正当竞争法》第二条原则性规定。

本案被诉不正当竞争行为包括深圳掌上远景公司开发并宣传、运营涉案软件行为，以及卓易讯畅公司在其运营的“豌豆荚”平台上提供涉案软件下载的行为。

首先，本案深圳掌上远景公司登记和实际从事的经营领域包括通信产品、计算机软硬件的技术开发与销售及其他国内贸易，信息服务业务。卓易讯畅公司登记和实际从事经营领域为网络技术开发、技术转让、技术咨询、技术服务，计算机软件开发,互联网信息服务等。两者的经营领域和腾讯科技公司、腾讯计算机公司的经营领域均与计算机技术和互联网信息服务密切相关,属于《反不正当竞争法》规定的“经营者”范畴,两者之间具有市场竞争利益关系。

其次,原告作为微信软件的开发者和经营者,在其合法、正常提供产品和服务的过程中,享有的商业机会和竞争利益属于应予保护的民事权益。微信红包功能是原告出于提升微信软件用户的社交体验与活跃度等经营目的,精心设计推出并维护的一种功能,以此增强用户对微信的使用时间和用户黏性,是微信应用竞争优势中的组成部分。涉案软件在功能上通过技术手段直接改变了微信红包功能的正常操作流程,以自动抢红包代替手动抢红包,架空了微信红包功能的娱乐性和社交性,损害了微信软件的竞争优势和用户体验,未使用涉案软件的普通用户可能对微信服务产生不满,损害微信服务商誉。同时进而可能减少微信用户使用微信的黏性和时间,微信流量减少,削弱了原告通过微信流量变现的能力,实质上破坏了原告运营微信获益的正常商业模式,直接妨碍和破坏了微信软件的正常运行。此外,批量化、自动化的操作方式也必然会增加微信软件运行的数据量和数据流,增加微信服务器的运营负担。

再次,涉案软件的功能系专门针对微信软件的操作流程进行修改,离开微信软件没有其他运行价值,且没有经过原告许可,没有负担微信软件的任何运营成本,而不当利用微信软件的运营资源和竞争优势,吸引微信软件用户下载涉案软件并为自身广告引流,破坏了竞争机制,扰乱了互联网环境中的市场秩序。

此外,涉案软件亦损害了软件用户的利益。涉案软件相关页面显示,其具有“加速抢红包”“抢大红包功能”等功能项,但实际上涉案软件并没有开发相应功能,点击“加速抢红包”等功能,会显示“优化中”,并在“优化完成”后弹出广告信息。这种诱导性的页面设置欺骗了消费者,侵害了消费者的选择权。同时对于未使用涉案软件的用户,由于理论上手动操作滞后于系统自动操作,其亦无法获得公平获赠及领取红包的机会。

最后,《微信软件许可及服务协议》第 8.2.1.6 条明确约定,“除非法律允许或腾讯书面许可,使用本软件过程中不得涂改非腾讯开发、授权的第三方软件、插件、外挂、系统,登录或使用腾讯软件及服务,或制作、发布、传播上述工具”。而涉案软件设置有“开启防封号保护”功能,并设置有专门页面详细介绍防封号说明及技巧,可见深圳掌上远景公司并未按照商业道德寻求与微信软件运营者的授权或合作,而是在明知原告对涉案软件持否定态度的前提下,未经许可运营涉案软件且设置防封号功能应对原告的治理措施,违反了诚信原则以及商业道德,主观恶意明显。

综上所述,深圳掌上远景公司开发并宣传、运营涉案软件行为虽然并未被明确列举于《反不正当竞争法》第十二条第二款前三项之中,但应属第十二条第二款第四项和第二条所规制的不正当竞争行为。腾讯"应用宝"平台和腾讯"优量汇"广告投放平台不参与涉案软件的开发运营,难以事前进行全面审查,涉案软件在"应用宝"上架以及通过"优量汇"平台获取广告资源不能用以推定原告确认涉案软件不存在不正当竞争情形,深圳掌上远景公司的相关辩称,法院不予采信。

卓易讯畅公司系软件分发平台,仅提供信息存储空间服务,涉案软件由深圳掌上远景公司自行上传并发布,被告卓易讯畅公司并未宣传涉案软件,并无证据证明卓易讯畅公司存在帮助他人实施不正当竞争行为的主观意图。并且卓易讯畅公司在"豌豆荚"官网明示了投诉入口和具体投诉流程,已尽合理审查义务,原告亦认可涉案软件在"豌豆荚"平台上已下线。故卓易讯畅公司的行为不构成不正当竞争。

关于民事责任的承担。鉴于本案现有证据无法证明原告实际损失或深圳掌上远景公司违法所得,法院将具体考虑微信软件的商业价值;涉案软件损害原告经营利益及威胁微信软件用户个人权益的情形;涉案行为情节及持续时间;深圳掌上远景公司的主观恶意等因素,法院酌定深圳掌上远景公司应当支付的赔偿数额为4,500,000元。合理费用具有依据,予以全额支持。

法官分析

互联网软件干扰行为是互联网领域不正当竞争的主要形式之一,主要表现为"寄生"于他人正常运营的软件、游戏等产品或服务,通过外挂、插件等技术手段修改其程序,实现异化产品功能、突破产品规则等效果。随着我国互联网技术的迅猛发展,互联网产业规模逐年扩大,互联网领域内的创新活跃,新技术、新模式层出不穷,软件干扰行为样态也越发复杂。2019年修正的《反不正当竞争法》第十二条专门就规制网络环境下的不正当竞争行为问题作出规定,该条又称为"互联网专条",作为特别条款,在互联网领域不正当竞争案件中优先于《反不正当竞争法》第二条予以适用。"互联网专条"在第二款前三项中列举了互联网领域典型的不正当竞争行为，并在第四项设置了兜底条款，使条文本身更加周延，能够应对层出不穷的新行为、新模式。

不属于“互联网专条”第二款前三项中明确列举的行为，是否属于第四项兜底条款以及《反不正当竞争法》第二条原则条款规制的范围，则应从以下几个方面进行分析。

一、经营者是否利用网络从事生产经营活动，与其他经营者存在竞争关系

本案中，虽然涉案软件与微信功能用途存在一定差异，但是原、被告均属于利用网络从事生产经营活动的主体，属于《反不正当竞争法》规定的“经营者”范畴，具有市场竞争利益关系。

在互联网环境下，不同行业之间的融合度越来越高，在不同领域的思想与技术的碰撞下产生了技术创新，软件因此不断更新迭代，适用场景更加丰富，功能更加强大。很多软件干扰案件，原、被告双方往往没有直接竞争关系，如浏览器经营者与视频网站、路由器厂商与网站等。因此，限于同业竞争者，仅以商品与服务之间是否相同或类似或是否具有可替代性的传统实体市场判断方法已经无法满足互联网领域不正当竞争案件的审理需要。

考察《反不正当竞争法》的价值取向，其倾向于保护多元利益，包括经营者的合法权益、消费者利益乃至公共利益，因此《反不正当竞争法》的“竞争关系”是一种抽象的“竞争关系”，并不限于直接竞争。因此，只要经营者的软件干扰行为可能会损害值得法律保护的竞争性权益，即应当认定竞争关系存在。

二、经营者是否利用技术手段，通过影响用户选择或者其他方式，实施了妨碍、破坏其他经营者合法提供网络产品或者服务正常运行的行为

《反不正当竞争法》保护经营者合法的竞争优势，本案中，原告创新商业模式，通过推出微信红包功能提高微信用户使用体验，增强用户对微信的使用时间和用户黏性，其合法、正常提供产品或服务而享有的竞争优势等利益属于合法权益，依法应予以保护。而涉案软件的运行原理为利用技术手段对微信软件的通知信息进行监听，当识别到“微信红包”字样的微信红包链接时，程序通过模拟点击屏幕的方式点击该通知消息，转到拆红包的界面从而实现自动抢红包。就软件功能实现而言，微信红包功能的正常操作流程系通过用户手动选择并获取红包现金，而涉案软件在功能上通过技术手段直接改变了微信红包功能的正常操作流程，以自动抢红包代替手动抢红包，从而导致微信红包的功能不能正常实现；就用户体验

而言,涉案软件架空了微信红包功能的娱乐性和社交性,降低了用户的体验;就软件运营负担而言,涉案软件的运行增加了微信软件运行的数据量和数据流,增加了微信服务器的运营负担。故而,被告利用技术手段进行了妨碍、破坏其他经营者合法提供网络产品或者服务正常运行的行为。

近年来,依托互联网所展开的围绕市场机会和经营资源的抢夺越发激烈,软件干扰案件数量不断攀升,并呈现以下特点:(1)行为更加多样化、向热点领域集中。从软件不兼容等安装阻碍到对搜索结果恶意插标,从过滤视频广告到模拟用户行为的自动触发或机器刷号,软件干扰的行为表现越发多样化,且逐步向平台竞争、热点领域集中。(2)常见多个干扰行为结合。软件干扰案件中,涉案软件往往具有多个干扰行为,从而更具隐蔽性。例如,本案涉案软件不仅自动识别红包,改变微信红包正常运行流程,而且设置有防封号功能,从而避免原告的治理措施。(3)以有利于消费者为名义。互联网领域的不正当竞争,很多情况下都是抢夺用户的“注意力”。因此,涉案软件往往以有利于消费者为名义,通过“为下载并运行涉案软件的用户获取更大利益”的名义,吸引用户下载并从中收益。

三、该行为是否系扰乱互联网环境中市场竞争秩序,损害其他经营者或者消费者的合法权益的不正当行为

有竞争的地方就有损害,通过质量、价格等市场手段展开激烈竞争,必然损害对方利益,以致对手退出市场或彻底摧毁其商业模式,但是这不一定是扰乱市场竞争秩序的行为。竞争与淘汰本就是正常竞争秩序的主旋律,即不能仅因为一方受到损害就推定竞争手段不正当。

软件干扰行为通常存在对经营者权益、消费者权益及以市场秩序为代表的社会公共利益的多重损害,故而案件的审理往往涉及商业模式的保护、技术创新的激励以及消费者利益保护的平衡。对经营者权益的损害,可从经营者请求保护的法益、干扰行为对经营者的经营产生的实际及潜在经济损失等方面衡量;对消费者权益的损害,可从消费者知情权、选择权等方面衡量;对竞争秩序的损害,可从干扰行为对竞争秩序带来的影响、市场效果等方面衡量,从而判定软件干扰行为是否存在扰乱互联网环境竞争秩序、损害经营者或消费者权益的情形。

本案中,原告作为微信软件的开发者和经营者,通过提供微信产品和服务,与用户建立信任关系。原告依托微信软件推出微信红包功能,提升软件用户社交体验与活跃度、增强用户对微信的使用时间和用户黏性,是微信应用竞争优势中的

组成部分,应受保护。涉案软件的商业模式为通过软件下载聚集用户获得流量,利用广告将流量导向需求的用户,并按照流量分成,完成流量变现。但是涉案软件专门针对微信的操作流程进行修改、完全依托微信运行,不仅未取得经营者的许可,而且增加了微信的运营成本、降低了微信用户黏性,属于不当利用微信软件的运营资源和竞争优势的行为,损害了经营者的合法权益。该行为以机器自动抢红包代替手动抢红包,看似增加了使用涉案软件的用户的收益,但是一方面,诱导性页面损害了用户的选择权,未下载涉案软件的用户因不能公平获取红包,使用体验下降;另一方面,如放任涉案软件商业模式存在,无疑产生鼓励攫取他人劳动成果的不良市场导向,最终降低提供给消费者的软件产品或服务质量,就长期的角度而言仍将损害消费者合法权益并扰乱互联网环境中市场竞争秩序。

四、该行为是否违反了诚信原则以及商业道德

《反不正当竞争法》第二条第一款规定,经营者在生产经营活动中,应当遵循自愿、平等、公平、诚信的原则,遵守法律和商业道德。就软件干扰行为而言,是否违背商业道德,需要将该干扰行为放置在《反不正当竞争法》促进竞争、鼓励创新、实现竞争公平与自由的立法目的下进行判断,以互联网领域普遍认知和接受的行为为标准,而非以社会公德评价的"泛道德化"。对于行为是否违反商业道德的评价,行业公约、自律规范、产业标准等行业规范及行业惯例可以作为论证商标道德的佐证,从干扰者主观恶意、干扰行为造成的损害、涉案软件的创新效应、消费者利益等多角度综合考量。

本案中,结合《微信软件许可及服务协议》中关于"除非法律允许或腾讯书面许可,使用本软件过程中不得通过非腾讯开发、授权的第三方软件、插件、外挂、系统,登录或使用腾讯软件及服务,或制作、发布、传播上述工具"的明确约定,以及涉案软件设置有"开启防封号"功能,并设置有专门页面详细介绍防封号说明及技巧的事实,可知涉案软件针对微信的治理措施运营,具有主观恶意。综合前述关于消费者利益、社会公共利益损害等方面的事实,可以认定被诉行为违反诚信原则及商业道德。

本案软件干扰行为系"互联网专条"第二款前三项中列举的互联网领域不正当竞争行为之外的"非典型"不正当竞争行为,本案例通过对经营者的竞争关系、被诉行为方式、对竞争秩序及经营者或者消费者合法权益的损害、诚信原则及商业道德四个方面的考量,明确了第四项"兜底条款"的适用方式,对司法审判中应

对层出不穷的新行为、新模式不正当竞争案件具有参考价值。

（编写人：张　迪）

5. 深圳市腾讯计算机系统有限公司诉郴州七啸网络科技有限公司等不正当竞争纠纷案

关键词

不正当竞争　软件干扰　兜底条款　一般条款

参阅要点

1.《反不正当竞争法》第十二条第二款对网络领域特有的、经营者利用技术手段实施的不正当竞争行为进行了规制。适用《反不正当竞争法》第十二条第四款"兜底条款"时，被诉行为需与前三项列举的具体网络不正当竞争行为具有可类比性。

2. 适用《反不正当竞争法》第二条评判被诉行为时，应当考虑以下因素：一是法律对被诉行为未作出特别规定；二是被诉行为因确属违反诚实信用原则和商业道德而具有不正当性或可责性；三是其他经营者或消费者的合法权益确因被诉行为受到了损害。

相关法条

《中华人民共和国反不正当竞争法》

第二条　经营者在生产经营活动中，应当遵循自愿、平等、公平、诚信的原则，遵守法律和商业道德。

本法所称的不正当竞争行为，是指经营者在生产经营活动中，违反本法规定，扰乱市场竞争秩序，损害其他经营者或者消费者的合法权益的行为。

本法所称的经营者，是指从事商品生产、经营或者提供服务（以下所称商品包括服务）的自然人、法人和非法人组织。

第十二条　经营者利用网络从事生产经营活动，应当遵守本法的各项规定。

经营者不得利用技术手段,通过影响用户选择或者其他方式,实施下列妨碍、破坏其他经营者合法提供的网络产品或者服务正常运行的行为:

(一)未经其他经营者同意,在其合法提供的网络产品或者服务中,插入链接、强制进行目标跳转;

(二)误导、欺骗、强迫用户修改、关闭、卸载其他经营者合法提供的网络产品或者服务;

(三)恶意对其他经营者合法提供的网络产品或者服务实施不兼容;

(四)其他妨碍、破坏其他经营者合法提供的网络产品或者服务正常运行的行为。

当事人

原告:腾讯科技(深圳)有限公司(以下简称腾讯科技公司)

原告:深圳市腾讯计算机系统有限公司(以下简称腾讯计算机公司)

被告:郴州七啸网络科技有限公司(以下简称七啸公司)

被告:长沙市岳麓区智恩商品信息咨询服务部(以下简称智恩服务部)

被告:北京神奇工场科技有限公司基本案情(以下简称神奇公司)

基本案情

原告腾讯科技公司系QQ、微信软件著作权人,2008年7月17日、2011年1月10日,将QQ、微信软件及其各升级版本授权原告腾讯计算机公司进行运营,同时将上述软件及其各升级版本的著作权(包括但不限于软件中所使用的相关元素、作品的著作权)在不排除腾讯科技公司使用的情况下,授权予腾讯计算机公司专有使用。腾讯计算机公司可对侵犯其上述合法权益的行为单独或与腾讯科技公司共同以诉讼或非诉讼方式进行权利救济。腾讯计算机公司主张QQ、微信软件自2014年以来界面变动较小,其对软件界面持续享有相关权利。

涉案软件"微商截图王"(后更名为"微商星球")安卓版系七啸公司开发运营、"微商截图王"iOS版为智恩服务部所有,涉案软件"火星美化"系七啸公司开发运营。神奇公司系"乐商店"安卓端的运营者,为涉案软件提供下载服务。

关于"微商截图王"软件:"微商截图王"安卓版于2016年1月上线,其应用简介显示"可以用它轻松生成微信对话、微信红包、微信零钱的界面,看起来就和真的一模一样”。“微商截图王”安卓版首页,显示共有“微商截图”等12项功能并有广告页面。“微商截图”中有“微信截图”“QQ截图”功能,通过涉案软件提供的素材可以自行编辑生成微信相关使用场景的微信截图,截图与微信产品相关界面一致;通过涉案软件提供的素材可以自行编辑生成QQ截图,截图与QQ产品相关界面一致。“微商截图王”iOS版于2016年2月上线,软件显示为智恩服务部所有,其制作微信截图的功能与“微商截图王”安卓版基本一致。版本使用说明载明会根据真实产品的更新对截图效果进行同步更新。“微商截图王”安卓版、iOS版于2019年9月30日更名为“微商星球”,更名后截图功能关闭。

关于“火星美化”软件:“火星美化”安卓版于2017年8月上线,iOS版于2017年9月上线,均于2018年7月上线微信截图、QQ截图功能,于2020年1月下线截图功能。“火星美化”iOS版的功能包括“微商截图”,“微商截图”功能包括微信截图、QQ截图。实际使用“微商截图”功能制作微信截图、QQ截图与“微商截图王”过程基本一致。

腾讯计算机公司起诉至法院,主张七啸公司、智恩服务部运营的“微商截图王”和“火星美化”软件提供与微信、QQ软件界面、图标、表情等完全一致的素材和模板,生成微信对话、红包、转账、钱包等以及QQ对话、转账、红包等与微信、QQ界面相同的虚假截图,损害了微信、QQ软件的运营秩序及腾讯计算机公司的合法权益,依据《反不正当竞争法》第十二条第二款第四项和第二条构成不正当竞争。神奇公司作为“乐商店”安卓端的运营者,为涉案软件提供下载服务,亦应承担侵权责任。请求判令神奇公司停止涉案不正当竞争行为;七啸公司、智恩服务部连带赔偿腾讯计算机公司经济损失19,715,480元及合理开支284,520元(包括律师费200,000元、公证费84,520元)。

庭审中,腾讯计算机公司认为,七啸公司、智恩服务部在开发时应当能够预料到微商截图功能会被应用到虚假营销、诈骗、网络造谣等不正当情形。三被告认可腾讯计算机公司是微信、QQ软件的运营者;认可微信、QQ的知名度;认可两款涉案软件由七啸公司运营,涉案软件的收款主体为智恩服务部;认可涉案软件提供了与微信、QQ产品界面相同的截图功能;认可截图适应微信、QQ软件的更新实时进行界面调整。七啸公司认为,涉案软件已在用户协议中尽到了充分提示的注意义务,用户自行制作虚假截图及如何使用截图与七啸公司无关;智恩服务部认为其仅是代为收款,未参与涉案软件的实际运营,但对提供收款服务的理由未作出解释,亦未提交相关证据;神奇公司主张其无法对涉案软件是否侵权进行实质性审查,未从涉案软件中获利,亦与七啸公司、智恩服务部没有意思联络和合作,涉案软件的侵权行为与其无关,且神奇公司已于2020年1月6日主动下线涉案软件。腾讯计算机公司认可被诉行为于2020年1月13日停止。

裁判结果

北京市海淀区人民法院于2021年5月24日作出(2020)京0108民初8661号民事判决,认定七啸公司、智恩服务部的被诉行为违背了诚信原则和商业道德,损害了腾讯计算机公司的合法权益和消费者利益,扰乱了健康、有序的市场竞争秩序,依据《反不正当竞争法》第二条构成不正当竞争;神奇公司已经尽到了合理的注意义务,不存在主观过错,不应承担相关法律责任。判决七啸公司、智恩服务部连带赔偿腾讯计算机公司经济损失500万元及合理开支284,520元;驳回腾讯计算机公司的其他诉讼请求。

一审判决作出后,七啸公司、智恩服务部不服一审判决,向北京知识产权法院提起上诉。2022年5月25日,北京知识产权法院作出(2021)京73民终2963号民事判决:驳回上诉,维持原判。

裁判理由

法院生效判决认为:

一、关于《反不正当竞争法》第十二条第二款第四项

在无其他相反证据的情况下,法院确认涉案软件由七啸公司、智恩服务部共同运营,共同实施了被诉行为。在案证据不能证明七啸公司、智恩服务部采用了相关技术手段使得微信、QQ产品和服务无法正常运行,且被诉行为与第十二条第二款前三项列举的具体网络不正当竞争行为亦不具有可类比性,故腾讯计算机公司认为七啸公司、智恩服务部实施的被诉行为属于第十二条第二款第四项规制的不正当竞争行为,缺乏事实基础和法律依据,法院对此不予支持。

二、关于《反不正当竞争法》第二条

适用《反不正当竞争法》第二条评判被诉行为时,应当考虑以下因素:一是法律对被诉行为未作出特别规定;二是被诉行为因确属违反诚实信用原则和商业道德而具有不正当性或可责性;三是其他经营者或消费者的合法权益确因被诉行为

受到了损害。

本案中,被诉行为并非《反不正当竞争法》所规定的特定不正当竞争行为。

涉案软件提供的虚假截图由于在形式和内容上与真实使用微信、QQ 软件获取的截图完全一致,难辨真假;七啸公司、智恩服务部借助了微信、QQ 软件的用户基础、社交和商业生态以及信任基础,利用部分用户意图通过造假、作弊来获取不当利益的心理,使涉案软件获得了大量用户并据此谋取高额收益,违背了诚实信用原则和基本的商业道德;在案涉案软件介绍、评论等内容可以表明七啸公司、智恩服务部已经充分预见到或应当知道涉案软件将被用于制造虚假截图这一后果,并紧跟微信、QQ 进行同步更新作为产品"优势"进行宣传,吸引微商用户使用其截图功能,体现出七啸公司、智恩服务部具有主观恶意;七啸公司、智恩服务部基于被诉行为直接获取高额收益。综上,被诉行为明显具有《反不正当竞争法》意义上的不正当性。

腾讯计算机公司在其构建的产品生态中,通过收取服务费用和持续的流量变现等方式获得经济收益和发展空间,并据此提高市场份额和竞争优势,上述合法权益应当受到《反不正当竞争法》的保护;涉案软件的出现,导致虚假截图得以制作并被广泛传播,直接冲击了微信、QQ 以真实社交为依托的运营基础,严重降低了广大用户对微信、QQ 交互信息的信任。长此以往,被诉行为极有可能影响微信、QQ 的用户使用体验,降低微信、QQ 的社会评价,使微信、QQ 真实、诚信的互动生态系统遭到破坏,进而导致微信、QQ 的用户流失,并损害到腾讯计算机公司的竞争利益、消费者利益及公平、有序的市场竞争秩序。

综上,七啸公司、智恩服务部的被诉行为违背了诚信原则和商业道德,损害了腾讯计算机公司的合法权益和消费者利益,扰乱了健康、有序的市场竞争秩序,依据《反不正当竞争法》第二条构成不正当竞争。

三、关于七啸公司、智恩服务部的法律责任

腾讯计算机公司要求七啸公司、智恩服务部连带赔偿经济损失的诉讼请求,于法有据,法院予以支持。

鉴于腾讯计算机公司的实际损失和七啸公司、智恩服务部的侵权获利均难以确定,法院酌情确定七啸公司、智恩服务部赔偿腾讯计算机公司经济损失 500 万元。

四、关于神奇公司的被诉行为

神奇公司作为网络服务提供者,与七啸公司、智恩服务部不存在相关合作,未对涉案软件进行编辑、整理、推荐，亦未对涉案软件收取任何费用；现无证据显示神奇公司事先知晓涉案软件存在侵权行为，且在收到本案起诉后及时下架了涉案软件。故神奇公司已经尽到了合理的注意义务，不存在主观过错，不应承担相关法律责任。

法官分析

随着互联网的发展，互联网产业规模逐年扩大，技术创新异常活跃，新技术和商业模式层出不穷，软件干扰行为样态越发复杂。2019 年修正的《反不正当竞争法》第十二条专门就规制网络环境下的不正当竞争行为问题作出规定，其中在第二款前三项中列举了互联网领域典型的不正当竞争行为，并在第四项设置了兜底条款。互联网不正当竞争行为不可能被穷尽列举，而并非不符合第三项列举情形的其他不当行为均可以被第四项兜底条款所规制。本案中，被诉行为虽然使用了技术手段，但是并未妨碍、破坏原告软件产品本身的正常运行，且与第十二条第二款前三项列举的具体网络不正当竞争行为亦不具有可类比性，故而不属于第四项规制的情形。

对于法律对被诉行为未作出特别规定，不属于“互联网专条”规制的互联网领域不当竞争行为，在不能适用“特别规定”时应考察是否属于“一般规定”，即《反不正当竞争法》第二条规制的范围，应从以下几个方面进行分析。

一、被诉行为因确属违反诚实信用原则和商业道德而具有不正当性或可责性

1993 年出台的《反不正当竞争法》第二条即对“商业道德”作了规定，但是没有对其内涵外延进行具体限定。2022 年 3 月出台的《最高人民法院关于适用〈中华人民共和国反不正当竞争法〉若干问题的解释》第三条，第一次在立法层面就商业道德定义、适用条件、认定因素等予以明确。根据该司法解释第三条之规定，商业道德应为“特定商业领域普遍遵循和认可的行为规范”，在具体个案中对于被诉行为是否违反“商业道德”，人民法院应当结合案件具体情况综合考量行业规则或者商业惯例，经营者的主观状态，交易相对人的选择意愿，对消费者权益、市场竞争秩序、社会公共利益的影响等因素进行判定，可参考行业主管部门、行业协会或者自律组织制定的从业规范、技术规范、自律公约等。由此可见，被诉行为是否违反商业道德是综合考量的结果，而且在这一考量过程中涉及经营者、消费者、市场秩序、社会公共利益等多重利益，对于这些利益需要根据《反不正当竞争法》保护

自由竞争的市场秩序的价值取向进行衡量排序。在案件的审理中,通常而言,对以市场秩序为代表的社会公共利益的保护,价值位阶应在经营者及消费者利益之上。

应当注意的是,由于《反不正当竞争法》第二条是"一般规定",是总领各类反不正当竞争行为的原则,对反不正当竞争行为的判定均应当符合"一般规定"。因此,在具体个案中,均应当对是否违反诚信原则和商业道德进行考量。但是个案中应当综合考量的具体因素可以存在差异。例如,"经营者存在恶意的主观状态"是被诉行为违反商业道德的考量因素之一,但是并非所有不正当竞争行为均需要经营者存在主观恶意。例如,最高奖的金额超过 5 万元的抽奖式有奖销售行为,即使经营者不存在主观恶意,仍然构成对市场秩序的扰乱和对商业道德的违反。

本案中,法院根据对被诉行为的具体分析,得出其"不仅没有为社会福利的提升创造积极、正面的社会价值,反而提供了一款造假、作弊的工具",对市场竞争秩序、社会公共利益及消费者利益产生了不良影响,二被告的主观恶意明显、收益较大。综合考量,已经违反了诚信原则和商业道德,具有《反不正当竞争法》意义上的不正当性。

二、其他经营者或消费者的合法权益确因被诉行为受到了损害

"其他经营者的法益",如果有明确的私权的规定,那么侵犯相应权利属于侵权行为;而如果没有明确的私权规定,部分法益可以通过《反不正当竞争法》获得救济。《反不正当竞争法》脱胎于侵权法,但正如前所述,其并不是专门针对经营者法益救济设立的法律,而是着眼于维护自由竞争的市场秩序,故具有谦抑性,给予的是补充性的保护;《反不正当竞争法》第二条作为"一般规定",在对具体不正当竞争行为进行规制时,更要具有谦抑性。由于法律的修改总是滞后于社会的发展,而正常的竞争秩序中一方获益则往往意味着他方直接或间接的损失,当被诉行为不落入"特别规定"的规制范围时,并不当然落入第二条"一般规定"的规制范围,应当进一步明确,是否有值得保护的法益因被诉行为受到了损害等需要法律调整的情形,从而防止对社会进步过程中出现的新模式、新业态施加过重的法律责任。

本案中,原告的微信及 QQ 软件运营通过不断开发新的功能和服务,维护用户并增加用户黏度,建立起多领域、多主体互利共生且诚信、健康的社交和商业生态,对社会福利的提升作出了积极贡献。其通过收取服务费用和持续的流量变现

等方式获得经济收益和发展空间，并据此提高市场份额和竞争优势属于应受《反不正当竞争法》保护的合法权益。涉案软件针对微信、QQ 相关页面为用户提供同步更新的截图制作，而微信、QQ 正是以真实社交为依托而运营的软件，故而涉案软件会严重降低用户对微信、QQ 交互信息的信任，并影响用户使用体验、降低社会评价，进而使微信、QQ 真实、诚信的互动生态系统遭到破坏，导致用户流失，损害到原告的竞争利益等合法权益。此外，虽然涉案软件本身并不制作虚假截图，制作截图的主体实际是下载涉案软件的用户，而且部分用户确可使用涉案软件获利，但是该部分用户获利并非正当获利，而是通过制作虚假微信或 QQ 页面虚构事实、欺骗消费者的非法获利。而使用微信、QQ 软件的善良用户则可能因此被误导或被欺骗受到人身和财产方面的损害，即可能会使不特定的消费者受到利益损害。故而本案中，值得保护的社会公共利益、经营者及消费者合法权益均因七啸公司、智恩服务部开发、运营涉案软件的被诉行为受到了损害，该被诉行为已落入《反不正当竞争法》第二条规制的范围。

本案针对新出现的互联网不当行为，围绕《反不正当竞争法》第十二条第二款前三项的具体列举和第四项"兜底条款"、第十二条"特别规定"和第二条"一般规定"的适用进行了分层次论述，并对适用"一般规定"的具体考量因素进行阐明，展示了法院在审理涉及新模式、新业态竞争行为案件时应当采取的审理思路，具有较高的指引价值。

（编写人：张　迪）

6. 北京智联三珂人才服务有限公司、北京网聘咨询有限公司诉魔方网聘（北京）科技有限公司不正当竞争纠纷案

关键词

不正当竞争　商业道德　流量劫持

参阅要点

1. 网站经营者篡改他人网页设置,在他人网站上插入比价链接,诱导用户点击相关按钮,将页面跳转至自己网站的行为,截取了他人网站的流量,具有明显的主观恶意,具有不正当性。

2. 网站经营者引诱用户下载他人网站上的经营信息,将其提取至自身数据库,并作为自身产品优势对外宣传,将该信息以更低价格出售给其他用户的行为,破坏了他人正常的商业经营模式,违反诚实信用原则和公认的商业道德,构成不正当竞争。

相关法条

《中华人民共和国反不正当竞争法》

第二条 经营者在生产经营活动中,应当遵循自愿、平等、公平、诚信的原则,遵守法律和商业道德。

本法所称的不正当竞争行为,是指经营者在生产经营活动中,违反本法规定,扰乱市场竞争秩序,损害其他经营者或者消费者的合法权益的行为。

本法所称的经营者,是指从事商品生产、经营或者提供服务(以下所称商品包括服务)的自然人、法人和非法人组织。

第十二条第二款 经营者不得利用技术手段,通过影响用户选择或者其他方式,实施下列妨碍、破坏其他经营者合法提供的网络产品或者服务正常运行的行为:

(一)未经其他经营者同意,在其合法提供的网络产品或者服务中,插入链接、强制进行目标跳转;

(二)误导、欺骗、强迫用户修改、关闭、卸载其他经营者合法提供的网络产品或者服务;

(三)恶意对其他经营者合法提供的网络产品或者服务实施不兼容;

(四)其他妨碍、破坏其他经营者合法提供的网络产品或者服务正常运行的行为。

当事人

原告:北京智联三珂人才服务有限公司(以下简称智联三珂公司)

原告:北京网聘咨询有限公司(以下简称网聘公司)

被告:魔方网聘(北京)科技有限公司(以下简称魔方网聘公司)

基本案情

智联三珂公司、网聘公司共同经营域名为 zhaopin. com、提供人才招聘服务的智联招聘网站。智联招聘网站经长期经营宣传,形成简历资源丰富、真实的特点,拥有在庞大而稳定的用户群体,在国内招聘行业具有一定知名度。

魔方网聘公司经营域名为 mofanghr. com 的网站,网站首页设置有"职位管理""搜索简历""简历管理"等主要栏目内容,以及"省钱神器用省钱招,每天下载 10 份简历,1 年节省 84,000 元,其他网站 1 份简历高达 50 元、60 元,同一份简历通过省钱招全网比价后仅需 5 元,省钱招可实现全网简历最低价,购买节省企业 70% 简历购买费用"的广告语。

魔方网聘公司通过"省钱招"浏览器插件,在用户选择智联招聘网站提供的服务时,篡改智联招聘网站页面设置,插入比价窗口链接,以更低的价格诱导用户;在用户点击链接中"通过省钱招下载"按钮后,页面将跳转至魔方网聘公司经营的网站。此外,魔方网聘公司读取用户从智联招聘网站下载的简历信息,将该本未收录的简历存储到自身数据库,再将该简历以更低价格出售给其他用户。

智联三珂公司、网聘公司以魔方网聘公司的行为构成不正当竞争为由诉至北京市朝阳区人民法院,请求判令魔方网聘公司刊登声明、消除影响,并赔偿经济损失 1, 324, 667. 52 元、合理费用 75, 261 元。

裁判结果

北京市朝阳区人民法院作出(2019)京 0105 民初 22451 号民事判决,判决魔方网聘公司的行为违反《反不正当竞争法》第二条、第十二条第一项和第四项的规定,构成不正当竞争,故判令魔方网聘公司刊登声明消除影响,赔偿网聘公司、智联三珂公司经济损失 100 万元、合理费用 65, 261 元。

魔方网聘公司不服一审判决,提出上诉。北京知识产权法院于 2021 年 7 月 29 日作出(2021)京 73 民终 1092 号民事判决:驳回上诉,维持原判。

裁判理由

魔方网聘公司通过“省钱招”插件在智联招聘网站插入链接，进行比价及获取简历资源的行为构成不正当竞争。主要理由如下：

首先，智联三珂公司、网聘公司基于其商业模式，通过多年经营和宣传智联招聘网站，使其在国内招聘行业所获得的竞争优势，属于应受《反不正当竞争法》保护的合法权益。

其次，智联三珂公司、网聘公司因被诉侵权行为遭受利益损害。魔方网聘公司通过“省钱招”插件篡改智联招聘网站页面设置，插入比价窗口链接，以更低的价格诱导用户的行为截取了智联招聘网站的用户流量，掠夺了智联三珂公司和网聘公司基于其经营成本所将获得的经营成果。魔方网聘公司通过“省钱招”插件，直接将智联招聘网站的用户规模、产品价值作为自身的竞争优势，明显属于“搭便车”的行为，损害了智联三珂公司和网聘公司的利益。而且，魔方网聘公司在利用用户与智联招聘网站之间的业务往来为自己不断积累简历资源的同时，又以相同的简历和更低的价格诱导更多的用户登录其网站，加大了截取智联招聘网站流量的力度，从而进一步损害了智联三珂公司、网聘公司的利益。

最后，魔方网聘公司实施被诉侵权行为具有不正当性。其一，“省钱招”插件不具有中立性，魔方网聘公司主观上明显具有通过该插件获取智联三珂公司、网聘公司网站相关简历资源并进行导流的故意，客观上也确实通过诱导客户安装该插件实现了获取智联招聘网站简历资源和导流的效果。其二，魔方网聘公司通过“省钱招”插件获取用户个人账户中简历的行为，无论其是否获得用户的授权许可，都不影响该行为的不正当性。其三，“省钱招”插件的使用，使魔方网聘公司在持续、便捷获取智联招聘网站简历资源的同时，也节省了自身的大量经济投入，其有计划、分步骤从智联招聘网站获取简历资源并进行导流的行为，本质上属于不正当地利用他人通过长期经营积累的市场成果，为自己快速谋取商业机会和竞争优势的行为，具有明显的主观恶意，妨碍、破坏了智联三珂公司、网聘公司在合法商业模式开展的正常经营活动。

法官分析

在互联网新型竞争案件中，流量成为网络经营者竞争的重要对象。流量的本质是用户的注意力和停留时间，代表着交易机会，是数字经济背景下非常重要的经营资源。在涉及流量竞争的案件中,流量劫持是一种常见的不正当竞争行为,其截取了他人流量且往往缺乏正当理由,取代了他人的网络服务产品或服务,违反商业道德和诚实信用原则。

流量劫持类不正当竞争行为的典型表现是《反不正当竞争法》第十二条第二款第一项所规定的行为,即网站经营者在其他经营者合法提供的网络产品或者服务中,插入链接,未经其他经营者和用户同意,直接进行目标跳转的行为。此类行为违背了其他网站经营者和用户的意愿,属于"强制进行目标跳转"的行为,损害了其他网站经营者和用户的利益,构成不正当竞争。本案中,魔方网聘公司通过"省钱招"插件在智联招聘网站插入链接,并非直接进行目标跳转,而是通过低价诱导用户进行目标跳转,不属于典型的流量劫持行为。魔方网聘公司主张其行为具有正当性,不构成不正当竞争。对此,可结合 2022 年 3 月 20 日起施行的《最高人民法院关于适用〈中华人民共和国反不正当竞争法〉若干问题的解释》第二十一条第二款进行分析,该款规定:"仅插入链接,目标跳转由用户触发的,人民法院应当综合考虑插入链接的具体方式、是否具有合理理由以及对用户利益和其他经营者利益的影响等因素,认定该行为是否违反反不正当竞争法第十二条第二款第一项的规定。"因此,还需要基于插入链接的具体方式和内容、是否存在正当理由,被诉行为对其他经营者的影响等因素分析魔方网聘公司的行为是否具有正当性。

首先,插入链接的具体方式和内容。在他人合法经营的网站中插入链接的行为并不一定具备不正当性,需要考量插入链接的具体方式和插入链接的内容。如果在他人具有较强控制力的网站界面中,篡改他人界面设置,则此种插入链接的行为更可能被认为具有可责性。本案中,魔方网聘公司通过"省钱招"插件篡改了智联招聘网站页面设置,插入比价窗口链接。链接的内容为价格对比广告,宣传自身低价,试图以更低价格诱导用户进行目标跳转。关于通过对比广告宣传自身低价的行为的正当性,需要考量其行为发生的场合,宣传行为是否中立等因素。正常竞争中,经营者宣传低价的行为应发生于公开市场环境中,消费者对商品或服务进行权衡、选择所依据的信息应主要来源于公开市场。本案中,魔方网聘公司向消费者提供低价信息的方式为通过利用"省钱招"插件在智联招聘网站插入链接,其所发生的场合为智联招聘网站;智联招聘网站与魔方网聘公司同样属于提供简历等服务、具有竞争关系的网站,而非提供多种产品或服务的平台,故魔方网聘公司向消费者提供低价信息的行为并非发生于公开市场中。此外,从"省钱招”插件安装后的比价方式看,其仅显示智联招聘网站和自身价格的对比,明显不具有中立性。从上述内容可以看出,魔方网聘公司的插入链接的方式和内容具有可责性。

其次,插入链接是否存在正当理由。如果插入链接能够丰富用户体验、提供新的产品或服务,则插入链接的行为可能会被允许。魔方网聘公司关于其“省钱招”插件相当于比价插件的主张因其存在于智联招聘网站中并针对智联招聘网站等情形,而不能成立,可认定魔方网聘公司插入比价链接等行为缺乏正当理由。

最后,被诉行为对其他经营者的影响。涉流量劫持类纠纷中,不正当竞争行为往往增加了截取方的流量和交易机会,减少了被截取方的用户访问量,降低了用户对被截取方的信任、评价以及用户黏性,减少了被截取方的交易机会,破坏了被截取方的商业经营模式,影响了被截取方的正常运行,损害了被截取方的利益。本案中,魔方网聘公司插入链接诱导用户进行目标跳转的行为截取了智联招聘网站的流量;通过“省钱招”插件将用户个人账户中的简历存入其数据库中,相应简历也成为其面向不特定用户的经营资源,即使用户同意其获取简历信息,智联招聘网站等其他经营简历的网站经营者也往往不会同意;用户从智联招聘上下载的简历越多,魔方网聘公司能够获得的简历资源就越多。在获取智联招聘网站的简历后,魔方网聘公司不但未提供与智联招聘网站不同或实质上不同的产品或服务,而且以相同的简历和更低的价格转而截取智联招聘网站的流量,对智联网站的服务产生实质性替代效果,损害了智联招聘网站的利益。综合考虑在案情形,法院认定魔方网聘公司的被诉行为构成不正当竞争。

本案为数字经济背景下,网站经营者通过插入链接、诱发用户进行目标跳转相关行为正当性判断的典型案例。在流量成为日益重要的竞争资源的背景下,本案通过对插入链接比价行为、简历获取行为及将以不当方式获取他人的经营资源作为自身竞争优势行为的分析,判定被诉行为的不正当性,有利于平衡网站经营者之间的利益,促进良好网络竞争秩序的形成。

（编写人:柴　鹏）

7. 广州爱拼信息科技有限公司、深圳爱拼信息科技有限公司与北京学而思教育科技有限公司、北京世纪好未来教育科技有限公司、亿度慧达教育科技(北京)有限公司、好未来教育集团、北京市海淀区学而思培训学校不正当竞争纠纷案

关键词

不正当竞争　数据权益　大数据产品

参阅要点

1. 互联网经营者对原始数据进行深度分析和系统整合而形成的大数据产品，能够为其带来经济价值和竞争优势，是其重要的经营资源，受《反不正当竞争法》保护。

2. 未经许可使用他人数据产品并将其作为自身产品对外宣传，获取竞争优势，具有主观恶意；此种行为不仅损害了他人对数据产品、对涉案数据享有的竞争利益，还将逐步降低大数据行业研发者进行技术创新和投入的积极性，破坏竞争秩序，阻碍大数据行业的正常、有序发展，具有不正当性和可责性。

相关法条

《中华人民共和国反不正当竞争法》(1993 年)

第二条　【基本原则】经营者在市场交易中，应当遵循自愿、平等、公平、诚实信用的原则，遵守公认的商业道德。本法所称的不正当竞争，是指经营者违反本法规定，损害其他经营者的合法权益，扰乱社会经济秩序的行为。本法所称的经营者，是指从事商品经营或者营利性服务(以下所称商品包括服务)的法人、其他经济组织和个人。

当事人

原告:广州爱拼信息科技有限公司(以下简称广州爱拼公司)

原告:深圳爱拼信息科技有限公司(以下简称深圳爱拼公司)

被告:北京学而思教育科技有限公司(以下简称学而思公司)

被告:北京世纪好未来教育科技有限公司(以下简称好未来公司)

被告:亿度慧达教育科技(北京)有限公司(以下简称亿度公司)

被告:好未来教育集团(以下简称好未来集团)

被告:北京市海淀区学而思培训学校(以下简称学而思学校)

基本案情

原告广州爱拼公司、深圳爱拼公司收集和分析了海量简历、招聘数据,通过大数据技术形成"662所高校学生毕业十年就业薪酬和就业行业分布"数据(以下简称涉案数据)。涉案数据通过柱状图、趋势图等可视化方式体现600多所高校毕业生就业概况、薪酬增长趋势、优秀就业案例、就业行业分布、专业薪酬分布、就业地区分布的内容等方面的信息。广州爱拼公司、深圳爱拼公司亦通过其经营的"完美志愿"产品,向消费者有偿提供涉案数据,据此直接获取经济收益。

学而思公司主办网址为www.gaokaopai.com的高考派网、高考派APP(苹果版和安卓版),学而思公司主办网址为www.gaokao.com的高考网;好未来公司经营"好未来高考派"微信公众号;亿度公司经营高考帮APP(苹果版和安卓版);高考派网(www.gaokaopai.com)、高考派APP(苹果版和安卓版)、高考帮APP(苹果版和安卓版)、"好未来高考派"微信公众号(以下统称被诉平台)均提供了相同的被诉数据,且同一用户账号可以在被诉平台间通用。好未来集团与好未来公司、亿度公司、学而思公司存在股权投资的关联关系;学而思学校运营的高考网为高考帮APP进行推广宣传、输出流量,域名www.gaokao.com由好未来集团所有。

广州爱拼公司、深圳爱拼公司提交"662所高校就业薪酬与行业数据比对表",比对结果表明,被诉平台使用的高校就业薪酬与行业数据,与涉案数据完全相同或基本相同的占90%以上。

广州爱拼公司、深圳爱拼公司主张好未来集团作为其余四被告的母公司,控制、授意其余四被告,通过分工合作,在被诉平台上以不正当手段使用和售卖广州爱拼公司、深圳爱拼公司享有合法权益的涉案数据,谋取非法利益,构成不正当竞争,请求五被告停止不正当竞争行为、消除影响、赔偿其经济损失4900万元及合理费用30万元。

五被告辩称:(1)原告因对原始数据的获取涉嫌违法、涉案数据不具有客观真实性等,故无权就涉案数据主张权利。(2)五被告的被诉行为未违反《反不正当竞争法》第二条的规定,不构成不正当竞争,不应承担赔偿责任、消除影响等责任。

裁判结果

北京市海淀区人民法院于2020年3月3日作出(2017)京0108民初51904号民事判决,判决学而思公司、好未来公司、亿度公司赔偿广州爱拼公司、深圳爱拼公司经济损失50万元及合理开支15万元;驳回广州爱拼公司、深圳爱拼公司的其他诉讼请求。

广州爱拼公司、深圳爱拼公司、学而思公司、好未来公司、亿度公司不服一审判决,提出上诉。北京知识产权法院于2022年1月24日作出(2020)京73民终3422号民事判决:驳回上诉,维持原判。

裁判理由

法院生效判决认为:

1. 广州爱拼公司、深圳爱拼公司对涉案数据享有《反不正当竞争法》所保护的合法权益。首先,学而思公司、好未来公司、亿度公司并未举证证明涉案数据系广州爱拼公司、深圳爱拼公司通过非法手段取得或来源于公知领域中的现有数据或系对网络原始数据的简单处理所得,涉案数据系广州爱拼公司、深圳爱拼公司通过投入智力劳动形成的大数据产品。其次,涉案数据中并不包含任何用户主体信息和特征,也不具备能够单独或者与其他信息结合识别自然人个人身份的可能性。最后,涉案数据已经在相关领域具有了一定的知名度和影响力,从而使其获得了更多的交易机会及用户流量,提升了竞争优势,涉案数据已经成为广州爱拼公司、深圳爱拼公司的重要经营资源。

2. 学而思公司、好未来公司、亿度公司的被诉行为具有不正当性或可责性。首先,学而思公司、好未来公司、亿度公司作为具有竞争关系的经营者,理应知晓广州爱拼公司、深圳爱拼公司研发、经营的具有一定知名度和影响力涉案数据。

学而思公司、好未来公司、亿度公司使用、销售的被诉数据与涉案数据一致性的比例极高,且未举证证明被诉数据的合法来源。在未经许可及未支付任何对价的情况下,学而思公司、好未来公司、亿度公司销售被诉数据并将被诉数据作为自身产品对外宣传,获取竞争优势,其主观恶意明显。其次,从损害后果看,学而思公司、好未来公司、亿度公司使用、销售被诉数据的行为,一方面,直接损害了广州爱拼公司、深圳爱拼公司因销售涉案数据所产生的经营收益,也在一定程度上导致广州爱拼公司、深圳爱拼公司的交易机会、销售收入及用户流量等经营利益受损;另一方面,从长远看,还将逐步降低大数据行业研发者进行技术创新和投入的积极性,破坏竞争秩序,阻碍大数据行业的正常、有序发展,减损消费者福利。

在案证据尚不足以认定好未来集团、学而思学校参与实施了被诉行为或其与学而思公司、好未来公司、亿度公司之间存在共同实施被诉行为的意思联络,故好未来集团、学而思学校未构成共同侵权。

法官分析

本案裁判结果体现出互联网经营者维护其数据权益时,需要证明其对数据享有《反不正当竞争法》所保护的利益,被告方抓取数据使用的行为具有不正当性或可责性。

其一,互联网经营者对其数据是否享有合法权益,需要考虑以下几个方面的因素:(1)获取数据的手段是否合法,如是否符合《网络安全法》等关于数据收集、处理等方面的法律规定、行业规范等。如果数据获取行为本身违反法律规定或被认定为不正当竞争行为,则后续的数据储存、分析、利用以及向他人披露、转让以不正当竞争手段获取的数据资源,可能被认定构成不正当竞争行为。本案中,广州爱拼公司、深圳爱拼公司对解释其通过爬虫技术获取原始数据,并对原始数据进行清洗、别名识别等,且无证据表明其原始数据是非法获得的,故可认定广州爱拼公司、深圳爱拼公司对涉案数据的获得来源合法。(2)对数据的处理是否加工是否侵犯个人信息权利和网络安全。对原始数据进行加工形成数据产品时,需要进行匿名化处理,避免泄露个人信息。本案中,广州爱拼公司、深圳爱拼公司对所主张的涉案数据中的个人信息进行了匿名化处理,不会识别出个人身份信息等。(3)互联网经营者所主张的数据是否具有商业价值等。只有具有经济价值、构成竞争优势的数据,才有通过《反不正当竞争法》保护的必要。本案中,广州爱拼公司、深圳爱拼公司所主张的涉案数据产品能够为其带来竞争优势,具有价值性。本案广州爱拼公司、深圳爱拼公司所主张的数据满足上述条件,对上述数据享有受法律保护的权益。

其二,被诉行为是否具有可责性。被诉行为是否具有可责性的重要考量因素是其是否违反公认的商业道德和诚实信用原则。对此,需要考察以下几个方面的因素:(1)被告方主观方面是否存在恶意。对此,可以从涉案数据的知名度情况、被告是否可能知晓原告数据、被告的具体行为等方面来认定。本案中,涉案数据经媒体宣传具有一定的知名度和影响力,且学而思公司、好未来公司、亿度公司的关联公司学而思学校所经营的"高考网"中亦发布了介绍涉案数据的相关文章,故学而思公司、好未来公司、亿度公司作为具有竞争关系的经营者,理应知晓广州爱拼公司、深圳爱拼公司研发、经营涉案数据的事实。经比对,学而思公司、好未来公司、亿度公司使用、销售的被诉数据与涉案数据一致性的比例极高,且学而思公司、好未来公司、亿度公司亦未举证证明被诉数据的合法来源,可认定学而思公司、好未来公司、亿度公司使用了涉案数据;且在未获得广州爱拼公司、深圳爱拼公司许可及未支付任何对价的情况下,学而思公司、好未来公司、亿度公司使用涉案数据,将其作为自身产品对外宣传,获取竞争优势,可认定其主观恶意明显。

(2)被诉行为对数据权益方是否造成损害。在数据作为重要生产要素的数字经济时代,涉及数据的不正当竞争会损害数据权益方因销售数据所获得的经济利益和竞争优势,减少用户流量、交易机会等。本案中,被诉行为即对广州爱拼公司、深圳爱拼公司产生上述损害。

(3)从大数据行业发展来看,对数据产品或衍生数据给予更高程度的保护,有利于鼓励大数据行业的发展,促进创新和提高消费者的福利。数据产品是数据经营者在原始数据的基础上,通过投入资金、人力等进行技术研发和创新的产物,其通常以柱状图、趋势图等可视化的形式呈现,一般也被视为衍生数据。作为一种智力成果,大数据产品能够丰富大数据产品和服务的内容,提升消费者基于大数据产品和服务所享有的福利,因而,有必要给予其更大程度的保护,对侵害他人大数据产品的不正当竞争行为给予民事制裁。本案中,涉案数据是广州爱拼公司、深圳爱拼公司在诸多高校毕业生毕业十年间的就业薪酬及就业行业相关数据的基础上,运用大数据分析、建模、计算等形成的体现为柱状图、趋势图、排行榜等可视化的数据内容,构成了区别于原始数据的数据产品。在判断被诉行为是否构成不正当竞争行为时，本案也考虑到涉案数据产品的性质及其被诉行为对大数据行业发展、消费者福利所产生的影响。

本案为涉及数据产品权益保护的不正当竞争纠纷，法院认定了在数据经营者未能提供原始数据但对原始数据来源、得出涉案数据的原理和过程进行说明的情况下，根据数据产品的特点认定数据经营者对其研发的大数据产品享有合法权益；被告知晓、使用并将涉案数据产品作为自身竞争优势进行宣传的行为损害了数据经营者的权益，不利于大数据行业的发展。本案有利于鼓励数据经营者进行数据研发，开发数据产品，提升消费者福利。

（编写人：柴　鹏）

8. 北京微梦创科网络技术有限公司诉上海复娱文化传播股份有限公司不正当竞争纠纷案

关键词

不正当竞争　数据抓取　非公开数据　实质性替代

参阅要点

1. 互联网站经营者基于用户协议授权、自身经营等对其平台中的整体数据享有受法律保护的权益。

2. 互联网经营者绕开或破坏技术保护措施而抓取、使用他人平台数据，对他人平台服务构成实质性替代，影响、妨碍他人平台正常经营的行为构成不正当竞争。

相关法条

《中华人民共和国反不正当竞争法》

第十二条　经营者利用网络从事生产经营活动，应当遵守本法的各项规定。

经营者不得利用技术手段，通过影响用户选择或者其他方式，实施下列妨碍、破坏其他经营者合法提供的网络产品或者服务正常运行的行为：

（一）未经其他经营者同意，在其合法提供的网络产品或者服务中，插入链接、强制进行目标跳转；

（二）误导、欺骗、强迫用户修改、关闭、卸载其他经营者合法提供的网络产品或者服务；

（三）恶意对其他经营者合法提供的网络产品或者服务实施不兼容；

（四）其他妨碍、破坏其他经营者合法提供的网络产品或者服务正常运行的行为。

当事人

原告：北京微梦创科网络技术有限公司（以下简称微梦公司）

被告：上海复娱文化传播股份有限公司（以下简称复娱公司）

基本案情

微梦公司是微博平台的主办方，新浪微博是中国网民经常使用的社交媒体之一，也是全球知名的社交网络品牌之一，该平台上有诸多人气艺人开通新浪微博账号，这些账号的粉丝数和微博评论互动量很大。根据微梦公司与其用户协议，其对微博享有包括数据在内的独家权益的同时要负担维护数据运行、保护个人用户数据隐私或安全并支付相应对价等义务。微梦公司提交的时间戳证据显示用户如要在微博中查看涉案微博账号的全部内容，均需要注册、登录。

饭友APP系由复娱公司经营的移动端娱乐平台，提供追星交友及泛娱乐服务。饭友APP有安卓版和iOS版，功能包括演出购票、追星不用等、新鲜速递等。

微梦公司向法院起诉称，复娱公司未经许可在其运营的饭友APP中设置微博专题，嵌套艺人的微博界面，完整展示包括界面和内容在内的全部数据，同时还恶意屏蔽微博中的部分功能且添加自有功能；复娱公司上述行为违反"互联网专条"，构成不正当竞争。故请求复娱公司停止涉案不正当竞争行为、消除影响并赔偿经济损失及合理开支210万元。

复娱公司辩称，饭友APP中展示微博系其设置链接所产生的结果，未损害消费者利益或破坏互联网市场秩序，故其行为不构成不正当竞争。

复娱公司主张饭友APP中92个艺人账号中的微博系其设置到新浪微博的链

接,认可该部分微博均来源于新浪微博。关于饭友 APP 中与新浪微博中的数据进行比对,发现:第一,微博和饭友 APP 主页中的专题分类有明显差异;第二,微博中的赞、关系、可能感兴趣的人、超级话题、明星百度贴吧、票务信息和购买通道、明星势力榜等内容和功能,均未出现在饭友 APP 中的微博界面中;第三,微博中微博发布的时间仅具体到年月日,饭友 APP 的微博发布时间则具体到发布的时刻;第四,微博中的点赞、评论和转发数仅显示到万位数,饭友 APP 中的相应部分则显示到个位数;第五,就某一特定微博而言,微博中的评论数多于饭友 APP,且饭友 APP 中的评论及回复内容均不完整;第六,复娱公司虽称因界面所限而无法显示完整的微博内容,但未就此作合理解释,亦未提交相关证据。

裁判结果

北京市海淀区人民法院于 2019 年 6 月 30 日作出(2017)京 0108 民初 24510 号民事判决,判决复娱公司的行为构成不正当竞争,判决复娱公司停止不正当竞争、消除影响、赔偿微梦公司经济损失 193.2 万元及合理开支 16.8 万元。

复娱公司不服一审判决,提出上诉。北京知识产权法院于 2019 年 11 月 15 日作出(2019)京 73 民终 2799 号民事判决:驳回上诉,维持原判。

裁判理由

首先,微梦公司就涉案新浪微博数据享有合法权益。新浪微博作为社交媒体平台,微博前端界面设计、页面信息、账号内容等属于可吸引用户注册、使用从而具备竞争优势的因素;微梦公司对用户在新浪微博平台的内容享有独家权利并可享有转授权之权利,新浪微博可以投放商业广告,上述协议有效。微梦公司作为新浪微博的运营者,对涉案新浪微博前后端全部数据享有权益,并通过新浪微博这一生态链实现商业利益,涉案艺人新浪微博中的数据对于微梦公司显然具有商业价值。

其次,被诉行为不具有正当性。(1)复娱公司关于其设置了新浪微博链接的辩称不成立。对于设链方而言,其所提供的链接服务应完整呈现被链信息,而非根据设链方的经营安排或其他需求对被链信息进行选择性增删。而根据本案查明事实,92 个艺人的新浪微博和饭友 APP 中的微博在界面设计和微博内容上基本一致,但在鉴于前述饭友 APP 中微博的专题分类少于新浪微博中的专题分类,二者微博的发布时间,点赞、评论和转发数量具体化的程度亦不同,且新浪微博的此类信息相较于饭友 APP 精简等事实,可以推定复娱公司并非仅抓取新浪微博前端已公开的数据,而系抓取新浪微博的后台数据,否则,难以解释前述差异。结合一般常识以及微梦公司关于其对新浪微博数据采取了反爬虫机制等技术措施的陈述,复娱公司系通过绕开或破坏微梦公司技术保护措施的手段,实施的抓取和展示新浪微博数据之行为。(2)复娱公司抓取涉案新浪微博数据并进行展示,必然会影响微梦公司与用户间协议的履行。复娱公司抓取这些新浪微博账号数据并较为完整地展示在了饭友 APP 的微博专题中,使饭友 APP 用户无须注册或登录新浪微博账号即可查看新浪微博全部内容,显然破坏了新浪微博数据的展示规则。就涉案 92 个艺人微博而言,饭友 APP 已对新浪微博构成实质性替代。被诉行为既实际分流走了微梦公司的潜在用户流量,也影响了微梦公司通过新浪微博可以获得的广告、票务等商业收益,给微梦公司实际造成了损失。复娱公司在庭审中亦认可其使用新浪微博数据未获微梦公司或微博主体的同意,即其不具有免责事由。(3)复娱公司在饭友 APP 中的微博界面添加自有功能并不属于妨碍、破坏新浪微博正常运行之行为,而属于建立在前述不正当竞争行为基础上的非法获利。

法官分析

在数字经济背景下,数据成为重要的生产要素和经营资源。互联网站经营者基于用户协议授权、自身经营等因素而对其平台整体数据享有受法律保护的权益。数据抓取能够实现数据获取的规模化,快速实现数据收集,为后续对数据的加工利用奠定基础,是发挥数据价值的重要途径。数据抓取既有积极方面,如形成新的数据产品、提高创新能力、促进数据流通等;也有消极方面,如损害被抓取方的数据安全、数据利益等方面。围绕数据抓取所产生的不正当纠纷也不断增加,在判断数据抓取是否具有正当性时,需要考虑主张数据权益的一方是否对数据拥有合法权益、抓取手段和方式是否正当等因素。数据抓取的对象、方式、后果等具体场景不同,对其法律评价、所采取的规制措施也不同,即对数据抓取应采取场景化规制。

数据抓取的对象与方式对其行为的正当性产生重要影响,非法手段抓取数据的行为导致数据抓取及之后的数据处理行为不具有正当性。为促进数据流通、发挥数据价值,互联网经营者应容忍他人正常抓取公开数据,抓取公开数据的行为一般不具有可责性。对于后台数据或非公开数据,互联网经营者一般采取了技术措施,抓取后台数据应遵守法律规定或获得授权,如果未经授权或超越授权范围抓取后台数据,则数据抓取构成不正当竞争行为的可能性更大。本案中,根据92个艺人的新浪微博和饭友APP中的微博信息的比较可知,二者在微博内容、页面设计上基本一致,而在专题分类、发布时间、点赞、评论等信息具有一些区别,由此可认定复娱公司所抓取的并非前端已公开数据,而是后台数据。结合微梦公司关于反爬虫机制等技术措施的陈述及一般常识,在复娱公司未获得微梦公司授权的情况下,可认定复娱公司对新浪微博数据的抓取采取了绕开或破坏微梦公司技术保护措施的手段,此行为本身有违诚实信用原则,不具有正当性。

数据抓取行为的后果亦是评价数据抓取正当性的重要考量因素,分析抓取行为的后果需要对其产生的有利影响和不利影响进行综合衡量,平衡不同数据经营者利益、用户利益和社会公共利益。其中被诉数据抓取行为是否实质性替代了数据权益方的产品或服务是一个重要的考量因素。如果数据抓取方对抓取的数据进行清洗、匿名化处理,并运用算法和大数据模型对数据进行加工等,形成如柱状图、趋势图等可视化的大数据产品,则未对被抓取方的产品或服务构成实质性替代,且此种情形有利于大数据产品或服务更新,促进消费者福利,并有利于大数据行业的发展,司法对此种行为亦采取鼓励态度。

产品或服务构成实质性替代体现出双方具有直接竞争关系,在被诉行为构成不正当竞争的情况下,实质性替代是损害后果的直接体现。竞争往往伴随着"损害",提供相同或实质相同的产品或服务构成的实质性替代对竞争对手来说是损害,但并非有"损害"或存在实质性替代就构成不正当竞争,自由竞争的市场允许提供具有实质性替代关系的产品或服务,故是否构成不正当竞争还需要分析构成实质性损害的损害来源等因素。如果数据基于自身经营或者合法途径抓取,则虽然在后数据与在先数据具有实质性替代关系,提供在后数据的行为亦不必然构成不正当竞争。

如果抓取数据后,将他人数据直接"复制""粘贴"到自己经营的平台或对他人数据稍作调整后用于营利,形成与被抓取方产品或服务相同或基本相同的产品或服务,则数据抓取方的产品或服务实质性替代了被抓取方投入人力、物力等所形成的产品或服务。数据抓取方未付出劳动而直接将他人劳动成果作为自己的经营资源,在此情况下,数据抓取行为实际上损害了被抓取方的经营资源和竞争优势,未增加消费者福利和社会利益,是一种损人利己的、有违公认商业道德的不正当竞争行为。是否构成实质性替代需要考虑双方数据使用的商业场景、使用方式、使用数据的规模大小、数据内容和形式的相似性等因素。即使两个平台的数据整体上不完全相同或基本相同,但部分具有独立性的数据产品或服务相同或基本相同,也容易被认定为构成实质性替代。本案中,就涉案 92 个艺人微博而言,饭友 APP 中的微博内容与新浪微博在页面设计、内容方面基本一致,用户在浏览完饭友 APP 中的相关微博内容后,通常不会再去浏览新浪微博中类似的部分,因此,饭友 APP 中内容已对新浪微博内容构成实质性替代,会减少新浪微博的用户流量和交易机会,损害微梦公司的经济利益。复娱公司未经微梦公司许可,避开微梦公司的技术措施抓取数据,且所提供的产品或服务实质性替代了新浪微博的服务,未增加社会和消费者福利,给予此种行为予以否定性评价,有助于规范数据抓取,激励进行数据产品的研发。

本案系因擅自抓取、使用他人数据而引发的典型网络不正当竞争纠纷。本案通过对涉案 APP 中具体内容方面的比对,认定被诉行为数据抓取而非设置链接行为;对非法抓取、使用他人数据而获取巨大用户流量,对他人数据产品或服务构成实质性替代,未创造出更多社会增值的竞争行为明确给予否定性评价,有利于加强数据权益保护,维护数据行业竞争秩序。

(编写人:柴　鹏)

9. 北京车质网信息技术有限公司与赵某、北京奥蒂思品牌管理咨询有限公司不正当竞争纠纷案

关键词

数据收集　竞争优势　诚实信用

参阅要点

1. 用复制和搬运的手段将他人积累的投诉信息作为己方经营资源展示和使

用，损害他人依法从事合法经营、公平参与市场竞争的合法权益，同时会使相关消费者和汽车企业误以为其具有相应的市场力量和经营能力，系违背诚信原则攫取和损害他人经营优势的不正当竞争行为，构成《反不正当竞争法》第二条规定的不正当竞争行为。

2. 对于网站承载投诉信息数量进行宣传但未能证明客观性，虚构投诉处理进展和结果，容易造成相关公众对其网站经营规模、影响力、服务效率产生误认，构成虚假宣传。

相关法条

《中华人民共和国反不正当竞争法》

第二条第一款、第二款 经营者在生产经营活动中，应当遵循自愿、平等、公平、诚信的原则，遵守法律和商业道德。本法所称的不正当竞争行为，是指经营者在生产经营活动中，违反本法规定，扰乱市场竞争秩序，损害其他经营者或者消费者的合法权益的行为。

第八条第一款 经营者不得对其商品的性能、功能、质量、销售状况、用户评价、曾获荣誉等作虚假或者引人误解的商业宣传，欺骗、误导消费者。

当事人

原告：北京车质网信息技术有限公司（以下简称车质网公司）

被告：北京奥蒂思品牌管理咨询有限公司（以下简称奥蒂思公司）

被告：赵某

基本案情

奥蒂思公司与车质网公司均从事汽车投诉咨询类业务，奥蒂思公司运营的网站“汽车门网”复制、搬运车质网中5万余条投诉信息并在其运营的汽车门网站中展示使用，并且将历史信息作为新的投诉信息予以发布，虚构投诉处理进展和结果。车质网公司以奥蒂思公司的行为构成不正当竞争为由诉至北京市朝阳区人民法院，请求判令奥蒂思公司立即停止复制、搬运、虚构投诉信息的行为，刊登致歉声明、消除影响，判令奥蒂思公司及其唯一自然人股东赵某连带赔偿经济损失975,830元，其他费用74,170元。

裁判结果

北京市朝阳区人民法院于2022年3月29日作出(2021)京0105民初41693号民事判决,认定奥蒂思公司的行为违反《反不正当竞争法》第二条、第八条的规定,构成不正当竞争,故判令奥蒂思公司停止不正当竞争行为、刊登声明、消除影响,奥蒂思公司、赵某共同赔偿经济损失975,830元、其他费用74,170元。奥蒂思公司、赵某不服一审判决,提起上诉。

北京知识产权法院于2022年10月28日作出(2022)京73民终3718号民事判决:驳回上诉,维持原判。

裁判理由

车质网公司收集海量用户对各品牌汽车的投诉信息后,进行逐一审核、分析、整理、修改,并通过专业编辑最终按照统一格式在网站前端展示。这一过程并非简单的数据收集,而是对消费者投诉信息进行了特定格式和内容的加工整理。在此过程中,车质网公司付出了人力、财力、物力和时间等经营成本,其基于此而获得的信息数据具有经济价值,是一种合法的竞争资源。车质网公司正是基于上述强大的数据加工和生成能力,才能与广大汽车厂商、汽车技术研发机构、服务机构等建立沟通机制,进而实现商务合作。同时,其大量数据收集能力也成为进一步增强汽车用户黏性、吸引新用户的基础。车质网公司因上述用户数据所获得的竞争优势应当受到法律保护。

奥蒂思公司作为同业竞争者,违背诚实信用原则,用复制和搬运的手段将他人积累的投诉信息据为己有,并公然作为自身经营资源予以展示和使用,是一种不劳而获和食人而肥的行为,不仅会给对方经营者造成直接经济损失,还会使相关消费者和汽车企业误以为其具有相应的市场力量和经营能力,进而有可能与其发生经营活动,是一种混淆真实投诉渠道、扰乱市场竞争秩序的行为。因此,被诉行为在本质上系违背诚信原则,攫取和损害他人经营优势的不正当竞争行为。

法官分析

一、搬运用户投诉信息是否构成违反商业道德的不正当竞争行为

作为经营汽车投诉业务的互联网平台,涉案投诉信息属于车质网公司建立数据模型、进行大数据分析、提供产品研发咨询服务、辅助提升售后服务的基础数

据，对于上述真实的客户投诉数据的收集是与汽车技术研发机构建立沟通机制、进行商务合作的必要合作基础和前提，同时上述投诉信息的展示也能够带来规模效应，从而影响其他网络用户选择投诉渠道，进而实现网站流量的增长。车质网公司主张权利的投诉数据系经过长期经营、管理、维护而形成的投诉信息，具有一定的经济价值，结合车质网公司所获得的荣誉和参与的政府项目、媒体报道可以看出，车质网公司在汽车投诉领域具有了一定的知名度，上述投诉数据给车质网公司带来了特定的社会效益和经济效益，属于车质网公司的竞争优势。车质网公司并非简单的数据收集者，其对于消费者反馈的投诉信息进行了特定格式的加工整理，为此付出了人力、财力、物力和时间等经营成本，且其能够通过使用上述用户投诉信息获取合法经济利益，具有较高的市场价值，其通过合法途径获取的数据应当受到法律保护。

奥蒂思公司复制、搬运车质网中涉案 5 万余条投诉信息并在其运营的汽车门网站中展示使用的行为，会使浏览汽车门网站的消费者误认为该等信息系相关用户在汽车门网站的真实投诉，进而产生对汽车门网站的错误认识，可能在某种程度上起到虚假宣传的效果。但是奥蒂思公司实施的该等行为本身并非商业宣传行为，其本质仍是不正当利用车质网中的投诉信息并将该等投诉信息据为己有的行为。因此，该行为不应适用《反不正当竞争法》第八条规制，亦无法直接适用《反不正当竞争法》的其他具体条款规制，而应当适用《反不正当竞争法》第二条原则条款予以规制。

奥蒂思公司复制、搬运车质网中涉案 5 万余条投诉信息并在汽车门网站展示使用的行为，不当利用了车质网公司的竞争资源，减少了车质网公司的交易机会，违反了诚实信用原则和公认的商业道德，损害了公平公正的市场竞争秩序，构成《反不正当竞争法》第二条规定的不正当竞争行为。

二、涉案行为是否构成虚假宣传

奥蒂思公司在网站中宣称 2015 年至 2020 年网站历史投诉量达到 33 万余条，但未就其客观性进行举证，已构成对其网站承载投诉信息数量作出的虚假陈述，容易引起消费者和汽车企业误解，构成虚假宣传。奥蒂思公司在其网站中展示的 11 万余条投诉信息中有 5 万余条系复制车质网公司的投诉信息，且未如实记载投诉信息的时间，而是将历史投诉信息作为新的投诉信息予以发布，并虚构投诉处理进展和结果。该行为容易造成相关公众对其网站经营规模、影响力、服务效率产生误认，亦构成虚假宣传。关于车质网公司提出的奥蒂思公司复制投诉信息作为自己网站投诉信息进行使用的行为除违反《反不正当竞争法》第二条原则条款外，亦构成虚假宣传的主张，已依据《反不正当竞争法》第二条原则条款予以规制，不应再次以《反不正当竞争法》第八条予以重复评价。

奥蒂思公司实施了上述不正当竞争行为，应当按照《反不正当竞争法》第十七条的规定承担相应的民事法律责任，奥蒂思公司应当停止复制车质网公司网站投诉信息及上述虚假宣传行为。鉴于奥蒂思公司上述不正当竞争行为会使消费者对投诉信息的源头发生混淆，其虚假宣传行为在一定程度上会引起消费者的误认，故车质网公司提出消除影响的诉讼请求，有事实和法律依据，法院予以支持，但消除影响的范围应以本案不正当竞争行为所造成之影响为限。

（编写人：陈叶简）

10. 北京融七牛信息技术有限公司诉赵某姣、北京智源享众广告有限公司侵犯商业秘密纠纷案

关键词

不正当竞争　商业秘密　举证责任倒置

参阅要点

1. 客户数据或营销获客渠道属于 AI 平台型企业从事经营活动的必要支撑，客户数据或营销渠道的精准程度同时也是数字经济时代背景下企业市场竞争优势的重要体现，在符合秘密性、价值型、保密性的条件下，构成法律保护的商业秘密。

2. 员工或前员工属于侵犯商业秘密的适格法律主体，不得非法使用其工作中接触到的客户数据或营销渠道等经营信息；竞争对手明知或应知该商业秘密属于员工或前员工违法披露而仍恶意获取、使用的行为，同样构成侵犯商业秘密。

3. 商业秘密权利人已提供初步证据合理表明商业秘密被侵犯，且有证据表明涉嫌侵权人有渠道或者机会获取商业秘密，且其使用的信息与该商业秘密实质上

相同的,涉嫌侵权人应当证明其不存在侵犯商业秘密的行为。

相关法条

《中华人民共和国反不正当竞争法》

第九条第一款第三项 经营者不得实施下列侵犯商业秘密的行为:……(三)违反保密义务或者违反权利人有关保守商业秘密的要求,披露、使用或者允许他人使用其所掌握的商业秘密。

第九条第三款 第三人明知或者应知商业秘密权利人的员工、前员工或者其他单位、个人实施本条第一款所列违法行为,仍获取、披露、使用或者允许他人使用该商业秘密的,视为侵犯商业秘密。

当事人

原告:北京融七牛信息技术有限公司(以下简称融七牛公司)

被告:赵某姣

被告:北京智源享众广告有限公司(以下简称智源享众公司)

基本案情

原告融七牛公司是"融360"平台经营者。"融360"是融资贷款及信用卡的搜索、推荐与服务平台,与金融机构合作为其提供金融产品直销服务,同时为小微企业和个人消费者免费提供金融服务。经过长期运营和推广,融七牛公司与2500多家金融机构达成合作,平台涵盖数万种金融产品,在金融AI领域具有一定知名度和影响力。

被告赵某姣于2018年7月30日入职融七牛公司,入职时与融七牛公司签署了劳动合同(含保密条款)、员工手册(含保密规则)以及单独的《员工保密协议》,明确了商业秘密的具体种类、范围和内容。赵某姣入职融七牛公司前,曾从事了3年的互联网金融的市场营销工作,与在融七牛公司的岗位职责基本相同。赵某姣入职后,加入了其所在融七牛公司市场部的部门微信工作群,融七牛公司市场部同事每个月会通过该工作群更新月度市场花费台账及市场&产品月报,其中包括"泡泡云信息技术服务有限公司"(以下简称泡泡云公司)等483条流量渠道商名单、结算金额、结算标准、结算规则、投放状态、在合作渠道商的账户名称及密码等秘密经营信息，属于融七牛公司市场部的核心商业秘密。

被告智源享众公司是一家互联网广告营销公司，与融七牛公司存在直接竞争关系。智源享众公司假借与融七牛公司合作名义与赵某姣进行了大量接触，获取了融七牛公司上述经营信息，并随即与融七牛公司的重点合作商泡泡云公司等渠道商进行了商业洽谈。后该部分渠道商向融七牛公司反映了智源享众公司曾与其主动沟通合作情况，告知融七牛公司已经发生泄密事件。融七牛公司以赵某姣违法披露其商业秘密，智源享众公司恶意获取、使用其商业秘密为由诉至法院，要求被告立即停止侵犯商业秘密行为并赔偿其经济损失。

裁判结果

北京市朝阳区人民法院于2020年6月29日作出(2019)京0105民初2200号民事判决，判决赵某姣、智源享众公司的行为构成侵害商业秘密，判决赵某姣、智源享众公司停止被诉行为、永久删除承载商业秘密的文件，赵某姣、智源享众公司分别赔偿经济损失5万元、15万元，共同赔偿合理开支3.0768万元。

赵某姣不服一审判决，提出上诉。北京知识产权法院于2020年11月20日作出(2020)京73民终2581号民事判决：驳回上诉，维持原判。

裁判理由

法院生效判决认为：

首先，融七牛公司所制作的涉案Excel表格内容是其竞争优势的体现，该经营信息具有商业价值。融七牛公司与赵某姣签署的劳动合同和《员工保密协议》中明确约定了对工作中掌握的市场数据、销售渠道、客户名单等数据或资料应当保密，且建立了专门的融360数据安全及保密制度，对公司数据严格限定了接触的人员范围和使用、传输要求。据此，法院认定融七牛公司已经对涉案经营信息采取了必要的保密措施。因此，融七牛公司主张的涉案经营信息构成商业秘密，融七牛公司作为与渠道商签约的主体，属于涉案经营信息的权利人，其商业秘密受《反不正当竞争法》保护。

其次，赵某姣在其入职时签署了系列保密协议，员工手册和劳动合同书中均有关于保密的规则和要求，结合赵某姣个人工作经历来看，赵某姣此前曾在互联网金融公司任职，所从事的工作内容也是市场渠道拓展。结合其工作履历以及融七牛公司对商业秘密的管理措施,法院认定赵某姣具备识别涉案经营信息属于商业秘密的主观判断能力,且从赵某姣事后接受公司谈话调查所陈述的内容亦可以佐证。赵某姣对涉案商业秘密负有保密义务,应该对自己掌握的公司商业秘密尽到合理保密义务。

再次,根据泡泡云公司等渠道商出具的情况说明及反馈的内容、智源享众公司工作人员在与泡泡云公司等渠道商进行商务沟通中所使用的截屏与融七牛公司市场花费台账 Excel 表格的对应性、赵某姣在调查谈话记录中对整个事件的供述,结合相关人员确系智源享众公司员工等事实,认定上述证据已经形成完整的证据链条,能够证实融七牛公司的涉案经营信息已经被智源享众公司获取和掌握。智源享众公司虽辩称其并未取得涉案经营信息,但未对其员工使用的数据截屏说明合理来源或作出合理解释,认定智源享众公司恶意获取并使用了融七牛公司的商业秘密。

最后,虽然赵某姣否认其曾主动向智源享众公司披露融七牛公司的涉案经营信息,但根据赵某姣陈述与智源享众公司相关人员的接触过程中,该智源享众公司的商务人员曾经使用过赵某姣的电脑,并曾接触过赵某姣的手机,上述行为均使赵某姣电脑或手机中载有涉案经营信息的市场花费台账 Excel 文件处于泄露的危险之中。赵某姣作为一名具有多年职场工作经验且负有保密义务的工作人员,却放任与其任职公司存在竞争关系的智源享众公司工作人员随意使用其工作电脑或手机,法院据此认定其行为未尽到其应尽的基本保密义务,主观上存在重大过失,违反了《反不正当竞争法》第九条第一款第三项的规定,构成违反保密义务,向他人披露其所掌握的商业秘密的行为。

智源享众公司作为同行业竞争者,其在明知赵某姣系融七牛公司员工且实际掌握融七牛公司涉案商业秘密的情况下,通过见面方式创造了直接接触赵某姣的电脑和手机的机会;从最终结果来看,智源享众公司实际掌握了融七牛公司的涉案商业秘密。智源享众公司在获悉涉案商业秘密后,存在主动联系其中记载的渠道商寻求商务合作的行为,同时也构成对其获取的涉案商业秘密的使用。根据《反不正当竞争法》第三十二条之规定,本案融七牛公司已经提供初步证据证明其商业秘密被侵犯,智源享众公司应当就其不存在侵害商业秘密的行为进行举证。智源享众公司未就其掌握的涉案商业秘密说明其他合理来源,结合智源享众公司与赵某姣同时期的实际接触情况,法院认定智源享众公司获取的融七牛公司的商业秘密来自赵某姣，其行为仍然构成对《反不正当竞争法》第九条第三款的违反，属于明知赵某姣系融七牛公司员工身份且实际持有涉案商业秘密的情况下，仍然获取并使用融七牛公司商业秘密的行为，同样构成对融七牛公司涉案商业秘密的侵害。

法官分析

客户数据或营销获客渠道属于AI平台型企业从事经营活动的必要支撑，客户数据或营销渠道的精准程度同时也是数字经济时代背景下企业市场竞争优势的重要体现，在符合秘密性、价值性、保密性的条件下，构成法律保护的商业秘密。员工或前员工属于侵犯商业秘密的适格法律主体，其不得非法使用其工作中接触到的客户数据或营销渠道等经营信息。竞争对手在明知或应知该商业秘密属于员工或前员工违法披露的情况下，仍恶意获取、使用的行为，同样应认定为侵犯商业秘密的行为。

2019年，为进一步加强商业秘密保护，新修正的《反不正当竞争法》对商业秘密相关条款进行了部分修改，并增加了侵犯商业秘密案件中的举证责任倒置的相关规定。本案即为适用修正后的《反不正当竞争法》中有关举证责任倒置条款审理的案件，商业秘密权利人已提供初步证据合理表明商业秘密被侵犯，且有证据表明涉嫌侵权人有渠道或者机会获取商业秘密，且其使用的信息与该商业秘密实质上相同的，涉嫌侵权人应当证明其不存在侵犯商业秘密的行为。

该案认定内部员工及第三方经营者的行为构成侵犯商业秘密，保护了AI平台型企业的用户隐私数据、运营数据、市场数据等重要经营信息，对引导员工树立严格保密观念，警示行业经营者正当参与市场竞争起到了积极推动作用，也彰显了司法服务创新发展，营造良好法治营商环境的态度和决心。

（编写人：肖俊逸）

11. 北京链家房地产经纪有限公司、天津小屋信息科技有限公司诉北京神鹰城讯科技股份有限公司、成都神鹰城讯科技有限公司不正当竞争纠纷案

关键词

不正当竞争　技术手段　数据抓取

参阅要点

1. 涉案数据是在二原告长期、大量的资金、技术、服务等经营成本的投入下,建立、维护和不断扩充的具有相当数据规模的房源数据集合,是二原告的核心经营资源。二原告据此获得的商业利益本质上是一种竞争性权益,应当受《反不正当竞争法》的保护。无论二原告对房源图片是否享有著作权,均不影响本案对被诉行为是否构成不正当竞争的认定。

2. 涉案数据虽是二原告向公众无差别地予以提供和展示的公开数据,但这并不意味着其他经营者可以不受任何限制地获取和使用。认定获取和使用公开数据的行为是否构成不正当竞争,应结合获取、使用数据的具体手段和方式,综合考虑该行为是否违反了相关行业的商业道德,并就该行为对其他经营者的合法权益、消费者利益以及市场竞争秩序所产生的影响等方面进行分析判断。

相关法条

《中华人民共和国反不正当竞争法》

第二条第一款　经营者在生产经营活动中,应当遵循自愿、平等、公平、诚信的原则,遵守法律和商业道德。

当事人

原告:北京链家房地产经纪有限公司(以下简称链家公司)

原告:天津小屋信息科技有限公司(以下简称小屋公司)

被告:北京神鹰城讯科技股份有限公司、成都神鹰城讯科技有限公司(以下统称神鹰公司)

基本案情

链家公司在经营“链家”房产经纪业务的过程中投入巨大人力、物力、财力,收集、制作、积累了海量真实房源数据,建立了“楼盘字典”真房源数据库,形成了房源大数据集合。贝壳找房网(网址为 www.ke.com)作为房地产交易信息平台,在“楼盘字典”的数据基础上成立,由小屋公司经营。贝壳找房网基于其平台运行规则,吸引大量房产经纪人在贝壳找房网中发布房源信息,不断扩大“楼盘字典”的数据规模。

被告神鹰公司是推推99网、推推微店APP、“推推99经纪人端”微信公众号、蜂鸟全景APP(上述各平台以下简称为推推99产品)的运营者。二被告通过其运营的推推99产品,利用技术手段抓取、存储贝壳找房网中的房源基本信息、交易信息、特色信息、实勘图、VR图(全景图)、户型图(上述房源信息以下简称涉案数据),在上述过程中自动去除贝壳找房网房源图片的水印;并将上述抓取、存储的涉案数据通过信息网络向其用户或公众传播,包括在推推99产品内向其用户本身展示、供用户编辑和下载,将涉案数据发布至推推99房产网、第三方房产信息平台以及微信等。二原告认为上述行为依据《反不正当竞争法》第二条,构成不正当竞争,请求判令二被告立即停止侵权、消除影响,并连带赔偿二原告经济损失及合理开支共计1050万元。诉讼中,二原告还提出行为保全申请,要求二被告立即停止被诉不正当竞争行为。

裁判结果

北京市海淀区人民法院于2022年7月29日作出(2021)京0108民初9148号民事判决,判决神鹰公司的行为构成不正当竞争,判决神鹰公司消除影响并连带赔偿链家公司、小屋公司经济损失500万元及合理开支50万元。

神鹰公司不服一审判决,提起上诉,后撤回上诉。北京知识产权法院于2022年10月12日作出(2022)京73民终4201号民事裁定:按撤回上诉处理。

裁判理由

法院生效判决认为:

首先,涉案数据是在二原告长期、大量的资金、技术、服务等经营成本的投入下,建立、维护和不断扩充的具有相当数据规模的房源数据集合。涉案数据满足了社会公众对房源信息的相关需求,提升了消费者福祉,具有良好的市场声誉,是二原告的核心经营资源。二原告据此为自身建立起市场竞争优势,并获得商业利益。该种商业利益本质上是一种竞争性权益,尽管该权益并未在相关知识产权专门法或《反不正当竞争法》第二章中被具体列明,但应属《反不正当竞争法》第二条所保护的合法权益。故二原告有权在本案中就其所享有的合法权益依法提出相应主张。

其次,二被告辩称涉案数据中可能涉及著作权的房源图片不应适用《反不正当竞争法》予以保护。对此,法院考虑到:第一,二原告明确在本案中并不主张与房源图片相关的著作权,是就涉案数据整体主张享有竞争性权益。第二,涉案数据本质上是客观反映房屋情况的事实类信息,而涉案数据的价值即体现在其所承载的信息本身。二原告通过对涉案数据的整体经营获得竞争性权益,该种权益并非著作权法的保护对象。第三,被诉行为是对涉案数据这一整体成果实施抓取、使用和传播行为,因此从被诉行为的行为方式和所造成的损害后果层面考虑,被诉行为亦无法被著作权法所涵盖。综上,法院认为,无论二原告对房源图片是否享有著作权,均不影响本案对被诉行为是否构成不正当竞争的认定。

再次,被诉行为是否构成《反不正当竞争法》第二条所规定的不正当竞争行为。法院考虑到:第一,被诉行为违反了房产经纪行业的商业道德。二被告使用计算机程序伪装成真实用户访问贝壳找房网百万次并获取涉案数据的抓取行为、将涉案数据存储在自有服务器脱离贝壳网控制的存储行为,以及去除贝壳找房网水印、加入其他主体水印后传播至社交媒体、第三方房产信息平台等的传播行为,本身即具有可责性和不正当性。二被告虽非制造“虚假房源”的房产经纪公司或经纪人,但是其通过推推 99 产品所提供的相关服务,包括自动去除房源图片水印、将房源图片与任意房源对接并传播等,实为房产经纪公司或经纪人发布虚假房源提供了重要工具和便利条件,使虚假房源的产生、发布和扩散速度大大提升,客观上助长了虚假房源的蔓延,明显违背了房产经纪行业的诚信原则和商业道德。二被告在诉讼中,一方面明确承诺立即停止被诉行为,另一方面又以更隐蔽的方式变相、持续实施被诉行为，拒不停止被诉行为的主观恶意极为明显。第二，被诉行为损害了二原告的合法权益。被诉行为抢夺了本属于二原告的用户流量，使房产交易市场中消费者相对有限的交易机会从贝壳找房网不当地流向其他平台；同时，易使用户对涉案数据的安全性和真实性产生负面评价，亦增加了二原告的运营成本，阻碍了二原告服务质量的提升。第三，被诉行为损害了消费者的合法权益，亦破坏了竞争秩序。消费者在虚假房源的欺骗、误导下对房源情况完全陷入了错误认知，损害了消费者在房产交易中极为关键的知情权、选择权和交易安全。如果允许被诉行为在市场中普遍存在，就将导致通过诚信经营、提升自身产品或服务水平的方式获取竞争优势的经营者，无法获得有效激励，甚至退出市场，造成"劣币驱逐良币"的后果，破坏了房产经纪行业的竞争生态和竞争秩序。综上，被诉行为构成不正当竞争。

最后，关于二被告的法律责任，法院结合被诉行为的持续期间、推推99产品的年收入超过千万余元、二被告的主观恶意等情节，酌情确定二被告连带赔偿二原告经济损失500万元及合理开支50万元，并消除影响。

法官分析

本案是利用软件抓取、存储和传播互联网平台公开数据的典型案例，所涉房源数据形式新颖、商业价值极高，被诉行为抓取技术清晰、使用方式多样。本案积极适用《最高人民法院关于适用〈中华人民共和国反不正当竞争法〉若干问题的解释》关于商业道德、竞争关系等规定，对被诉抓取、使用平台公开数据的行为作出否定性评价，厘清了数据竞争案件中《著作权法》与《反不正当竞争法》的适用边界，且在诉讼中妥善采取行为保全措施及时维护权利人的合法权益，有力遏制了房产经纪行业中的房源"搬运"行为以及由此产生的虚假房源问题，引导市场经营者以诚信经营开展研发、积累房产数据资源，维护了房产经纪行业中消费者权益等社会公共利益，充分发挥了司法裁判的示范引导作用，促进平台经济规范健康发展。同时，本案也体现了人民法院对完善数据知识产权保护规则的积极探索，是对政策、立法、司法等各层面，要求以数据要素为核心推动数字经济深化发展、为数字经济法治保障贡献司法力量的坚决落实和积极回应。

（编写人：肖俊逸）

12. 北京微梦创科网络技术有限公司诉湖南蚁坊软件股份有限公司不正当竞争纠纷案

关键词

不正当竞争　公开数据　非公开数据　数据抓取

参阅要点

1. 微博平台数据分为未设定访问权限的公开数据和其他非公开数据，根据被诉行为表现，被告公司系通过利用技术手段破坏或绕开原告公司访问权限，抓取、存储微博平台中包括已设置访问权限的非公开数据的平台数据，并基于这些数据进行加工整理形成数据分析报告，影响微博平台数据安全，破坏原告公司数据展示规则和其所提供服务的正常运营，破坏原告公司与用户间协议的履行，损害原告公司的合法权益，构成不正当竞争行为。

2. 即使是对未设定访问权限的公开数据的抓取，也需要结合个案的数据数量、规模、价值，以及后续使用行为对原平台的实质性替代等因素对相关行为的正当性进行判断。

3. 本案还强调《反不正当竞争法》系“调整行为的法”，不正当竞争案件中对被诉行为的否定性评价，仅系对其行为本身的评价，并不延及其所提供的服务模式以及相关市场。因此，在肯定舆情监测这一行业的必要性的同时，本案仅对涉案行为进行正当性评判。

相关法条

《中华人民共和国反不正当竞争法》

第十二条第二款第四项　经营者不得利用技术手段，通过影响用户选择或者其他方式，实施下列妨碍、破坏其他经营者合法提供的网络产品或者服务正常运行的行为：……（四）其他妨碍、破坏其他经营者合法提供的网络产品或者服务正常运行的行为。

当事人

原告:北京微梦创科网络技术有限公司(以下简称微梦公司)

被告:湖南蚁坊软件股份有限公司(以下简称蚁坊公司)

基本案情

原告微梦公司系微博平台的运营者,提供社交平台服务;被告蚁坊公司系网页版、安卓手机端鹰击系统的运营者,提供与舆情相关的数据采集和分析服务。微梦公司认为,蚁坊公司未经其许可,通过非法手段擅自抓取、存储、展示新浪微博后台数据,使鹰击系统用户在脱离微博平台的情况下可以实时查看、浏览大量新浪微博内容;此外,蚁坊公司还基于对新浪微博数据的整理分析形成数据分析报告后向用户提供。微梦公司认为,蚁坊公司实施前述行为妨碍、破坏了微梦公司提供的微博产品及服务的正常运行,构成不正当竞争。蚁坊公司辩称其仅抓取和缓存微博前端数据,不属于不劳而获的不正当竞争行为。

裁判结果

北京市海淀区人民法院于2019年9月20日作出(2018)京0108民初28643号民事判决,判决蚁坊公司的行为构成不正当竞争,判决蚁坊公司停止被诉行为、消除影响并赔偿微梦创科公司经济损失500万元及合理开支28万元。

蚁坊公司不服一审判决,提起上诉。北京知识产权法院于2021年2月2日作出(2019)京73民终3789号民事判决:驳回上诉,维持原判。

裁判理由

法院生效判决认为:

首先,虽然蚁坊公司经营的鹰击系统所提供的服务与社交平台存在一定差异,但微梦公司对其所主张的微博平台后端数据享有权益,其基于运营微博平台过程中所合法收集和积累的数据亦可自己开展或向第三方授权使用而从事数据分析服务。根据蚁坊公司提交的“新浪舆情通”网截图及其意见,该网站所提供的服务与鹰击系统相仿,微梦公司亦认可其与蜜度公司存在合作,说明微梦公司已经基于微博平台数据开展了此类服务。因此,蚁坊公司被诉行为既依托微博平台数据提高了其自身交易能力,又可能剥夺或降低了微梦公司在相同市场中的交易机会,影响微梦公司授权他人使用微博平台数据而可能获得的相关收益。也就是说,蚁坊公司的被诉行为在未付成本即获得现实利益的同时,会减损微梦公司利用该部分数据而可能获得的经营利益,二者之间的经营利益显然存在“此消彼长”的关系。据此,法院认定微梦公司和蚁坊公司构成竞争关系。

其次,从规范层面,微博平台数据分为未设定访问权限的公开数据和其他非公开数据。网络平台通过自身经营活动吸引用户所积累的平台数据对平台经营者具有重要意义,是其重要的经营资源;平台经营者能通过经营使用这些数据获得相应的合法权益。但需要强调的是,基于网络环境中数据的可集成、可交互之特点,平台经营者应当在一定程度上容忍他人合法收集或利用其平台中已公开的数据。微梦公司在无合理理由的情形下,不应对通过用户浏览和网络爬虫等自动化程序获取数据的行为进行区别性对待。

最后,本案中蚁坊公司系通过利用技术手段破坏或绕开微梦公司访问权限,抓取、存储微博平台中包括已设置访问权限的非公开数据的平台数据,并基于这些数据进行加工整理形成数据分析报告,影响微博平台数据安全,破坏微梦公司数据展示规则和其所提供服务的正常运营,破坏微梦公司与用户间协议的履行,损害了微梦公司的合法权益,违反了《反不正当竞争法》第十二条第二款第四项之规定构成不正当竞争。因蚁坊公司的抓取、存储微博平台数据的行为存在不正当性,故其将这部分数据用于鹰击系统中展示和进行分析的后续使用行为,因数据来源不合法而不具有正当性之基础。故判令蚁坊公司停止被诉行为、消除影响并赔偿微梦公司经济损失500万元及合理开支。

法官分析

本案系数据抓取的典型案件,其典型意义体现在:一是从规范和实践角度对不正当竞争纠纷中的网络数据类型进行公开数据和非公开数据的区分,进而对不同数据类型的行为正当性边界进行限制;二是通过对不当数据竞争行为的否定评价和高额判赔明晰司法态度,引导网络市场经营者规范数据竞争行为;三是肯定舆情监测这一行业的必要性而仅对涉案行为进行正当性评判,是对《反不正当竞争法》系“调整行为的法”的强调;四是通过规范运用专家辅助人制度辅助案件事实查明,为专业性较强案件的审理提供程序经验借鉴。

本案提出微博平台数据可以分为公开数据和非公开数据。微梦公司未设定访问权限的数据,应属微梦公司已经在微博平台中向公众公开的数据。例如,用户在未登录状态下即可查看的新浪微博,系博主本身未限制他人浏览且微梦公司未通过登录规则等措施限制非用户浏览的数据,即为微博平台中的公开数据。公开数据可以通过网络爬虫等自动化程序获取并进行二次利用。微梦公司通过登录规则或其他措施设置了访问权限的数据,应属微博平台中的非公开数据。例如,本案中微梦公司主张的需用户登录后才可查看的,或在微博产品任何前端均不再展示故用户登录后亦不可查看的新浪微博,均属于微博平台中的非公开数据。非公开数据只有在采取合法正当手段的情况下才可获取。

（编写人:肖俊逸）

13. 深圳微源码软件开发有限公司与腾讯科技(深圳)有限公司、深圳市腾讯计算机系统有限公司垄断纠纷案

关键词

平台垄断　相关市场　基准产品　需求替代分析

参考要点

1. 平台垄断案件中不应笼统地对被诉行为所在平台整体作出评价,而应将被诉行为所涉产品的主要需求作为分析市场市场的出发点,以需求替代方法分析相关市场。

2. 原告公司在本案中的主要需求是宣传推广其产品服务,故本案的相关商品应该指向的是运营方通过互联网平台注册账号主动投放或通过普通用户关注或搜索方式获得产品服务推广方进行的宣传推广服务。从功能角度看,其他互联网产品都具有原告公司所主张的宣传、推广功能,能够对微信公众号实现有效的替代。从商品特性上看,前述互联网产品提供的推广服务都是面对广大用户提供的,运营主体通过注册相关账号并主动投放相关推广内容即可实现在线推广。鉴于原告公司未能证明被告公司在互联网平台在线推广宣传服务市场具有市场支

配地位,故原告公司提出被告公司的行为构成垄断,法院不予支持。

相关法条

《中华人民共和国反垄断法》(2008 年)

第六条 具有市场支配地位的经营者,不得滥用市场支配地位,排除、限制竞争。

第十七条 禁止具有市场支配地位的经营者从事下列滥用市场支配地位的行为:

(一)以不公平的高价销售商品或者以不公平的低价购买商品;

(二)没有正当理由,以低于成本的价格销售商品;

(三)没有正当理由,拒绝与交易相对人进行交易;

(四)没有正当理由,限定交易相对人只能与其进行交易或者只能与其指定的经营者进行交易;

(五)没有正当理由搭售商品,或者在交易时附加其他不合理的交易条件;

(六)没有正当理由,对条件相同的交易相对人在交易价格等交易条件上实行差别待遇;

(七)国务院反垄断执法机构认定的其他滥用市场支配地位的行为。

本法所称市场支配地位,是指经营者在相关市场内具有能够控制商品价格、数量或者其他交易条件,或者能够阻碍、影响其他经营者进入相关市场能力的市场地位。

第十八条 认定经营者具有市场支配地位,应当依据下列因素:

(一)该经营者在相关市场的市场份额,以及相关市场的竞争状况;

(二)该经营者控制销售市场或者原材料采购市场的能力;

(三)该经营者的财力和技术条件;

(四)其他经营者对该经营者在交易上的依赖程度;

(五)其他经营者进入相关市场的难易程度;

(六)与认定该经营者市场支配地位有关的其他因素。

第十九条 有下列情形之一的,可以推定经营者具有市场支配地位:

(一)一个经营者在相关市场的市场份额达到二分之一的;

(二)两个经营者在相关市场的市场份额合计达到三分之二的;

(三)三个经营者在相关市场的市场份额合计达到四分之三的。

有前款第二项、第三项规定的情形,其中有的经营者市场份额不足十分之一的,不应当推定该经营者具有市场支配地位。

被推定具有市场支配地位的经营者,有证据证明不具有市场支配地位的,不应当认定其具有市场支配地位。

第五十条　经营者实施垄断行为,给他人造成损失的,依法承担民事责任。

《最高人民法院关于审理因垄断行为引发的民事纠纷案件应用法律若干问题的规定》

第八条　被诉垄断行为属于反垄断法第十七条第一款规定的滥用市场支配地位的,原告应当对被告在相关市场内具有支配地位和其滥用市场支配地位承担举证责任。被告以其行为具有正当性为由进行抗辩的,应当承担举证责任。

当事人

原告:深圳微源码软件开发有限公司(以下简称微源码公司)

被告:腾讯科技(深圳)有限公司(以下简称腾讯科技公司)

被告:深圳市腾讯计算机系统有限公司(以下简称腾讯计算机公司)

基本案情

微源码公司是"数据精灵"等26个微信公众号的拥有者,为小型企业提供软件设计服务的经营者。腾讯科技公司是微信软件——即时通信软件的著作权人,腾讯计算机公司为微信软件——即时通信软件的实际运营人。微信产品同时提供即时通信服务(微信)、线上支付服务(微信支付)、应用程序下载与应用服务(小程序)、宣传推广服务(微信公众号)等。

微源码公司经营的26个微信公众号被采取了封号措施,包括运营平台等20个公众号、查询平台等2个公众号、1个商户支付平台公众号以及"赢在人脉服务平台"等3个公众号。但微源码公司申请运营的公众号中,尚有其他公众号可以正常使用。

微源码公司认为,移动互联网即时通信和社交软件的统计数据显示,微信用户远超过其他即时通信和社交用户数量,证明微信产品在移动社交通信行业占有市场支配地位。腾讯科技公司、腾讯计算机公司在中国境内的即时通信软件及服务市场中具有市场支配地位，且滥用其在即时通信软件及服务市场的支配地位，构成垄断，请求判令腾讯科技公司、腾讯计算机公司停止滥用市场支配地位行为、消除影响、赔偿其经济损失100元、合理开支2万元。

具体而言，微源码公司在本案中主张腾讯科技公司、腾讯计算机公司对其涉案微信公众号实施封号，并针对微源码公司的企业名称、"数据精灵"软件提起著作权、商标权侵权以及反不正当竞争诉讼，构成《反垄断法》项下"没有正当理由，拒绝与交易相对人进行交易"，并以此为由请求法院判令被告解封微源码公司的微信号、微信公众号。微源码公司在主张"判令两被告同时对待所有在微信公众号宣传的企业，而不是区别对待"，在微源码公司证据五中展示了以"模特""群控""一键转发"等关键词检索出的公众号列表，并声称上述微信公众号"可以正常使用"，欲以此证明被告对其实施封号构成《反垄断法》项下"没有正当理由，对条件相同的交易相对人在交易价格等交易条件上实行差别待遇"。

微源码公司在其注册的26个涉案公众号被集中采取封号措施后，在新浪微博、QQ空间、自办的"数据精灵"等网站上发布了大量宣传、推广其"数据精灵"软件的信息，在发布内容上与微信公众号、新浪微博等高度相似。

腾讯科技公司、腾讯计算机公司申请开通微信公众号与被告签订的《微信公众平台服务协议》和《微信公众平台运营规范》。《微信公众平台服务协议》是用户（包括注册、登录、使用微信公众账号的个人或组织）使用微信公众平台服务与腾讯公司所订立的协议。《微信公众平台运营规范》约定公众号运营者必须遵守《微信公众平台服务协议》，以及《腾讯服务协议》《腾讯微信软件许可及服务协议》以及腾讯为此制定的专项规则等。

涉案微信公众号的运营行为与发布内容违反了《微信公众平台服务协议》与《微信公众平台运营规范》的多项规定：微源码公司在"运营平台""推拿技师"等20个微信公众号重复推广"数据精灵""一键转发"等微信外挂软件，违反了《微信公众平台运营规范》第3.1条关于"介绍使用外挂"的规定；微源码公司在"推广服务平台""爱加粉服务平台""赢在人脉服务平台"3个微信公众号上发布"爆粉助手"等产品与服务，违反了《微信公众平台运营规范》第3.2条关于禁止"刷粉"的规定；微源码公司在"查询平台""主播平台"2个微信公众号发布大量色情图片，违反《微信公众平台运营规范》第4.2条禁止发布"色情及色情擦边类内容"的规定；微源码公司在其申请注册的"商户支付服务平台"公众号中，未经被告许可，擅自使用了与“微信支付”商标基本相同的图样作为头像并擅自链接至被告微信支付官网，构成《微信公众平台运营规范》第4.1.1条所禁止的“主体侵权行为”。

裁判结果

广东省深圳市中级人民法院于2018年8月23日作出(2017)粤03民初250号民事判决，判决驳回微源码公司的诉讼请求。该判决已生效。

裁判理由

法院生效判决认为：微源码公司与腾讯科技公司、腾讯计算机公司的争议缘于腾讯科技公司、腾讯计算机公司对微源码公司运营的涉案26个微信公众号实施了封号措施。双方的争议行为虽发生在微信平台，但双方争议行为直接指向的产品是“微信公众号”服务而不是“微信”的即时通信服务。同时，微源码公司在被告微信公众平台注册并运营微信公众号是为了进行宣传推广其软件，非使用微信聊天功能的普通个人用户。其主要在微信公众号进行的活动为宣传推广活动。故本案的相关商品指向的应该是运营方通过互联网平台注册账号主动投放或通过普通用户关注或搜索方式获得产品服务推广方进行的宣传推广服务。据此，法院认定本案相关商品市场应为互联网平台在线推广宣传服务市场。微源码公司主张本案相关商品市场为即时通信和社交平台服务市场，系未能明晰互联网平台基础服务与增值服务之间相互独立的关系，偏离了微源码公司对微信公众号作为宣传推广需求的本质。微源码公司未能提交证据证明腾讯科技公司、腾讯计算机公司在本案相关市场即互联网平台在线推广宣传服务市场中具有支配地位。

微源码公司在涉案微信公众号中多次发送大量违规违章内容，被告对其实施封号不仅具有《微信公众平台服务协议》与《微信公众平台运营规范》的合同依据，而且是被告作为微信公众平台运营方，保护广大微信用户不受垃圾信息的反复骚扰，维护微信公共秩序的职责所在。被告对微源码公司涉案微信公众号的封禁，不仅没有产生排除、限制竞争动机和效果，还有利于保障广大微信用户的用户体验和健康良好的微信使用秩序，具有积极意义。

在被告事先对微信公众号运营主体在微信公众平台的运营行为规范予以明确规定的情况下，微源码公司使用相同的主体在微信公众平台注册大量公众号，多次推送内容相同或近似的违规内容，被告依据《微信公众平台服务协议》与《微信公众平台运营规范》的相关规定，对涉案公众号采取封号措施具有充分的正当理由。并且，即使微源码公司运营的26个微信公众号被封禁后，其也确认其运营的其他公众号仍然能够正常使用，也说明微信平台仅针对公众号的使用是否违规进行判断，而非将公众号运营主体身份作为判断是否封禁的依据，故两被告在运营微信平台的行为中不存在微源码公司起诉中所称的设置黑名单或区别对待的行为。

综上，根据《反垄断法》(2008年)第六条、第十七条、第十八条、第十九条、第五十条，《最高人民法院关于审理因垄断行为引发的民事纠纷案件应用法律若干问题的规定》第八条，《民事诉讼法》(2017年修正)第六十四条的规定，判决驳回微源码公司的全部诉讼请求。

法官分析

"相关市场"是指经营者在一定时期内就特定商品或者服务进行竞争的商品范围和地域范围，任何竞争行为均发生在一定的市场范围内，界定相关市场就是明确经营者竞争的市场范围。界定被诉行为所在的相关市场，是分析是否构成垄断行为的起点，会对识别竞争者和潜在竞争者、认定市场支配地位、分析行为对竞争的影响产生重要影响。平台垄断案件中，由于平台具有两面或多面市场的特征，每个侧面均面向不同的需求者提供不同商品或服务，而且其中一面往往向消费者提供零定价的商品或服务，再加上平台经济领域的创新速度快，呈现动态竞争、跨界竞争的特点，经营者之间并不存在泾渭分明的竞争边界，这就对传统的相关市场界定方法提出了挑战。平台垄断案件中不应笼统地对被诉行为所在平台整体作出评价，而应将被诉行为所涉产品的主要需求作为分析市场的出发点，以需求替代方法分析相关市场。具体而言，通过被诉行为指向的具体服务确定基准产品，确定基准产品满足消费者使用该产品或服务的核心需求，[①]以满足核心需求确定商品或服务的核心功能(群)，基于核心功能(群)进行需求替代分析。在确定商品的核心功能后，需与其他功能进行比较，如消费者核心需求的满足无须借助其内部其他功能，且该功能本身被消费者视为其他具有类似功能商品的替代

① 明确"核心需求"的目的在于明确相关商品的竞争约束产生的主要来源，倘若商品的满足消费者的核心需求或者主要功能一致，两者之间就具有可替代性。

品,则在进行竞争行为分析时可考虑将其视为独立商品。[①] 本案涉及微信平台封禁违规微信公众号是否构成拒绝交易和差别待遇,具体可以考察以下三个方面。

一、基准产品:平台垄断案件界定相关市场的起点

按照国务院反垄断委员会印发的《关于相关市场界定的指南》第三条规定,相关商品市场是根据商品的特性、用途及价格等因素,由需求性认为具有替代关系的一组或一类商品所构成的市场。这些商品表现出较强的竞争关系,在反垄断执法可以作为经营者进行竞争的商品范围。《关于相关市场界定的指南》第四条、第五条就相关市场的界定方法指出,界定相关市场主要从需求者角度进行需求替代分析,需求替代是根据需求者对商品功能用途的需求、质量的认可等因素,从需求者的角度确定不同商品之间的替代程度。无论采用何种方法界定相关市场,始终应当把握商品满足消费者需求的基本属性,即相关商品市场的界定一般首先从反垄断审查关注的经营者提供的商品(目标商品)开始考虑,逐步考察最有可能具有紧密替代性关系的其他商品。如果该商品被认为是可替代的,则该商品应纳入"相关市场"范畴,以及逐步考察对该商品"最有可能具有紧密替代关系"的另一商品。

相关市场界定要围绕被诉行为的竞争损害展开。在滥用市场支配地位案件中,要考察涉案争议行为是否在相关市场上产生了竞争损害,首先应当明晰涉案行为到底可能在哪些商品或服务所构成的市场范围内产生了竞争损害。因此,应当以涉案争议行为所指向的商品或服务为出发点,进而围绕该商品或服务进行需求替代分析。这一点在涉及互联网行业的反垄断诉讼案件中更为重要。由于互联网企业所提供的服务呈现出动态化和平台化的特点,往往在基础服务上整合了多种不同类型的增值服务,具有多样性和复杂性,相互之间的边界较传统行业更为模糊。因此,更应该准确明晰不同服务之间的关系,锚定被诉争议行为所指向的具体服务(基准产品),否则会造成相关市场界定过于宽泛或过于狭窄,偏离双方争议的实际情况,进而影响后续对行为竞争分析结果的准确性。

二、根据被诉行为指向确定使用者核心需求,明晰核心功能

首先,根据被诉行为指向和原告诉讼请求,确定使用者的核心需求。具体到本案中,原、被告双方的争议缘于被告对微源码公司运营的涉案 26 个微信公众号

---

① 在《国务院反垄断委员会关于平台经济领域的反垄断指南》第四条第一款第一项亦有体现。

实施了封号措施,原、被告双方的争议行为虽然是发生在微信平台,但双方争议行为直接指向的商品是“微信公众号”服务而不是“微信”的即时通信服务。微源码公司虽然在庭审陈述中主张,其在微信公众平台上注册、运营微信公众号也是为了使用微信平台上微信支付等功能,但是从其实际注册运营涉案微信公众号的情况来看,其主要使用的服务仍为微信公众号服务,以满足其对“数据精灵”软件的宣传推广需求。

其次,满足核心需求确定商品或服务的核心功能(群)。微信公众号是腾讯面向企业、媒体等主体推出的合作推广业务,用户可以通过注册、运营微信公众号进行产品宣传和品牌推广,面向的是不特定的大量用户,以满足具有宣传需求的媒体、企业以及个人,微信公众号服务主要提供包括产品宣传在内的宣传推广服务。

最后,基于核心功能(群)进行需求替代分析。在确定商品的核心功能后,需与其他功能进行比较,如消费者核心需求的满足,无须借助其内部其他功能,且该功能本身被消费者视为其他具有类似功能商品的替代品,则在进行竞争行为分析时可考虑将其视为独立商品。本案中,微信是腾讯公司向用户提供的跨平台通信工具,为用户提供即时通信、便捷工具、微信公众平台、微信支付、游戏等功能,是一个集合了多种服务的综合性互联网应用平台。而微信公众号则主要向用户提供信息发布、媒体传播、企业宣传等服务。微信软件上提供的上述增值服务,尽管都共享微信这一入口,但其各自所具有的基本功能与特征、面向的用户群体、具体操作方法等都与作为基础服务的即时通信有着较大区别。微信公众号的功能与微信所提供的即时通信服务明显有别,且不会造成替代,因此,应认定基准产品的核心功能是在线宣传推广服务,而非即时通信服务。

面对围绕互联网服务发生的垄断纠纷,应当从涉诉行为所具体指向的基准产品出发,从需求者角度进行需求替代分析,根据需求者对商品功能用途的实际需求对发生在互联网环境下的活动进行准确区分,更为准确地反映商品市场的范围。综上,本案的基准产品为微信公众号服务。

三、确定商品或服务的核心功能进行替代性分析

《关于相关市场界定的指南》第四条及第五条就相关市场的界定方法指出,“界定相关市场主要从需求者角度进行需求替代分析”。“需求替代是根据需求者对商品功能用途的需求、质量的认可、价格的接受以及获取的难易程度等因素,从需求者的角度确定不同商品之间的替代程度。原则上,从需求者角度来看,商品

之间的替代程度越高,竞争关系就越强,就越可能属于同一相关市场。”

本案中,微源码公司因被告对涉案违规公众号进行封号而诉称被告对其实施了滥用市场支配地位的垄断侵权行为,那么就需要以微源码公司对本案涉及产品“微信公众号”的主要需求为出发点,来分析还有哪些商品或服务能够满足其需求。这些商品从需求者角度(本案中微源码公司为需求者)来看,在功能用途、质量、价格及获取难易程度方面是否有替代性,如果商品之间的替代程度越高,竞争关系就越强,就越可能属于同一相关市场。

如微源码公司陈述,其并非使用微信聊天功能的普通个人用户,而是在微信公众平台注册、运营微信公众号的企业主体。微源码公司系从事“数据精灵”等软件开发及销售的企业,从微源码公司对本案涉案26其个公众号的注册运营来看,微源码公司在公众号中发表了大量以宣传、介绍微源码公司所开发的“数据精灵”等软件的功能、使用方法、下载方法为主要内容的文章。微源码公司在本案中的主要需求是宣传推广其产品服务,故本案的相关商品应该指向的是运营方通过互联网平台注册账号主动投放或通过普通用户关注或搜索方式获得产品服务推广方进行的宣传推广服务。(1)从功能角度看,其他互联网产品都具有微源码公司所主张的宣传、推广功能,能够对微信公众号实现有效的替代。(2)从商品特性上看,前述互联网产品提供的推广服务都是面对广大用户的,运营主体通过注册相关账号并主动投放相关推广内容即可实现在线推广。因此,本案相关商品市场应为互联网平台在线推广宣传服务市场,能够满足微源码公司产品宣传、推广主要需求的渠道如自办网站、微博、视频平台、搜索引擎服务平台、社交网站等也应纳入本案相关商品市场。

综上,本案提出以商品需求为基础确定互联网平台服务的相关市场范围,具有典型性和指导意义。

(编写人:李迎新)

14. 北京京东世纪贸易有限公司、北京京东叁佰陆拾度电子商务有限公司诉浙江天猫网络有限公司等滥用市场支配地位纠纷案

关键词

滥用市场支配地位　网络平台　地域管辖

参阅要点

在管辖权异议案件中，法院只须审理与建立案件管辖连接点相关的事实。如果与建立管辖连接点相关的事实同时涉及案件实体争议内容，只须审查案件初步证据是否能够证明一个可争辩的管辖连接点事实即可，一般不对案件实体争议内容作出明确认定。

相关法条

《最高人民法院关于审理因垄断行为引发的民事纠纷案件应用法律若干问题的规定》

第四条　垄断民事纠纷案件的地域管辖，根据案件的具体情况，依照民事诉讼法及相关司法解释有关侵权纠纷、合同纠纷等的管辖规定确定。

《中华人民共和国民事诉讼法》(2017 年修正)①

第二十八条　因侵权行为提起的诉讼，由侵权行为地或者被告住所地人民法院管辖。

《最高人民法院关于适用〈中华人民共和国民事诉讼法〉的解释》(2015 年)②

第二十四条　民事诉讼法第二十八条规定的侵权行为地，包括侵权行为实施地、侵权结果发生地。

---

① 2023 年修正后为第二十九条。

② 2022 年修正后，该条修改为：民事诉讼法第二十九条规定的侵权行为地，包括侵权行为实施地，侵权结果发生地。

当事人

原告:北京京东世纪贸易有限公司(以下简称京东贸易公司)

原告:北京京东叁佰陆拾度电子商务有限公司(以下简称京东电子商务公司)

被告:浙江天猫网络有限公司(以下简称天猫网络公司)

被告:浙江天猫技术有限公司(以下简称天猫技术公司)

被告:阿里巴巴集团控股有限公司(以下简称阿里巴巴公司)

基本案情

京东电子商务公司为京东网站(www. jd. com)的所有者和移动版 APP 的著作权人,京东贸易公司是京东网站的技术服务提供者,两公司在京东开放平台——京东商城为第三方商家提供网上零售的平台和相关技术服务。

天猫网络公司为 www. tmall. com 网站所有者,天猫技术公司为天猫手机 APP 版权所有者,两公司共同运营天猫平台——天猫商城,为第三方商家提供网上零售的平台和相关技术服务。阿里巴巴公司是天猫网络公司、天猫技术公司的最终实际控制主体,也是天猫网络公司、天猫技术公司经营的天猫平台以及淘宝平台的最终实际控制主体。

京东电子商务公司、京东贸易公司称,自 2013 年以来,天猫网络公司、天猫技术公司、阿里巴巴公司不断以各种手段实施包括但不限于要求在天猫商城开设店铺的服饰、家居等众多品牌商家不得在京东商城参加“618”“双 11”等促销活动、不得在京东商城开设店铺进行经营,甚至只能在天猫商城一个平台开设店铺进行经营行为(以下简称“二选一”行为)。京东电子商务公司、京东贸易公司将天猫网络公司、天猫技术公司、阿里巴巴公司起诉至北京市高级人民法院,要求确认三被告在中国 B2C 网上零售平台市场上具有市场支配地位,实施了包括“二选一”行为在内的滥用市场支配地位行为,损害了中国 B2C 网上零售平台市场的正常竞争秩序,侵犯了两原告、商家及广大消费者的合法权益,三被告应当对其滥用市场支配地位的侵权行为承担相应的法律责任。请求法院确认三被告在相关市场具有市场支配地位,判令三被告停止滥用市场支配地位的行为,赔礼道歉、消除影响,并赔偿经济损失人民币 10 亿元和合理开支 200 万元。

天猫网络公司、天猫技术公司、阿里巴巴公司在提交答辩状期间,对管辖权提出异议称,北京市高级人民法院并非本案被告住所地人民法院,亦非被控侵权行为实施地和侵权行为结果地人民法院，故对本案没有行使管辖权的基础和法律依据，本案应当移送浙江省高级人民法院管辖。

裁判结果

北京市高级人民法院作出(2017)京民初152号民事裁定，驳回天猫网络公司、天猫技术公司、阿里巴巴公司对本案管辖权提出的异议。

天猫网络公司、天猫技术公司、阿里巴巴公司不服一审裁定，提出上诉。最高人民法院于2019年7月3日作出(2019)最高民辖终130号民事裁定：驳回上诉，维持原裁定。

裁判理由

法院生效裁定认为：在管辖权异议案件中，法院只须审理与建立案件管辖连接点相关的事实。如果与建立管辖连接点相关的事实同时涉及案件实体争议内容，只须审查案件初步证据是否能够证明一个可争辩的管辖连接点事实即可，一般不对案件实体争议内容作出明确认定。

根据京东电子商务公司、京东贸易公司在一审中的诉讼请求，其认为天猫网络公司、天猫技术公司、阿里巴巴公司在中国B2C网上零售平台市场上具有市场支配地位，实施了包括"二选一"行为在内的滥用市场支配地位行为，损害了中国B2C网上零售平台市场的正常竞争秩序，侵犯了京东电子商务公司、京东贸易公司、商家及广大消费者的合法权益。本案系滥用市场支配地位的侵权纠纷，根据相关法律和司法解释规定，被诉侵权行为实施地、侵权结果发生地、被告住所地人民法院均有权管辖。因此本案的焦点问题是北京市高级人民法院对此案是否具有管辖权，即被诉侵权行为实施地或被诉侵权行为结果发生地或被告住所地是否在北京市高级人民法院管辖范围之内。

天猫网络公司、天猫技术公司、阿里巴巴公司提交的证据可以证明，相关新闻报道对三家公司与朗姿公司旗下品牌阿卡邦、万家帝品、ChemistWarehouse等品牌在北京签订独家合作协议的相关情况进行了报道。其中一审中证据亦载明"发布会进入后半场，天猫家装行业总监江某和万家帝品总经理杨某代表合作双方郑重签署了战略合作协议"，明确表明了双方当事人系在北京签署战略合作协议。因此，北京市高级人民法院认定北京市属于被诉侵权行为地，对本案具有管辖权并无不当。

在管辖权异议案件中，法院只须审理与建立案件管辖连接点相关的事实之一即可，因此在本案中对能否以侵权结果地确定管辖不再予以评述。

法官分析

目前，关于涉互联网企业滥用市场支配地位案件的地域管辖问题尚无明确规定，法院一般适用《民事诉讼法》及相关司法解释有关侵权纠纷的管辖规定进行确定。原告为便利诉讼，通常主张适用《最高人民法院关于适用〈中华人民共和国民事诉讼法〉的解释》（以下简称《民事诉讼法司法解释》）第二十五条关于信息网络侵权行为的管辖规定，将原告住所地作为侵权行为结果发生地提起诉讼。

笔者认为，目前关于《民事诉讼法司法解释》第二十五条"信息网络侵权行为"如何定义还存在较大争议。最高人民法院多份在先裁定已明确，并非侵权行为的实施、损害结果的发生与网络有关即可认定属于信息网络侵权行为。（2019）最高法知民辖终13号民事裁定书认为，《民事诉讼法司法解释》第二十五条规定的信息网络侵权行为具有特定含义，指的是侵权人利用互联网发布直接侵害他人合法权益的信息的行为，主要针对的是通过信息网络侵害他人人身权益以及侵害他人信息网络传播权等行为，即被诉侵权行为的实施、损害结果的发生等均在信息网络上。（2022）最高法民辖42号裁定书适用"特别法优于一般法"的原则，进一步将侵害他人信息网络传播权这一行为排除在外，认为针对信息网络传播权这一特定类型的民事权利，有关侵权案件的地域管辖应适用《最高人民法院关于审理侵害信息网络传播权民事纠纷案件适用法律若干问题的规定》第十五条，而不应适用《民事诉讼法司法解释》第二十五条。因此，尽管涉互联网企业滥用市场支配地位案件中的被诉行为与互联网高度相关，但在适用《民事诉讼法司法解释》第二十五条，将原告住所地当然地认定为侵权结果发生地应持审慎态度。

本案的积极意义在于，虽然二审法院未对侵权结果发生地是否可以认定为原告住所地这一问题予以评述，但给出了这类案件关于地域管辖争议的解决办法，即如果有证据证明与建立案件管辖连接点的任一事实发生在争议法院所在地，则可以认定由该地法院作为管辖法院。

（编写人：雒明鑫）

第二章　域外涉数字经济典型案例摘译

1.俄亥俄州等诉美国运通公司等案

一、案例基本信息

审理法院:美国联邦最高法院

判决时间:2018 年 6 月 25 日

案号:16 - 1454

关键词:双边交易平台　相关市场　替代品　市场力量　合理原则　本身违法原则

裁判结果:判决维持原判,驳回原告的诉讼请求

当事人:

原告:俄亥俄州等

被告:美国运通公司、美国运通旅游相关服务公司(以下统称运通公司)

二、案件事实概述

被告运通公司是一家信用卡发行公司,经营着经济学家所称的“双边平台”。运通公司依靠平台为两个不同的群体(持卡人和商户)提供信用卡服务。因两个群体之间的互动是交易,所以信用卡网络是特殊类型的双边平台,被称为双边交易平台。双边交易平台的关键特征是,如果不同时向平台的一边销售,就不能向另一边销售。与传统市场不同,双边平台表现出“间接网络效应”,即平台对一边群体的价值取决于另一边群体参与数。双边平台改变任何一边价格前须考虑到间接网络效应,否则可能造成需求下降的反馈循环。因此,双边平台要最大化其服务价值,并与对手竞争,需在平台的每一边收取最佳平衡的价格。

在美国信用卡市场,除运通卡外,主要竞争者是更有市场份额优势的 Visa 卡和万事达卡,以及市场份额较小的 Discovery 卡。运通公司采用不同的商业模式与之竞争,运通公司模式侧重于持卡人的消费而非持卡人的贷款。为鼓励持卡人消费,运通公司提供比其他信用卡公司更好的消费奖励。运通公司必须不断投资于其持卡人的奖励计划,以保持持卡人的忠诚度。但为了资助上述投资,运通公司必须向商户收取比其竞争对手更高的费用。虽然该商业模式刺激了信用卡市场的竞争创新,但有时也会与商户产生摩擦。为了避免更高的费用,商户有时试图劝阻持卡人在销售点使用运通卡,上述做法被称为"转向"。运通公司在与商户的协议中加入了反转向条款,以打击转向行为。

在本案中,俄亥俄州等(本案以下统称为原告)起诉运通公司,声称其反转向条款违反了《谢尔曼法》第 1 条。1890 年颁布的《谢尔曼法》第 1 条规定:"根据本法规定,所有限制州际或对外商业贸易,以托拉斯或其他形式组成联合,签订合同或秘密协议的,都属于违法行为……"地区法院认为,信用卡市场应被视为两个独立的市场:一个针对商户,另一个针对持卡人。运通公司的反转向条款导致了更高的商户费用,因而是反竞争的。运通公司不服,提起上诉。第二巡回法院推翻了地区法院的观点。其认为,信用卡市场应将持卡人边服务和商户边服务统一界定为一个相关市场,而非两个。法院最终的结论为,运通公司的反转向条款未违反《谢尔曼法》第 1 条。美国联邦最高法院批准了调卷令,最终维持原判。

三、判决观点概述

运通公司的反转向条款并不违反《谢尔曼法》第 1 条。

1.《谢尔曼法》第 1 条禁止不合理的限制贸易

国家石油公司诉巴尔卡特汉联合公司案(State Oil Co. v. Khan, 522 U. S. 3)中判断限制措施是否合理有两种方法:根据本身违法原则判断或根据"合理原则"判断。本案中,双方同意,运通公司的反转向条款应根据合理原则,采用商业电子公司诉夏普电子公司案(Business Electronics Corp. v. Sharp Electronics Corp, 485 U. S. 717,723,108 S. Ct. 1515,99 L. Ed. 2d 808)中确立的三步责任转移框架进行判断。双方要求法院决定原告是否满足该框架的第一步,即原告是否证明运通公司的反转向条款具有实质性的反竞争效果,损害了相关市场的消费者。

2. 适用合理原则通常需要准确界定相关市场

本案中,必须考虑信用卡市场的两边:持卡人边和商户边。信用卡公司只有通过同时使用其信用卡网络的持卡人和商户双方,才能够产生销售交易,并在信用卡市场上(与其他信用卡公司)竞争。而且,信用卡网络不能(单独)销售,只有平台双方同时同意使用该网络服务,才能表现出更显著的间接网络效应和相互关联的定价和需求。事实上,信用卡网络被理解为只提供一个产品"交易",交易是由持卡人和商户共同消费的。因此,信用卡交易的双边市场应作为一个整体分析。

3. 原告没有完成证明反竞争效果的举证责任

原告的论点,即运通公司的反转向条款增加了商户的费用,错误地只关注了信用卡一边的市场。在两边交易平台中,单边价格上涨的证据本身不能证明市场力量的滥用。相反,原告必须证明运通公司的反转向条款使信用卡交易成本高于竞争水平,减少了信用卡交易的数量,或者以其他方式扼杀了双边信用卡市场的竞争。原告未完成上述举证。

(1)原告未能提供证据证明信用卡交易的价格高于人们在竞争性市场上预期的价格。运通公司增加的商户费用反映了其服务价值和交易成本的增加,该公司利用其较高的商家费用为其持卡人提供更强大的奖励计划,用于维持持卡人的忠诚度和鼓励消费,进而,运通公司对商家更有价值,(因而该行为)是必要的。此外,现有证据不能支持原告的观点,即运通公司的反转向条款是导致商户费用增加的原因。Visa 卡和万事达卡的商户费用持续增加,甚至不接受运通卡的商户数量也在增加。

(2)原告的证据表明,运通公司 2005 年至 2010 年间增加的商户费用未完全用于持卡人的奖励,这不能证明运通公司的反转向条款使其有能力收取反竞争价格。法院不会"从价格和产出数据中推断出竞争性损害,除非有证据倾向于证明产出受到限制或价格高于竞争水平"。例如,在布克集团公司诉布朗威廉森烟草股份有限公司案(Brooke Group Ltd. v. Brown & Williamson Tobacco Corp. 509 U. S. 209, 237,113 S. Ct. 2578,125 L. Ed. 2d 168)中明确提出想要推断出被告有竞争性损害行为即掠夺性定价,原告必须证明被告的价格低于成本,且其竞争对手有合理的可能性来实施此种行为。在相关时期,信用卡交易的数量增加了,而原告未证明运通公司的收费高于其竞争对手。

(3)原告未能证明运通公司的反转向条款扼杀了信用卡公司间的竞争。恰恰相反,在被诉条款运行期间,相关市场的产出不断扩大,质量不断提高。运通公司的反转向条款亦未终止信用卡网络之间在商户费用方面的竞争。运通公司的竞争对手已经利用较高的商户费用为自身谋利。最后,被诉条款本身不具有反竞争性,实际上阻止了信用卡市场中的负面外部因素,促进了品牌间的竞争。而且,被诉条款未妨碍竞争性信用卡网络提供更低的商户费用,也未阻碍更广泛商户接受信用卡网络。

四、多数意见

托马斯大法官(Clarence Thomas)代表五位大法官撰写了多数意见,认为运通公司的反转向条款未违反《谢尔曼法》第1条。

《谢尔曼法》第1条禁止"所有限制州际或对外商业贸易,以托拉斯或其他形式组成联合,签订合同或秘密协议"的行为。[①] 美国联邦最高法院早就认识到,"鉴于《谢尔曼法》通过时的普通法和本国法律","贸易限制"最好理解为"不适当的限制"[②]。因此,从美国联邦最高法院的先例理解,该规定"只取缔不合理的限制"。部分限制措施本身是不合理的,因为它们"总是或几乎总是倾向于限制竞争和减少产出"[③]。通常,只有"横向"限制——由竞争者之间的协议施加的"限制",才符合违法的条件。[④] 而不属于本身违法的限制行为是根据"合理原则"判断得出的。[⑤] 合理原则要求法院考察市场力量和市场结构,基于限制措施对竞争的实际影响进行具体的事实评估。[⑥] 合理原则的目标是"区分对消费者有害的、具有反

---

① 15 U. S. C. §1.

② Standard Oil Co. of N. J. v. United States, 221 U. S. 1, 59 - 60, 31 S. Ct. 502, 55 L. Ed. 619 (1911).

③ Business Electronics Corp. v. Sharp Electronics Corp, 485 U. S. 717, 723, 108 S. Ct. 1515, 99 L. Ed. 2d 808(1988).

④ See Business Electronics Corp. v. Sharp Electronics Corp, 485 U. S. 717, 723, 108 S. Ct. 1515, 99 L. Ed. 2d 808(1988),在730,108 S. Ct. 1515,99 L. Ed. 2d 808.

⑤ See Business Electronics Corp. v. Sharp Electronics Corp, 485 U. S. 717, 723, 108 S. Ct. 1515, 99 L. Ed. 2d 808(1988),在723,108 S. Ct. 1515,99 L. Ed. 2d 808.

⑥ See Copperweld Corp. v. Independence Tube Corp., 467 U. S. 752, 768, 104 S. Ct. 2731, 81 L. Ed. 2d 628(1984).

竞争效果的限制和符合消费者最佳利益激励竞争的限制”①。

本案中,双方当事人均认可,运通公司的反转向条款是纵向限制,即“由不同分销层次公司之间协议施加的”限制。② 双方也认可,与其他纵向限制一样,反转向条款应根据合理原则进行评估。为了确定一项限制措施是否违反了合理原则,双方同意适用三步责任转移框架。原告首先有责任证明被诉限制措施具有实质性的反竞争效果,损害了相关市场上的消费者利益。③ 如原告履行了证明责任,那么责任就转移到了被告,由被告证明该限制措施有利于竞争。④ 如被告证明上述事实,那么责任就转移到了原告,即原告需证明可通过较少反竞争的措施实现利于竞争的效果。⑤

本案中,双方当事人要求法院判断原告是否已经履行了最初的证明责任,即证明运通公司的反转向条款具有反竞争效果。原告可以直接或间接地证明该事实。反竞争效果的直接证据是“对竞争的实际不利影响的证明”⑥,如在相关市场上产量减少、价格上涨或质量下降。⑦ 间接证据是市场力量的证明,以及被诉限制措施损害竞争的证据。

本案中,原告完全依靠直接证据来证明运通公司的反转向条款在信用卡市场上造成了反竞争效果。⑧ 为评估上述证据,须首先界定相关市场。确定相关市场

---

① Leegin Creative Leather Products, Inc. v. PSKS, Inc., 551 U. S. 877, 886, 127 S. Ct. 2705, 168 L. Ed. 2d 623(2007).

② See Business Electronics, supra, at 730, 108 S. Ct. 1515, 99 L. Ed. 2d 808.

③ Seel J. Kalinowski, Antitrust Laws and Trade Regulation §12. 02[1] (2d ed. 2017) (Kalinowski); P. Areeda & H. Hovenkamp, Fundamentals of Antitrust Law §15. 02[B](4th ed. 2017) (Areeda & Hovenkamp); Capital Imaging Assocs., P. C. v. Mohawk Valley Medical Assocs., 996 F. 2d 537, 543(CA2 1993).

④ See 1 Kalinowski §12. 02[1]; Areeda & Hovenkamp §15. 02[B]; Capital Imaging Assocs., supra, at 543.

⑤ See 1 Kalinowski §12. 02[1]; Capital Imaging Assocs., supra, at 543.

⑥ FTC v. Indiana Federation of Dentists, 476 U. S. 447, 460, 106 S. Ct. 2009, 90 L. Ed. 2d 445 (1986).

⑦ See 1 Kalinowski §12. 02[2];Craftsmen Limousine, Inc. v. Ford Motor Co., 491 F. 3d 380, 390 (CA8 2007); Virginia Atlantic Airways Ltd. v. British Airways PLC, 257 F. 3d 256, 264(CA2 2001).

⑧ See 1 Kalinowski §12. 02[2]; Tops Mkts, Inc. v. Quality Mkts., Inc., 142 F. 3d 90, 97(CA2 1998); Spanish Broadcasting System of Fla. v. Clear Channel Communications, Inc., 376 F. 3d 1065, 1073 (CA11 2004). State Oil Co. v. Khan, 522 U. S. 3, 10, 118 S. Ct. 275, 139 L. Ed. 2d 199(1997). 虽然原告在下面依靠间接证据,但他们在法院放弃了这一论点。See Brief for United States 23, n. 4(citing Pet. for Cert. i, 18 -25).

后,原告的证据明显不足以完成其证明责任。

反垄断法不认同基于形式上法律推定而非实际市场现实,[①]如果没有对相关市场的准确定义,法院通常就不能正确地适用合理原则。没有对"相关市场"准确定义,就没有办法衡量被告减少或破坏竞争的能力。[②] 因此,相关市场被定义为"有效竞争的范围"。[③] 通常情况下,这就是"消费或生产中发生明显替代的领域"。[④] 但是,当"这种组合反映了商业现实"时,法院应该将不同的产品或服务"组合"到"一个相关市场"。[⑤]

正如上文所释,信用卡网络是双边平台。由于存在间接网络效应,双边平台提高一边收费时,需考虑(另一边)需求下降的反馈循环风险。而且,双边平台向一边收取低于或高于成本的价格的事实反映了双方需求弹性的不同,而非市场力量或反竞争价格。如果没有证据表明平台一边的价格上涨增加了平台服务的整体成本,那么也不能证明反竞争效果。因此,法院在界定信用卡市场时,必须包括平台商户边和持卡人边。

当然,界定双边平台的相关市场并不总是需要考虑双边平台的两边。当市场的间接网络效应和相对定价影响较小时,应将该市场视为单边市场。例如,出售广告的报纸可称为双边平台,因为广告的价值随着阅读人数增加而增加。但在报纸广告市场上,间接网络效应只在一个方向上实现;报纸读者大多对报纸中广告数量漠不关心。由于间接网络效应较为微弱,报纸广告市场的表现很像单边市场,应该被分析为单边市场。

但信用卡市场这种双边交易平台则不同。该类型平台为参与者之间单一、同步的交易提供了便利。只有当商户和持卡人同时选择使用该信用卡网络时,该网

---

① See Eastman Kodak Co. v. Image Technical Services, Inc., 504 U. S. 451, 466 – 467, 112 S. Ct. 2072, 119 L. Ed. 2d 265(1992).

② See Walker Process Equipment, Inc. v. Food Machinery & Chemical Corp., 382 U. S. 172, 177, 86 S. Ct. 347, 15 L. Ed. 2d 247(1965); 协同意见,2 Kalinowski §24.01[4][a].

③ See Walker Process Equipment, Inc. v. Food Machinery & Chemical Corp., 382 U. S. 172, 177, 86 S. Ct. 347, 15 L. Ed. 2d 247(1965); 协同意见,2 Kalinowski §24.01[4][a].

④ See Areeda & Hovenkamp §5.02; 2 Kalinowski §24.02[1]; United States v. Grinnell Corp., 384 U. S. 563, 571, 86 S. Ct. 1698, 16 L. Ed. 2d 778(1966).

⑤ See Areeda & Hovenkamp §5.02; 2 Kalinowski §24.02[1]; United States v. Grinnell Corp., 384 U. S. 563, 571, 86 S. Ct. 1698, 16 L. Ed. 2d 778(1966), at 572, 86 S. Ct. 1698, 16 L. Ed. 2d 778; Brown Shoe Co. v. United States, 370 U. S. 294, 336 – 337, 82 S. Ct. 1502, 8 L. Ed. 2d 510(1962)(指出"相关市场的定义"必须"符合该行业的商业现实").

络才能出售其服务。因此,每当信用卡网络向商户出售一笔交易价值的卡片收入服务时,它就必须向持卡人出售一笔交易价值的卡片支付服务。它不能单独向持卡人或商户出售交易服务。为了优化销售,信用卡网络必须找到定价平衡点,以鼓励持卡人和商户进行最大数量的匹配。

因为仅在双方同时使用信用卡网络的服务时,信用卡网络才可销售其服务,故双边交易平台表现出更明显的间接网络效应、相互关联的定价和需求。因此,双边交易平台被更好地理解为“只支持一种产品”:交易。在信用卡市场上,这些交易“由持卡人和商户共同消费,前者使用支付卡进行交易,后者接受支付卡作为支付方式”。有意思的是,信用卡公司通过衡量它们所销售的交易量来确定其市场份额。

为准确评估相关市场竞争状况,评估双边交易平台的两边市场是必要的。只有其他双边平台才能与双边交易平台进行竞争。为商家处理交易的信用卡公司,如果没有持卡人愿意使用其卡,就无法与运通公司竞争。信用卡公司只有同时拥有持卡人和愿意使用其网络的商户,才能出售并在信用卡市场上竞争。同样,如果商户接受四大信用卡,但持卡人只使用 Visa 卡或运通卡,那么只有这两种卡可以在特定交易中竞争。因此,只孤立地看平台中的一边,是无法准确评估竞争的。

基于上述原因,“在双边交易市场中,只应该定义一个相关市场”①。任何其他的分析都会导致“错误推论”,可能会“扼杀反垄断法所要保护的行为”。② 因此,法院将从整体上分析信用卡交易的双边市场,以确定原告是否证明了运通公司的反转向条款具有反竞争效果。

原告没有履行其证明相关市场中反竞争效应的责任。原告将他们的整个案件押在证明运通公司的协议增加了商家的费用。法院认为,这种观点缺乏理由支持。

首先,原告关于商家收费的论点是错误的,它只关注信用卡市场的一边。正

---

① Filistrucchi,第 302 页;另见 Evans & Noel,第 671 页[“专注于……竞争的一个维度,往往会扭曲(双边平台)之间实际存在的竞争”]。

② Brooke Group Ltd. v. Brown & Williamson Tobacco Corp., 509 U. S. 209, 226, 113 S. Ct. 2578, 125 L. Ed. 2d 168(1993);Matsushita Elec. Industrial Co. v. Zenith Radio Corp., 475 U. S. 574, 594, 106 S. Ct. 1348, 89 L. Ed. 2d 538(1986)(我们必须关注的是,授权寻找特定类型的不良定价行为的规则或先例最终会阻碍合法的价格竞争);Leegin, 551 U. S., at 895, 127 S. Ct. 2705, 168 L. Ed. 2d 623(注意到法院应该避免“通过禁止反垄断法应该鼓励的有利于竞争的行为来增加反垄断体系的总成本”).

如所解释的，信用卡市场的定义必须包括商户和持卡人。仅关注商户费用是错误的，因为信用卡公司销售的产品是交易，而不是对商户的服务，限制交易的竞争效果不能仅从商户的角度判断。双边交易平台中一边价格上涨的证据本身无法证明被告行使了反竞争的市场力量。为了证明对整个双边信用卡市场的反竞争效果，原告必须证明运通公司的反转向条款将信用卡交易成本增加到了竞争水平之上，减少了信用卡交易的数量，或以其他方式扼杀了信用卡市场的竞争。原告未完成其举证责任。

1. 原告未提供证据证明信用卡交易价格高于人们在竞争性市场上预期价格。正如一审联邦地区法院所发现的，原告未能提供任何可靠的衡量运通公司交易价格或利润率的方法。而运通公司是否比其竞争对手收费更高的证据最终也无定论。

运通公司提高商家费用反映了其服务价值和交易成本的增加，而不是高于竞争价格的收费能力。在 Visa 公司和万事达公司于 21 世纪初提高其费用后，运通公司于 2005 年开始提高其商家费用。如前所述，因运通公司提供的持卡人更富有，消费更高，该公司历来比竞争对手收取的商家费用更高。运通公司收取较高商家费用，系认真研究了其持卡人为商家提供的额外价值后决定的。在市场另一边，运通公司利用其较高的商家费用为其持卡人提供更强大的奖励计划，用于维持持卡人的忠诚度和鼓励消费，进而，运通公司对商家更有价值，（因而该行为）是必要的。虽然运通公司对商家和持卡人之间的价格分配不同于 Visa 卡和万事达卡，但是不能证明运通公司利用市场力量达到反竞争目的。

此外，现有的证据与原告的观点相悖，即运通公司的反转向条款是导致商家费用增加的原因。Visa 卡和万事达卡的商家费用一直在增加，甚至在不接受运通卡的商家处也是如此，因此，运通卡的反转向条款并不适用。这表明商家费用增加的原因不是运通公司的反转向条款，而是（信用卡公司）对持卡人争夺加剧，以及整个市场对商户收取相关费用（数额）的回应性调整。

2. 原告确实提供了证据，证明在 2005 年至 2010 年，运通公司向商户收取的购买价格百分比平均增加了 0.09%，而且这一增长并不完全用于持卡人的奖励。原告认为，这些证据表明，运通卡的收费增加了（导致了反竞争效果）。

即使假设原告是正确的，这些证据也不能证明运通公司的反转向条款使其有能力收取反竞争价格。“市场力量是指通过限制产出的方式提高价格以获利的能力。”①“如果没有倾向性证据证明产出被限制或价格高于竞争水平,法院就不会从价格和产出数据中推断竞争性损害。”②本案中缺乏上述证据。2008 年至 2013 年,信用卡交易的产出急剧增长,增加了 30%。“在……产出扩大的同时,价格也在上涨,价格上涨与产品需求的增长一致。”③而且,如前所述,原告并没有证明运通公司比其竞争对手收费更高。

3. 原告未能证明运通公司的反转向条款扼杀了信用卡公司之间的竞争。恰恰相反,在这些合同实施期间,信用卡市场的产出不断扩大,质量不断提高。运通公司的商业模式刺激了 Visa 公司和万事达公司提供新的高级卡类别,并给予更高的奖励。而且,它增加了卡片服务的可用性,包括为低收入客户提供免费的银行和卡片支付服务,否则这些客户将无法得到服务。事实上,从 1970 年至 2001 年,拥有信用卡的家庭比例增加了 4 倍多,而在收入最低的 1/5 家庭中,拥有信用卡的比例从 2% 增长到 38% 以上。

首先,运通公司的反转向条款也未终止信用卡网络之间在商家费用方面的竞争。相反,(不同信用卡)网络之间的激烈竞争限制了运通公司提高费用的能力,有时还迫使运通公司降低费用。例如,当运通公司在 2005 年至 2010 年提高其商户价格时,一些商户选择离开其网络。而当剩下的商户抱怨时,运通公司就不再提高商户的价格。在 20 世纪 80 年代末和 20 世纪 90 年代初的另一个例子中,竞争迫使运通公司向“日常消费”商户——超市、加油站、药店等提供较低的商户费用,以说服他们接受运通卡。

其次,运通公司的竞争者利用运通卡较高的商户费用(这一特点)获取竞争优势。通过收取较低的商户费用,Visa 卡、万事达卡和 Discovery 卡已经获得了更广泛的商家接受度,比运通卡多出约 300 万个商家。因为消费者喜欢随处可用的信用卡,所以更广泛的商家接受度是上述(信用卡)网络的主要(竞争)优势,也是运通公司的重大挑战。为进一步与运通公司竞争,Visa 卡和万事达卡对不同类型的卡收取不同的商户费用,以保持其相对较低的商户费用和更广泛的接受度。长期

---

① Areeda & Hovenkamp § 5.01; concent, Kodak, 504 U. S., at 464, 112 S. Ct. 2072, 119 L. Ed. 2d 265; Business Electronics, 485 U. S., at 723, 108 S. Ct. 1515, 99 L. Ed. 2d 808.

② Brooke Group Ltd., 509 U. S., at 237, 113 S. Ct. 2578, 125 L. Ed. 2d 168.

③ Brooke Group Ltd., supra, at 237, 113 S. Ct. 2578, 125 L. Ed. 2d 168.

以来,在信用卡市场上的这种竞争形成了商户费用下降的趋势。事实上,自20世纪50年代第一张信用卡问世以来,包括运通公司在内的商户费用已经下降了一半以上。

最后,运通公司的反转向条款本身没有任何反竞争性。这些协议实际上阻止了信用卡市场的负面外部因素,并促进了品牌间的竞争。当商户在销售点引导持卡人远离运通卡时,它破坏了持卡人对"欢迎接受"的期望,即对无摩擦交易的承诺。因商户接受度缺乏,持卡人不太可能在所有其他商户使用运通卡。这种外部性危害了整个运通网络的生存能力。而且,它破坏了运通公司为鼓励持卡人增加消费而进行的投资,阻碍了对奖励的投资,最终损害了持卡人和商户。最重要的可能是,反转向条款并不能阻止Visa卡、万事达卡或Discovery卡提供较低的商户费用或促进其更广泛的商户接受度,并以之与运通卡的竞争。

总之,原告没有满足合理原则的第一个步骤。未能完成证明运通公司的反转向条款具有反竞争效果的举证责任。运通公司的商业模式刺激了品牌间的激烈竞争,提高了信用卡交易的质量和数量。而且,毕竟"促进品牌间的竞争"才是"……反垄断法的主要目的"。

由于运通公司的反转向条款并没有不合理地限制贸易,法院确认上诉法院的判决。

五、异议意见

布雷耶大法官(Stephen Breyer)代表四位少数派法官撰写了意见,对多数意见进行了驳斥。异议意见同意按照合理原则举证三步责任转移框架分析本案。

(一)界定相关市场的必要性

多数意见认为,因为地区法院查明了强有力的直接证据,证明了被诉行为所产生的反竞争效果,所以在第一步中界定相关市场的讨论,在法律上都是不必要的。[①] 直接证据有以下四点:(1)从2005年开始,在接下来的5年里,运通公司在20个不同的场合提高了对商家的收费价格。提高商户收费时,运通公司无须考虑大型商户通过鼓励购物者使用不同的信用卡应对价格上涨,因为反转向条款禁止

① See 88 F. Supp. 3d, at 207 - 224.

任何此类引导。根据商户证词,如无上述条款,大型商家会鼓励顾客使用其他(对商户收费)较便宜的信用卡,以应对价格上涨。[①] (2)即使运通公司在这5年中20次提高对商户收费价格,也没有失去任何大商户的业务。[②] 运通公司未在对商家提价的同时,增加运通卡持有人的福利(或削减信用卡价格)。[③] 即使没有直接的证据证明对竞争的损害,地区法院认为,运通公司也具有提高商户价格而不失去任何市场份额的能力,表明运通公司在相关市场上拥有市场力量。(3)如果没有反转向条款,商家的价格可能会更低。[④] 在20世纪90年代末,运通公司的竞争对手之一Discover公司曾试图开发一种商业模式,即向商户收取比其他公司更低的价格。然后,Discover公司邀请每个"商家通过将交易量转移到Discover卡来省钱","如果他们将客户转向Discover卡",就会获得额外的折扣。由于运通公司(和其他卡公司)存在"反转向条款",上述努力都失败了。一审联邦地区法院认为,被诉条款"剥夺了商家表达对Discover卡的偏好或采用任何其他工具将份额引向Discover卡低价网络的能力"。由于被诉条款消除了低价可能产生的任何优势,Discover公司"放弃了它的低价商业模式",并提高了它的商户费用,以配合其竞争对手。一审联邦地区法院认为,这一系列事件是"反转向条款对竞争过程造成伤害的象征"。(4)它没有发现对购物者有任何可供抵消(反竞争后果)的有利竞争的利益。事实上,它没有发现任何形式的抵消性利益。[⑤]

如前所述,一审联邦地区法院已经指出,"由于对相关市场定义和市场力量调查的目的是确定一项行为是否有可能对竞争产生真正的不利影响,证明实际的不利影响……可以避免这些调查的需要"。这句话在此处完全适用。面对一审联邦地区法院对实际反竞争损害的查明结论,(联邦第二巡回上诉法院、美国联邦最高法院)对地区法院的相关市场界定分析的怀疑是没有必要的。

多数意见认为,界定相关市场是有必要的。多数意见解释说,因为反转向条款是"纵向限制",而"纵向限制通常不会对竞争构成风险,除非施加限制的实体具有市场力量,而该点除非法院首先确定相关市场,否则无法评估"。[⑥] 因此,多数意

① See 88 F. Supp. 3d 143(EDNY 2015),at 256.

② See 88 F. Supp. 3d 143(EDNY 2015),at 197.

③ See 88 F. Supp. 3d 143(EDNY 2015),at 196.

④ See 88 F. Supp. 3d 143(EDNY 2015),at 195.

⑤ See 88 F. Supp. 3d 143(EDNY 2015),at 225 – 238.

⑥ Ante, at ___, n. 7, 201 L. Ed. 2d, at 691.

见似乎断然将纵向限制排除在传统的"合理原则"分析之外，该分析自1890年《谢尔曼法》颁布以来一直适用于这些限制行为。与多数意见相反的豁免案例是Leegin案。Leegin案认为，"合理原则"适用于该案中的纵向限制措施。但该判决从未表达纵向限制不受通常的"合理原则"分析的约束。

多数意见的论点忽略了一个关键点，即对竞争的实际不利影响的证明，更是市场力量的证明。如果没有市场力量，被诉限制措施就不可能带来原告所证明的反竞争效果。因此，地区法院对反转向条款造成的实际反竞争损害的认定表明，相关市场无论如何界定，运通公司在该市场上都有足够的市场力量造成此种损害。在这种情况下，没有理由要求对相关市场定义和市场力量进行单独证明。因此，多数意见对相关市场定义的广泛讨论在法律上是不必要的。

（二）相关市场界定

在泰晤士－皮卡尤恩公司诉美国案[Times-Picayune Publishing Co. v. United States, 345 U. S. 594, 610, 73 S. Ct. 872, 97 L. Ed. 1277(1953)]中，一审联邦地区法院认为，在定义相关市场时，应首先严格关注直接受到被诉限制措施影响的商品或服务。在该案中，美国政府主张一家报纸的广告政策违反了《谢尔曼法》的"合理原则"。为了支持这一论点，美国政府指出，该报纸在向新奥尔良市读者销售报纸的市场中占主导地位，是那里唯一的晨报，一审联邦地区法院也认可。但美国联邦最高法院推翻了这一观点。美国联邦最高法院解释说，"每家报纸都是独立但相互依存市场中的双重交易者；它将报纸的新闻和广告内容卖给读者；实际上，读者又被卖给了购买（报纸）广告空间的商家"。进言之："本案只涉及其中一个市场。出版公司被指控没有将销售与读者捆绑在一起，而只是与报纸上的普通和分类版面的买家捆绑在一起。因此，在判定该公司单元计划的合法性时，起决定性（作用）的应是广告市场的支配地位，而非读者人数。"

此处，运通公司未被指控限制或损害与购物者有关信用卡服务的竞争，而只是与商家有关信用卡服务（的竞争），因为被诉条款只出现在运通公司与商家的协议中。因而，地方法院在第一步只考虑被诉条款是否减少了与商户有关服务的竞争是正确的。

如泰晤士－皮卡尤恩公司诉美国案所要求的，确定了直接限制的商品或服务，有时会在相关市场中加入经济学家所说的"替代品"：可合理替代该商品或服务的其他商品或服务。[①] 替代品被纳入相关市场的原因是，它们限制了公司提高价格以获利的能力，因为客户会转而购买替代品，而不是支付更高的价格。

相关（产品）市场包括替代品，但不包括经济学家所说的补充品：补充品是与被限制的产品一起使用，但不能替代该产品的商品或服务。一个互补产品的例子是汽油和轮胎。司机需要汽油和轮胎来驾驶，但它们不是彼此的替代品，因此轮胎的销售价格并不能阻止汽油公司（如汽油垄断者）将汽油价格提高到竞争水平之上。正如一篇关于这个问题的论文所言："将互补商品归入同一市场"是"经济上的无稽之谈"，并将"削弱反对垄断或串通政策的基本原理"。

此处，与商家有关的信用卡服务和与购物者有关的信用卡服务之间主要是互补关系，而不是替代关系。就像汽油和轮胎一样，只有两者都必须购买，才能产生价值。对商家相关服务涨价感到不满的商家，不能通过成为持卡人来避免涨价，类似地，面对报纸广告价格上涨的情况，购买者可以选择不再购买报纸广告，而是转向观看电视广告或使用直邮广告。这两类服务的目的根本上是不同的。因此，就像汽油和轮胎一样，法院很难看到与购物者有关服务的价格可对信用卡公司与商家有关服务的销售价格起到抑制作用。如存在，与购物者相关信用卡服务的低价可能会导致更多的购物者使用该卡，而购物者欢迎程度提高应会使信用卡公司更容易提高对商家的收费价格，而非更难。如果这些服务是替代品，情况就会如此。因此，除非本案有不同之处，否则在下面讨论这种可能性时，没有理由把与购物者有关服务和与商户有关服务当作单一市场的一部分来对待，至少在"合理原则"的第一步没有理由。

多数意见对相关市场定义的讨论也是错误的。

首先，在多数意见的分析中，没有解释为什么考虑到相关市场定义在反垄断法中的作用，可以说一家信用卡公司经营着双边交易平台这一事实意味着其与商家有关的服务和与购物者有关的服务应该被合并为一个单一的市场。双边交易平台概念不属于反垄断法的范畴，美国联邦最高法院使用未使用过该术语。

多数意见认为双边交易平台企业有四个相关的特征：（1）提供不同的产品或服务；（2）向不同的客户群提供；（3）由"平台"连接；（4）同时进行交易。

具有这四个特征的企业，多数意见认为有理由对它们采取特殊的相关市场定

---

① 例如，见 Unite States v. E. I. du Pont de Nemours & Co., 351 U. S. 377, 395 – 396, 76 S. Ct. 994, 100 L. Ed. 1264（1956）（解释说玻璃纸市场也包括其他可替代的柔性包装材料）。

义方法。但其特殊性并不体现在前两个特征上，即公司向不同的客户群销售不同的产品。因为，向多种类型的客户销售多种产品的公司是很常见的。例如，一家公司可能会开采黄金，将其提炼后以填充物的形式卖给牙医，并以金锭的形式卖给投资者。又如，一家公司可能同时钻探石油和天然气。再如，一家公司可能既生产插入汽车车身的点火开关，又生产用于汽车的轮胎。如前所述，反垄断法不会为了第一步的目的而将两种不可替代的产品放在一起（界定相关市场）。

通常情况下，一家公司是否销售相关或互补的产品，即必须同时购买或使用才能发挥功能的产品，如点火开关和轮胎，或相机和胶卷并不重要。在此情况下，一审联邦地区法院普遍会关注被诉行为具有反竞争效果的产品。法院不会将单独的、不可替代商品的客户结合起来，看“整体”限制是否有负面作用。因为产品之间的互补关系与相关市场定义的目的无关。

而具有需要将两组客户联系起来，同时进行交易这种特征的行业也无特别之处。例如，农贸市场将当地农民和当地购物者聚集在一起，只有当农民和购物者同时同意进行交易时交易才会发生。如果一个城市中几个相互竞争的农贸市场同意只有卖某些种类商品的农民才可以参加，或者如果一个农贸市场收取比其竞争对手更高的费用，并禁止参加的农民提高价格以支付费用，则法院是否应该放弃普通的第一步调查？为什么？如果农贸市场是特殊的，那么连接航空公司和乘客的旅行社呢？互联网零售商除了销售自己的商品外，还允许其他商品生产者通过他们的网络进行销售（有偿），又是怎么回事？这些企业似乎都符合多数意见的四个特征。

显然，多数意见认为，对双边交易平台适用特殊市场定义规则的理由是，这种平台经常表现出它所说的“间接网络效应”。多数意见的意思是，与商家有关的信用卡服务和与购物者有关信用卡服务的销售是相互关联的，因为商家的增加意味着购物者的增加（信用卡网络中的商店越多，可能使用该卡片的顾客就越多），反之亦然。但这也是很常见的。例如，在农贸市场，参与的农民越多，市场就越可能吸引更多的顾客，反之亦然。旅行社也是如此，旅行社销售的机票越多，可能会使用该旅行社的潜在乘客就越多，而使用该旅行社的潜在乘客越多，就越容易说服航空公司通过该旅行社销售机票。以此类推。据笔者所知，反垄断法中没有任何内容表明，当法院遇到笔者所举的任何一个市场竞争的限制性协议时，应该放弃传统的相关市场定义方法，将被限制商品的补充而非替代的服务纳入相关市场。

其次,为了证明对双边交易平台的特殊处理是合理的,多数意见依靠法院在美国诉格林尼尔公司案[United States v. Grinnell Corp., 384 U. S. 563. 571-572, 86 S. Ct. 1698, 16 L. Ed. 2d 778(1966)]中的裁决。在美国诉格林尼尔案中,法院将几个不同的"中央站服务"作为一个单一的服务市场,包括防盗报警服务和火灾报警服务。尽管对消费者来说,"防盗报警服务与火灾报警服务是不能互换的",但法院依然如此认定。但上述处理系因为上述服务对生产者而言是可以互换的。提供一种服务的公司可以很容易地提供另一种服务,因为它们都涉及"单一的基本服务——通过使用一个中央服务站来保护财产"。因此,法院所依赖的"商业现实"是,分别提供的服务是经济学家所称的"生产者替代品"。而法律明确规定,"由相同生产设施互换生产的两种产品,推定为同一相关市场",即使它们不是"在需求方面彼此紧密的替代品"。生产其中一种产品的公司可在另一种产品涨价的情况下,轻易地转移其生产,从而限制其竞争者强加高价的权力。

然而,与美国诉讼格林尼尔案中涉及各种类型中心站服务不同,运通公司提供的与购物者有关的服务和与商户有关的服务并不是"供给替代品",如同其不是传统替代品一样。上述服务对生产者和消费是互补的。信用卡公司只有把两种服务放在一起销售,才能发挥其作用,信用卡公司不能通过将与购物者相关的服务供给转移到与商家相关的服务供给来应对与商家相关的价格上涨。因此,本案中的相关"商业现实"与美国诉格林尼尔案完全不同{多数意见还引用了布朗鞋公司诉美国案[Brown Shoe Co. v. United States, 370 U. S. 294, 336-337, 82 S. Ct. 1502, 8 L. Ed. 2d 510(1962)],该案考虑的"商业现实"是"城市郊区的鞋店与市中心的商店进行有效竞争",因此属于同一市场的一部分。此处,与商家有关的服务并不与购物者有关的服务竞争,因此布朗鞋公司诉美国案并不支持多数意见的观点}。因此,法院的先例没有为多数意见定义涉及双边交易平台市场的特殊方法提供支持。

最后,由于多数意见未将双边市场的定义限制在经济学家认为"双边"平台的相关方面,其制定的传统反垄断规则的例外,比其所依赖的学术文章可能获得的支持更广泛。同时,即使仅限于经济学家使用的狭义定义,多数意见引用的学术文章也不支持多数意见的统一规则,即经营双边交易平台的公司应始终被视为所有反垄断目的单一相关市场的一部分。经济学家认为应灵活考虑作出被诉行为企业的双边特性,而非一概认定。

无论是多数意见还是其引用的学术文章,都没有解释为何双边交易平台的特征可以证明总是将其作为一个单一的反垄断相关市场,而不是像地区法院那样以其他方式考虑其经济特征。

(三)原告已提交证据证明反竞争效果

不过,把多数意见的推理中的所有这些实质性问题放在一边,即使多数意见认为界定相关市场是必要的,进而认为地区法院应该将本案相关市场定义为包括与购物者相关的服务和与商家相关的服务,这仍不能证明多数意见肯定上诉法院判决是正确的。这是因为,正如多数意见被迫承认的那样,原告作出了多数意见认为需要的事实证明。原告"提供了"证据,证明运通公司"提高了它向商家收取的购买价格的百分比……而且这种提高并不完全用于奖励持卡人"。多数意见认为,在产量上涨时,价格上涨不能作为评估反竞争效果的依据,是错误的。理由如下:(1)该观点与双边交易市场无关;(2)产量上涨的认定,系基于虚拟世界的比较,缺乏证据支持;(3)信用卡市场的特点会导致商家将上涨的收费平摊到持有运通公司的竞争对手信用卡用户上。

(四)多数意见描绘了一条不同的路线图

尽管多数意见声称接受了三步责任转移框架,但忽略了查明事实。根据在案事实查明:(1)每次消费奖励"搭便车"不存在。持卡人消费方有奖励,不存在奖励的搭便车。(2)运通公司未能证明存在品牌搭便车的行为。(3)Discovery公司更低价格的商业模式企图无法实现。在案事实可以证明运通公司的被诉条款构成垄断行为。

综上所述,多数意见对本案的裁决违背了反垄断法的基本原则,忽视并违背了地区法院基于大量审判记录得出的详细事实结论。

(编写人:李迎新)

2. 谷歌有限责任公司诉欧盟委员会案

一、案例基本信息

审理法院:欧盟初审法院(第九扩大法庭)

判决时间:2021 年 11 月 10 日

案号:Case T – 612/17

关键词:在线一般搜索服务　专业产品搜索服务　滥用支配地位　《欧盟运行条约》(TFEU)第 102 条　《欧洲经济区协议》(EEA 协定)第 54 条　杠杆滥用　自我优待

裁判结果:驳回原告的诉讼请求

当事人:

原告:谷歌有限责任公司(以下简称谷歌)

被告:欧盟委员会

介入诉讼人:美国计算机与通信产生协会(CCIA);德意志联邦共和国;欧洲自由贸易组织监督机构;欧洲消费者联盟办事处(BEUC);因德里昂有限公司;欧洲购物比价网站(Kelkoo);德国杂志发行商协会 eV;视觉金属有限公司;德国联邦数字出版商和报纸出版商协会 eV(BDZV);法国购物比价网站(Twenga)

二、案件事实概述

本案涉及《欧盟运行条约》(The Treaty on the Functioning of the European Union, TFEU)第 102 条和《欧洲经济区协议》(Agreement on the European Economic Area, EEA 协定)第 54 条。

TFEU 第 102 条规定①:

一个或多个企业在内部市场或在占有大部分内部市场的情况下滥用支配地位的行为,只要可能影响成员国之间的贸易,就应视为与内部市场不相容而予以禁止。

---

① 参见程卫东、李靖堃:《欧洲联盟基础条约:经〈里斯本条约〉修订》,社会科学文献出版社 2010 年版,第 87 页。

此种滥用行为特别包括:(1)直接或间接设定不公平的购销价格或其他不公平的交易条件;(2)限制生产、销售或技术发展从而损害消费者利益;(3)对与其他贸易方的相同交易采用不同的条件,从而使其在竞争中处于不利地位;(4)以其他缔约方接受附加义务为条件缔结合同,这些条件从其本质上来说或者根据商业惯例与此等合同的主体无关。

(一)案件背景

谷歌是一家专注于互联网相关产品和服务的美国公司。它主要以其搜索引擎而闻名,谷歌搜索的结果有两类:一是由搜索引擎根据一般标准选择的,并且不需要他们链接的网站向谷歌付费就可以出现,即"一般搜索结果"(general search results)或"一般结果"(generic results);二是根据特定类型搜索的专业逻辑选择的,即"专业搜索结果"或"垂直搜索结果"或"通用搜索结果"(universal search results)。专业搜索结果的出现存在三种情况:一是在互联网用户没有任何具体干预的情况下与一般搜索结果一起出现在同一页面["一般结果页面"general results page(s)];二是当互联网用户在谷歌搜索引擎的某个专业页面上输入查询后它们可能单独出现;三是在谷歌一般结果页面的某些区域中出现的链接被激活后出现。谷歌开发了各种专业搜索服务,如新闻、当地商业信息和优惠、航班或购物。本案涉及专业的购物搜索服务。

专业的购物搜索服务(比较购物服务)本身并不销售产品,而是比较和选择提供所寻找产品的在线卖家的报价。这些卖家可能是直销商,也可能是将众多卖家的报价组合在一起的销售平台,通过这些平台可以立即订购所寻找的产品(如eBay、Amazon、PriceMinister或Fnac等)。

一方面,谷歌的专业搜索结果可能是"自然"(natural)的结果,即使它们所链接的网站是商家网站,商家也无须付费。这些自然结果在结果页面中的显示顺序也与付费无关。另一方面,谷歌的搜索结果页面还包含一些由它们所链接的网站付费的结果,即"广告",这些结果也与互联网用户的搜索相关,并与一般或专业搜索的自然结果区别开来,如标有"广告"或"赞助"。它们出现在结果页面的特定位置或其他搜索结果中,可能以专业搜索结果的形式出现(谷歌的一些专业搜索服务采取付费收录模式),这些搜索结果的显示主要与广告客户在拍卖时的支付承诺挂钩。当互联网用户点击并激活广告中的超链接时,广告商支付谷歌的费用,该超链接将指向他们自己的网站。谷歌的一般结果页面可以包括上述所有类型的结果。

除了谷歌自己的搜索引擎提供,或是已经提供一般搜索服务和专业搜索服务的搜索引擎[如 Alta Vista、雅虎(Yahoo)、必应(Bing)或 Qwant],还有专门的比较购物搜索引擎,如 Bestlist、Nextag、IdealPrice、Twenga、Kelkoo 或 Prix. net。

(二)案件程序

本案件最初是由企业、企业协会和消费者协会自 2009 年 11 月开始向欧盟委员会提出的一些投诉以及国家竞争主管部门(特别是德国联邦卡特尔局)提交给欧盟委员会的案件引起的。

2010 年 11 月 30 日,欧盟委员会根据《第 773/2004 号条例(EC)》第 2(1)条对谷歌提起诉讼,该条例涉及欧盟委员会根据 TFEU 第 101 条和第 102 条进行的诉讼。

2013 年 3 月 13 日,欧盟委员会根据《第 1/2003 号条例(EC)》第 9 条,通过了关于 TFEU 第 101 条和第 102 条规定的竞争规则执行情况的初步评估,以期谷歌可能接受承诺,解决欧盟委员会的关切。在初步评估中,欧盟委员会特别认为,在谷歌的一般结果页面中,与有竞争关系的专业搜索服务的链接相比,谷歌自己的专业搜索服务的链接受到了优惠待遇,这可能违反了 TFEU 第 102 条和 EEA 协定第 54 条。

随后谷歌提交了三套承诺方案,但并未被欧盟委员会接受。2015 年 4 月 15 日,欧盟委员会恢复了《第 1/2003 号条例》第 7(1)条规定的侵权程序,并通过了一份致谷歌的反对声明,其中得出临时结论,谷歌有争议的做法构成滥用支配地位(an abuse of a dominant position),因此违反了 TFEU 第 102 条。

2017 年 6 月 27 日,欧盟委员会通过了与 TFEU 第 102 条和 EEA 协定第 54 条下的程序有关的 C(2017)4444 号最终决定[①](以下简称"有争议的决定")。

2017 年 9 月 11 日,谷歌向法院登记处提交申请,提起了本案诉讼。

---

① See Case AT. 39740 – Google Search(Shopping).

(三)欧盟委员会“有争议的决定”

1.界定相关市场

相关市场包括在线一般搜索服务市场和在线比较购物服务市场。欧盟委员会认为,在调查某一企业在市场上的可能支配地位时,不仅要考虑有关产品或服务的特点,还要考虑供求结构,以便确定相关的一个或多个市场。在这种情况下,产品或服务的独特性必须参照客户需求进行评估。

(1)在线一般搜索服务市场

首先,提供在线一般搜索服务是一种经济活动,因为即使互联网用户免费使用该服务,他们也同意搜索引擎运营商收集有关他们的数据,这些数据随后可能会被货币化,特别是对希望在结果页面上显示广告的广告商而言。一般来说,在“双边”平台上,一方对一个用户群体(互联网用户)免费,如果平台运行良好,就有可能加强对另一方的需求,后者的用户群体(在这种情况下是希望接触尽可能多互联网用户的广告商)需要付费。在这种程度上,各种在线一般搜索服务都是通过搜索引擎的质量来竞争吸引互联网用户和广告商的。

其次,从互联网用户需求的角度来看,一般搜索服务与其他互联网服务之间的可替代性有限。专业搜索服务和一般搜索服务之间的可替代性有限,因为前者只覆盖各自的专业化领域。此外,专业搜索服务大多只提供商业产品,而一般搜索服务则提供所有类型的在线服务。各种搜索服务响应返回的方式(数据库组成)、财务模式也有所不同,一般搜索服务的资金完全来自在结果页面上显示广告的费用,而专业搜索服务的额外资金来源是互联网用户采取后续行动时,搜索结果中显示的企业网站的付费(与用户点击链接或者通过链接进行交易相挂钩的付费)。因此,许多提供专业搜索服务的企业并不提供一般搜索服务。谷歌本身清楚地区分了这两种类型的搜索服务,业内分析人士也对这两种类型的服务进行了区分。从供应方的可替代性角度来看,一般搜索服务和其他在线服务之间的可替代性有限。欧盟委员会列举了其他在线服务运营商在一般搜索服务方面存在进入壁垒的情况,以证明它们在短期内在不产生重大成本或风险的情况下难以与现有的一般搜索服务提供商竞争。一个希望提供新的一般搜索服务的在线服务提供商将不得不进行非常可观的投资。[①] 而且鉴于使用其一般搜索服务的用户数量,市场领导者吸引了更多的广告商,这使新的运营商更难出现。据观察,自2007年以来,一些运营商已经放弃了这项业务,或者将自己局限于某个特定的国家市场或语言区域。

最后,在线一般搜索服务不应根据互联网用户是在电脑上使用还是在平板电脑或智能手机等其他设备上使用来区分。

(2)在线比较购物服务市场

比较购物服务可以区别于互联网上的其他专业搜索服务。从需求侧的角度来看,每个专业搜索服务都是处理特定主题查询需求,并单独提供该主题的答案,因此不同的专业搜索服务之间不存在可替代性。从供应方的角度来看,选择答案的标准、数据库的内容、专业搜索服务可能将用户引向不同的网站运营商,其性质和活动范围,以及与这些运营商的合同关系会因所涉及的专业搜索类型而异,因此专业搜索服务的提供商很难在短期内提供不同类型的专业搜索服务,也很难在这方面进行竞争。因此,在不同类型的专业搜索服务之间也不存在供应方的可替代性。

在一般结果页面上展示一般广告的服务(在线搜索广告平台)和比较购物服务之间也存在有限的可替代性。欧盟委员会提出的理由基本上与这两种类型服务的发展和功能有关,特别是互联网用户并不专门寻找广告,而是有意求助比较购物服务以获得结果。

在线直销服务和比较购物服务之间的可替代性也有限。欧盟委员会指出,从本质上讲,直销商关注的是他们自己销售的产品或服务,互联网用户可以在不需要比较购物服务运行搜索的情况下从他们那里购买商品,并不意味着这两种截然不同的服务之间存在可替代性。

在线销售平台(商家平台)的服务与比较购物服务之间的可替代性有限。欧盟委员会认为,这两类服务满足了互联网用户和在线卖家的不同需求,与在线销售平台不同的是,比较购物服务不销售产品,因此不提供与销售相关的服务或承担与销售相关的义务。

---

① 一些主要的互联网公司报告说,在这方面存在严重的进入壁垒。如果一个一般搜索服务想要顺利运作并生存下去,它需要接收大量的搜索查询。由于对互联网用户查询的回答质量已经发生了相当大的变化,过去领先的搜索引擎 Alta Vista 和 Lycos 的那种市场地位的变化在今天已经不太可能了。

(3)相关市场的地理范围

尽管网站可以在任何地方访问,但与国家划分有关的因素,特别是与语言性质有关的因素,以及"国家"搜索引擎的存在决定了一般搜索服务的市场和专业比较购物搜索服务的市场在范围上都是全国性的。

2. 市场主导地位

自2008年以来,谷歌在所有欧洲经济区(EEA)国家的一般搜索服务市场上都占据主导地位(市场份额几乎一直超过80%)。必应和雅虎等谷歌竞争对手的市场份额较低。欧盟委员会进一步指出谷歌在使用台式电脑和移动设备进行搜索方面占据主导地位。

3. 滥用市场主导地位

早在2008年1月,谷歌就曾在不同时期滥用其在欧洲经济区内13个国家一般搜索服务市场上的主导地位,减少其一般结果页面到竞争对手比较购物服务的流量,增加其自己的比较购物服务的流量,这对13个国家相应的专业比较购物搜索服务市场及一般搜索服务市场产生或可能产生反竞争影响。

TFEU第102条和EEA协定第54条中的禁令不仅可以涵盖倾向于加强企业在其已经占据支配地位市场上地位的行为,还可以涵盖在特定市场上处于支配地位的企业通过扭曲竞争将其地位扩大到邻近市场的行为。禁止滥用支配地位,无论滥用的手段和程序如何,也无论有无过失。然而,有关企业可以提出理由,证明其行为客观上是必要的,或者所产生的排除效应可以被有利于消费者的效率收益方面的优势所抵消。

本案中发现的滥用行为包括在谷歌的一般结果页面中,其自身的比较购物服务比竞争对手的比较购物服务的定位和显示更有利。

(1)为了证明有争议的做法的滥用性质,欧盟委员会首先说明了谷歌如何比竞争对手的比较购物服务更有利地定位和展示自己的比较购物服务。

首先,有关于竞争对手比较购物服务在一般结果页面上的定位和显示。在定位方面,它们以链接的形式出现在一般结果中,链接指向能够回答用户查询的结果页面。与此同时,由于"调整"算法的应用,特别是"熊猫"算法,它们很容易在一般结果的排名中被降级,这主要是基于比较购物服务的特点,特别是它们缺乏原创内容。[①] 在显示方面,它们只能作为一般结果显示在谷歌的一般结果页面上。也就是说,以简单的蓝色链接的形式,不能以丰富的格式显示产品、价格和卖家的图像和额外信息,尽管这些信息提高了点击率。

其次,有关于谷歌的比较购物服务在一般结果页面上的定位和显示。在定位方面,谷歌的比较购物服务与竞争对手相比存在两个差异:第一,谷歌的比较购物服务不受相同的排名机制,特别是"熊猫"等调整算法的影响;第二,谷歌的比较购物服务在"框"(BOX)中展示时,出现在高度可见的地方。关于调整机制的应用,欧盟委员会指出,这些算法不适用于谷歌的比较购物服务,尽管它与相互竞争的比较购物服务有许多共同的特点,这将使它在一般结果中容易出现同样的降级。至于谷歌比较购物服务在一般搜索结果页面的可见性,欧盟委员会更具体地指出,自从推出产品共性(product universal)以来,谷歌在大多数情况下将自己的比较购物服务的结果定位在所有一般搜索结果之上或在第一个一般搜索结果之上,根据谷歌的内部电子邮件,目的是"大幅增加流量"。在描述了2007年至2012年产品共性的演变之后,欧盟委员会审查了购物单元[②](shopping unit)的定位,发现它总是位于谷歌的第一个一般结果之上。针对谷歌关于购物单元触发率低的说法,欧盟委员会指出,在大多数情况下,购物单元的触发率超过了谷歌确定的361项竞争比较购物服务的触发率。在显示方面,谷歌的比较购物服务显示了更丰富的图形特征,包括图像和动态信息。这些更丰富的图形功能使谷歌的点击率更高,从而增加了其收入。

(2)为了证明有争议的做法的滥用性质,欧盟委员会审查了比较购物服务的流量价值。

流量在许多方面对比较购物服务的竞争能力都很重要。流量是专业搜索引擎最重要的资产,因为出于各种原因,流量越大搜索服务的相关性就越大,专业搜索服务的相关性与所提供信息的广度和新鲜度有关。大量的流量使比较购物服务能够说服卖家向他们提供更多的产品数据,从而增加他们提供的在线比较购物服务,进而增加他们的收入。流量导致了机器学习效应,从而提高了搜索结果的

---

① 自推出以来,相关算法已应用于谷歌在回应异议声明时确定的361项比较购物服务中的绝大多数,并且2010年8月2日至2016年12月2日,在英国、德国、法国、意大利和西班牙,谷歌一般结果页面上竞争比较购物服务的可见性指数在2010年年底和2011年年初处于最高水平,在"熊猫"算法推出后突然下降,再也没有恢复过来。

② 即谷歌一般搜索引擎"比较购物服务"中的产品广告。

相关性,以及向互联网用户提供的比较购物服务的有用性。此外,流量使比较购物服务能够开展旨在改进其搜索服务的实验,并向咨询他们的互联网用户提供额外的搜索建议。

(3)为了证明有争议的做法的滥用性质,欧盟委员会指出,谷歌的行为减少了从谷歌的一般结果页面到竞争对手的比较购物服务的流量,增加了从这些页面到谷歌的比较购物服务的流量。

首先,根据对互联网用户行为的分析,当一般结果被排在折叠前的第一个一般结果页面(简称折叠前页面)的前 3 位至 5 位时,会给网站产生巨大的流量,互联网用户很少或根本不关注之后的结果,这些结果通常不会直接出现在屏幕上。欧盟委员会补充,前 10 个结果获得了大约 95% 的互联网用户的点击。在一般结果中给定链接的位置对该链接的点击率有重大影响,而不管它所指向的网页的相关性如何,谷歌一般结果页面上搜索结果排名的变化对一般搜索的流量有重大影响。其次,在实施这些做法的 13 个欧洲经济区国家中,谷歌有争议的做法在相当长的一段时间内导致谷歌一般结果页面到几乎所有竞争对手比较购物服务流量的下降。最后,欧盟委员会发现,有争议的做法导致谷歌自己的比较购物服务的流量增加。

(4)为了证明有争议的做法的滥用性质,欧盟委员会指出,这些做法转移的流量占竞争对手的比较购物服务流量的很大一部分,而且无法被竞争对手目前可用的比较购物服务其他流量来源有效取代,其他流量来源包括文本广告、移动应用、直接流量、其他合作伙伴网站的推荐、社交网络和其他一般搜索引擎。

(5)为了证明有争议的做法的滥用性质,欧盟委员会指出,这些做法对 13 个国家相应的专业比较购物搜索服务市场及一般搜索服务市场有潜在的反竞争影响。关于专业比较购物搜索服务的全国市场,欧盟委员会试图证明,相关做法可能导致竞争对手的比较购物服务停止交易,对创新产生负面影响,从而降低消费者获得最相关服务的能力。因此,这些市场的竞争结构将受到影响。如果商家平台被纳入这些市场,欧盟委员会认为,谷歌最接近的竞争对手,即竞争对手的比较购物服务,也会受到同样的影响。关于一般搜索服务的国内市场,欧盟委员会认为,争议做法的反竞争影响是由于一般结果页面的谷歌比较购物服务能够产生额外的资源,进而加强其一般搜索服务。

综上,在“有争议的决定”中,欧盟委员会试图证明谷歌在其一般结果页面上对其比较购物服务的定位和推广比竞争对手的比较购物服务更有利；大量的流量（大量的访问）对于比较购物服务来说是必不可少的；谷歌的行为增加了其比较购物服务的流量，减少了竞争对手的比较购物服务的流量；来自谷歌一般结果页面的流量占那些竞争对手的比较购物服务流量的很大一部分，不能被其他流量来源有效地替代；有争议的行为可能导致谷歌的主导地位扩展到已经拥有该地位的市场以外的市场，即专业比较购物搜索服务市场；即使比较购物服务被纳入包括在线销售平台服务在内的更广泛的市场，涵盖比较购物服务的市场部分也会感受到同样的反竞争效应；该行为亦保护谷歌在一般搜索服务市场的主导地位。欧盟委员会特别提请注意这一情况可能对消费者造成的损害。欧盟委员会拒绝了谷歌所声称的"客观必要""任何由此产生的竞争限制都被有利于消费者的效率收益所抵消"的理由。

欧盟委员会特别确定谷歌滥用的行为本质上是，谷歌以突出和引人注目的方式在其一般结果页面上以专门的"框"显示其比较购物服务，而该比较服务不受一般搜索使用的调整算法的约束，竞争对手的比较购物服务只能作为一般搜索结果（蓝色链接）出现在这些页面上，由于调整算法的应用，这些搜索结果往往被给予较低的排名。欧盟委员会指出，它本身并不反对谷歌选择的各种选择标准，这些标准被称为相关性标准，而是反对同样的定位和显示标准并不适用于谷歌自己的服务和竞争对手的比较购物服务。同样，它不反对推广谷歌认为相关的专业比较购物结果，而是反对谷歌对竞争对手的比较购物服务没有作出与自己的比较购物服务同样的推广努力。

在提出上述证据后，欧盟委员会宣布，谷歌成立的 Alphabet 母公司自收购谷歌以来，在 13 个国家①违反了 TFEU 第 102 条和 EEA 协定第 54 条的规定。最后，欧盟委员会对谷歌处以 2,424,495,000 欧元的罚款，其中 523,518,000 欧元由 Alphabet 连带承担。

三、判决观点概述

判决分析的基础：谷歌并不否认它在 13 个国家的一般搜索服务市场上占有主导地位，这些市场对应于欧盟委员会发现谷歌滥用这一地位的国家。

---

① 这些国家或者是欧洲联盟成员国，或者是 EEA 协定的其他缔约国。

谷歌提出了六项请求要求撤销“有争议的决定”(其中第六项为关于罚款的抗辩),欧盟普通法院将其分类后以法院确定的顺序处理谷歌的答辩和论点。

(一)谷歌认为,争议做法与占支配地位的企业可以合法从事的行为(competition on the merits①)相一致

1. 合法从事的质量改进不能被视为滥用

谷歌主张:根据在先案例,②就占有支配地位的企业而言,法院在“正常”或“合法”竞争的范围内,对反竞争的滥用行为和有利于竞争的行为进行了区分。因此,企业有权使用所有“正常”方法来竞争赢得业务,包括谷歌通过提高其技术质量以及通过一般搜索页面提供自然产品结果和产品广告的专业搜索服务来“更好地竞争”。③ 谷歌的分组产品结果(grouped product results)和产品广告提高了其一般搜索服务质量,通过在一般搜索结果页面上展示这些“设计”并开发支持它们的创新技术,谷歌在一般搜索服务市场上开展其合法的竞争。欧盟委员会只是认为谷歌的行为旨在通过“杠杆”,④将其主导地位扩展到其拥有这一地位的邻近市场,但未能考虑到该行为旨在改善谷歌的服务,并没有偏离“正常”或“合法”的竞争。

法院认为:根据既定的判例法,占主导地位的企业负有特殊责任,不允许其行为损害真正的、未扭曲的内部市场竞争。⑤ 因此,TFEU 第 102 条禁止占支配地位的企业通过使用不属于合法竞争的方法,采取具有排斥效果的做法。该条不仅涵盖直接对消费者造成伤害的做法,还涵盖通过其对竞争的影响而对消费者造成伤

---

① 一般来说,“competition on the merits”一词意味着,一个占支配地位的企业可以合法从事属于该词所界定范围内的行为,即使这种行为的后果是竞争对手被迫退出市场或限制竞争对手的进入或扩张。

② 13 February 1979, Hoffmann-La Roche v. Commission(85/76, EU:C:1979:36, paragraph 91);3 July 1991, AKZO v. Commission(C 62/86, EU:C:1991:286, paragraph 70);14 October 2010, Deutsche Telekom v. Commission(C 280/08 P, EU:C:2010:603, paragraph 177).

③ 在这方面,CCIA 认为,开发和改进网站的“设计”是竞争过程的一部分,这些变化是消费者和广告商都期待的,网站的质量是在线市场竞争的一个关键参数。

④ 谷歌在计算机与通信产业协会的支持下指出,在这方面,“杠杆”是一个涵盖不同类型滥用的“总括”术语。对于每一种类型的“滥用杠杆”,判例法确定了有关行为的具体特征,这些特征偏离了支配地位企业的合法竞争,并使该行为成为滥用行为,如质量退化、利润挤压或拒绝提供必不可少的投入。

⑤ See judgment of 6 September 2017, Intel v. Commission, C 413/14 P, EU:C:2017:632, paragraph 135 and the case-law cited.

害的做法。[1] 其所载的滥用行为清单并没有穷尽欧盟法律所禁止的滥用支配地位的方法。[2] 滥用的形式可能是不合理的差别待遇。然而,该条的目的绝不是阻止一个企业凭其自身的实力在市场上取得支配地位。因此,并不是每一种排斥结果都必然有害于竞争,即占支配地位的企业可以合法从事的竞争可能会导致从价格、选择、质量或创新等角度来看对消费者吸引力较低的竞争对手离开市场或被边缘化。根据 TFEU 第 102 条,不能宣布一个企业的主导地位是非法的,即使是谷歌在一般检索服务中的主导地位也是如此。为了定性这种“滥用”,欧盟委员会应确定有关经营者如何通过利用其支配地位采用不同于正常竞争的方法。仅仅将一个企业的支配地位延伸到邻近市场本身并不能构成偏离正常竞争的行为的证据,即使这种延伸导致竞争者的消失或被边缘化。

此外,对占主导地位的企业施加的特殊责任的实际范围必须根据表明竞争已被削弱的每个案件的具体情况来考虑。在本案中,欧盟委员会并没有仅仅依靠杠杆操作(leveraging practices)[3]就认为存在违反 TFEU 第 102 条的行为,而是基于三种情况认为谷歌的偏向(谷歌一般结果页面中的自身比较购物服务比竞争对手的比较购物服务的定位和显示更有利)容易导致市场竞争减弱:(1)关于谷歌一般搜索引擎产生的流量的重要性,产生流量启动了一个良性循环,提高了结果的相关性;流量的损失可能导致恶性循环,并最终导致市场退出。(2)用户在网上搜索时的行为。用户通常集中在前 3 个至 5 个搜索结果上,倾向于认为最可见的结果是最相关的,而不管它们的实际相关性。(3)从谷歌的一般结果页面转移的流量占竞争对手的比较购物服务流量的很大比例,且无法被其他来源有效替代。

争议中的基础问题,即谷歌的一般结果页面,为包括竞争对手在内的比较购物服务的其他网站带来流量,原则上是开放的,这使其有别于判例法中提到的其

---

① See judgment of 27 March 2012, Post Danmark, C 209/10, EU:C:2012:172, paragraph 20 and the case-law cited; see also, to that effect, judgment of 29 March 2012, Telefónica and Telefónica de España v. Commission, T 336/07, EU:T:2012:172, paragraph 171.

② See judgments of 21 February 1973, Europemballage and Continental Can v. Commission, 6/72, EU:C:1973:22, paragraph 26; of 17 February 2011, TeliaSonera Sverige, C 52/09, EU:C:2011:83, paragraph 26; and of 29 March 2012, Telefónica and Telefónica de España v. Commission, T 336/07, EU:T:2012:172, paragraph 174.

③ 杠杆是一个通用术语,涉及在一个市场上确定的做法可能对另一个市场产生的影响。该术语可以指几种可能被滥用的不同做法,如捆绑销售,利润率挤压,或忠诚回扣。“杠杆效应”或者“垄断杠杆”是指某一市场中的垄断者将其市场地位传导到相邻或者相关的另一个市场之中。参见孟雁北、赵泽宇:《反垄断法下超级平台自我优待行为的合理规制》,载《中南大学学报(社会科学版)》2022 年第 1 期。

他基础设施,[①]与后一种基础设施不同,一般搜索引擎的基本原理和价值在于它能够对来自外部(第三方)来源的结果开放,并在其一般结果页面上显示这些多种多样的来源,这些来源丰富并提高了搜索引擎在一般公众看来的可信度,并使它能够从网络效应和规模经济中受益,这对它的发展和生存是至关重要的。因为这类基础设施需要大量的用户来达到临界质量,该临界质量能够在市场的一侧补偿免费的服务并在另一侧产生广告收入。因此,对于一个搜索引擎来说,将搜索结果的范围限制在它自己的范围内会带来一定的风险,而且这不一定是合理的。正如在本案中,由于互联网用户选择的限制,市场的主导地位和进入壁垒使其他搜索引擎服务商在足够短的时间内不可能进入市场。因此,假设这一事实成立,谷歌更倾向于自己的专业搜索结果,而不是第三方搜索结果,这似乎与支撑其搜索引擎最初成功的经济模式相反,必然涉及某种形式的异常。即使在与本案不同的情况下,法院也裁定,关于互联网接入提供商,欧盟立法机构的意图是,对这些运营商规定平等待遇的一般义务,不得歧视、限制或干扰流量,在任何情况下都不能通过商业惯例对其进行减损。在分析谷歌这样的运营商在下游市场的做法时,不能忽视立法机关作出这一选择的事实以及由此产生的互联网接入提供商在上游市场不歧视的法律义务,因为谷歌在一般搜索服务市场上具有无可争议的超级支配地位,而且它负有特殊责任,不允许其行为损害内部市场上真正的、无扭曲的竞争。这与某些差别待遇可能被视为违反 TFEU 第 102 条的可能性是一致的。

此外,谷歌确实改变了它在一般搜索服务市场上的行为。从历史上看,谷歌最初提供一般搜索服务,并在该市场上获得了"超级主导"地位,其特点是进入壁垒非常高。谷歌随后进入了专门的比较购物搜索服务市场。鉴于其"超级主导"地位、其作为互联网门户的角色以及一般搜索服务市场的极高准入门槛,谷歌有更大的义务不允许其行为损害专业比较购物搜索服务相关市场上真正的、无扭曲的竞争。当谷歌开始在专门的比较购物搜索服务市场上开展活动时,已经有许多这样的服务提供商。谷歌在其专门的比较购物网页(Froogle)失败后,改变了在其主导的一般搜索服务市场上的做法,转而提高自己的比较购物服务在一般搜索结果页面上的可见性。在推出分组产品搜索结果后,谷歌不再全部以相同的方式对待自己和对手的比较购物服务。谷歌推广自己的专业搜索结果(定位和显示),并

---

① 这些基础设施由有形或无形资产(分别为新闻发布系统或知识产权)组成,其价值取决于所有人保持独家使用这些资产的能力。

降级其竞争对手的结果,而且没有为这些竞争对手提供同样的显示类型(只有"蓝色链接",没有图像或富文本)。谷歌行为的变化导致竞争对手比较购物服务结果的可见性降低,同时谷歌自己的比较购物服务结果的可见性增加。因此,争议做法使谷歌能够在其一般搜索结果页面上突出显示自己的比较购物服务,而在这些页面上几乎不显示竞争对手的比较购物服务,这在原则上不符合一般搜索服务的预期目的。因此,谷歌的行为不能构成对占支配地位企业在合法范围内的竞争。

关于谷歌的主张,首先,其论点是基于错误的前提,即争议行为仅在于产品共性和购物单元的特殊展示和定位,而事实上,该行为在于两种做法的结合:提升谷歌比较购物服务的专业结果,同时通过调整算法降低竞争比较服务的结果。在这方面,谷歌并没有将其一般结果页面上对竞争对手的比较购物服务的降级描述为"质量改进"。其次,欧盟委员会引用的任何判决都没有得出结论,即导致产品或服务改进的行为本身不能构成一种自主形式的滥用,因为这种改进导致主导企业通过采取不同于合法竞争的方法来支持自己的产品或服务,并且这种行为能够产生反竞争效果。

因此,谷歌的该项主张应当被驳回。

2. 谷歌的流量并非不可或缺的,且无法消除所有竞争

谷歌主张:在"有争议的决定"中,欧盟委员会反对有关搜索结果和产品广告及其基础技术的改进,因为谷歌没有提供可访问的竞争性比较购物服务。根据Bronner案①所确定的标准,欧盟委员会必须证明这种访问是不可或缺的,缺乏访问可能会消除所有竞争。

法院认为:在Bronner案中,为了确定处于支配地位的企业拒绝给予获得服务的机会可能构成TFEU第102条意义上的滥用,该拒绝在没有客观理由的情况下,必须消除可能请求该服务的人在市场上的所有竞争,而且由于没有实际或潜在的替代品,这项服务本身对该请求人的业务经营是不可或缺的。Bronner案中规定的条件原则上适用于基础设施或服务("必需设施"),因为这些设施或服务在没有实际或潜在替代品的市场上开展业务必不可少,拒绝准入可能导致所有竞争的消除。该案所确定标准的目的是确保对处于主导地位的企业施加的提供其基础设施的义务不会因为减少该企业建设此类基础设施的初始激励导致最终阻

① See the judgment of 26 November 1998, Bronner(C 7/97, EU:C:1998:569).

碍竞争。事实上,如果竞争对手依靠请求能够分享利益,则主导企业投资设施的激励将减少。

首先,本案中的争议点是谷歌通过访问竞争性比较购物服务的一般结果页面来提供其一般搜索服务的条件,这种访问被认为对比较购物服务网站产生流量以及最终产生收入是“重要的”,并且“不可有效替代”。因此,谷歌被指控未能使竞争对手的比较购物服务获得与其自己的比较服务相似类型的定位和显示,未能确保其自己的比较服务和其竞争对手的服务得到平等对待。

其次,欧盟委员会发现,谷歌正在利用其在一般搜索服务市场上的主导地位,在比较购物服务市场上支持其自己的比较购物服务,这种支持导致下游市场上对竞争的潜在或实际排斥。谷歌的一般结果页面具有类似于必需设施的特征,因为目前还没有实际的或潜在的替代品能够在市场上以经济可行的方式替代它。谷歌一般结果页面的一般搜索流量在竞争对手的比较购物服务的流量中占很大比例,这种流量无法被目前可供比较购物服务使用的其他流量来源有效取代。通过发现谷歌一般搜索页面产生的流量不可“有效替代”且其他流量来源不“经济上可行”,欧盟委员会认为谷歌的流量对于竞争性比较购物服务是不可或缺的。因此,有争议的做法可能导致所有竞争的潜在消除,即这些做法“能够导致相互竞争的比较购物服务停止提供服务”。

最后,并非每一个准入问题或部分准入问题(如本案中的问题)都必然意味着必须适用 Bronner 案判决中规定的与拒绝供应有关的条件。保证适用 Bronner 案判决中规定条件的“拒绝”供应意味着:(1)明示,即有“请求”或在任何情况下都希望被授予访问权,以及随后的“拒绝”;(2)排除效力的触发,被指责的行为主要在于拒绝本身,而不是外在的做法(如特别是另一种形式的杠杆滥用)。相反,没有这种明确拒绝供应的情况,就无法将这种做法描述为拒绝供应,也无法根据因为这种拒绝而规定的严格条件来进行分析,在这种情况下,尽管这些做法最终可能导致默示拒绝准入,但鉴于其构成要素本质上偏离了占支配地位企业合法的竞争范围,它们构成了对 TFEU 第 102 条的独立违反。此外,所有或至少大多数能够限制或消除竞争的做法(排他性做法)都可能构成默示拒绝供应,因为它们往往使进入市场更加困难。尽管如此,Bronner 案判决如果不考虑 TFEU 第 102 条的精神和文字就不能适用于所有这些做法,TFEU 第 102 条的范围并不局限于与该判决意义上的“不可缺少的”产品和服务有关的滥用做法。不能从 Bronner 案中推断出,在评估在不利条件下或可能没有买主的情况下提供服务或销售货物的行为的滥用性质时,确定拒绝供货是滥用行为所必须满足也必须适用的条件。因为这种行为本身可能构成不同于拒绝供货的一种独立的滥用形式。[①] 欧盟委员会认为,争议做法是基于谷歌自己的比较购物服务和竞争对手的比较购物服务之间的内部歧视,这种歧视是通过利用以高进入壁垒为特点的主导市场,即一般搜索服务市场来实现的。因此,本案不仅涉及谷歌单方面拒绝向竞争企业提供在邻近市场上竞争所必需的服务,这将违反 TFEU 第 102 条,因此有理由适用"基本设施"原则,而且还涉及违反该条规定的差别待遇。

因此,欧盟委员会不需要确定争议做法满足 Bronner 案判决中规定的条件,因为争议做法是一种独立形式的杠杆滥用,涉及在对待谷歌的比较购物服务的结果(在其一般结果页面内推广)和竞争对手的比较购物服务的结果(容易降级)方面,采用积极的歧视行为("主动"行为)。因此,它们可以与 Bronner 案判决中简单的拒绝访问行为区分。

因此,谷歌的该项主张应当被驳回。

3. 引入分组产品结果的目的在于提高服务质量,而非为自己的比较购物服务增加流量

谷歌主张:其开发分组产品结果、展示产品共性,提高了搜索结果的质量和相关性。

法院认为:当欧盟委员会审查一家处于主导地位的企业的行为时,必然需要对该企业所追求的经营战略进行评估,该评估是认定该企业存在滥用这种地位的基本前提。因此,欧盟委员会评估有关业务战略的动机,显然是合法的。然而,存在任何反竞争意图仅构成判定支配地位被滥用时可考虑的若干事实之一。

必须指出,TFEU 第 102 条禁止的滥用支配地位是一个客观概念,其没有提到这种做法的目的,尽管它间接提到了反竞争目标。在"有争议的决定"中并没有明显看出,欧盟委员会为确定滥用的存在考虑了谷歌在"开发"导致引入产品共性的技术方面的任何"反竞争目标"。相反,欧盟委员会认为滥用行为由客观因素构成,谷歌的行为尤其包括两种客观做法的结合:(1)谷歌自己的专业结果在其一般

---

① See judgment of 17 February 2011, TeliaSonera Sverige, C 52/09, EU:C:2011:83, paragraphs 55 and 56; see also, to that effect, judgment of 10 July 2014, Telefónica and Telefónica de España v. Commission, C 295/12 P, EU:C:2014:2062, paragraphs 75 and 96.

结果页面中的位置和显示优于来自竞争对手的比较购物服务的结果的位置和显示;(2)通过应用调整算法同时降低来自竞争对手的比较购物服务的结果的等级。因此,争议做法偏离了竞争。这一结论不能因为谷歌声称打算通过提高其一般搜索服务的质量和专业搜索结果的相关性来进行竞争而无效,因为即使这种意图成立也不能证明不存在滥用。

因此,谷歌的该项主张应当被驳回。

(二)谷歌并未通过产品共性和购物单元偏袒自己的专业搜索服务

1. 专业产品搜索的分组自然结果(产品普遍性)

谷歌主张:首先,其生成产品结果和一般结果的机制区别对待不同的情况是有正当理由的。谷歌不否认它使用了不同的机制来生成分组产品结果和一般结果。一方面,对于一般结果,谷歌依赖爬取数据和从这些数据中得出的一般相关性信号。另一方面,对于产品结果,谷歌依赖商家直接提供的数据反馈和特定产品的相关性信号。通过对一般结果和产品结果应用不同的技术,谷歌认为这样做能够提高其结果的质量。谷歌以一致的方式将相同的相关性标准应用于专业和一般结果,以便在其一般搜索页面中对这些结果进行排名。当一个产品共性在普通搜索页面上显示在一个好位置时,是因为它比排在它下面的一般结果更相关,而不是因为优惠待遇。

法院认为:欧盟委员会经过比对认为,滥用行为包括谷歌自己的比较购物服务(包括产品共性)的结果在其一般结果页面中的"定位"和"显示"比竞争对手的比较购物服务的结果更有利。

首先,欧盟委员会声称的区别对待并不包括应用不同的搜索结果选择机制来处理谷歌比较购物服务的搜索结果和竞争对手的比较购物服务的搜索结果。也就是说,为竞争对手的比较购物服务选择一般结果的机制,以及为自己的比较购物服务选择专门搜索结果的机制不包括在欧盟委员会声称的区别对待中。相反,与出现在一般结果中的竞争对手的比较购物服务的结果相比,它在定位和显示自己的专业结果方面拥有更有利的待遇。因此,虽然谷歌声称对其搜索结果的区别对待是基于其一般搜索引擎产生的结果的性质,即它们是专门的还是一般的结果,但这种区别对待实际上是基于结果的来源,即它们是来自竞争对手的比较购物服务还是来自其自己的比较购物服务。只有谷歌的专业搜索结果,即产品共性,才能出现在谷歌一般搜索页面的"框"中,以丰富的格式显示,并避免被调整算法降级。相反,即使竞争对手的比较购物服务的结果对互联网用户来说特别相关,它们也永远不能得到与谷歌的比较购物服务的结果相同的对待,无论是在定位上还是在展示上。因此,即使有降级算法的影响,来自竞争对手的比较购物服务的结果的相关性如此之大,以至于它们出现在谷歌的一般结果页面的第一页,它们也永远不能像产品共性结果那样以可见和引人注目的方式显示。这绝不是由于两种类型的在线结果之间的客观差异,而是由于谷歌选择不那么明显地展示和定位来自竞争对手的比较购物服务的结果,而非自己的比较购物服务结果。

其次,欧盟委员会不反对谷歌对专门产品结果和一般结果适用或不适用相同的相关标准,但它反对谷歌对竞争对手的比较购物服务和自己的比较购物服务没有采用相同的展示和定位标准,前者相比后者处于劣势。即使竞争对手的比较购物服务的结果在这些标准下相关性更强,它们在定位方面也永远不能以相同的方式显示或以相同的方式对待,以至于在用户开始产品查询之前,竞争就被扭曲了。

据此,谷歌使用不同的展示和定位机制来处理自己的专业搜索结果和竞争对手的比较购物服务的搜索结果,这必然会造成竞争对手的比较购物服务的搜索结果与谷歌自己的服务的搜索结果相比处于劣势。

因此,谷歌的该项主张应当被驳回。

2. 购物单元

(1)欧盟委员会错误地认定,在不存在歧视的情况下区别对待产品广告和一般结果相当于偏袒

谷歌认为:首先,产品广告(购物单元)与免费的一般结果不同,包括产品广告在内的付费广告为其一般搜索服务提供资金,因此谷歌必然以不同于免费一般结果的方式展示它们,这是其双向、广告资助商业模式的自然结果。谷歌会在一般结果页面上将购物单元标记为"赞助",以表明它们的付费特征。其次,显示购物单元是因为它们为产品查询提供了比文本广告更好的广告,而不是因为偏袒。高质量的广告对用户更有帮助,对广告主更有效,它们提高了这两类搜索服务的价值。谷歌只在其产品广告比文本广告提供更好的查询响应时显示购物单元。

法院认为:在发现谷歌偏袒自己的比较购物服务的结果时,欧盟委员会将购物单元的定位和展示与竞争对手的比较购物服务的一般结果的定位和展示进行了比较。购物单元相比产品普遍性而言之所以受到青睐,是因为它们在谷歌一般

结果页面中的显著位置,购物单元总是位于第一个谷歌一般搜索结果的上方,在谷歌一般结果页面顶部的方框中显示得更丰富,且购物单元不能被调整算法降级。但竞争对手的比较购物服务的结果不能出现在购物单元中,因此不能以与谷歌专业结果相同的方式定位和显示,除非这些竞争对手的比较购物服务通过成为提供广告的商户网站来改变其商业模式,以便有资格出现在购物单元中,从而销售他们自己的产品。

首先,购物单元显示谷歌比较购物服务的结果,并与竞争对手的比较购物服务竞争。谷歌没有说明购物单元向互联网用户提供的比较购物服务与其他比较购物服务有什么本质区别。相反,似乎两者都旨在比较互联网上的产品,因此从互联网用户的角度来看它们是可以替代的。大多数互联网用户并不容易理解"赞助"标签的含义,即谷歌的比较购物服务和竞争对手的比较购物服务的结果是根据不同的机制进行排名的,用户并不知道竞争对手的比较购物服务的结果在谷歌的一般结果页面中排名下降并非因为其与查询结果的相关性较低。"有争议的决定"并不反对其双向商业模式,即免费服务由广告资助,但如果一个企业的筹资模式导致其参与滥用支配地位,如本案中的情况,则没有任何理由排除该筹资模式受到 TFEU 第 102 条的禁止。

其次,为确定是否存在歧视而进行的相关比较不是在购物单元和文本广告之间进行的,而是在购物单元和可能包含在一般结果中的竞争对手的比较购物服务的结果之间进行的。无论如何,谷歌没有对各种类型的广告应用这些共同相关标准。欧盟委员会反对谷歌自己的比较购物服务不受与竞争对手的比较购物服务相同的标准约束的事实。

因此,谷歌的该项主张应当被驳回。

(2)欧盟委员会错误地认定,购物单元的产品广告有利于谷歌的比较购物服务

谷歌主张:谷歌购物网站(the Google Shopping website)没有从购物单元中的产品广告中获得的任何好处,更不用说将产品广告的点击算作谷歌购物网站流量。购物单元中的标题链接和"查看所有"链接确实指向谷歌购物网站。然而,这并不能证明反对购物单元中的产品广告是合理的,也不能为将产品广告的点击量算作谷歌购物网站的流量提供理由。购物单元中的产品广告产生的收入不会计入谷歌购物网站,谷歌将来自购物单元产品广告的收入分配给其一般搜索服务。

谷歌展示购物单元“是为了资助其一般搜索服务”。购物单元中产品广告的点击收入也不能使谷歌的比较购物服务受益。

法院认为:首先,谷歌的论点是基于一个错误的前提,即其将比较购物服务理解为与专门的谷歌购物页面相对应的独立网站。然而,比较购物服务在“有争议的决定”中被定义为专业的搜索服务。① 谷歌的比较购物服务采取了多种形式,即专业的页面(被称为谷歌购物)、产品结果分组(演变为产品共性)、产品广告(演变为购物单元)。在这种情况下,Froogle、谷歌产品搜索和谷歌购物等专业页面以及分组产品结果(尤其是产品共性)和产品广告(尤其是购物单元)必须被视为谷歌向互联网用户提供的比较购物服务的一部分。

与谷歌的主张相反,本案争议的行为并不限于通过有利的购物单元定位和展示,对专业的谷歌购物页面给予更优惠的待遇,也不涉及“交叉补贴”。这里有争议的是谷歌的比较购物服务作为一个整体的更优惠待遇,其中包括购物单元。本案的情况是购物单元的定位和显示是谷歌支持其比较购物服务的一种手段。购物单元就其产品数据库、其选择结果的机制和结果本身而言,与谷歌购物有着内在的联系,因为它们会导致商家网站上相同的登录页面。此外,购物单元和谷歌购物是作为单一服务和单一体验提供给互联网用户和商家的。因此,卖家不知道他们是为在购物单元还是在独立的谷歌购物网站上点击他们提供的产品而付费。而互联网用户在购物单元导航时,通过标题链接和“查看所有”链接被邀请去谷歌购物,因此,对于卖家和互联网用户来说,购物单元和谷歌购物构成了同一种比较购物服务。谷歌不能根据自己对专业网页、产品共性或购物单元的配置,强加一个比较购物服务的通用定义。

此外,具体就购物单元而言,购物单元与专业页面基于相同的数据库,他们的技术和卖方关系基础设施在很大程度上是相同的,卖方必须接受他们的报价将在两者中显示,并且不被告知他们被计费的点击来自两者中的哪一个,卖方的支付系统是相同的,购物单元和专业页面中的互联网链接都指向卖方网站上的相同网页。因此,在一个购物单元中的点击确实被认为是在一般结果页面中使用谷歌比较购物服务的表现,即被认为是来自该页面的比较购物服务的流量。

在这种情况下,欧盟委员会完全有权裁定购物单元偏向谷歌的比较购物服

① 允许互联网用户搜索产品,并通过几个不同的在线卖家和商家平台的报价比较其价格和特征;提供链接(直接或通过一个或多个连续的中介页面)指向此类在线卖家或商家平台的网站。

务,而不管它们是否通过向独立的谷歌购物网站直接提供收益。

因此,谷歌的该项主张应当被驳回。

(3)谷歌已经在购物单元中包含了竞争对手的比较购物服务

谷歌主张:谷歌已经在购物单元中包含了来自比较购物服务的产品广告,因此不能指责其偏袒自己的比较购物服务。欧洲的几家比较购物服务公司(包括 Idealo、Twenga、Ceneo、Check24、Heureka 和 Kelkoo)成功地利用了这些机会,在谷歌上投放了数以百万计的产品广告。

法院认为:竞争对手的比较购物服务没有资格参与谷歌购物,除非它们改变自己的商业模式,要么增加"购买"按钮,要么作为中介将卖家的付费产品结果放在购物单元中。谷歌向波兰比较购物服务商 Ceneo 表示,它可以参与谷歌购物并相应地出现在购物单元中,前提是它模仿在线零售商或商家平台(谷歌购物的主要客户)的特征,或者通过引入直接购买功能并使"其网站看起来像商店",或者"代表单个商家向谷歌提交商品"以显示在购物单元中,条件是登录页面"不能给人以比较(购物)网站的印象"。可见,竞争对手的比较购物服务本身没有资格出现在购物单元中。

然而,这些选项从根本上改变了比较购物服务的商业模式。首先,从互联网用户和卖家的角度来看,直接购买功能将商家平台与比价购物服务区别开来。直接购买功能的添加可导致互联网用户不再认为某项服务构成比价购物服务。它还可以改变适用于所提供服务的监管框架,最重要的是,改变比价购物网站与其客户的关系。大多数大型零售商不赞成在比较购物服务的网站上添加"购买"按钮,因为这些零售商希望"保留对其零售活动的完全控制(包括销售策略,与客户的关系和交易的处理)"。在与查看过比较购物服务的产品买家的销售关系中,保持卖家的自主权是比较购物服务与亚马逊等平台相比的独特之处,亚马逊等平台自己为与其相关的卖家履行销售职能,而将产品放在比较网站上的卖家将亚马逊视为竞争对手。因此,只有非常有限的比较购物服务引入了该功能,[①]即使在这有限的数量中,相关功能仅被非常有限的卖家和产品提供者引入。[②] 其次,"充当中介"也要求比较购物服务改变其商业模式,因为它们的角色是像卖方那样将产品

① 仅有谷歌确定的 361 个竞争性比较购物服务中的 7 个。

② Idealo 是德国仅次于谷歌购物的最大的比较购物服务,2015 年,它只成功说服了不到 5% 的在线卖家添加了"购买"按钮。

放在谷歌的比较购物服务上,而不再是比较产品。因此,为了访问购物单元,竞争对手的比较购物服务必须成为谷歌比较购物服务的客户,而不再是其直接竞争对手。

因此,谷歌的该项主张应当被驳回。

(三)谷歌声称有争议的做法没有反竞争影响

法院认为,证明争议做法对交易产生了实质性后果是对相关市场产生反竞争影响的认定前提。因此,有必要首先审查谷歌关于争议做法对从其一般结果页面到比较购物服务(包括其自身)的流量的实质性影响的声明,然后审查谷歌关于这些做法没有任何反竞争影响的论点。

1. 欧盟委员会没有证明,谷歌一般搜索结果页面流向竞争对手比较购物服务的流量因争议做法而下降

谷歌主张:首先,在引进产品共性和购物单元的国家与没有引进前述内容的国家,流量的发展情况是相似的。其次,当产品共性和购物单元被移除时,竞争对手的比较购物服务的流量不会改变。最后,欧盟委员会没有考虑更广泛的行业发展或用户偏好的变化,正如亚马逊等商家平台越来越受欢迎,这些平台是比较购物搜索的替代选择。随着商家平台的受欢迎程度增加,与比较购物服务相比,它们在谷歌一般结果中的排名有所提高,无论它们是否活跃在同一市场。自2008年以来,比较购物服务的流量停滞不前,而平台的流量却持续增长。

法院认为:谷歌声称,它推广自己的比较购物服务与欧盟委员会所确定的效果(由于谷歌的一般结果页面的流量减少而排除了竞争比较服务)之间没有因果关系。谷歌有争议的行为包括两种做法的结合:第一,在“框”中展示自己的比较购物服务,且不受调整算法影响;第二,仅以蓝色链接显示竞争比较购物服务,且会被调整算法下降排名。欧盟委员会质疑的是一方面促进谷歌比较购物服务,另一方面在谷歌一般结果页面上贬低竞争对手的比较购物服务的做法。不能将这些做法一个方面的影响与另一个方面的影响分开来分析这些综合做法的影响。谷歌认为,这些做法本身和单独来看都没有引起任何竞争方面的反对。然而,正是它们的联合实施导致了综合影响,该影响是反竞争的。因此,效果分析必须考虑到对一般结果应用调整算法(特别是“熊猫”算法)的效果,以及通过产品共性和购物单元推广谷歌比较购物服务的效果。

因此，由于本案中被视为反竞争的情形是多种做法的结合，谷歌能够恰当提出的唯一反事实情景（counterfactual scenario）是这些做法中的任何一项都没有实施。但不能要求欧盟委员会自发地或针对被怀疑的企业提出的反事实分析系统地建立反事实情景，①在滥用支配地位的情况下，不需要证明有争议的行为具有实际影响，只要证明存在潜在影响就足够了。欧盟委员会根据谷歌消融实验的数据（欧盟委员会并不认为构成反事实情况）起草的表格只考虑了上述有争议的做法两个方面之一，即衡量了购物单元的出现对从一般结果页面到竞争对手的比较购物服务的流量的特殊影响。谷歌可以提出反事实分析，但必须使受怀疑行为的影响作为一个整体而不是部分影响得以确立。谷歌提出的研究仅旨在衡量产品共性和购物单元的出现对该流量的具体影响，如“双重差分”（difference-in-differences）分析或消融实验（ablation experiment），不足以反映争议做法对竞争对手的比较购物服务的影响。

为了确定争议做法的实际或潜在影响，欧盟委员会可能特别依赖通过观察做法所涉市场的实际演变而获得的其他信息。如果观察到这些做法与这些市场上竞争的变化之间存在关联，那么其他信息，如可能包括市场参与者、其供应商、其客户、专业或消费者协会的评估，可能能够证明这些做法与市场演变之间的因果联系。在本案中，“有争议的决定”专门处理了争议做法对谷歌一般结果页面（以通用链接的“点击”次数衡量）到竞争对手的比较购物服务流量的影响。首先，在几个相关国家经营比较购物服务的9家集团声明，自2007年以来，其比较购物服务从谷歌的一般结果页面中获得的流量显著下降，尽管偶尔会出现暂时的增长。这些集团将这些减少归因于谷歌的一般结果调整算法（特别是“熊猫”算法）的变化，这体现在相关比较购物服务的 Sistrix 可见性指数（Sistrix Visibility

---

① 为了分析被认为是反竞争做法对市场的影响，确定一个可信的反事实情景。也就是说，在没有正在审查的做法的情况下，确定会发生的事件，并确定可能会导致的情况，在类似本案的情况下，如果反事实情景对于一个原本与实施这些做法的市场具有相似特征的市场并不存在，那么这可能是一种任意的甚至不可能的操作。原则上，在现有竞争关系（而不仅仅是可能的或潜在的竞争）的情况下，可信的反事实场景必须反映一种最初相似但其发展不受所有相关实践影响的实际情况。在将这样的反事实情景与在市场上观察到的与这些实践相关的情况进行比较时，通过将这些实践与可归因于其他原因的变化隔离开来，通常可以确定这些实践的实际影响。在这方面，比较这种情况下的两个实际发展的反事实情景，可以与对潜在影响的评估区别开来，后者虽然必须是现实的，但有效地描述了一种可能的情况。

Index)[①]的下降。其次,谷歌进行的"双重差分"分析,特别是绘制了2004年至2014年英国、德国、法国和荷兰从谷歌的一般结果页面到10个竞争对手的比较购物服务的流量的演变,也表明了相关比较购物服务的流量下降(特别是在引入"熊猫"算法后)。该分析中所研究的40种比较购物服务中,绝大多数从2011年开始都出现了下降。再次,欧盟委员会还以谷歌提供的数据为基础绘制的图表的形式,介绍了从2004年1月至2016年12月,谷歌的一般结果页面到谷歌识别的361个竞争性比较购物服务的流量的汇总演变,这些服务涉及英国、法国、德国、西班牙、荷兰、意大利、丹麦和波兰,同样得出竞争对手的比较购物服务流量明显下降(点击量大量下降)的结果。最后,欧盟委员会还在4个国家建立了与谷歌自己的服务竞争的比较购物服务的样本,这说明了谷歌在其一般结果页面上对待这些比较购物服务具有长期影响,因为这些页面上购物单元的"触发率"特别高。可以看到,从谷歌一般结果页面到这些样本中包含的比较购物服务的流量实际上有所下降。此外,比较购物服务市场也包括商家平台,根据欧盟委员会第二次研究的结果,在谷歌滥用主导地位的13个国家中,与谷歌的比较购物服务和商家平台相比,谷歌一般结果页面的竞争对手的比较购物服务的流量比例有所下降(尽管在某些国家,竞争对手的比较购物服务的流量绝对值有所增加)。综上,在欧盟委员会确定侵权的13个国家,从谷歌的一般结果页面到竞争对手的比较购物服务的流量减少了。

谷歌关于商家平台获得了更好排名的主张即便是一个可能的解释,也与谷歌算法对一般结果排序的功能密切相关,这是争议做法的一个组成部分。谷歌的解释并没有使欧盟委员会确定的存在争议的做法与谷歌的一般结果页面到竞争对手的比较购物服务流量减少之间的因果关系受到质疑,即一般结果中竞争对手的比较购物服务的总体排名较差,从谷歌的一般结果页面到那些比较购物服务的流量减少。因此,鉴于上述流量下降的列举,以及谷歌未能提出反事实情景,欧盟委员会能够证明争议做法导致几乎所有竞争对手的比较购物服务的一般搜索流量下降。

因此,谷歌的该项主张应当被驳回。

---

① Sistrix Visibility Index 是同名公司每周发布的信息,它考虑了网站在一般搜索结果中的触发率及其在这些结果中的排名。

2. 欧盟委员会没有证明，争议做法导致了谷歌一般结果页面到其比较购物服务的流量增加

谷歌主张：首先，由于这些做法没有导致竞争对手的比较购物服务的流量减少，其比较购物服务流量的任何增加都不可能是以牺牲和排斥为代价的。其次，欧盟委员会夸大了谷歌的比较购物服务的流量。最后，产品共性和购物单元的点击量反映了它们的相关性和用户偏好。产品共性或购物单元中的图像使互联网用户更容易评估所提出结果的相关性，这样做的结果是，当他们认为图像对搜索有用时，他们很容易点击那些包含图像的专业结果，反之亦然。

法院认为：(1)在争议的做法开始之前，谷歌的比较购物服务一直不成功，并以每年近20%的速度流失流量。随着2007年11月在美国推出产品共性，谷歌的流量在一个月内翻了一番。欧盟委员会以图表的形式说明了产品共性触发率与购物单元触发率的相关性，以及同期从谷歌一般结果页面到其比较购物服务的流量。可以看出，谷歌的比较购物服务的流量从每月约500万次点击增加到每月约3000万次点击，而购物单元的流量则从每月约3000万次点击增加到每月约1.2亿次点击。

欧盟委员会分别介绍了从谷歌的一般结果页面到谷歌确定的361个竞争对手的比较购物服务和谷歌的比较购物服务的流量变化。例如，在2008年1月至2016年12月，英国竞争比较购物服务每月的点击量从大约2500万次减少到大约500万次，而谷歌的比较购物服务每月的点击量从0增加到大约3.5亿次。在意大利、荷兰、丹麦和波兰，竞争比较购物服务的流量保持稳定，但从这些页面到谷歌比较购物服务的流量显著增加。欧盟委员会提供了2011年至2016年每年类似的细节，将英国、德国、荷兰和法国谷歌的一般结果页面与竞争对手的比较购物服务样本以及谷歌的比较购物服务的流量进行了比较。2011年，这四个国家的样本流量明显更高；2016年，谷歌的比较购物服务的流量是英国样本流量的14倍，德国的2倍多，荷兰的2.7倍多，法国的4.7倍多。

此外，即便比较购物服务市场也包括商家平台，第二次分析显示，对于欧盟委员会发现谷歌主导地位被滥用的13个国家，与竞争对手的比较购物服务和商家平台相比，谷歌的比较购物服务在其一般结果页面中的流量份额增加。

(2)关于欧盟委员会夸大了谷歌的比较购物服务所收到的流量。从谷歌的一般结果页面到其自己的比较购物服务的流量是使用谷歌提供和解释的数据进行

评估的。双方对数据本身的准确性没有异议,但对用于确定谷歌比较购物服务从其一般结果页面收到的流量的数据有异议。在这方面,在专业搜索和结果页面使用“谷歌产品搜索”(google product search)名称的期间,欧盟委员会仅使用将互联网用户链接到同名专门页面的点击,包括在某些评估中点击专门的菜单链接[1](specialised menu link)。然而,在同一页面使用“谷歌购物”名称的时期,欧盟委员会不仅计算了将互联网用户链接到同名专门页面的点击次数,在菜单中出现的购物菜单链接的点击次数,还计算了将互联网用户直接从购物单元链接到卖方网站的点击次数。相比之下,谷歌提供的数据只计算了链接到名为产品搜索(后来称为谷歌购物)的专门页面的产品共性和购物单位的点击量。

法院认为,在评估谷歌比较购物服务来自其一般结果页面的流量时,必须驳回谷歌对以下事实的反对意见:点击购物单元广告,以及在适当的情况下点击专门的谷歌产品搜索或者谷歌购物页面中的菜单链接(如购物菜单链接)。首先,谷歌的比较购物服务已经采取了几种形式,包括专业的页面、产品结果分组,以及产品广告。其次,对结果页面上方菜单中购物菜单链接的点击确实先于比较购物服务的使用。然而它们必然指示其用途,因为它们意味着互联网用户希望看到该比较服务的专业页面。此外,谷歌曾称大约60%的互联网用户通过该菜单链接访问该专业页面。

欧盟委员会认为一般结果页面上购物菜单链接的存在是反竞争做法的一部分,这并不妨碍在评估从其一般结果页面到其比较购物服务的流量变化时考虑到它的存在。无论如何,谷歌没有表明,如果不计算购物菜单链接的点击,而只计算购物单元的点击,那么从其一般结果页面到其比较购物服务的流量会有什么变化。

(3)关于产品共性和购物单元的点击反映了它们的相关性和用户偏好。欧盟委员会指出“在产品搜索结果中添加图像、价格和商家信息可以提高(所显示链接)的点击率”。欧盟委员会发现谷歌并不总是在其一般结果页面的显著位置上显示来自比较购物服务的最相关结果,反而存在对自己和竞争对手的比较购物服务的区别对待,这使谷歌的服务的结果能够高度可见,而竞争对手的比较购物服务的结果只能通过一般结果出现,且往往位置不佳。如果互联网用户点击了谷歌

---

① 菜单链接不是搜索结果。

的专业产品结果，那么这些结果会在谷歌的一般结果页面上提前推广，这是谷歌综合做法的一个组成部分。如果没有这种可见性，这些结果就不会被如此频繁地点击。此外，谷歌还主张“熊猫”算法推出后，其比较购物服务的流量发展没有变化。虽然事实确实如此，但本案讨论的做法是一系列做法的组合，不仅涉及包括“熊猫”算法在内的一般结果调整算法，还涉及专业产品结果的呈现方式。

因此，谷歌的该项主张应当被驳回。

3. 欧盟委员会推测了有争议做法的反竞争影响

谷歌认为：欧盟委员会未能证明争议做法可能具有反竞争效应，从而导致卖家和消费者的价格上涨和创新减少。谷歌改善了向消费者提供的服务，欧盟委员会应该证明反竞争影响超过了这种改善的利益。

法院认为：TFEU 第 101 条和第 102 条均具有保持内部市场内不扭曲的竞争的目标。[①] 但与 TFEU 第 101 条不同，TFEU 第 102 条没有将以防止、限制或扭曲竞争为目的的行为形式与不以防止、限制或扭曲竞争为目的但具有这种效果的行为形式加以区分。适用 TFEU 第 101 条时，竞争管理机构不需要证明争议做法的反竞争效果，即没有必要证明它们对相关市场的实际影响。相比之下，TFEU 第 102 条所禁止的滥用支配地位是一个客观概念，特别是指支配性企业的行为，在竞争程度已经因为有关企业的存在而被削弱的市场上，这种行为通过采用不同于在商业经营者交易的基础上管理产品或服务正常竞争的方法，具有阻碍维持竞争程度或阻碍竞争增长的效果。因此，排他性做法不能被归类为滥用支配地位，除非证明有反竞争效果，或至少有潜在的反竞争效果。为了认定谷歌滥用了其支配地位，欧盟委员会必须证明可归因于争议做法的限制或消除相关市场竞争的影响（或潜在影响），同时考虑谷歌为质疑其行为能够限制竞争的观点而提出的论据。

在“有争议的决定”中，首先，欧盟委员会分析了争议做法对谷歌的一般结果页面到竞争对手的比较购物服务和谷歌自己的比较购物服务的流量的重大后果。得出结论：第一，这些做法导致几乎所有竞争比较购物服务的流量减少；第二，这些做法导致谷歌比较购物服务的流量增加。

其次，欧盟委员会评估了竞争比较购物服务从谷歌的一般结果页面获得的流

① 不扭曲竞争的目标意味着竞争是在公平的基础上进行的。公平竞争，包括就已经成为或者正在成为占支配地位的企业所导致的竞争者受市场驱动而离开。但是反竞争行为，特别是反映主导企业滥用行为并可能导致此种退出的单边行为是被禁止的。

量占其总流量的比例,且该份额无法被其他流量来源有效替代。欧盟委员会以表格的形式提供了从2011年起6年间13个比较购物服务的各种流量来源的详细信息(其中1家期限为4年),它将来自谷歌的一般搜索结果、谷歌的文本广告、直接导航(互联网用户可能使用移动应用程序进入比较购物服务的网站,而不是通过中间链接)和其他来源(如合作伙伴网站、其他搜索引擎或通讯中的链接)的流量区分开来。可以看出,谷歌一般结果页面的流量对竞争对手的比较购物服务的重要性,并且大多数竞争对手的比较购物服务从谷歌一般结果页面获得的流量比例逐年下降。

最后,欧盟委员会指出,有关做法在全国市场的专业比较购物搜索服务和全国市场的一般搜索服务中具有潜在的反竞争影响。关于专业比较购物搜索服务的全国市场,欧盟委员会认为:首先,争议做法能够导致竞争对手的比较购物服务停止其活动。争议做法可能会降低其创新的动力,因为其不能再合理地期望有足够的流量来与谷歌的比较购物服务竞争,如果他们试图通过依赖付费流量来源来弥补谷歌的一般结果造成的流量损失,就将减少他们用于创新的收入。其次,因为竞争需要减少,争议做法可能会减少谷歌本身在比较购物服务方面创新的激励。最后,争议做法还可能会降低消费者获得表现最佳的比价购物服务的能力。因此,市场的竞争结构将受到影响,谷歌的比较购物服务的成功前景由于其在一般搜索服务市场上的主导地位和争议中的做法而被人为地增强。“有争议的决定”还分析了如果商家平台被纳入专业比较购物搜索服务的国家市场的影响,争议做法没有对商家平台产生不利影响。根据从谷歌的一般结果页面到其自己的比较购物服务、竞争对手的比较购物服务和商家平台的流量演变,显然谷歌比较购物服务的流量普遍增加,而竞争比较购物服务的流量普遍减少,商家平台的流量略有下降(部分国家甚至有所上升)。因此,经过合理论证可以得出,争议做法在比较购物服务的国家市场中存在潜在的反竞争效应。

相比之下,就一般搜索服务的国内市场而言,欧盟委员会仅确定了可归因争议做法的反竞争影响,提到谷歌通过在其一般结果页面上更优惠地对待其自己的比较购物服务,保护了由该专业搜索服务产生的来自这些页面的收入,该收入反过来资助了其一般搜索服务。但仅仅考虑这些是不够精确的,不足以表明在一般搜索服务的国内市场上存在反竞争效应,甚至是潜在效应。欧盟委员会没有对相关广告收入的重要性或其对谷歌及其竞争对手在这些市场的地位的可能影响进行分析。

因此，欧盟委员会关于争议做法在国内一般搜索服务市场上系滥用支配地位的认定是没有根据的，谷歌的部分抗辩成立，接下来只在涉及国内比较购物服务市场的范围内进行审查。

4. 在效果分析中未考虑商家平台的作用

(1)产品市场的定义不正确

谷歌主张：商家平台和比较购物服务提供商都向互联网用户免费提供相同的产品搜索功能，因此二者提供的服务是可替代的，这足以让两种类型的提供商都被纳入比价购物服务的市场。关于德国、法国和英国的三项调查显示，这些国家的绝大多数消费者认为亚马逊平台是最知名的比较购物服务的良好替代品。还有研究表明，大多数希望购买产品的互联网用户都是在商家平台上开始搜索，并在比较产品后才完成购买。

法院认为：在竞争分析的背景下，市场是供应和需求相遇的场所，竞争可能在其中发生。传统上，市场的物质方面(产品市场)和空间方面(地理市场)是有区别的，前者决定了相互竞争的商品或服务(取决于相关企业提供什么)，后者决定了在考虑到特定用户的情况下，竞争发生的区域范围。在《为执行共同体竞争法关于相关市场界定的委员会通知》中，欧盟委员会指出，“相关产品市场包括所有那些因产品的特性、价格和预期用途而被消费者视为可互换或可替代的产品和/或服务”。欧盟委员会还在该通知的第20点中规定了以下内容：“在定义市场时，如果在有效性和即时性方面，(供给侧的)可替代性的影响与需求替代的影响相当，那么供应侧的可替代性也可以被考虑在内。这意味着供应商能够在短期内将生产转向相关产品并进行市场营销，而不会产生重大的额外成本或风险……”在“有争议的决定”中，欧盟委员会认定本案涉及两个不同的产品市场，即在线一般搜索服务市场和在线专业比较购物搜索服务市场。至于第二个市场，欧盟委员会将商家平台排除在外，理由是他们的服务对比价购物服务的可替代性是有限的。

本案所讨论的是一个双边市场，在这个市场中，供给者同时对来自不同类型的服务使用者的两种不同需求作出反应。一方面是互联网用户的需求，他们希望在最终购买之前比较产品的特性和价格；另一方面是那些希望出售自己产品的人的需求，他们将这些产品的信息输入供应商的数据库，以便进行这种比较，以期互联网用户能够购买他们的产品，此时买方和卖方之间如果有交易，则该交易将在不同的市场上进行。虽然为了满足双边市场一方的需求,两类供应商的服务可能在很大程度上可以互换,但这并不一定意味着该市场另一方的需求也是如此。在双边市场上,市场两边的需求不是来自同一个来源,因此不能假定服务的可替代性问题会以同样的方式为两边解决。

关于比较购物服务和商家平台的可替代性,欧盟委员会首先从互联网用户的需求角度,然后从在线卖家的需求角度来审查可替代性。接下来,它分析了比较购物服务和商家平台向互联网用户和在线卖家提供的服务的特点,并认为它们对互联网用户和在线卖家的目的不同,商家平台与比较购物服务提供商没有参与同一比较购物服务市场。

首先,关于互联网用户的需求,比较购物服务在互联网用户和个人卖家或商家平台之间起着中介作用,使用户能够比较不同的产品报价;其让互联网用户访问卖家网站而非在自己的网站上进行购物;不提供售后支持或产品退货选项;优惠只针对新产品。商家平台允许互联网用户在自己的网站上进行购买,包括第三方网站中的产品,有时也包括非专业人士出售的二手产品;被视作多品牌零售商;提供售后支持、产品退货,甚至提供赔偿。此外,比较购物服务通常比商家平台显示更广泛的优惠范围,前者的数据库比后者的搜索范围更广。可见,对于互联网用户来说,商家平台似乎主要是可以购买商品的地方,并提供所有传统的销售功能,包括在某些情况下为非专业人员充当销售柜台,而比较购物服务的主要功能是提供信息。谷歌关于亚马逊的主张仅涉及一家运营商,不能够推翻上述结论。从互联网用户的角度来看,使用这种或那种搜索工具还有所不同。“有争议的决定”中引用的报告摘录表明,产品搜索可以从这两种工具中的任何一种开始,并在另一种工具上进行细化或补充,但也表明互联网用户会咨询商家平台对特定产品质量的评论,还会咨询比较购物服务以找到市场上产品的最佳价格。谷歌无法合理地依赖该报告来证明商家平台和比较购物服务对互联网用户来说是可互换的。最后,大多数被质疑的比较购物服务将商家平台视为商业伙伴,而不是竞争对手,反之亦然。

可以得出结论,从互联网用户的角度来看,比较购物服务和商家平台服务于不同的目的,因此处于不同的市场。从前文可以推断出,出现在比较购物结果中的卖家往往是大型零售商,而出现在商家平台上的比较购物结果中的卖家往往是中小型零售商。即使商家平台和比较购物服务通常提供同一类卖家的产品,这也改变不了互联网用户使用不同的比较购物服务的事实。

其次，从在线卖家的角度来看，比较购物服务倾向于列出来自希望保留对其产品营销控制权的大型在线零售商的报价，而商户平台倾向于列出来自中小型零售商以及可能是不愿意或不能从事网上销售的非专业卖家的报价。这实质上表明，比较购物服务和商家平台有着广泛且不同的客户基础，因此对于在线卖家来说，它们处于不同的市场。尤其是使用这两种不同的渠道，就在线卖家的商业自主权而言，销售模式是非常不同的，这意味着除非有相反证据，否则卖家将根据自己的特点或商业选择使用其中任何一个渠道，即便有卖家同时使用两个渠道，他们这样做也是在互补的基础上扩大他们的销售手段。因此，对卖家而言，比较购物服务和商家平台的服务也只是在很小的程度上是可互换的，它们之间的竞争是微不足道的。

(2)忽略了来自商家平台的竞争压力

谷歌主张：商家平台获得了更多的交易流量，且拥有压倒性的市场份额，因此不应当忽视那些市场份额比比较购物服务大几倍的平台，尤其是亚马逊，谷歌没有足够的市场力量来从事具有反竞争效应的行为。

法院认为：如前所述，商家平台不包括在比较购物服务市场中。为了完整起见，如果产品市场不仅包括比较购物服务还包括商家平台，那么在对谷歌做法的影响进行替代分析时，欧盟委员会需要在多大程度上考虑来自商家平台的竞争压力是适当的？在“有争议的决定”中，欧盟委员会仅限于审查谷歌的比较购物服务、竞争比较购物服务和商家平台的市场份额的演变，以及从谷歌的一般结果页面到它们的流量的演变，以便就谷歌行为的影响得出结论，但它没有审查商家平台的市场地位在多大程度上可以对谷歌造成竞争限制。

考虑到 TFEU 第 102 条的规定，即使占支配地位的企业的单方面行为限制了竞争，但只影响了该市场上的一类竞争对手，而该市场上还有其他类别的竞争对手，如果证明该行为具有(至少是潜在的)反竞争效果，阻碍了整个市场上现有的竞争程度的维持或竞争的增长，该行为就能够构成滥用支配地位。欧盟委员会考虑了商家平台可能代表的竞争来源，既考虑了商家平台不属于同一市场的主要前提(因为与比较购物服务的竞争微不足道)，也考虑了它们属于同一市场的替代前提，并对谷歌做法的影响进行了替代分析。从“有争议的决定”中的数据来看，有争议的做法不能认为对竞争对手的情况没有影响或影响过于轻微。来自商家平台的任何竞争压力并没有阻止这种影响。

因此，谷歌的该项主张应当被驳回。

5. 欧盟委员会未能证明反竞争效果

谷歌主张：即便上述主张都不成立，欧盟委员会也未能在“有争议的决定”中表明受质疑的行为的反竞争影响。首先，欧盟委员会只考虑了竞争对手的比较购物服务从谷歌的一般结果页面收到的流量，但这些竞争对手的比较购物服务的所有使用来源都应该被考虑在内。其次，欧盟委员会没有证明存在进入壁垒，特别是谷歌制造的任何此类壁垒会阻止比较购物服务从一般搜索引擎以外的流量来源中受益，如付费流量、直接流量以及移动应用程序或第三方推荐的流量。谷歌的搜索引擎并不是竞争对手的比较购物服务不可或缺的。欧盟委员会未能证明遇到困难的竞争性比较购物服务与谷歌一样有效，或者它们在价格或创新方面施加了巨大的竞争压力。TFEU 第 102 条不是为了保护无效率的企业，效率较低或不具竞争力的竞争对手的消失是一种正常的市场情况。

法院认为：首先，谷歌认为欧盟委员会在分析竞争性比较购物服务使用的演变时只考虑了谷歌一般性结果的流量是不正确的。根据“有争议的决定”以及欧盟委员会的分析说明，欧盟委员会确实考虑了流量来源，但其他流量来源不能有效地取代谷歌一般性结果的流量，减少从谷歌一般结果页面到竞争对手的比较购物服务的流量不能由这些流量来补偿。进而可以得出结论，来自谷歌的一般搜索结果的流量占“竞争性比较购物服务整体流量的很大一部分”，从略高于 20% 到超过 80% 不等，能够证明限制竞争的潜在影响，并确立滥用主导地位的情形。谷歌和 CCIA 都没有提出异议或数据，表明谷歌一般结果的流量不是竞争对手的比较购物服务的主要流量来源。此外，如前所述，谷歌不能将争议做法对竞争对手的比较购物服务的影响仅限于产品共性和购物单元的出现对从其一般结果页面到竞争对手的比较购物服务的流量的影响。同时还要考虑到利用调整算法对比较购物服务进行较差排名，大部分互联网用户通过谷歌的搜索和结果页面使用比较购物服务等。从原则上来说，确定谷歌的一般结果对竞争对手的比较购物服务的流量显著减少，与表明该流量在这些竞争服务的总流量中占很大比例二者并不矛盾。因此，谷歌的做法对其一般结果页面的流量产生了重大影响，导致竞争对手的比较购物服务的流量减少，而其本身的比较购物服务的流量增加；受这些做法影响的比价购物服务至少在包含商户平台的市场的另一种情况下，在有关的 13

个国家的市场中占了不小的份额;在竞争对手的比较购物服务的整体流量中,来自谷歌的一般结果页面的流量占了很大的比例。

其次,欧盟委员会不满足于评估"有争议的决定"中所提到的一个谷歌竞争对手,来确立这种壁垒的存在。欧盟委员会已经说明这些其他来源不能有效地取代谷歌一般性结果的流量。第一,欧盟委员会审查了谷歌的一般结果页面(AdWords)上文本广告形式的广告对来自谷歌一般结果的流量的替代性。根据"有争议的决定",一些比较购物服务超过30%的流量来自这类广告,但一般结果更受互联网用户的欢迎。某些比较购物服务认为这两种流量来源是互补的,因此一种不能取代另一种。平均而言,在13个相关国家中,比较购物服务来自文本广告的流量大约占总数的1/4,并且由于购物单元的出现,流量本身受到了影响(根据国家不同,减少了16%~30%)。即使竞争对手的比较购物服务可以用其一般结果页面上的文本广告的流量暂时弥补其一般结果的流量损失,但从长远来看,这对它们来说也不是一个经济上可行的解决方案。使用文字广告的成本至少是优化成本的2倍,而在将访问比较购物服务网站转化为随后访问卖家网站的转化率方面,其有效性水平并不足以证明这种成本差异是合理的。此外,谷歌不必就其本身的比较购物服务承担这些费用。比较购物服务在一般搜索结果中出现所产生的收入几乎比其在文本广告中出现所产生的收入高出20%,而文本广告所产生的收入无法弥补其成本。第二,欧盟委员会审查了移动设备应用程序(移动应用程序)对谷歌通用结果流量的替代性。移动应用程序的下载已经假定了强大的品牌知名度,这些应用程序连同直接流量,通常占比不到价购物服务总流量的20%,尽管对某些应用程序来说,这一比例可能更高。在行政程序期间提供数据的大约10个比价购物服务的样本中,来自移动应用程序的流量比例仅为5%~6%。多家比价购物服务机构表示,引入这一媒介并没有使其网站访问量显著增加。第三,欧盟委员会审查了直接流量对谷歌一般结果流量的替代性。该流量的百分比很小,谷歌估计专门的谷歌购物结果页面的流量占5%。在这方面需要指出,谷歌论据中提到的为谷歌购物带来大部分流量的直接导航链接,并不是谷歌购物直接流量的一部分,因为它们出现在谷歌一般搜索和结果页面的菜单链接中。两家比较购物服务机构表示,从本质上来说,它们为增加直接流量而发起的线下广告活动未能成功弥补谷歌一般搜索结果的流量损失。与移动应用一样,直接流量的增加首先需要建立一个强大的品牌,这对于比较购物服务来说成本太高。第四,欧盟委员会审查了其他流量来源对谷歌通用结果流量的替代。它提到了与谷歌竞争的第三方网站、时事通信、社交网络和一般搜索引擎的合作解决方案。欧盟委员会认为,这些解决方案要么成本高昂,要么效率低下。因此,欧盟委员会确定存在准入障碍,使比较购物服务无法从构成谷歌一般结果流量替代品的流量来源中获益。

谷歌表示,假设替代的流量来源很难用于竞争性的比较购物服务,这不是它的责任。然而,问题不在于谷歌是否要对那些代表其一般搜索结果流量替代品的流量来源的进入壁垒负责,而在于这些壁垒是否存在。与微软诉欧盟委员会①一案中的立场不同,谷歌没有在构成其一般结果流量替代品的流量来源方面确立进入壁垒。欧盟委员会认为,谷歌对其一般结果构成的流量来源设置了进入壁垒,并且谷歌可以对其施加控制,就竞争对手的比较购物服务而言,该来源不能被其他来源有效取代,因为其他来源本身受到其他进入壁垒的影响。

最后,谷歌主张欧盟委员会未能证明遇到困难的竞争性比较购物服务与谷歌一样有效,而事实上它们并非如此,欧盟委员会坚持认为无须证明这一点是正确的。在定价行为(如掠夺性定价或利润挤压)的情况下,使用“有效竞争者”测试②是有根据的。在本案中,使用这种涉及比较价格和成本的测试没有意义,因为所确定的竞争问题不是定价问题。此外,假设像欧盟委员会这样的竞争管理机构有可能通过深入研究若干经营者的业务的各种参数来比较其实际效率,只有在竞争条件实际上没有被反竞争行为所扭曲的情况下,这种做法才能产生客观的结果。因此,这样一种做法本身不能用来确定这种行为是否已经成立。因此,在本案中

---

① See (T 201/04, EU:T:2007:289).

② 这实质上是为了评估一个与被指控对这些定价行为负有责任的主导企业同样有效的竞争对手是否会向其客户收取与该企业相同的价格,将不得不在亏损的情况下这样做,并加重这种亏损,导致其在更长时间内离开市场。(The use of the as-efficient-competitor test is warranted in the case of pricing practices (predatory pricing or a margin squeeze, for example) in order, in essence, to assess whether a competitor that is as efficient as the dominant undertaking allegedly responsible for those pricing practices, and which, in order not to be driven immediately from the market, would charge its customers the same prices as those charged by that undertaking, would have to do so at a loss and accentuating that loss, causing it to leave the market in the longer term. 此外,原则上,“有效竞争者”是一个假设的竞争对手,因此假定它向其客户收取与主导企业相同的价格,但如果主导企业向其竞争对手出售最终产品的投入,它将承担或让其承担与主导企业相同的成本。“有效竞争者”测试是为了表明,即使是与确立有争议的定价做法的企业一样有效的竞争者,从长期来看,也无法通过采用同样的定价来承受这种竞争,因为它无法依靠支配地位所赋予的权力。因此,该竞争对手原则上不是真正的竞争对手,其实际效率将得到评估。

欧盟委员会只需证明争议做法对竞争的潜在排斥或限制作用,而不管在比较购物方面,谷歌是否比其他比较购物服务“更有效率”,实际上不可能知道这些做法何时能够扭曲竞争。

因此,谷歌的该项主张应当被驳回。

(四)谷歌主张其行为有客观正当性

1. 谷歌展示产品共性的理由

谷歌主张:其展示产品共性,提高了向用户提供服务的质量,有利于竞争。第一,欧盟委员会在“有争议的决定”中没有反驳谷歌在行政程序中为其做法提出的理由,也没有试图处理谷歌的解释或进行判例法所要求的平衡工作。第二,欧盟委员会没有解释谷歌如何在技术上不可能做到的情况下,使用与自己使用的相同的基本流程和方法,显示来自竞争对手比较购物服务的专业产品搜索结果。

法院认为:从判例法中可以明显看出,占主导地位的企业可以为可能被 TFEU 第 102 条所禁止的行为提供理由,即确定其行为从技术或商业角度来看是客观必要的,或者所产生的排他性效果可能被同样有利于消费者的效率方面的优势所抵消,甚至超过。客观必要性可能来自合法的商业考虑,如防止不公平竞争或考虑到与客户的谈判,但同样可能来自技术理由,如与维持产品或服务性能或改善性能有关。关于效率收益,占支配地位的经营者应证明,争议行为可能产生的效率收益抵消了受影响市场中对竞争和消费者福利可能产生的任何负面影响,这些收益已经或可能是由于该行为而产生的,这种行为是实现这些效率收益所必需的,并且它不会通过消除所有或大多数现有的实际或潜在竞争来源来消除有效竞争。

欧盟委员会审查了谷歌在行政程序中就客观理由和效率收益提出的观点:第一,谷歌调整一般结果的机制有利于竞争,因为它们保持了这些结果的质量。第二,产品共性的定位和展示,以及它们的基础技术,有利于确保其搜索服务为互联网用户和在线卖家提供最高质量的竞争优势。第三,如果要求谷歌在一般结果页面上以与自己的比较购物服务相同的方式定位和显示来自竞争比较购物服务的结果,则将减少竞争,因为竞争的本质和互联网用户的期望是每个搜索服务提供自己的结果,以及这将降低其在一般结果页面上赚钱的能力。第四,从技术上讲,谷歌不能以一致的方式将竞争比较购物服务的结果与自己的结果一起排列,而且这样做将把它们变成自己比较购物服务的产品结果。① 第五，谷歌的基本权利受到了不当影响（诉讼中未提及）。

前两个论点，欧盟委员会认为，当它确定谷歌应用调整机制或在其一般结果页中显示其专业搜索结果时，它并不阻止这些结果与查询有关或有用，但被发现的滥用行为包括未能对谷歌的比较购物服务和竞争对手的比较购物服务的结果应用相同的定位和显示标准。欧盟委员会没有否认一般结果的调整算法或谷歌专业产品结果的定位和显示标准可能代表有利于竞争的服务的改进，但是谷歌没有提出任何证据来表明它所强调的两项有利于竞争的好处会抵消它在有争议的裁决的前几节中所指出的不平等待遇对竞争造成的负面影响。

第三论点，欧盟委员会认为，谷歌没有证明互联网用户期望搜索引擎提供来自单一来源的结果，本案的互联网用户没有被告知，产品共性是基于与一般结果不同的机制显示的；确保谷歌的比较购物服务与其竞争对手的比较购物服务在其一般结果页面上的平等待遇并不妨碍这些页面上某些空间的货币化，而谷歌对这些空间拥有控制权。在定位和显示方面有争议的待遇差别是在一般结果页面上，原则上，互联网用户希望在这些页面上找到来自整个互联网的结果，而且这些结果将以非歧视和透明的方式提供。欧盟委员会不同意谷歌在一般结果页面上的定位和显示方面平等对待自己的产品结果和竞争对手的产品结果可能会受到经济上的不利影响。

欧盟委员会处理前三个论点的方法更加合理，因为首先，争议做法能够排除竞争性的比较购物服务，这可能导致对卖家的更高收费，对消费者的更高价格，以及对竞争对手的比较购物服务和谷歌自己服务的更少创新。其次，有争议的做法

① 谷歌认为，其无法从比较购物服务可能返回的所有响应中选择最佳响应，包括它自己对互联网用户的产品搜索查询的响应。从本质上讲，它在这方面依赖这样一个事实，即它不知道相互竞争的比较购物服务的数据库是如何构成的以及它们包含什么，也不知道它们的编目和索引过程是什么，或者它们的专门算法针对互联网用户的搜索产生某些结果。因此，它无法通过与自己的比较来评估相互竞争的比较购物服务产生的结果的质量，或者甚至预期由竞争的比较购物服务或者实际上由数百个比较购物服务响应于因特网用户的特定查询而返回的结果。对于谷歌来说，试图通过将一个互联网用户的特定查询发送给数百个比较购物服务，然后比较所有返回的响应，来弥补预测竞争比较购物服务可能产生的响应的不可能性是不现实的。至少，这将导致对互联网用户的谷歌查询的严重延误，从而降低其服务质量。谷歌所能做的，也已经在做的，就是用一般搜索比较自己的专业产品结果和自己的一般结果，因为它知道它们是如何产生的。然而，由于其一般结果仅通过“爬取”、索引和一般搜索算法的应用从竞争对手的比较购物服务中检索专业结果，与一般搜索的比较无法使谷歌的产品结果与竞争比较购物服务（如果它们直接接收谷歌收到的产品搜索查询）实际生成的结果进行比较。

可能会减少消费者在比较购物服务方面的选择，这不仅是因为争议做法的排斥效果，使市场上的比较服务数量减少，而且因为消费者的注意力被谷歌比较服务的结果转移，尽管这些结果不一定比竞争对手的比较购物服务的结果更相关。此外，谷歌没有说明争议做法的第二个方面，即通过调整算法在其一般结果页面中对大量相互竞争的比较购物服务进行降级，如何能够产生效率收益。在这种情况下，即使争议做法可能通过产品搜索结果的外观和排名改善了一些互联网用户的体验，但无论如何也不可能抵消这些做法对竞争对手和消费者整体福利的有害影响。并且，谷歌没有按照要求提供相反的证据。

第四论点，欧盟委员会认为，谷歌未能证明其不能应用相同的基本流程和方法来决定自己的比较购物服务和竞争对手的比较购物服务的结果定位和显示。谷歌在承诺讨论期间提出的建议和谷歌的内部反思证明了平等待遇是可能的。首先，争议做法并不能通过改善用户体验来提高效率，而且这些效率收益即使存在，也不可能以任何方式抵消这些做法对竞争对手的和消费者整体福利产生的重大实际或潜在反竞争影响。其次，欧盟委员会谴责的是谷歌没有采用同样的程序和方法来决定其自身比较购物服务和竞争对手的比较购物服务的结果的定位和显示，这些结果可能会出现在谷歌的一般结果页面上，因为对定位和显示其自身结果和竞争对手的比较购物服务的结果采用了不同的程序和方法，导致在一般搜索页面上自己比较服务的结果更受青睐，而竞争对手的比较购物服务的结果被降级。

因此，在“有争议的决定”中，欧盟委员会并未对谷歌未能在其一般结果页面中引入一种新的结果类型表示谴责，即如果互联网用户的具体查询直接在竞争对手的比较购物服务的专业搜索引擎上进行，实际上会返回竞争对手的比较购物服务的结果，欧盟委员会没有要求谷歌对这两类搜索结果在定位和显示方面一视同仁，更没有指责谷歌未将其声称无法比较的自己提供的产品结果与竞争对手的比较购物服务针对同一特定查询可能产生的产品结果进行比较。事实上，这就是为什么谷歌既不能指责欧盟委员会未能反驳其技术解释，也不能像它在行政程序中辩称的那样，抱怨欧盟委员会迫使它将竞争性比较购物服务的结果转化为谷歌产品结果，对它们应用与对自己的结果相同的选择过程和方法。

然而，即使谷歌不能够应用相同的基本过程和方法来以相同的方式比较来自其自己的比较购物服务的结果和来自竞争对手的比较购物服务的结果，特别是因为缺乏对竞争对手的比较购物服务的产品数据库和他们自己的产品选择算法的访问,谷歌也没有证明它被阻止对这些搜索结果应用流程和方法,从而导致自己的比较购物服务和竞争对手的比较购物服务的搜索结果在定位和显示方面得到相同的对待。更需要指出的是,依赖此类正当理由为其行为辩护的企业应令人信服地提出这些理由,而不是审查该行为的竞争主管机构一开始就必须证明不存在此类正当理由。只有有关企业知道客观的理由,自然比欧盟委员会更适合披露其存在并证明其相关性。

此外,为了完整起见,欧盟委员会仍然在“有争议的决定”中提出了论点,以证明有可能应用共同的流程和方法来决定其产品结果和可能出现在一般结果中的竞争比较购物服务的结果在谷歌一般结果页面上的定位和显示。欧盟委员会依据的是谷歌在承诺讨论期间提出的建议以及谷歌的内部思考。谷歌对此的反驳意见并不涉及所称的不可能定位和显示谷歌的产品结果及其通用结果,因为这些结果有可能根据相同的标准收集来自竞争性比较购物服务的结果。

因此,谷歌的该项主张应当被驳回。

2. 谷歌展示购物单元的理由

谷歌主张:首先,购物单元对产品查询的反应比文本广告更好,欧盟委员会没有在“有争议的决定”中解释为什么设立购物单元有利于竞争这一好处不能用来证明它们是合理的。其次,关于客观必要性,谷歌不能将其购物单元中的产品广告与使用不同于自己的方法的竞争对手的比较购物服务产生的产品广告进行比较。最后,谷歌已经在购物单元中包含了来自竞争对手的比较购物服务的广告,这不仅能够证明自身的比较购物服务不存在任何偏袒,而且强调欧盟委员会没有确定任何现实和可实现的替代方案以显示来自竞争对手的比较购物服务的广告。

法院认为:谷歌提出了同样的论点来证明展示购物单元和产品共性的合理性,并特别怀疑欧盟委员会关于前文提到的第二论点和第五论点就产品共性和购物单元所作的答复。在这方面,欧盟委员会对展示购物单元和展示产品共性的理由的反应大致相同。

第二论点,谷歌强调其行为有利于竞争,即购物单元及其基础技术的定位和展示是有利于竞争的优势,确保其在线搜索服务为互联网用户和在线卖家提供最高质量的在线搜索服务。欧盟委员会认为,根据谷歌的说法,购物单元对产品搜索的反应比文本广告更好,这一事实并没有表明这种有利于竞争的优势将如何抵消,甚至超过欧盟委员会确定的谷歌行为对竞争的负面影响。此外,尽管谷歌解释说,与未经商业考虑而出现的系统(购物单元)相比,由付费投标系统(购物单元)产生的答复更相关,因此质量更高,但这种断言并不能使人相信该系统更好,特别是这种系统往往会减少可能出现的结果的数量,从而减少消费者的选择。

第五论点,涉及在技术上不可能以连贯的方式对其本身的比较购物服务和相互竞争的比较购物服务的不同结果进行排序,以及即使有可能这样做也将把所有这些结果转化为谷歌结果。谷歌没有证明引入购物单元满足了有利于竞争的关切,从而产生的效率收益超过了这些做法对竞争造成的损害,因此,这些所谓的效率收益在没有相关技术限制的情况下无法实现与此无关。欧盟委员会不要求谷歌应用竞争对手的比较购物服务的专门搜索算法,也不要求谷歌根据其算法评估其搜索结果与自己的搜索结果之间的关系;相反,它要求谷歌使用相同的基本流程和方法,在与自己的比较购物服务不歧视的基础上定位和显示他们的结果。

谷歌按照通常用于制作其产品广告的方法,将来自竞争对手的比较购物服务的广告包括在购物单元中,但这些比较购物服务成为产品本身的销售者,这一事实并不表明就比较购物服务而言,这是唯一可能的方法。这并不表明,在不要求比较购物服务本身销售相关产品,也不要求这些广告以谷歌产品广告的制作方式产生的情况下,确保来自竞争对手的比较购物服务的广告能够以非歧视的方式包含在购物单元中,或者在定位和显示方面包含在等效的"框"中,在技术上是不可能的。应当由企业提出其行为令人信服的客观理由,而不是由审查该行为的竞争主管机构从一开始就必须证明不存在这种理由。因此,谷歌不能合理地声称,鉴于谷歌实施的将来自竞争对手的比较购物服务的广告纳入购物单元的方法,欧盟委员会没有找到任何现实和可实现的显示此类广告的替代方法。谷歌提出的客观理由可以根据为证明这些理由而提出的论据予以反驳,而欧盟委员会不必通过提出另一种在购物单元中纳入来自竞争对手的比较购物服务的广告的方法来证明技术限制无法证明有争议的行为是正当的。此外,谷歌没有证明,确保购物单元内平等待遇的唯一方法是将竞争对手的比较购物服务的结果转化为谷歌结果。此外,在对法院提出的书面问题的答复中,谷歌表明,它可以通过确定购物单元来将竞争对手的比较购物服务的结果整合到购物单元中。最后,欧盟委员会并未最终间接批准谷歌在购物单元中整合来自竞争对手的比较购物服务的广告的方法。

因此,谷歌的该项主张应当被驳回。

(五)关于主请求的结论

"有争议的决定"第 1 条涉及谷歌公司在 13 个国家的专门产品搜索服务市场上滥用主导地位。根据法院的审查,欧盟委员会正确地得出结论,谷歌滥用了其在专业产品搜索服务市场上的主导地位。由于谷歌还寻求废除"有争议的决定"第 3 条至第 5 条,故该诉讼必须驳回,并责令谷歌终止第 1 条中确立的侵权行为,责令它向欧盟委员会通报为此采取的措施,并规定在不遵守这些义务的情况下定期支付罚款。

(编写人:肖俊逸)

3. 街景地图有限责任公司诉谷歌公司等案

一、案例基本信息

审理法院:英国皇家高等法院
判决时间:2016 年 2 月 12 日
案号:HC - 2013 - 000090
关键词:搜索引擎　在线地图　滥用市场支配地位
裁判结果:驳回原告诉讼请求
当事人:
原告:街景地图有限责任公司(以下简称街景地图公司)
被告:谷歌公司(以下简称谷歌)、谷歌爱尔兰有限公司、谷歌英国有限公司

二、案件事实概述

(一)当事人

本案原告于 1997 年开始通过网站 www. streetmap. co 以"Streetmap"(简称街景)的名义提供英国的在线地图服务。本案的第一被告谷歌成立于 1998 年,现在是一家特拉华州公司,它开发并运营着全球最流行的在线搜索引擎,并提供相关的在线广告服务。这种搜索引擎的突出性和普遍性使"to Google"被广泛用作动

词，意思是使用谷歌搜索引擎在互联网上进行搜索。2005 年年初，谷歌推出了名为“谷歌地图”的在线地图产品，并开发和推出了其他在线产品和专业服务。第二被告和第三被告是第一被告的全资子公司，分别涉及该集团在欧洲和英国的商业运营。本案以对第一被告谷歌诉讼请求为基础继续进行。

（二）搜索引擎和在线地图

用户使用本案涉及的产品，即通用搜索引擎和在线地图都是免费的。它们都是经济学家所说的多边市场的典型例子：商业经营者的收入在很大程度上是通过在线搜索广告从企业那里获得的报酬。尽管在线广告收入的构成方式多种多样，但它们的共同特点是，在线产品对用户越有吸引力，商业经营者获得的广告收入就越大。对用户的吸引力涉及两个方面：用户数量和使用频率。

1. 搜索引擎

谷歌搜索引擎（谷歌搜索）是一个通用搜索引擎：它不限于或专门针对任何特定类型的主题或内容，而是会在全部网络资源中搜索与用户所查询的关键词相关的结果。结果的视觉显示被称为“搜索引擎结果页面”（Search Engine Results Page，SERP），尽管当找到许多结果时，SERP 可能包含多个页面，甚至在第一页上，一些较低的结果可能会出现在“下面”：用户必须向下滚动才能在他或她的屏幕上看到它们。

SERP 包括指向相关网站或网页的链接，这些链接由超文本标识，用户可以单击这些超文本以直接访问该站点或页面：由于它们以蓝色下划线显示，因此通常被称为“蓝色链接”。这些蓝色链接的选择和排名是通过应用复杂的、具有商业价值的搜索算法来实现的，这些算法经常被改进。然而，显示的结果不限于蓝色链接，还可以包括图像、视频和其他信息，这些信息也可以包含可点击的超链接。

虽然谷歌搜索是最著名的通用搜索引擎，但现在竞争的搜索引擎包括必应（微软旗下）和 DuckDuckGo，还有广泛使用的中文和俄语语言通用搜索引擎。截至 2007 年 8 月，也就是本案关注的时期，其他英语通用搜索引擎包括雅虎、Microsoft 的 Windows Live Search 和 Ask。由于通用搜索引擎对用户免费，它们在质量上展开竞争。这包括结果的相关性、速度、便利性和 SERP 的吸引力等问题。但是，用户没有必要一定要使用通用搜索引擎来访问特定网站。

2. 在线地图

随着数字制图数据技术的快速发展,在线地图市场在 20 世纪 90 年代中期开始蓬勃发展。许多在线地图提供商在那个时候开始运营。在线地图的供应商需要拥有制图数据或从第三方获得许可。街景地图是专注于英国的地图。

数字地图由可见部分和更大的隐藏部分组成。用户通过各种形式的查询来搜索他们想要的地图。可能的查询包括城镇或地区的名称、街道名称、邮政编码、电话代码或经纬度。一般来说,这种查询被称为“地理查询”。一些地图提供商可以处理位置查询,如输入“大英博物馆”“皇家法院”,或特定酒店、餐厅、企业的名称,从而在显示的地图上识别位置。一些提供者还响应更一般化性质的自然语言查询,如“霍尔本的咖啡馆”或“伯明翰的印度餐馆”。一般情况下,前者被称为“特定位置查询”,后者被称为“一般位置查询”。

在线地图提供商处理查询的能力不断发展,这是缘于计算能力的快速发展和相关公司的大量投资。一些提供商显示简化的底图,然后可以将用户寻求的更多信息(如兴趣点或交通状况)叠加到该底图上。谷歌地图于 2005 年 2 月左右在美国推出,使用简单风格的替代卫星和航空图像基础层。它于 2005 年 4 月左右在英国推出。

用户可以通过多种方式访问在线地图。在通用搜索引擎中键入地理查询将在 SERP 上显示超链接,其中超链接的提供者通常包括在线地图提供商,并且在用户进行位置查询时也会在一定程度上出现这种情况。用户还可以键入所选地图提供者的名称,如街景地图,作为搜索查询,这将指向特定提供者主页的链接,然后可以在其中输入地理或位置查询。此类旨在查找特定网站或网页的搜索被称为“导航查询”。但用户不需要通过一般的搜索引擎进行搜索,即如果用户知道提供商的网站地址(称为 URL 或统一资源定位符),可以在浏览器的地址栏中直接输入提供者的主页;并且可以将 URL 保存为“收藏夹”,以便以后更快地访问。此外,大约从 2005 年开始,地图应用程序编程接口(API)开始为网站所有者广泛使用,这使可点击的地图能够嵌入网站。随着企业、机构、公共设施等建立自己的网站,他们越来越多地利用这项技术:许多人与在线地图提供商达成协议,提供指向此类地图的可点击链接,并带有指向他们的位置或位置的指针。

在线地图免费提供给公众,供应商以各种方式创收。横幅广告可以显示在地图附近,可以是一般性的也可以是特定位置的。街景还通过许可其地图嵌入第三方网站获得了可观的收入。谷歌地图已经为此类第三方使用提供了免费版本的地图,但它也提供了付费版本,并开发了商业企业通过位置查询获利的方法(不同于简单的地理位置查询)。

在线地图之间的竞争仅部分基于其制图风格和外观,因为不同的用户有不同的偏好。提供者已寻求发展他们识别和处理不同类型搜索查询的能力(如邮政编码、电话代码、不正确的拼写)。显示的信息也因不同提供者而异(如一些地图显示速度限制、单向街道)。但是,用户界面的功能也很重要。2004 年,谷歌地图引入了"滑动地图技术"技术,用户无须通过单击控制箭头向一侧移动屏幕上显示的地图,而是可以拖动地图以响应鼠标的移动(以及更多最近,触摸屏动作)。类似地,可以通过鼠标上的控制来实现显示的平滑放大和缩小。谷歌地图 2005 年就采用了滑动地图技术。Multimap 于 2007 年 5 月推出了滑动地图,而街景地图最终于 2008 年 12 月推出了滑动地图。需要补充的一点是,在这个案例所涉及的时期之后,智能手机应用程序的发展成为竞争技术的一个重要方面。

2007 年至 2008 年,英国的主要竞争在线地图提供商是谷歌地图、MultiMap 和街景。MultiMap 于 2007 年被微软收购(随后于 2010 年关闭,取而代之的是微软的必应地图)。值得注意的是,许多其他独立的在线地图门户网站已被更大、更多样化的企业收购。在美国供应商中,MapQuest 于 2000 年被 AOL 收购,并继续作为 AOL Time Warner 的一部分运营;2007 年,运营 Map24 的德国公司 Mapsolute 被 NAVTEQ 收购,后者又在当年晚些时候被诺基亚收购。

3. 谷歌地图单一框

在早期,谷歌 SERP 仅显示第三方网页的蓝色链接排名列表,以及来自相关页面的一小段文本。但谷歌随后决定,将某些特定类型的信息直接作为对查询的响应以一种专门的格式呈现,这将对用户有所帮助,谷歌将其称为"单一框"(OneBox)。谷歌于 2004 年 9 月左右首次在英国展示了地图单一框(Maps OneBox),列出了两个地图提供商的地址和快捷链接:ViaMichelin 和 Map24。随着谷歌地图于 2005 年 4 月在英国推出,谷歌修改了地图单一框,以包括作为第一个快捷方式的谷歌地图链接。这个地图单一框不包含缩略图,链接是静态的,即它们独立于谷歌,并且在引入新样式的地图单一框之前保持不变。案件中,双方都无法举出英国这种旧式地图单一框的例子作为证据,但美国的例子如图 1 所示。

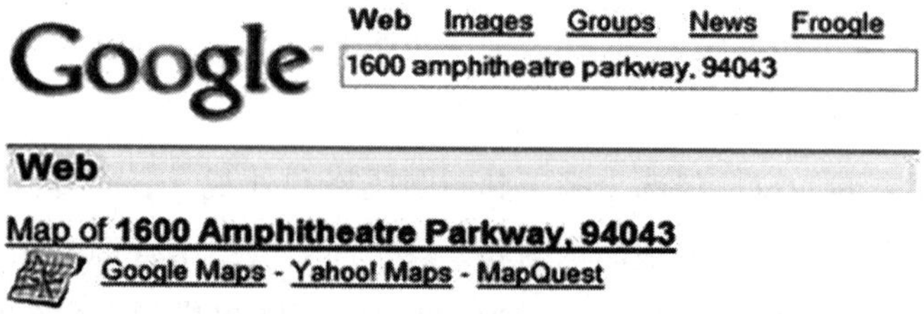

图 1　美国旧式地图单一框示例

单击带下划线的地址或“谷歌地图”链接可将用户带到谷歌地图上的相关地图页面。

可以看出，对于美国的旧地图单一框，通过快捷链接方式包含的另外两个在线地图是雅虎地图和 MapQuest。如上所述，英国地图查询的备选方案是 Via Michelin 和 Map24。选择这两款英国在线地图有点令人惊讶，因为最迟到 2006 年，可能更早，MultiMap 和街景地图都是比 Via Michelin 或 Map24 更受欢迎的英国在线地图提供商。但街景地图并未表明这一情况使其竞争处于劣势。

2007 年 1 月，谷歌在美国推出了新型的地图单一框。大约从 2007 年 6 月 7 日起，谷歌从英国的旧式地图单一框中删除了指向 Via Michelin 和 Map24 的链接，大约一周后，它在英国和其他 16 个国家推出了新式地图单一框。新式地图单一框首次包括一个可点击的缩略图，最初将地址作为进一步的超链接显示在其右侧。缩略图是谷歌地图的摘录，点击它会将用户直接带到相关的谷歌地图页面。这种风格一直延续到今天。美国新式地图单一框对应示例如图 2 所示。

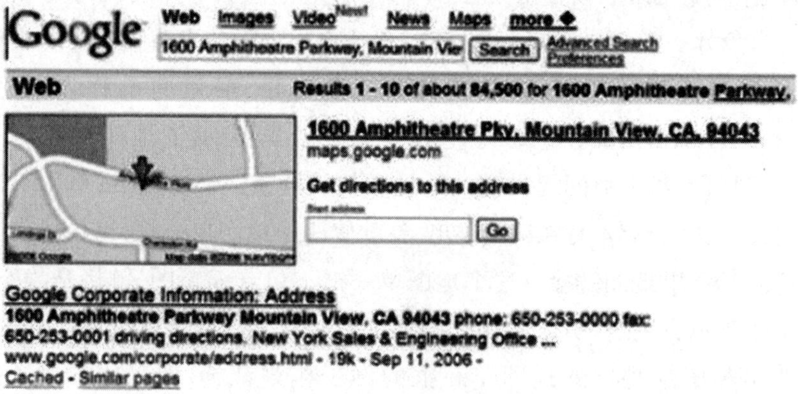

图 2　美国新式地图单一框示例

谷歌承认,直到2010年6月,新式地图单一框始终显示为SERP第一个结果;此后,当顶部蓝色链接结果被认为是权威页面时,它将被降级到第二位,但它始终显示为前两个结果之一。响应搜索其他超链接将显示在下方,包括在适当情况下指向街景地图的蓝色链接,该链接会将用户带到其在网站上找到的地图。引入新式地图单一框并没有改变那些蓝色链接的算法排名和显示。但是,当缩略图在网页上占有的面积增大时,它会产生将那些蓝色链接推到页面下方这一效果。

2007年7月中旬,谷歌在英国推出了其所谓的“本地通用”搜索结果的进一步发展。这包括两种形式的位置查询:特定位置查询,用户在其中寻找个体企业或实体(如指定的餐馆或医院);一般位置查询,其中用户正在寻找商业或实体类别(如伯明翰的印度餐馆)。在任何一种情况下,SERP都会显示一个缩略图,上面用指示器标记了位置。

(三)诉讼请求

本案的被诉行为是,谷歌在其SERP上显示一个可点击的缩略地图,该缩略地图仅来自谷歌地图,位于页面顶部的主要位置,涉及其在线地图产品的一种展示形式,其他在线地图没有。

街景地图公司认为,谷歌通过在其SERP的最顶部或附近显示来自谷歌地图的可点击的图像链接,以响应用户对于地理位置的查询,以及随后将街景地图的蓝色链接降级为在页面下方这一行为降低了用户点击其他地图链接的可能性,这反映了谷歌滥用其在在线搜索和在线搜索广告市场的主导地位。因此,谷歌被指控违反了《英国竞争法》第二章的禁令以及TFEU第102条中规定的欧盟竞争法的等效规定。

街景地图公司指控谷歌滥用其在在线搜索和/或在线搜索广告市场的主导地位:“(1)通过将谷歌搜索与谷歌地图捆绑在一起,从而剥夺了用户对在线地图服务的自愿选择权;使谷歌地图相对于街景地图具有不公平的优势和/或产生歧视性影响;(2)通过在搜索结果页面顶部或附近显示从谷歌地图获得的缩略图,同时通过蓝色链接将其他在线地图服务提供商相关的结果排名降低。”

三、判决观点概述

(一)法律依据

1998 年《英国竞争法》第 18 条规定:“(1)如果一个或多个企业的任何行为可能影响英国境内的贸易,则构成滥用市场支配地位的行为是被禁止的。(2)如果行为包含以下内容,则尤其可能构成此类滥用:(a)直接或间接施加不公平的购买或销售价格或其他不公平的交易条件;(b)限制生产、市场或技术发展以损害消费者的利益;(c)对与其他交易方的同等交易应用不同的条件,从而使他们处于竞争劣势;(d)使合同的订立以其他当事人接受补充义务为条件,而这些补充义务在性质上或根据商业惯例与合同的主题无关。(3)在本节中,‘支配地位’是指在英国境内的支配地位;‘英国’是指英国或其任何部分。上述第(1)款规定的禁令在本法中称为‘第二章禁令’。”

上述条款反映了 TFEU 第 102 条。1998 年《英国竞争法》第 60 条规定了“一致性原则”,根据该原则,在决定与适用第二章禁令有关的任何问题时,法院的行为必须与欧洲法院在适用欧盟竞争法时确定的原则一致,并且必须考虑欧盟委员会的任何相关决定或声明。双方当事人均未表示有必要在本案中区分英国和欧盟的竞争法。据此,本案滥用支配地位的判定同时涉及英国竞争法和欧盟竞争法的条款。

判定是否构成违反滥用支配地位禁令的行为,被告必须满足以下三个要素:(1)被告在相关市场中占有支配地位;(2)被告实施了滥用该支配地位的行为;(3)被告无法证明这种行为具有客观的正当理由。前面两个要素的证明责任由原告承担,第三个要素的证明责任由被告承担。

(二)市场支配地位

街景地图公司主张,谷歌在在线搜索市场上处于支配地位。相关市场是向英国万维网用户提供一般互联网搜索结果。谷歌否认其享有支配地位,并对在线搜索作为相关市场的定义提出异议。根据 2014 年 7 月 28 日发布的同意令,指示街景地图公司提出的滥用指控应作为初步问题进行审判,“假设谷歌如所指控的那样占据主导地位”,如果滥用指控不能成立,事情就会结束;而如果能够成立,支配地位的问题可以在随后的审判中确定,这很可能涉及广泛的披露,但在任何情况下都可能取决于欧盟委员会对谷歌提起的单独诉讼。因此,滥用问题应假设(谷歌否认)谷歌在一般在线搜索市场上处于主导地位来确定。

(三)滥用行为

1. 关于被诉行为的性质

本案显然不属于搭售或捆绑交易的情况。微软诉欧盟委员会案与本案非常相似,[①]在该案中,虽然用户可以通过互联网下载竞争流媒体播放器,但与使用预装微软产品的简单性相比,相当多的用户认为这种方式是复杂的。但相比之下,虽然谷歌地图是唯一受益于可见缩略图的在线地图,但谷歌 SERP 确实包含指向其他相关在线地图的可点击链接;用户点击这些蓝色链接没有特别困难。街景地图公司的主张应当被描述为差别待遇指控。不同于一般情况,本案的差别待遇不涉及价格或供应条件。但竞争法中差别待遇本质是以不同的方式对待相似的产品或客户。谷歌在其 SERP 上显示一个可点击的缩略地图,该缩略地图仅来自谷歌地图,位于页面顶部的主要位置,涉及其在线地图产品的一种展示形式,而其他在线地图则没有这种展示形式;据称,这种偏好会使那些相互竞争的在线地图处于与其内在优点无关的竞争劣势。

具有优势地位的企业可能会滥用其支配地位,并且反竞争效应可能不在其占支配地位的市场上,而是在一个单独的关联市场上。本案的问题是,谷歌的被诉行为,是否构成对竞争对手具有排他效应的滥用市场支配地位。要确定行为是否构成滥用,有必要考虑个案的所有相关情况。[②]

2. 损害市场竞争

街景地图公司主张的实质是,谷歌的行为具有潜在或实际的效果,即在在线地图市场上排除了谷歌地图的其他竞争对手。一家占支配地位的公司当然能够并且应当被鼓励去参与竞争,而成功的竞争本身可能会损害并最终排除竞争对手。因此,如果存在滥用行为,就必须确定存在反竞争的排除限制竞争行为。

占主导地位的公司利用其市场力量通过剥夺或阻碍有效竞争者获得资源或客户的必要途径来限制有效竞争者的竞争能力。因此,竞争者的损害不是正常的竞争导致的。但“资源”是广义的,在本案中,相关资源是通过在谷歌 SERP 上展

---

① See Case T - 201/04 Microsoft v. Commission, EU:T:2007:289.

② See Case C - 549/10P Tomra Systems v. Commission, EU:C:2012:221, para. 18 .

示所提供的推送；换句话说，在谷歌 SERP 上显示是一种获取客户的形式。

此外，竞争法的目的是防止对市场竞争结构造成损害，因此认定侵权行为无须确定对消费者的直接损害。

3. 意图

虽然滥用行为是一个客观概念，但在认定是否构成滥用行为时通常可以考虑意图。

街景地图公司提交了 2006 年至 2007 年的某些谷歌内部文件以证明其主张。2006 年 7 月 30 日制定的“地图单一框产品计划”，该计划将项目的“成功指标”定义为：“点击次数：点击率比旧的单一框更好；整页点击率持平或更好。”2006 年 12 月初，从事该项目的谷歌团队对新式地图单一框进行了预发布测试，这包括所谓的“现场实验”。这仅涉及对一小部分实际搜索流量实施适用于美国地址的新式地图单一框，并根据对上述成功指标评估的变化的影响，与保留的旧式地图单一框大部分搜索流量进行比较。结果载于 2006 年 12 月 11 日的评估报告。评估报告从重复产品计划的“背景”部分开始。该报告总结了方法并列出了现场实验的结果。该实验是在 12 月 1 日至 4 日的 4 天内在美国适用英语进行的搜索。实验结果显示，1% 构成了可以访问新式地图单一框的测试控制组。在该控制组中，发现有 0.4% 的搜索触发了地图单一框。报告指出，这一比例是触发旧式地图单一框搜索比例的 70%：也就是说，有 0.56% 的搜索会触发旧式地图单一框。触发率的降低反映了方法的改进，该报告指出：“触发旧式地图单选框而不触发新式地图单选框的查询是无效地址。”

表 1 测试结果

	查询频率	地图单一框点击率	蓝色链接点击率
测试[新式地图单一框]	27,150	35.6%	29.7%
基础[旧式地图单一框]	4,231,325	32.8%	29.3%
[统计]显著差异		是	否

结果是根据(a)地图单一框和(b)SERP 上的蓝色链接(“Web CTR”)的点击率列出的。

这些结果表明，与旧式地图单一框相比，用户更喜欢新式地图单一框。虽然新式地图单一框在较小比例的情况下被触发，但它的点击率绝对值高出近 3 个百分点，这被认为是统计上显著的增长。但是，用户点击图单一框下方显示的蓝色链接的倾向没有显著差异。评估报告认为这是一个积极的结果。

法官认为，地图单一框的变化会为谷歌地图带来更多流量：这在上述引用的产品计划中被明确承认，体现在评估报告重复的声明中。但是从整体上看，谷歌计划的全部意图是改进其通用搜索引擎，该项目的基本关注点是补救谷歌搜索响应地理查询的方式中的缺陷或缺点。当时在一般搜索领域，谷歌的一些主要竞争对手已经在其 SERP 上显示缩略图以响应美国的此类查询，如雅虎和 Ask。

4. 反竞争效果

如前所述，在 SERP 上显示缩略图以响应地理查询确实提高谷歌 SERP 的质量。本案的不寻常之处和具有挑战性的特点是，在企业占支配地位的市场中促进竞争的行为被指控为滥用行为，理由是该行为在其不占支配地位的独特市场中具有反竞争效果。这就是为什么本案大部分争论都集中在谷歌是否可能在不扭曲在线地图竞争的情况下作出有利于竞争的改进的替代方案上。但在考虑这些替代方案之前，有必要确定在线地图市场中的这种反竞争效果是否符合法律规定的要件，即街景地图公司是否必须证明实际的反竞争效果，仅有潜在的反竞争效果是否足够？反竞争效果是否必须是可观的？

关于第一个问题，在英国航空公司案中，欧盟初审法院认为，没有必要证明被诉滥用行为对相关市场产生了具体影响，在这方面证明企业的滥用行为就足够了，支配地位往往会限制竞争，或者换句话说，被诉行为能够或可能具有这种效果。[①] 但在欧洲法院上诉时该案并不涉及这个问题。街景地图公司也不认为仅仅存在反竞争的可能性就足够，被诉行为必须有合理的可能性损害市场的竞争结构。这也是一审法院（the Court of First Instance，CFI）在微软诉欧盟委员会案中的表述。许多情况下，欧盟委员会会考虑自被诉滥用行为开始以来的相关情况。在微软案中，欧盟委员会审查了 Windows Media Player 搭售对媒体播放器市场的影响。正如欧盟初审法院在第 868 段所述："委员会认为，鉴于本案的具体情况，它不能像通常在滥用搭售案件中所做的那样，仅仅假设特定产品和主导产品的搭售本质上具有排斥性效果。因此，委员会更仔细地审查了捆绑已经对流媒体播放器市场产生的实际影响，以及该市场可能发展的方式。"当被诉行为完全没有产生实

---

① Case T-219/99 British Airways v. Commission, EU:T:2003:343, para. 293.

际的不利影响时,根据英国航空公司案中欧盟初审法院的观点,企业未实现预期的反竞争效果不足以阻却认定滥用支配地位。可以肯定的是,如果行为仍然损害竞争,即使未达到预期的全部效果,该行为也可能构成滥用。针对本案,实际上很难判定行为完全没有反竞争效果或是行为可能产生这种影响。这一点很重要,因为谷歌认为新式地图单一框的推出对在线地图市场的竞争没有影响。法院认为,合适的方法是由街景地图公司确定该行为很可能损害竞争。在确定该问题时,法院将新式地图单一框的推出作为一个非常相关的考虑因素,考虑有关该行为的实际影响的证据。

关于第二个问题,反竞争效果应当达到何种程度。法院认为,如果在企业不占支配地位的单独市场上,被诉行为的反竞争效果并不明显或是严重,那么不能认定被诉行为构成滥用市场支配地位的行为。相反,必须始终牢记,竞争法的目的是防止扭曲竞争的安排或做法,并保护消费者的利益。如果主张的反竞争影响是在企业处在非支配性地位的市场上,应当适用最低限度的门槛,并且要构成滥用行为,该影响必须是可观的。据此,本案应当适用最低门槛。如果谷歌的相关行为构成滥用,必须能够合理地认定它可能对在线地图市场产生严重或明显的影响。

关于新式地图单一框是否合理地可能明显影响竞争的问题,是本案中最困难的部分。法院认为,这个问题要根据在案证据来判定,而不是凭直觉或个人经验。在判断特定行为的影响时,有必要评估这种行为的替代方案:通常称为反事实推理。新式地图单一框推出前的市场情况或是街景地图公司提出的多种地图单一框的替代方案都可能构成相关的反事实假设。谷歌认为,2007 年 6 月推出的新式地图单一框对在线地图的竞争没有任何影响。但这显然无法成立,地图单一框在谷歌 SERP 的顶部处于首要位置,其包含缩略图意味着各种蓝色链接不可避免地被推到页面下方。此外,新式地图单一框包含一个缩略图,用户可以直接点击进入谷歌地图,这显然是一个引人注目的功能,与其他在线地图竞争对手的蓝色链接形式形成鲜明对比。谷歌辩称这种呈现结果仅仅是因为其搜索排名做得更好,从而得到了消费者的认可。但是法院认为,SERP 排名是通过谷歌应用其算法实现的,但这些算法没有应用于地图单一框,没有证据表明在这种排名算法和竞争对手的影响下,谷歌地图的链接会出现在哪里。另外,谷歌搜索在总体上做得好,这本身并不能赋予谷歌突出展示自身相关产品的权利。

反竞争效果是否客观仍然需要结合一些数据和指标来进行判断,本案双方经济学家的证据都集中在这个问题上。如前所述,“现场试验”报告是街景地图公司依据的最关键的证据。

(1)“现场试验”报告

尽管与旧式地图单一框相比,点击新式地图单一框的用户比例在统计上显著增加(从 32.8% 上升到 35.6%),但值得注意的是,谷歌首先要限制地图单一框的触发。这是通过增强对用户查询的分析来实现的,以避免在用户没有寻找实际地址或位置时显示单一框。因此,新式地图单一框显示响应 0.4% 的查询,这是触发旧式地图单一框的查询比例的 70%。

街景地图公司认为,当显示新式地图单一框时,表明用户正在进行地理查询,点击谷歌缩略图(35.6%)的比例明显高于点击下方任何蓝色链接的比例(29.7%),这种差异是显著的。然而,与蓝色链接引用的任何其他在线地图相比,用户可能更喜欢谷歌地图的原因有多种。值得注意的是,在美国的旧式地图单一框下,在谷歌地图的链接旁边显示了雅虎地图和 MapQuest 的短链接。雅虎地图和 MapQuest 都是当时美国市场上著名的在线地图提供商,这两家合计仅占单一框点击率的 10%。因此,引入新式地图单一框后的相对浏览量,即将谷歌地图的点击率与其他地图商的点击率(由蓝色链接的点击率确定)进行比较,并不能得出这一结果是由于引入新式地图单一框导致的。法院认为,更有意义的是考虑新式和旧式地图单一框的情况比较,而不是地图单一框和蓝色链接之间的比较。使用旧式地图单一框,谷歌地图的点击率为 29.5%(占去掉雅虎地图和 MapQuest 合计的 10% 后所剩份额的 32.8%)。但是,能够触发新式地图单一框查询是能够触发旧式地图单一框的查询的 70%。据此,如果旧式地图单一框被触发 1000 次,谷歌地图的点击率为 29.5%,即 295 次点击。新式地图单一框的触发频率仅有 70%,即 700 次触发,点击率为 35.6%,即 249 次点击。因此,在这个实验中,与旧式地图单一框相比,对于相同数量的查询,新式地图单一框对谷歌地图的点击率没有增加。

换句话说,对于触发旧式地图单一框的每 1000 个查询,似乎只有 70% 是对用户进行地理性质查询(如城市或地址)的响应。新式地图单一框开发中的改进将其被触发的次数缩小到 70% 的比例。因此,从旧式地图单一框到谷歌地图的 295 次点击预计将来自 70% 的份额,即 700 次查询。谷歌地图在这些查询上的点击率相应地为 42.1%,高于谷歌地图在触发新式地图单一框的等效 700 个查询上的点击率。尽管没有证据证明,但这是因为一些用户会从新式地图单一框中显示的缩略图地图中获得他们想要的信息,因此不需要点击完整尺寸图。这与产品计划所确定的旧式地图单一框的缺陷之一一致:它仅提供了指向地图的链接,而不是在单一框本身中呈现地图。

此外,评估报告中记录的实验结果表明,蓝色链接的点击率在带有新式地图单一框的 SERP(29.7%)与旧式(29.3%)之间没有显著变化。谷歌辩称,这证实了新式地图单一框的引入并没有蚕食其他显示为蓝色链接的在线地图的需求。街景地图公司试图争辩说,为了获得更公平的比较,对于旧式地图单一框,应该将雅虎地图和 MapQuest 的点击率共计 3.3% 添加到谷歌地图以外网站的点击率,即谷歌地图以外的网站有 32.6% 的总点击率。在此基础上,街景地图公司提出对第三方存在重大不利影响。

法院认为,即使进行上述调整,那些第三方网站应包括所有网站,而不仅仅是在线地图网站。鉴于旧式地图单一框有很大一部分是在用户没有进行地图搜索情况下生成的,所以在这种情况下会有更高比例的点击转到其他与用户的查询更相关的网站。现场实验旨在测试使用新式地图单一框触发地图单一框是否更能响应用户的搜索兴趣,但现场实验对第三方在线地图网站的点击情况并没有提供任何信息,从而也无法推断出对在线地图网站点击率的影响。因此,经过适当的分析,法院发现现场实验的数据不能支持新式地图单一框明显排除了用户点击其他在线地图的这一主张。

现场实验涉及美国,以下讨论英国的情况。街景地图公司认为,英国的在线地图市场在 2000 年至 2010 年显著且稳定地增长,在这样一个不断增长的市场中,如果谷歌地图的使用量增加而竞争产品的使用量保持不变,那么谷歌地图就占据了增长的主要份额,当然包括在线地图的新用户。2007 年与谷歌地图竞争的主要提供商是街景地图和 MultiMap。但与街景地图和 MultiMap 相比,谷歌地图获得市场份额这一事实本身并不表明,更不用说证明新式地图单一框是原因,其甚至不是促成原因。谷歌地图的任何相对成功都同样可以根据谷歌地图吸引用户的特征来进行解释:根据优点进行竞争。从推出之时起,谷歌地图就出现了滑动地图,随后成为行业标准。到 2005 年 7 月,谷歌地图推出了一种混合模式,允许用户同时以地图和照片形式查看位置。谷歌地图是使用矢量数据的早期先驱,这使它的地图能够在不同的缩放级别呈现相同的风格,而对于其他供应商,地图的可视化在不同的缩放级别会发生变化。与在线地图相邻的不相关的横幅广告可能会刺激用户,但当广告与用户的位置或搜索相关时,则被认为对用户更友好。到2005年10月左右,谷歌已经具备了提供此类地理定位广告的能力。从在线地图门户网站的整体可用性和功能的角度来看,至少从2006年7月起,在英国,谷歌地图允许使用所谓的“自然语言”搜索:用户可以简单地键入一个请求,如“哪里是大英博物馆”,而无须输入街道名称或邮政编码。

有重要证据表明街景地图在许多功能开发方面存在缺陷或滞后。例如,街景地图直到2008年12月才提供滑动地图,并且从未启用自然语言搜索。街景地图无法识别“Street”到“St”的缩写,也无法处理地址中的门牌号。但经济学家们一致认为,需要关注英国其他主要在线地图提供商的地位。MultiMap于2007年5月31日推出了slippy地图,但这仍然比谷歌晚得多。MultiMap从未提供过自然语言搜索(尽管其继任者必应地图自2009年6月推出以来就包含了此类功能)。谷歌提交了一项详细的、经过审阅的学术研究报告——网络地图站点的可用性评估(2008),该报告基于2006年8月至9月进行的实验评估。四个网络地图评估的站点不包括街景地图,但包括MultiMap和谷歌地图。其中,谷歌地图具有最少数量的使用障碍,并且远少于MultiMap。与谷歌地图相比,MultiMap的不足包括页面广告过载以及不同缩放级别之间的可视化变化令人困惑。

综上,谷歌地图在2007～2008年在英国取得的相对成功很容易通过一系列因素来解释,这些因素涉及价值竞争,而与在谷歌SERP上引入新式地图单一框完全无关。

(2)“唯一访问者”数据报告

街景地图公司提交了comScore收集的“唯一访问者”(unique visitors)的数据,一张图表显示了自2007年年中以来英国唯一访客到街景的comScore数据急剧下降。“唯一访问者”数据报告了在给定月份访问过特定在线提供商网站的人数。如果同一个人在一个月内两次访问网站,则该访问者只会被计为一次。法院认为,尽管它显示在谷歌搜索中“Streetmap”和“MultiMap”的相关搜索量急剧下降,但不能证明这可能是引入新式地图单一框导致的。首先,这些数据存在严重的局限性。分母是谷歌上的所有搜索。如果在任何时候对某个完全不相关的主题进行搜索激增,那将导致对街景地图和MultiMap的相对搜索兴趣下降,这与地图单一框或任何在线地图均无关。其次,没有证据能够解释,新式地图单一框的引入会突然降低街景地图和 MultiMap 的品牌知名度。据此,上述数据在解决新式地图单一框的引入是否有明显的反竞争效果的问题上并不重要。

此外,即使上述数据表明 2007 年 6 月街景地图和 MultiMap 的导航搜索相对点击谷歌地图(而不仅仅是所有谷歌搜索)的下降,这种下降也可能反映了其他因素。特别是在 2007 年 7 月,在推出用于地理搜索的新式地图单一框不到 5 周后,谷歌地图在英国推出了用于位置搜索的本地通用功能。因此,在谷歌地图上搜索"大英博物馆"或"伯明翰的印度餐馆"将在 SERP 上生成一个可点击的缩略图地图,精确定位位置。以前,SERP 会显示主题相关网站的链接(或在某些情况下,显示位置的地址),随后必须使用该地址进行不同的搜索以生成地图。然而,街景地图无法识别或响应那种类型的位置搜索,因此如果用户想在街景地图上查找地图,则用户仍然必须进行两阶段搜索(首先搜索地址或邮政编码的位置,然后搜索该地址/邮政编码以查找地图)。这是使在线流量远离街景地图的一个重要因素。街景地图的 API 使其地图(或其地图的链接)嵌入第三方网站,这是街景地图业务的重要组成部分。谷歌地图提供了一个等效的 API,但与街景地图相比,它是免费提供给企业的。街景地图的内部文件包括与许多此类企业客户的电子邮件往来,这些客户表示他们正转向从谷歌地图获取 API,原因包括成本(并且还提到了来自谷歌地图的互动地图的可用性)。这对街景地图访问者数量的下降有重要作用。

在考虑所有证据后,法院认为 2007 年 6 月推出的新式地图单一框本身并没有对街景地图的用户流失产生明显影响。鉴于此,法院得出结论,这一行为不太可能引起排除竞争的效果。

5. 正当理由

关于正当理由的证明责任落在了谷歌身上。如果占市场支配地位的企业表明被诉行为是客观且正当的,那么该行为就不会构成滥用。正当理由需要满足至少以下两个方面:(1)占支配地位的企业可以证明对市场的任何排他性影响都被对消费者有利的优势所抵消或超过①;(2)有关行为必须符合比例原则。关于第 1 点,欧洲法院在丹麦邮政(Post Danmark)案的第 42 段补充说:"占支配地位的企业应证明,所考虑的行为可能产生的效率收益抵消了受影响市场中竞争和消费者

---

① See Case C - 209/10 Post Danmark, EU:C:2012:172, para. 41.

福利可能产生的任何负面影响,这些收益已经或可能会带来关于这种行为的结果,这种行为对于实现效率的提高是必要的,并且它不会通过消除所有或大多数现有的实际或潜在竞争来源来排除有效竞争。”相关效率并不局限于价格或成本方面的经济考虑,还可能包括商品质量的技术改进。① 关于第2点比例原则,这一原则的适用在有关滥用职权的判例中已多次强调。因此,欧盟委员会指南在“客观正当性”的标题下指出,欧盟委员会“将评估有关行为是否必不可少,是否与主导企业所追求的目标相称”。关于效率,必要的标准是“没有对竞争限制较少的替代方案能够产生同样的效率”。

本案所指控的滥用行为并不是谷歌引入了包含缩略图的地图单一框,而在于这个地图单一框自动且专门提供来自谷歌地图的缩略图。在SERP上呈现缩略图以响应地理查询是一种技术“效率”。关于这一点,街景地图公司认可这是谷歌为了消费者利益进行的一项技术改革。

在此基础上,关于客观正当性的争论焦点是比例原则。比例原则本质上是一个事实和程度的问题。如果效率是一种技术改进,那么比例原则并不要求采用成本大大增加、效率降低或施加不合理负担的替代方案(至少没有迹象表明被诉行为可能会消除竞争)。

街景地图公司提出了一些替代方法,如谷歌可以实现在其SERP上显示缩略图以响应地理查询的合法目标。然后由谷歌证明这些替代方案不切实际或无法提供相同的好处,或者会涉及更大的复杂性或成本。

街景地图公司认为,尽管新式地图单一框显示了来自谷歌地图的缩略图,但它仍然可以包含指向一些第三方提供商的快捷方式超链接,像旧式地图单一框一样,将其称为“替代链接”方案。法院认为,“替代链接”不是一个有效或可行的替代方案,主要有两个原因。首先,尽管街景地图公司的指控包括投诉第三方地图提供商被降级为页面下方的超链接,但本案的基本主旨是谷歌给予谷歌地图相较于其他在线地图运行商所具有的不公平的优势,因为缩略图自动和独家展示来自地图单一框中的谷歌地图。旧式地图单一框的相关数据是在没有显示谷歌地图的缩略图摘录并且仅显示“谷歌地图”一词作为替代链接的情况下生成,因此旧式地图单一框的相关数据不能证明替代链接方案会有效避免反竞争效果。此外,考

---

① The Commission's Guidance on its enforcement priorities in applying Article [102] to abusive exclusionary conduct by dominant undertakings, OJ 2009 C45/7, para. 30.

虑到街景地图并不是旧式地图单一框中的快捷链接之一,法院认为即使引入新式地图单一框确实有一个可观的对竞争的影响,但与来自谷歌地图的可点击缩略图的排他性和显著性展示相比,对街景地图的意义不大。其次,法院认为替代链接方案对谷歌来说比看起来要复杂得多。如前所述,在旧式地图单一框中,指向两个或三个地图提供商的快捷链接是静态的:它们不会根据应用程序的任何算法而变化。但是,如果要采用替代链接来履行作为支配地位企业的特殊责任,那不可能仅是为了街景地图的特定利益,它也会对本地普通搜索产生影响。几个月来,谷歌开始在其 SERP 上显示缩略图,以响应英国范围更广的查询,这依赖地理编码基础设施。最迟从 2008 年 2 月开始,在 SERP 上显示可点击缩略图的查询包括:(1)按城市、社区和地址进行地理搜索;(2)具体位置搜索(如"大英博物馆");(3)一般位置搜索(如"伯明翰的印度餐馆")。对于所有这些,谷歌搜索将能够解释和响应自然语言搜索。而街景地图无法响应类别(2)和(3)中的查询,也无法解释自然语言查询或搜索,如搜索"22 Frith St",SERP 上不会出现街景地图的蓝色链接。因此,如果指向街景地图的链接不合适(因为街景地图不会显示地图以响应在谷歌 SERP 上生成缩略图的查询),另一个地图提供商可以解释该查询以显示地图,就必须包含指向该在线地图的快捷链接。因此,缩略图下方的那些链接不能是静态的,而是必须根据对搜索查询的算法响应识别出哪些第三方地图提供商有所不同。随着其他在线地图提供商的搜索功能的灵活性的发展,替代链接项下显示的快捷链接的标识需要更改。这将带来一定程度的复杂性。此外,欧盟竞争法当然同样适用于所有成员国。众所周知,谷歌搜索在整个欧盟是非常受欢迎的搜索引擎。如果它作为搜索引擎在英国占据主导地位,出于同样的原因,它很可能在其他成员国或地区市场占据主导地位。对于其中的每一个国家或地区,谷歌都必须根据这种方法选择其他在线地图门户网站,以便从地图单一框的直接快捷链接中获益。正如街景地图的识别功能在某些方面与谷歌地图的识别功能不同一样,欧盟不同地区的主要地图供应商的功能之间也可能存在差异,有时地理覆盖范围也可能存在差异。简言之,客观合法地实施这种做法会存在重大的现实问题。据此,新式地图单一框不包含指向街景地图的快捷方式超链接这一事实并不排除谷歌具有正当理由,也不意味着它在 SERP 上呈现谷歌地图缩略图的方式以提高技术效率不符合比例原则。

街景地图公司另外提出了三种替代解决方案:(1)单个缩略图和链接。这涉及在地图单一框中有几个可供选择的超链接选项到不同的在线地图供应商:点击其中任何一个都会在单一框中显示来自该供应商的缩略地图,用户可以点击在替代链接之一上更改地图的来源。(2)用户选择他们的首选供应商。谷歌搜索有一个“搜索设置”页面,用户可以在其中更改搜索引擎行为的首选项,如关于每页显示的结果数,可以有一个额外的部分,使用户能够从许多在线地图提供商中选择一个地图提供商,然后地图单一框将显示来自该提供商的缩略地图。(3)显示多张地图。两个或三个缩略图,每个都来自不同的提供商,可以在地图单一框中彼此相邻显示。

法院认为,对于这些解决方案中的每一个,显然有必要考虑实施的技术工程问题,因为它们都涉及谷歌在其 SERP 上显示来自第三方的地图。采用上述解决方案,会导致地图单一框的呈现要么会延迟,要么会保持不完整,这会降低用户体验。此外,还会出现第三方提供商无法解释用户查询的问题,并且由于不同在线地图提供商的覆盖范围存在差异,可能会影响查询信息的准确性。如果采用爬虫技术,则会让谷歌付出非常昂贵的代价。此外,由于谷歌为遵守欧盟竞争法而必须采取的关于英国在线地图提供商的任何措施将同样适用于谷歌占主导地位的欧盟其他国家或地区的地图提供商,谷歌将不得不承担将同样的措施适用于欧洲的每一个第三方供应商这一后果。这种方法会给谷歌带来巨大的额外负担和成本。毫无疑问,这是不符合比例原则的。

四、结论

基于上述原因,法院判定:(1)谷歌于 2007 年 6 月在英国推出的新式地图单一框不太可能显著影响在线地图市场的竞争;(2)如果这一行为可能会产生此种影响,那么谷歌的行为是存在正当理由的。因此,基于谷歌具有市场支配地位这一假设,它没有滥用市场支配地位。

(编写人:叶　瑞)

4. 德国限制脸书从第三方服务平台收集用户数据案

一、案例基本信息

决定作出机构:德国联邦卡特尔局

决定时间:2019 年 2 月 6 日

参考号:B6 - 22/16

根据《德国反限制竞争法》第 19 条第 1 款,Facebook 关于不当数据处理的剥夺性商业条款

关键词:市场支配地位　滥用数据　定向广告　剥夺性商业条款　非法收集数据

决定结果:禁止 Facebook 对其用户实施的数据处理政策及其相应的实施行为

二、案件事实概述

在 2019 年 2 月 6 日的决定中,德国联邦卡特尔局禁止美国门洛帕克的 Facebook[①] 公司、爱尔兰都柏林的 Facebook 爱尔兰有限公司和德国汉堡的 Facebook 德国有限责任公司(以下统称 Facebook)使用居住在德国的私人用户使用 Facebook 社交网络(以下简称 Facebook. com),这些用户也使用该集团的 WhatsAPP、Oculus、Masquerade 和 Instagram 服务。禁令的适用条件是 Facebook 收集用户和设备相关数据,并在未经用户同意的情况下将该信息与 Facebook. com 用户账户相结合。该禁令基于《德国反限制竞争法》(GWB)第 19 条第 1 款。如果 Facebook 能够在未经用户同意的情况下将保存在"Facebook 账户"上的信息与通过编程接口("Facebook 业务工具")访问的网站或使用的第三方移动应用程序收集的信息结合,并使用这些数据,那么这一禁令同样适用于私人使用 Facebook. com 条款的情形。如果用户的同意是首次使用 Facebook. com 服务的先决条件,则不存在对收集的用户信息的有效同意。

该调查程序于 2016 年 3 月启动,针对的是 Facebook 在使用其他公司服务或第三方网站和应用程序时收集的用户和设备的相关数据,然后将其与社交网络中

---

① Facebook 后更名为 Meta。

的用户数据相结合。该程序没有涉及用户注册后生成的有关社交网络使用信息的处理问题。考虑到广告资助的社交网络通常需要处理大量个人数据，联邦卡特尔局认为没有理由以竞争法禁止滥用行为为由进行干预。然而，联邦卡特尔局认为，在处理来源于社交网络之外的数据时，基于个性化的商业模式的效率不能优先于用户的利益，这尤其适用于用户对其数据的处理及分配给其 Facebook 账户的控制不足的情况。就数据处理的这一部分而言，有必要从竞争法的角度进行干预，因为《通用数据保护条例》（GDPR）中规定的数据保护界限显然被逾越了，同时也考虑到 Facebook 的支配性地位。

（一）事实陈述

Facebook 为智能手机（应用程序）开发和运营各种数字产品、在线服务和应用程序。社交网络 Facebook. com 是 Facebook 的核心产品，自 2008 年起在德国推出并持续至今。Facebook. com 用户群在全球范围内不断增加；2018 年，德国的日活跃用户数为 2300 万，月活跃用户为 3200 万。

私人用户可以通过网站 www. Facebook. com、www. Facebook. de 或移动应用程序访问 Facebook. com。Facebook 为私人用户提供了一系列功能，如可以与朋友和熟人联系，并与他们分享内容。使用私人 Facebook. com 的条件是通过创建用户简介进行注册。用户可以使用真实姓名输入有关自己和个人情况的信息，并设置个人资料图片。根据这些信息，Facebook. com 将为每个用户创建一个个性化网站，该网站分为三个子网站："个人资料"、"主页"和"查找朋友"页面。用户可以在其起始页的"新闻推送"中看到其他私人和商业用户的最新消息（帖子），消息出现的顺序是根据符合用户兴趣的算法得出的。Facebook Messenger 集成到社交网络中，服务于实时的双边或群组通信。在社交网络中，Facebook. com 提供了多种附加功能，如工作委员会、应用程序中心或活动组织等。

除私人用户外，企业、协会或商业人士也可以使用 Facebook. com 在社交网络中发布内容，以增加其影响力。发布者可以创建自己的页面来发布内容并与私人用户联系，如订阅或点赞。Facebook 通过向出版商和其他企业提供的在线广告为其社交网络提供资金。这些广告与社交网络用户的个人资料相匹配，其目的是根据用户的个人商业行为、兴趣、购买力和生活条件向用户展示他们可能感兴趣的广告（"定向"或"定向广告"）。

此外,Facebook 集团还提供 Facebook 业务工具,这是一系列免费的工具和产品,供网站运营商、开发商、广告商和其他企业通过 Facebook 预定义的编程接口(应用编程接口,API)融入自己的网站、应用程序和在线产品中。可供选择的工具或产品包括社交插件("喜欢"或"分享"按钮)、Facebook 登录和通过"Facebook Pixel"或移动"软件开发工具包"(SDK)实现的其他分析服务(Facebook 分析)。

除了 Facebook. com,Facebook 还提供 Instagram 服务。这是一种分享照片和短视频剪辑的服务,通常被称为"照片网络"或"照片博客"服务。这项服务在过去几年中一直在大幅增长,而且也是通过广告获得资金。私人用户必须通过手机应用程序注册,而且必须输入电子邮件地址、用户名和电话号码(作为可选信息)才能获得注册。他们还可以上传个人资料图片。私人用户可以使用 Instagram 相机拍摄照片或录制视频,并在与其他用户分享之前,使用过滤器、文本、绘图或特效对其进行编辑。

WhatsAPP 股份有限公司也是 Facebook 集团的一部分。在欧洲,它通过其子公司爱尔兰 WhatsAPP 有限公司提供移动应用程序 WhatsAPP。WhatsAPP 是一项免费服务,最初是作为基于互联网的短信服务(SMS)的免费替代品开发的。使用该服务,用户可以发送和接收多种媒介信息,如短信、照片、视频、文档、位置、语音信息和语音通话。

Masquerade 是另一种使用滤镜和面具编辑和分享图片的产品。Facebook 还通过其 Oculus 业务提供虚拟现实头戴设备和软件。

用户使用社交网络 Facebook. com 的条件是在注册时同意 Facebook 的服务条款,即他们只有同意服务条款才能签订使用合同。服务条款规定,Facebook 按照数据和 cookie 政策的具体规定处理个人数据。根据这些政策,Facebook 还通过广告商、应用程序开发商和出版商整合的 Facebook 业务工具,收集与 Facebook 相关活动以外的用户及其设备的数据。Facebook 还处理其他 Facebook 公司和产品的用户数据,并从其公司服务中收集用户和设备相关数据。作为数据处理的法律依据,Facebook 声称上述数据是其提供服务和实现自身合法利益所必需的。

(二)法律评价

1. 市场界定

基于需求侧可替代性的概念,联邦卡特尔局将产品界定为一种私人社交网络市场,私人用户作为相对市场的一边。相关地理市场为德国。

在界定市场并考虑《德国反限制竞争法》第 18 条第 2 款 a 项和第 3 款 a 项的新规定时,联邦卡特尔局首先审查了 Facebook 的商业模式及其作为一个具有免费服务的多边网络市场的特殊性。通过其 Facebook. com 服务,Facebook 提供了一种中间产品,根据其服务的内容,该产品是《德国反限制竞争法》第 18 条第 3 款 a 项规定的网络和多边市场的结合。实际上,这种产品是一个通过定向广告融资的网络,正是这种融资形式使它形成了一个多边市场。Facebookd 主要的用户群体一方面是使用 Facebook. com 的并且没有经济补偿的私人用户,另一方面是运营定向广告的广告商。Facebook 为其核心产品开拓更多的市场。出版商是这些市场的其中一方,他们用 Facebook. com 中自己的 Facebook 页面,发表他们编辑的内容并与用户联系,以推广其业务。开发商代表市场的另一边,他们可以通过 API 将 Facebook 与他们自己的网站或应用程序结合起来,进而将 Facebook 的产品,如社交插件(如"喜欢"按钮),Facebook 登录或 Facebook 分析服务等结合起来。私人用户和后两个市场方面也存在间接网络效应,如图 3 所示。

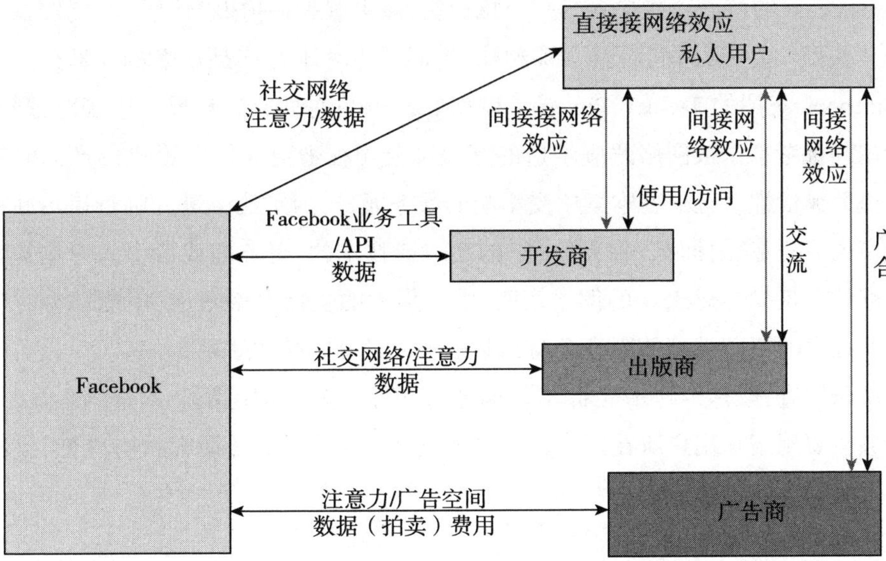

图 3　两个市场间存在间接网络效应

由于上述 Facebook 的用户群体都没有与私人用户群体类似的需求,他们不得不被分入其他市场中。根据《德国反限制竞争法》第 18 条第 2 款 a 项的规定,该网络必须被视为市场服务，尽管其使用不受私人用户费用的限制。

产品市场界定也要求对通常被称为“社交媒体”的各种在线服务以及他们之间的竞争关系进行分析。界定市场的关键标准是社交媒体产品的高度差异化以及它们功能的各种重叠。在界定市场时，强大的直接网络效果同样重要。

联邦卡特尔局的调查包括对大量社交媒体的调查，以及对用户和竞争对手的调查。欧盟委员会在脸书/瓦次艾普（Facebook/WhatsAPP）和微软/领英（Microsoft/LinkedIn）案件中的决定，已经表明社交网络存在一个全国市场，这些社交网络基本上满足不同于其他社交媒体的特定要求。随着 Google + 从市场上消失，除了 Facebook 之外，这个市场还包括一些较小的德国社交网络提供商。

领英网和 Xing 等网络旨在满足专业需求，从而构成一个单独的产品市场。与欧盟委员会在 Facebook/WhatsAPP 案中的做法类似，由于信息服务商如 WhatsAPP 的技术特点和运用场景，联邦卡特尔局将其视为一个单独市场。这些调查表明尽管 YouTube's 的商业模式与这些社交网络存在部分重叠，但该服务与社交网络的可比性并不充分。

Snapchat 的核心功能单元是一个摄像头，该摄像头在拍摄“快照”时能够自动打开，“快照”过一段时间后就会被删除；它同样也并不是产品市场的一部分。属于 Facebook 集团的 Twitter、Pinterest 和 Instagram 也是如此。在界定市场时，联邦卡特尔局也考察了被网络效应塑造的互联网公司在适应它们所提供的产品时所显示出的灵活性。至少就本案中受影响的服务而言，为了能够进入临近市场并像原始市场一样成功，拥有“临界数量”的用户或技术的、财务的或者个人专业知识是不够的。正如 Google + 的例子表明，由于强大的直接网络效应，不能期待一项服务所提供的不同类型的服务会与其基础服务具有同样的效果。

基于调查，联邦卡特尔局将相关地理市场界定为德国范围。调查结果显示，该服务主要用于与用户所在国家的人进行沟通，各国用户习惯存在特殊性，且缺乏供应侧的替代机会。

2. 市场支配地位

根据《德国反限制竞争法》第 18 条第（1）款、第（3）款和第（3）款（a）项的规定，Facebook 是在服务于私人用户的社交网络的全国市场中的占支配地位的公司。基于对影响市场力量的所有因素进行的综合评估，Facebook 在该市场拥有不受竞争充分控制的行动范围。

首先,联邦卡特尔局检查了相关市场中Facebook所占有的基于用户市场的份额。Facebook在用户市场的份额非常高,尤其在每日活跃用户中,Facebook的市场份额超过95%。在月度活跃用户中,Facebook的市场份额超过80%;在注册用户中的份额超过50%。由于社交网络的成功是通过使用的强度来衡量的,联邦卡特尔局将每日活跃用户的数量作为评价社交网络的竞争重要性和市场成功的关键指标和相关衡量标准。用户将社交网络作为一个虚拟的社交空间进行使用。在评价市场份额时,集中使用网络的时间是竞争者实际市场地位的一个重要指示。根据《德国反限制竞争法》第18条第(4)款,即使YouTube、Snapchat、Twitter、WhatsAPP和Instagram被包括在相关市场中,Facebook集团服务的联合市场份额也远超市场支配地位的门槛。

市场支配地位测试的一项关键因素,是Facebook的商业模式的强大的直接网络效应和与转换到另一社交网络所面临的困难。Facebook用户与社交网络中选定的人们联系,很难激发他们也转换到另一社交服务中。近年来,社交网络领域的竞争者一直面临基于用户的市场份额在不断减少的情况,其中一些已经离开了这一市场。例如,在Facebook进入德国市场之前,由霍尔茨布林克(Holtzbrinck)出版集团临时运营的StudiVZ和SchülerVZ是市场的领导者,但它们的运营公司于2017年破产。由ProSiebenSat.1运营的Lokalisten网络于2016年秋季停止运营。由谷歌运营的社交网络Google+于2018年春季声明,它将停止对私人用户服务并为内部商业交流提供付费服务。与竞争对手相比,Facebook的用户数量持续上升,或者至少停留在较高水平上。一些竞争对手退出了市场,而剩下的竞争对手的用户市场份额呈下降趋势,这一事实强烈表明,市场正在发生转变,这将导致Facebook.com成为垄断者。这一评估结果得到了以下事实的支持,即强大的基于身份的网络效应导致锁定效应,这使用户很难或被阻止切换到另一个社交网络。现有的功能和接口并不能减轻Facebook与其他社交网络不兼容的后果。

调查的另外一个重要方面是,作为一个由广告提供资金的服务,Facebook所遇到的间接网络效应,增加了市场进入的障碍。由于所有的竞争者将不得不进入社交网络用户市场以及在线广告市场,其他由广告提供资金的平台将发现难以进入市场并取得长期成功。

Facebook也非常容易获得竞争性的相关数据。由于社交网络是由这些个人数据驱动的,作为社交网络的Facebook的综合数据资源与竞争是高度相关的。另外,这些特定数据促进了高度个性化的广告。与直接或间接网络效应相结合,Facebook 获得数据的优势构成了竞争对手的付费产品进入市场的另一个障碍。

在整体评估中,联邦卡特尔局仔细审视了互联网的创新能力及其对评估市场力量的重要性。互联网的创新能力不能被视为反对互联网公司市场能力的一般性论据。相反,在每种情况下都需要关于动态的或破坏性的过程的具体指示。这尤其适用于对滥用支配地位的控制,这种控制的重点是当前的市场状况。在此背景下,联邦卡特尔局审查了 Facebook 提及的最近的创新。该机构的意见是,在某些单独功能方面,这些发展没有超出对来自替代品的竞争的反应。特别是在明显的直接网络效应的背景下,其回应表明,Facebook 有能力成功地对抗竞争对手的创新。因此,尽管互联网具有很高的创新能力,但没有用户退出 Facebook,Facebook 也没有失去相关市场份额的趋势。

三、滥用数据政策

Facebook 的数据政策允许其从 Facebook 以外的来源收集用户和设备的相关数据,并将这些数据与从 Facebook 上收集的数据合并。根据《德国反限制竞争法》第 19 条第 1 款的一般条款的规定,使用并实际实施 Facebook 的数据政策,构成以剥削性商业条款的形式滥用社交网络市场中的支配地位。根据 GDPR,考虑到根据数据保护法进行的评估,这些是不恰当的术语,对私人用户和竞争对手都不利。

(一)数据保护和竞争法

联邦卡特尔局认为,作为市场力量的一种表现,这些术语违反了 GDPR 的规定,构成《德国反限制竞争法》第 19 条第 1 款所指的滥用。

联邦卡特尔局的评估是基于德国联邦法院的判例法。在 VBL Gegenwert 和 Pechstein 案(以下简称佩希斯坦案)中,德国联邦法院根据《德国反限制竞争法》第 19 条第 1 款的一般条款,确立了商业条款滥用的情形。在佩希斯坦案中作出的裁决中,德国联邦法院认为,如果术语和条件违反了第 307 节及其后的规定,则合同条款协议是滥用的。特别是如果适用这些条款和条件是使用这些条款的一方的市场力量或优势的表现。德国联邦法院认为,在佩希斯坦案中,必须平衡包括宪法权利在内的所有利益。因此,当一方非常强大以至于实际上能够支配合同条款,而另一方的合同自治权被剥夺时,为了保护宪法权利,必须适用《德国反限制竞争法》第 19 条的规定。法院还认为,在这种情况下,如果占支配地位的公司处理其合同伙伴的宪法权利,则法律必须进行干预以维护对这些权利的保护。根据法院的观点,这方面的相关法律规定是民法的一般条款,其中一条是《德国反限制竞争法》第 19 条。法院认为,为了尽可能维护所有各方的宪法权利,应适用这些条款以平衡合同各方的冲突立场。

德国联邦法院认为,就不平等的谈判中达成的条件的适当性而言,德国联邦法院的这些决定也适用于法律的其他所有领域。这同样适用于数据保护法,其目的是消除团体和个人之间力量的不对称,确保数据控制者和数据主体之间利益的适当平衡。为了保护信息自主权的基本权利,数据保护法规定,个人拥有在不受胁迫的情况下自由决定其个人数据处理的权利。

联邦卡特尔局仔细审查了《德国反限制竞争法》第 19 条第 1 款中的竞争法条款与 GDPR 中统一的欧洲数据保护原则之间的关系,这些原则主要由数据保护机构执行。联邦卡特尔局认为,从竞争法的角度来看,在线业务的行为与竞争法高度相关。因此,根据竞争法,审查支配性公司的行为以及其数据处理程序似乎是必不可少的。联邦卡特尔局认为,考虑到上述德国联邦法院的判例法,在评估数据处理条款是否符合竞争法规定时,可以或必须考虑基于宪法权利的欧洲数据保护条例。

GDPR 中的责任和一致性规定不排除联邦卡特尔局可以评估数据处理条款是否违反 GDPR。GDPR 自 2018 年 5 月起在成员国生效。它规定了数据保护机构的责任,旨在确保国家数据保护机构统一的保护和执法水平。为此,成员国设立了一个数据保护委员会,以便在发生争议时决定数据保护事项。因此,该委员会还可以指导成员国的国家数据保护机构。然而,这些法规并不排除数据保护实体法也可以由国家数据保护机构以外的机构实施。

GDPR 明确规定,数据保护法也可以根据民法执行,即不期待完全一致。这尤其适用于消费者保护组织、竞争对手及其协会,这些实体可以根据《德国反不正当竞争法》(UWG)的规定或与数据保护相关的商业条款的规定,以及《德国反限制竞争法》第 19 条的规定实施数据保护。数据保护机构和数据保护委员会必须考虑的欧盟法院的判例法的很大一部分是从民法诉讼中获得的。民法诉讼促进而不是威胁数据保护法实施的一致性,尤其是因为欧盟法院可以在早期阶段作为初步裁决程序的一部分参与其中。一致性机制是否排除了竞争主管机构根据《德国反限制竞争法》第 19 条的规定审议和解释数据保护法这一可能性并不明显；与此同时，一致性机制是否允许在数据保护法方面对《德国反限制竞争法》第 19 条进行民事执法，也不明显。

此外，数据保护法规并未暂停更为具体的滥用控制。这些法规不包括关于占支配地位的公司的最终规定，即它们只允许占支配地位的公司的数据处理由数据保护机构根据直接的数据保护法规或民法（UWG 或商业条款立法）下的现有执法选项检查占主导地位公司的数据处理。然而，它们不包括特别适用于占支配地位的公司的禁止滥用行为。GDPR 没有明确规定其条款是最终的，因此不能假设它没有给其他机构和其他方面留下进一步的审查空间。

在调查程序过程中，联邦卡特尔局与数据保护机构保持着定期联系，这些机构均不认为自己拥有专属权限。德国联邦政府和各州独立数据保护机构会议（Konferenz der unabhängigen Datenschutzbehörden des Bundes und der Länder）明确表示，数据保护法的实施绝不能成为违反数据保护要求的唯一回应。该会议认为，竞争法和反垄断法也可以得到执行，甚至剥离也被认为是惩罚系统性规避数据保护行为的一种选择。汉堡市的数据保护官员明确支持联邦卡特尔局的调查程序。联邦卡特尔局还向爱尔兰数据保护机构简要介绍了调查程序。

（二）数据保护方面的考量

第一步，联邦卡特尔局根据 GDPR 的数据保护评价体系审查了 Facebook 的数据政策是否合适，并得出以下结论：Facebook 对来自其他企业服务和 Facebook 业务工具的个人数据的全面处理，其中包括分析和“设备指纹识别”，违反了 GDPR 规定的欧洲数据保护要求。根据数据保护要求，处理这些数据需要征得受影响用户的同意。负责处理这些数据的 Facebook 在调查程序中几乎没有提出或证实任何理由。本案已确定的事实并未表明收集和合并数据的范围有充分的法律依据。

根据 GDPR 第 6 条第 1 款 a 项，没有有效的同意。其原因包括，鉴于 Facebook 在市场上的支配地位，用户同意 Facebook 的条款和条件仅用于签订合同，而这不能被视为 GDPR 意义上的自由同意。

根据 GDPR 第 6 条第 1 款 b 项，Facebook 履行其合同并不必须处理数据。这种证成的理由必须作狭义解释,即必须考量是否必须考虑单方面确定合同细节。特别是无法证实该服务对数据的处理必须要达到在检查过程中确定的程度是基于个性化服务的效率和优势的需要。如果采取这种观点,公司将有权仅根据其商业模式和产品特性以及公司的产品质量概念进行无限制的数据处理。这是因为,鉴于所有数据都包含有关个人用户的一些信息,任何类型的数据处理都将必须被视为履行合同所必需的。由于个性化网络也可以在很大程度上基于在运营社交网络的背景下处理的用户数据,Facebook 在其条款和条件中确定的范围内处理来自第三方的数据既不是提供社交网络本身所必需的,也不是通过个性化广告将社交网络货币化所必需的,后者并非当前程序的主题。GDPR 第 6 条第 1 款 c ~ e 项的任何规定都不能为基于特殊目的所进行的数据处理提供依据。

即使对其利益进行全面评估,最终也不能得出以下结论:Facebook 所享有的根据其设定的条款和条件处理数据的利益超过了其他利益(GDPR 第 6 条第 1 款 f 项)。该评估基于对 Facebook 带来的合法利益、第三方利益和用户利益的评估。考虑的标准是受到影响的用户的后果,也考虑到数据类型和处理方式、用户的合理期望以及 Facebook 及其用户的各自立场。根据数据保护委员会的指导方针,还必须考虑的是,Facebook 作为一家占支配地位的公司,对其用户具有议价能力,并且能够施加影响深远的数据处理条件。用户无法阻止上述行为,因为他们没有额外的控制机制。未经用户自愿同意,对数据处理达到当前的程度是没有道理的。如果首先用户的同意是使用 Facebook. com 服务的先决条件,则不能假定他们自愿同意处理其信息。

(三)市场力量的表现

违反数据保护要求的行为体现出 Facebook 的市场力量。根据判例法,无须确定该行为(违规行为)最初只可能是因为 Facebook 拥有市场支配地位,而其他市场参与者没有机会以类似方式行事。相反,只要确定这两个方面之间存在因果关系即可,这种因果关系是基于规范方面或结果方面。在本案中,可以假设这两个方面都得到了满足。

Facebook 的行为与其市场支配地位存在违反数据保护规则的规范性因果关系,因为对私人用户自决权的限制明显与 Facebook 的支配地位存在关联。数据保护法在其证成理由中考虑了市场支配地位、具体目的和处理数据量等公司情况,即在评估违规行为时,Facebook 的市场地位非常重要。

此外,Facebook 的行为与其市场支配地位相关致使在结果层面也存在因果关系。Facebook 的行为是当前程序的主题。通过不适当的数据处理以及与 Facebook 账户的结合,Facebook 获得了大量其他来源,这阻碍了竞争对手。如此,它以非法的方式获得了超过竞争对手的竞争优势,并增加了市场准入壁垒,从而确保了 Facebook 对终端消费者的市场力量。

数据保护法和竞争法都考虑了不对等的谈判地位,即除了根据数据保护法进行审查外,还可能需要权衡竞争法下的利益,并根据包括市场支配地位在内的基本相同的考量因素得出相同的结论。此外,根据佩希斯坦案的判例法,对宪法权利的评估必须包括在竞争法下的利益评估中。同样,这些评估与数据保护法下的评估基本相同。

四、决定

基于上述情况并行使适当的自由裁量权,根据《德国反限制竞争法》第 19 条第 1 款和第 32 条的规定,联邦卡特尔局已禁止 Facebook 对其用户实施的数据处理政策及其相应实施行为,并下令终止该行为。该禁令针对的是服务条款中明确规定的、在数据和 cookie 政策中详细规定的处理个人数据的条款,这些条款涉及未经用户同意从其他公司的服务和 Facebook 业务工具中收集用户和设备相关的数据,以及出于与社交网络相关的目的将这些数据与 Facebook 的数据相结合。联邦卡特尔局还禁止在 Facebook 基于其数据和 cookie 政策执行的实际数据处理程序中实施这些条款和条件。为了终止侵权行为,Facebook 被责令在 12 个月内实施必要的更改,并相应调整其数据和 cookie 政策。除此之外,Facebook 还被规定了 4 个月的最后期限,以提交调整的实施路线图。通过向杜塞尔多夫高等地方法院提起紧急上诉,可以中止时限。杜塞尔多夫法院裁定联邦卡特尔局需暂停其对 Facebook 的限制决定数据收集活动。之后联邦卡特尔局就此裁定向德国最高法院提起上诉。德国最高法院裁定,关于 Facebook 滥用市场支配地位非法收集用户数据的指控成立,联邦卡特尔局有权限制其在德国境内的数据收集行为。

(编写人:柴　鹏)

5. 美国联邦贸易委员会诉脸书公司案

一、案例基本信息

审理法院:美国哥伦比亚区地方法院

裁判时间:2021 年 6 月 28 日(第一次诉讼);2022 年 1 月 11 日(第二次诉讼)

案号:20 – 3590

关键词:收购　垄断地位　排他性行为　个人社交网络服务市场

裁判结果:支持被告,驳回原告指控(第一次诉讼);原告指控成立,不支持被告的驳回请求,同日发布命令

当事人:

原告:美国联邦贸易委员会(FTC)

被告:脸书公司(Facebook)

二、案件事实概述

21 世纪初许多网站开始提供所谓的"社交网络"服务。2002 年推出的 Friendster 和 Myspace 是最早提供此类服务的网站。马克 · 扎克伯格在哈佛大学创办"The Facebook"后,到 2009 年 Facebook 已与前述两个网站形成竞争关系。

FTC 指控 Facebook 违反了反垄断法。其具体指控的行为如下:Facebook 在"个人社交网络服务"[①]市场上长期处于垄断地位,并通过以下两种行为维系其垄断地位、排除竞争:第一,收购了其认为有能力削弱其垄断力量的公司——Instagram 和 WhatsAPP;第二,通过采取拒绝向竞争对手开放 API、阻止 Facebook 与其他一些被其视为威胁的应用程序之间的互操作性,从而阻碍对方成长为可能的竞争对手。FTC 请求法院对这一行为实施"公平救济",包括强制"剥离或重建业务",以及禁止 Facebook 在未来从事类似行为的命令。Facebook 请求驳回 FTC 的指控。

① "个人社交网络服务"相关市场是本案中 FTC 主张 Facebook 垄断的市场,尽管"个人社交网络服务"的确切定义存在争议,但它可以在这里概括为,用户可以通过在共享的虚拟社交空间中发布有关他们的信息,与网络中的其他人建立起虚拟连接,并以数字化的方式分享他们的观点和体验。

（一）Facebook 收购 Instagram

FTC 称，Facebook Blue 是 Facebook 的一款产品，在美国拥有数亿用户。Facebook 不仅向用户提供信息创建与共享、阅读第三方创作及发布的内容等服务，而且向其用户提供免费的手机短信服务 Facebook Messenger 等。与大多数企业不同，Facebook 不向用户收取任何费用；相反，Facebook 通过销售广告赚钱，其通过收集的大量用户数据，允许广告商针对不同的用户群体推送不同的活动和消息。根据这一商业模式，FTC 认为，"Facebook 避免向用户收取费用，而是通过广告将用户数据和参与度货币化"，即用户用他们的时间、注意力和个人数据而不是金钱来换取 Facebook 的相关服务。这种方法获益不菲。例如，2019 年，全球广告商向 Facebook 支付了近 700 亿美元，其利润超过 180 亿美元。

据 FTC 称，在 2011 年左右崛起成为"美国主导的个人社交网络提供商"后，Facebook 作出了一个战略转变：与其竞争提供最好的产品，不如通过利用其市场力量阻止新竞争对手的崛起来保护其垄断地位。特别是随着能够接入互联网的移动设备（首先是智能手机）的出现，Facebook 认为其市场主导地位受到了巨大威胁：尽管 Facebook 有移动功能，但是与竞争对手相比体验不佳，且后者的其他应用可能会创造出有吸引力的移动原生功能，然后利用这些功能实现用户的指数级增长，从而终结 Facebook 的既定地位。即使这样的应用程序还没有提供类似社交网络的功能，一旦它拥有足够多的用户，也会对 Facebook Blue 构成潜在威胁。Instagram 于 2010 年年底推出一款创新的照片编辑和分享应用，专为内置摄像头的智能手机设计。FTC 称，Instagram 的照片共享应用程序也符合 PSN 服务的资格，这意味着它是 Facebook Blue 的直接竞争对手。从一开始，Instagram 的用户群就呈爆炸式增长，最终吸引了 Facebook 的注意，他们担心自己的照片共享功能与之相比相形见绌。无论 Instagram 是自己逐步发展，还是被谷歌或苹果这样的大公司收购，都有可能达到足够大的规模，成为 Facebook 的一个威胁。Facebook 尝试与之竞争，并将其照片共享功能与 Facebook Blue"整合"，以阻止未来 Instagram 的增长，但是后来竞争失败，Facebook 转向收购 Instagram，并于 2012 年 4 月提出以 10 亿美元收购该公司的请求。收购 Instagram 后，Facebook 关闭了自己的手机照片共享应用。FTC 援引的 Facebook 内部电子邮件显示，Facebook 对其他类似应用的竞争已不那么担心，因为拥有 Instagram 意味着 Facebook 现在"实际上主导了照片共享”。随着时间的推移,Facebook 还限制了 Facebook Blue 对技术上独立的 Instagram 应用程序和网站的推广,据称是为了避免 Instagram 在其旗舰服务上“蚕食”Facebook 的用户参与度。FTC 认为,所有这些收购后的行为都证实了 Facebook 认为并继续将 Instagram 视为社交网络领域的重大竞争威胁。经查,Facebook 收购 Instagram 前,FTC 根据《哈特—斯科特—罗迪诺法案》、《美国法典》第 15 篇第 18a 条的要求审查了该收购案,以评估其是否构成反竞争行为。审查花了 4 个多月的时间,在审查过程中 FTC 要求各方依照《美国法典》第 15 篇第 18a(e)(1)(A)条的规定提交与拟议收购相关的额外信息或文件材料。最终该收购案审查通过,FTC 以 5 比 0 的投票结果允许其在不附条件的情况下完成收购。

(二)Facebook 收购 WhatsAPP

如上所述,Facebook 一直认为移动原生应用是一种威胁。他们特别关注基于互联网的所谓“过顶传球的移动通讯服务”,如 WhatsAPP。自 2011 年以来,OTT 消息服务的使用量大幅增长,而短信或彩信的使用量却停滞不前。尽管移动消息服务没有直接与 Facebook Blue 竞争(因为它们不是 PSN 服务),但 Facebook 担心此类应用将来很可能会成为竞争对手:鉴于短信在现代生活中无处不在,一款被广泛采用的短信应用程序可以通过添加“游戏平台、个人资料和新闻源”等功能,利用其网络效应过渡到移动社交网络。Facebook 认为, WhatsAPP 是移动消息服务中最有力的威胁。WhatsAPP 于 2009 年推出,5 年后在全球拥有约 4.5 亿活跃用户,并因其卓越的产品而呈指数级增长。扎克伯格和他的团队希望 2011 年发布的 Facebook Messenger 应用程序能够与 WhatsAPP 竞争。但随着 WhatsAPP 继续繁荣和扩张,Facebook 转而决定尝试收购它。2014 年 2 月,两家公司达成了 190 亿美元的收购价格。该交易也受到 FTC 的审查,后被允许进行。与 Instagram 一样,Facebook 收购 WhatsAPP 后也限制了对 WhatsAPP 的推广。

FTC 认为,“Facebook 的垄断”通过 WhatsAPP 和 Instagram 的收购“正在进行”,因为“继续持有和运营 WhatsAPP 和 Instagram 抵消了它们对 Facebook 的直接竞争威胁”,“Facebook 继续保持其地位,以围绕其 PSN 市场垄断地位提供保护性‘护城河’”。FTC 声称,自收购 WhatsAPP 以来,Facebook 一直致力于提供移动消息服务,而不是让它成长为一个独立的 PSN 服务。

(三)关闭"互操作权限"

Facebook 发布了"Facebook 平台",这是一套允许软件开发人员在其产品和 Facebook Blue 之间创建互操作性的工具。在最初推出时,平台"鼓励软件开发人员构建一个完整的应用程序和工具的生态系统",并将在 Facebook 网站本身中显示和使用。此类应用将游戏和页面设计工具扩展到视频分享工具和电子营销应用。[①] 此类应用将通过允许用户以"免费增值"模式购买虚拟商品或通过投放广告来赚钱。2010 年,Facebook 为平台添加了新功能,扩大了其在 Facebook 网站上的影响力。这些被称为 API 的工具创建了在 Facebook 和其他独立的第三方应用程序之间共享数据的机制。Facebook 向开发者提供的一个重要 API 是"查找好友"API,该 API 允许第三方应用程序中的 Facebook 账户持有人在第三方应用程序中查找并与 Facebook 好友建立联系,或邀请 Facebook 好友加入该应用程序。例如,当第一次开始使用一个独立的国际象棋应用程序(一个单独的并非在 Facebook 网站上使用的应用程序)时,拥有 Facebook 账户的用户仍然可以在该应用程序中搜索其他已在使用这一程序的 Facebook 好友,或邀请他们通过 Facebook 加入该程序,这一操作无须离开该应用程序。另一个 API 允许 Facebook 用户使用其 Facebook 登录账号登录第三方网站或应用程序。Facebook 在 2010 年稍晚些时候推出了 Open Graph API,在这方面更进一步。Open Graph 允许第三方应用程序和网站在其服务中基本上整合 Facebook 的各个部分:例如,应用程序设置的"点赞"按钮,如果在应用程序中单击,将在用户的 Facebook 个人账户共享该用户的"点赞"。用户甚至不需要离开第三方应用程序就可以做到这一点。例如,在 Washington Post. com 上阅读文章的用户现在可以直接在网站上点赞文章,并进一步选择将文章链接发布到用户的 Facebook 个人账户。毫无疑问,这种集成在应用程序开发人员中非常流行。FTC 称,"到 2012 年 7 月,Open Graph 每天被用于向 Facebook Blue 共享近 10 亿条社交数据,为 Facebook 提供了更多更丰富的用户及其在线活动信息"。据 FTC,Facebook 从其平台计划和开放 API 中获益匪浅,不仅为公司赢得了商誉,而且刺激了业务增长和用户参与度的持续增加。Facebook 还获得了大量新的场外用户数据。第三方应用程序开发商也获得了同样的收益,通

① 在平行案例中,这些应用被称为"画布"应用。See No. 20 - 3589, ECF No. 4.

过整合社交功能，并受益于Facebook庞大的、高参与度的用户网络，提高了用户体验的质量。用户也享受到了效率和便利。尽管是三方获利，Facebook却最终开始利用其平台工具对新兴应用的增长轨迹进行控制，以"遏制和压制对其个人社交网络垄断的竞争威胁"。FTC指出，Facebook采取了控制措施，规定其API仅在应用程序不与Facebook Blue（或Facebook Messenger）竞争的情况下才可供开发者使用。Facebook随后对违反条件的应用程序实施了这些措施，即切断了具有商业重要性的API的使用。Facebook于2011年7月宣布了这些政策的第一次迭代，并提醒开发者，今后"Facebook上的应用程序不能集成、链接、推广、分发或重定向到任何其他竞争社交平台上的任何应用程序"。根据这一规定，该项政策仅适用于"Facebook上的应用程序"，即上述只能在Facebook网站上访问和使用的"画布"应用程序。换言之，这项最初的政策并未影响独立运行的应用程序，如法院的国际象棋应用程序或《华盛顿邮报》应用程序。FTC指出，直到后来，Facebook才实施了其他几项政策，限制"独立应用程序"使用Facebook平台，包括刚才讨论的API。2012年Facebook宣布的第一项附加措施为：禁止开发者未经许可，使用Facebook平台将Facebook用户数据导出到竞争社交网络中。第二年，Facebook更进一步，指示开发者的应用程序不能未经许可，使用Facebook平台推广复制Facebook核心产品或服务的产品或服务，或向后者输出Facebook用户数据。

在这些政策的基础上，Facebook切断了对某些应用程序的API访问。正如原告所描述的，这一做法"通常针对三种应用程序"：（1）Facebook终止了同样提供个人社交网络服务的、可以与Facebook Blue直接竞争的、有潜力的应用程序的API访问，如Path[①]。（2）Facebook瞄准了具有一些社交功能的有潜力的应用，但这些应用尚未成为Facebook Blue的正式竞争对手。例如，FTC的指控中提到的Vine[②]，Facebook于2013年1月关闭了对其的API访问，以及本地社交网络Circle，后者于当年12月被撤销了API权限。（3）Facebook通过切断具有商业重要性的API打击移动消息应用程序。2013年8月，它曾一度同时对多个此类应用实施撤销API权限的打击。

FTC指控称，Facebook每一次撤销访问权限都严重阻碍了竞争企业的发展从

---

① Path是一个基于feed的共享应用程序，它限制了用户可能拥有的好友数量，以鼓励更亲密的分享。

② Twitter的一款视频共享应用。

而使其无法威胁到 Facebook 个人社交网络领域的垄断地位。例如,在 Circle 拥有 Facebook API 访问权限时,它以每天 600,000 ~ 800,000 用户的速度增长;然而,在失去了与 Facebook 的联系(尤其是"寻找朋友"工具)后,其每日新增用户降至接近零。FTC 称,Facebook 的行为还警告了其他应用程序,如果它们也对 Facebook 的垄断构成威胁,那么 Facebook 将撤销它们的访问权限,从而阻止其他应用程序的成长。2018 年 12 月,Facebook 取消了其"核心功能"限制,而且公司自那时起没有再撤销对任何应用程序的 API 访问,但 FTC 声称,Facebook 如果通过审查,很可能就会恢复此类政策。

FTC 于 2020 年 12 月 9 日提起诉讼,声称 Facebook 的上述行为构成《谢尔曼法》第 2 条规定的一项垄断维持行为。FTC 据《联邦贸易委员会法》第 13(b)条提起诉讼,该条授权原告对"违反"或"即将违反"反垄断法(包括《谢尔曼法》第 2 条)的实体寻求禁令。[①] FTC 希望法院判令实施旨在防止 Facebook 未来发生此类行为的禁令、对 Facebook 作出"剥离资产、剥离或重建业务(包括但不限于 Instagram 和/或 WhatsAPP)的命令,并采取其他足以恢复竞争的救济"。

三、第一次裁判观点概述

在案证据不能证明 Facebook 违反《谢尔曼法》第 2 条。

1.《谢尔曼法》第 2 条规定的垄断维持行为有两个构成要素:(1)在相关市场上拥有垄断力量;(2)故意维持这种垄断力量,其增长或发展并非由于产品质量、商业敏锐性或历史原因。[②] 第二个要素通常被简称为"反竞争"或"排他性行为"。Facebook 在请求驳回 FTC 的指控时辩称,FTC 没有证据证明前述任何一个要素的成立。法院认为,首先 FTC 没有充分证明在其定义的"个人社交网络服务市场"Facebook 上拥有垄断力量,基于这一点即应当驳回其指控。

2. 正如微软巡回法庭(Circuit in Microsoft)所解释的,垄断力是"控制价格或排除竞争的能力",因此,"如果公司能够将价格大幅提高到竞争水平以上,则该公司就是垄断者"。如果原告可以提供直接证据证明"一家公司事实上这样做是有

---

① See 15 U. S. C. § 53(b).

② 参见 United States v. Microsoft Corp., 253 F. 3d 34, 50, 346 U. S. App. D. C. 330(D. C. Cir. 2001),该案引用了 United States v. Grinnell Corp., 384 U. S. 563, 570 – 71, 86 S. Ct. 1698, 16 L. Ed. 2d 778(1966)一案。

利可图的，那么垄断力量的存在是显而易见的”。然而这样的证据是很少的，所以原告往往通过提供相关市场及其份额的间接方法进行诉讼，[①]在这样的情形下，间接证据必须表明存在进入该市场的“壁垒”。本案中 FTC 详细说明了为什么它已充分地提出了间接证据，即 Facebook 在具有进入壁垒的相关产品和地理市场（美国个人社交网络服务市场）中占据主导地位。由于 FTC 没有提出真正的直接证据，法院将使用间接框架分析对市场力量指控。该框架首先要求原告“建立相关市场”，被告公司据称在该市场拥有垄断权，[②]然后要求原告证明被告在受进入壁垒保护的市场中占有主导地位。[③]

3. 尽管相关反垄断市场的定义通常是“事实”调查，而不是“法律”调查，但某些“法律原则”仍然适用。[④] 反垄断市场包括两个组成部分：产品市场和地理市场。[⑤] 地理市场即“竞争发生的地域”[⑥]，也就是美国，这一点双方不持异议。唯一的问题是 Facebook 运营的“相关产品市场的外部边界”[⑦]。“相关产品市场”是反垄断分析中的一个法律术语，[⑧]被定义为“消费者出于相同目的可以合理互换的所有产品”。因为消费者转向其他供应商的能力限制了公司将价格提高到竞争水平以上，市场力量分析（简单地说就是这样做的力量）必须将购买者认为用途基本相同的所有产品作为分母。[⑨] 换言之，法院会考虑两种产品是否可以用于同一目的，

---

① 参见 Toys “R” Us, Inc. v. FTC, 221 F. 3d 928, 937(7th Cir. 2000)，该案表明可以通过“反竞争效应的直接证据”或“更传统的，通过证明相关产品和地理市场，以及通过证明被告的份额超过（某些）阈值”来证明市场力量；参见 S. Pac. Commc'ns Co. v. Am. Tel. & Tel. Co., 740 F. 2d 980, 1000, 238 U. S. App. D. C. 309(D. C. Cir. 1984)，该案表明法庭经常通过定义相关产品和地理市场并计算被告的市场份额来衡量市场力量的问题，然后通常从市场的主要份额推断垄断力。

② 参见 Sky Angel U. S., LLC v. Nat'l Cable Satellite Corp., 947 F. Supp. 2d 88, 102(D. D. C. 2013)，该案引用了 Neumann v. Reinforced Earth Co., 786 F. 2d 424, 429, 252 U. S. App. D. C. 11(D. C. Cir. 1986)一案。

③ 参见 FTC v. AbbVie Inc., 976 F. 3d 327, 373 - 74(3d Cir. 2020)，该案中认为，超过 60% 的市场份额便足以证明市场力量；参见 Image Tech. Servs. v. Eastman Kodak Co., 125 F. 3d 1195, 1206(9th Cir. 1997)，该案中表明法院通常要求 65% 的市场份额才能确立市场力量的初步证据。

④ See Newcal Indus., Inc. v. Ikon Off. Sol., 513 F. 3d 1038, 1045(9th Cir. 2008).

⑤ See Sky Angel, 947 F. Supp. 2d at 102.

⑥ See Novell, Inc. v. Microsoft Corp., 731 F. 3d 1064, 1071(10th Cir. 2013).

⑦ 参见 Sky Angel, 947 F. Supp. 2d at 102，该案引用了 Brown Shoe Co. v. United States, 370 U. S. 294, 325, 82S. Ct. 1502, 8 L. Ed. 2d 510(1962)一案。

⑧ See United States v. H&R Block, Inc., 833 F. Supp. 2d 36, 50(D. D. C. 2011).

⑨ See Queen City Pizza, Inc. v. Domino's Pizza, Inc., 124 F. 3d 430, 437(3d Cir. 1997)(citation omitted).

如果可以,那么购买者是否愿意以及在多大程度上用一种产品替代另一种产品,[1]即在相关法律意义上,具有充分互换性的产品相互竞争。[2] 很多案件对作为分母的产品类别产生争议。[3]

4. 本案中的市场定义考量有些不同寻常,因为与烟草或办公用品等熟悉的消费品不同,对于个人社交网络服务究竟是什么,没有明显的或普遍认同的定义。因此,为了减轻 FTC 定义相关市场的负担,FTC 必须在这里做两件事。首先,它必须提供 PSN 服务的定义(显然,至少包括 Facebook Blue);其次,它必须进一步解释公众可使用的其他非 PSN 服务是否构成 PSN 服务的合理替代品。最终,该分析应表明 Facebook 在包括此类替代品(若有)的市场中占据主导地位。关于第一点,FTC 解释说,PSN 服务是“在线服务,人们可以使用它来维护个人关系,并在共享的社交空间中与朋友、家人和其他个人联系分享经验”。FTC 称,此类服务的定义和区别在于其具有“三个关键要素”。第一,此类服务建立在描绘了用户与其朋友、家人和其他个人联系的图谱之上。第二,此类服务包括在共享虚拟社交空间中个人之间的联系互动、以一对多的“广播”等形式分享个人体验等用户常用的功能。第三,此类服务包括允许用户查找其他用户并建立联系的功能,以使每个用户更容易建立和扩展自身的社交网络。社交图谱还会基于已有的社交网络提示用户可以建立哪些新的关系。在定义了 PSN 服务后,原告接着声称,事实上没有其他类型的互联网服务可以替代 PSN 服务,并通过解释为什么四种不同的可比在线服务不能与 PSN 服务“合理互换”来支持这一结论:首先,“专注于专业联系”的“专业社交网络服务”(如 LinkedIn)不是替代品,因为后者是为专业人士设计的,主要由专业人士用于分享专业内容,因此不会像 PSN 服务那样用于“维护个人关系,与朋友、家人和其他个人联系与分享经验”。其次,“基于兴趣的”社交网络服务(如 Strava 与体育锻炼相关)也是如此;PSN 服务不能合理地与 YouTube、Spotify、Netflix 或 Hulu 等允许消费和共享视频或音频内容的服务互换。这是因

---

① See H & R Block, 833 F. Supp. 2d at 51.

② See Hicks v. PGA Tour, Inc., 897 F. 3d 1109, 1120(9th Cir. 2018).

③ 参见 FTC v. Staples, Inc., 970 F. Supp. 1066, 1073(D. D. C. 1997),该案考虑产品市场是否只包括纸张、笔和便利贴等“消耗品办公用品”,还是所有办公产品,包括电脑、办公家具和传真机;参见 H & R Block,833 F. Sup. 2d,该案考虑产品市场是否仅包括“数字自助报税产品”,还是包括“所有报税方法”,包括专业协助和使用笔和纸自助报税;参见 FTC v. Swedish Match, 131 F. Supp. 2d 151, 156(D. D. C. 2000),该案考虑产品市场是否只包括活页咀嚼烟草,还是也包括湿鼻烟。

为此类服务的用户大多被动地使用此类内容或共享他人创建的内容(而不是他们创建的内容),而此类共享在发生时并不在用户的个人联系网络中,而是面向广大的未知用户。在这种情况下,用户通常不会"与朋友、家人和其他个人联系",而这是 PSN 服务的特点。最后,"移动消息服务"不能代替 PSN 服务,因为"移动消息服务"缺乏用于交互的"共享社交空间"且没有使用社交图谱来方便用户查找和与他们可能认识的其他用户建立联系。根据 FTC 的说法,这里的相关市场包括 PSN 服务,如 Facebook Blue、Instagram 和 Path,而没有其他类型的服务。

Facebook 辩称,FTC 关于相关市场的定义是矛盾的。FTC 对于相关市场的定义似乎排除了 Circle 和 Vine 等服务,但本案的核心指控之一就是 Facebook 撤销这些应用程序的 API 许可是反竞争的,因此其两项指控都不能成立。法院认为,尽管 FTC 的相关市场定义指控确实存在一些问题,但并不矛盾。正如微软诉欧盟委员会案中所述,因为"中间软件"仍然是一个"新生"威胁,尽管它尚未在微软的操作系统市场上直接竞争,但是《谢尔曼法》第 2 条中的任何内容都没有限制他们采取竞争行动并发展到足以充当产品的替代品的威胁。[①] 这里也是如此:对 Vine 和 Circle 采取的行动可能是反竞争的,尽管这些公司在一个精心设计的产品市场上并不是 Facebook Blue 的竞争对手。Facebook 认为,FTC 忽略了关于"PSN 服务和潜在替代品之间需求的交叉弹性",需求的交叉弹性是衡量"一种商品价格的上涨……会对其他类似商品产生更大需求的程度"的指标。[②] 因此,这是一种"合理互换性的度量"。然而,没有任何权威支持 Facebook 的论点,即原告必须举证证明在价格或非价格相关的情形下 PSN 服务的用户转向其他替代性服务的事实。相反,在这一阶段,FTC 仅需举证证明 PSN 服务及其潜在替代品的某些"因素"——如其"价格、功能和质量"——在用户看来不能"合理地互换"。[③] Facebook 接下来直接针对 FTC 对 PSN 的定义的第三部分,即 PSN 服务的用户在受到 PSN 服务价格上涨或质量下降的刺激时,不会转向其他与他们的个人联系进行沟通和分享的方式,因为这些方式缺乏建立在用户社交图谱上的"联系发现者"提出反对意见。Facebook 认为,这是难以置信的,因为很明显,人们也知道如何

---

① See 253 F. 3d at 54.

② See Queen City Pizza, 124 F. 3d at 437 - 38 & n. 6.

③ See Tunis Bros. Co., Inc. v. Ford Motor Co., 952 F. 2d 715, 722(3d Cir. 1991); see also RealPage, Inc. v. Yardi Sys., Inc., 852 F. Supp. 2d 1215, 1225(C. D. Cal. 2012).

“通过许多其他技术与家人和朋友联系和分享”，如“电子邮件、消息、照片分享和视频聊天”，但是在现阶段没必要进行深入的事实调查。法院认为，尽管存在争议，但FTC声称用户在使用和不使用基于社交图谱的“联系查找器”的情况下，将服务视为根本不同和不可更改的服务，至少在理论上是合理的。[①] 关于相关市场定义，Facebook最后一个论点是，FTC不应根据PSN服务的“主要用途”将其与其他可能的替代品区别开来。Facebook声称，应当考虑其他服务是否“可以执行与PSN服务相同的功能”，而不是考虑它们是否主要以这种方式使用。[②] 该分析着眼于“两种产品是否可以用于同一目的，如果可以，购买者是否愿意以及在多大程度上愿意用一种产品替代另一种产品”。正是出于这个原因，纸笔自助报税和辅助报税可能在数字自助报税服务市场之外，尽管两者都提供相同的基本功能；以及医疗保险优势计划和原始医疗保险计划可以构成不同的产品市场，尽管两者都能够为老年人提供医疗保险。[③] Facebook指出，原告在应当提供一个合理的解释，说明为什么即使价格上涨，技术上可以实现从PSN服务扩展到其他服务的情形下，用户也不会转向其他服务[④]。法院认为，虽然FTC当然可以在这方面提供更多证据，但PSN服务的特点在于个人共享而并非提供其他服务，这似乎已经是用户很少发生切换的合理原因。无论是由于网络效应还是不同平台上通常发布的内容的规范，用户都不愿意在LinkedIn上分享一个高度个性化的个人里程碑，也不愿意在YouTube上发布自己孩子迈出第一步的视频。

5. 关于市场份额。法院通常分别评估市场定义和市场份额并得出重要的结论：被告的市场力量。但是这两个问题应当综合考量。因而虽然法院认为FTC所声称的产品市场的轮廓是合理的，但FTC的指控无疑是针对消费者转换偏好的具体事实指控。鉴于行为和PSN服务产品市场的特殊性，法院应当要求原告提供更有力的被告市场份额的证据。然而FTC仅称，自2011年以来，Facebook“在美国个人社交网络市场上保持着主导地位（超过60%）”，“美国没有其他类似规模的社交网络”。这些指控甚至没有提供Facebook在过去任何时间的市场份额估值

---

① See Bayer Schering Pharma AG v. Sandoz, Inc., 813 F. Supp. 2d 569, 577(S. D. N. Y. 2011).

② See Cupp v. Alberto-Culver USA, Inc., 310 F. Supp. 2d 963, 970(W. D. Tenn. 2004).

③ See Aetna, 240 F. Supp. 3d at 19, 41.

④ 参见Todd, 275 F. 3d at 200; cf. Concord Assocs., L. P. v. Ent. Properties Tr., 817 F. 3d 46, 54 (2d Cir. 2016)，该案中指出需要“一个合理的依据来解释为什么提供的区别服务会对消费者产生影响”。

或范围,因而不能证明在过去的十年里 Facebook 已经令人信服地确立其市场影响力。[①] 鉴于此,法院不需要论述所谓进入壁垒的问题。即使原告承认仅仅声称市场份额"超过 60%"有时也可能是可以接受的,但原告仍未声称其所衡量的是什么,事实上,FTC 在其反对意见中明确表示,它不需要指定用于计算 Facebook 市场份额的指标或方法。在涉及更为典型的货物市场的案件中,法院或许能够合理推断原告是如何得出其计算结果的,如通过总收入或售出单位的比例。但是正如上述市场定义分析中所强调的,这里所讨论的市场在许多方面都是不寻常的,包括其中的产品不是按价格出售的,这意味着 PSN 服务不会从用户那里获得直接收入。因此,法院无法准确理解 FTC 指控的"超过 60%"具体是指什么,更无法推断出可能证实这一点的潜在事实。PSN 服务获得的总收入不能作为衡量市场份额的正确指标,因为这些收入都是在一个单独的市场中获得的,即广告市场。FTC 在指控中提到的 PSN 服务的"每日用户或每月用户"百分比这一指标,也不合适,因为它们取决于拥有多个服务账户的用户的不同比例,这可能会过分夸大或低估任何一家公司的市场份额,用户访问每项服务的频率和时间不能作为指标也在于此。原告在诉状中未提及以用户在 PSN 服务上花费的总时间份额作为指标,实际上这一指标的效用也可能有限,这是因为至少 Facebook、Instagram 或 Path 提供的一些功能似乎不是这些公司的 PSN 服务的一部分,花费在这些应用程序或网站上的时间不一定是花费在 PSN 服务上的时间。例如,FTC 明确声称,基于 Strava 等"基于兴趣而联系"的社交网络服务,根据其定义,不是 PSN 服务。对于 Facebook 用户来说,市场上的定义可能与直觉相悖,这意味着用户花费在特定兴趣的 Facebook 页面或群组上的时间可能不是在 PSN 服务上花费的时间。当用户在 PSN 服务上"被动消费""在线视频"时,也会出现同样的问题。例如,在某种程度上,Instagram 用户会把时间花在网站或应用程序上,如观看一个喜剧演员的表演,但是他们是花时间在 PSN 服务上吗?如果不是,正如指控所表明的那样,那么"在 Facebook 上"或"在 Instagram 上"花费的时间与实际的相关指标有着不确定的关系:尤其是使用 PSN 服务的时间。换言之,FTC 的指控对 Facebook、Instagram

---

① See Synthes, Inc. v. Emerge Med., Inc., No. 11－1566, 2012 U.S. Dist. LEXIS 140251, 2012 WL 4473228, at 11. 该案中法院认为原告指控被告是一家垄断公司,拥有超过 50% 的市场份额缺乏事实依据,不予支持。See also Syncsort Inc. v. Sequential Software, Inc., 50 F. Supp. 2d 318, 330(D.N.J. 1999). 该案中,法院认为原告以结论性的方式陈述被告控制了相关市场的大多数,但仅为在诉状中对市场力量的单一陈述,是对拥有垄断力量的不充分指控。

等的哪些功能确实构成和不构成其 PSN 服务的部分具有不确定性，虽然不一定会使所谓的 PSN 服务市场变得难以置信，但这加剧了 FTC 关于 Facebook 在该市场份额的举证难度。困难也不止于此。读者可能已经注意到，到目前为止的讨论一直将 Instagram 和 Facebook 作为 PSN 服务的例子。这是因为，除了 Path、Myspace 和 Friendster 这些似乎都已经过时或规模相当小的应用之外，原告的指控没有确定任何其他 PSN 服务提供商。然而，FTC 显然不愿意声称 Facebook（在收购 Instagram 之前或之后）拥有 85% 甚至 75% 的市场份额，FTC 只声称超过 60%，那么剩下的 30% ~40% 由哪些公司组成？[①] 虽然并不要求原告在指控中明确每一个竞争对手，但是其基本上没有确定任何一个，这在其拒绝提供任何计算市场份额依据的情形下是不能接受的。市场力量的存在是任何垄断主张的核心。正如最高法院在 Twombly 案中所解释的，地区法院必须在原告的指控中明确某些关键事实才能推进潜在的大量事实的争议。[②] 本案中，FTC 的指控几乎没有具体说明 Facebook 在一个定义恰当的反垄断产品市场中，过去与现在有多大的垄断力这一关键问题。FTC 似乎希望法院简单地认同 Facebook 是垄断者的传统观点。毕竟，每个听到 2010 年电影《社交网络》片名的人就知道它是关于 FTC 的。然而"垄断力量"这一法律术语具有确切的经济含义，即在一个合理定义的市场中，有能力提高价格或排除竞争。仅仅声称 FTC 在一个不寻常的、非直觉的产品市场中占有超过 60% 的份额是不够的，FTC 在此只是稍微明确了市场轮廓，而市场的参与者几乎完全没有被指明。因此，FTC 的指控是不充分的，应当予以驳回。

6. FTC 请求依据《联邦贸易委员会法》第 13(b) 条寻求禁令，该条只有在被告"正在违反或即将违反"反垄断法的情况下才允许授权此类救济。[③] 本案中，就 Facebook 平台相关行为的可诉性而言，这一事件发生在近八年前，导致第 13(b) 条下的禁令无法适用。除此之外，第 13(b) 条确实允许 FTC 对 Facebook 收购 Instagram 和 WhatsAPP 的行为提出怀疑。

法院驳回原告的指控，但是允许其修改诉状并继续进行诉讼。[④]

---

① 参见 Cf. Cupp, 310 F. Supp. 2d at 971，其中指出，如果没有对相关市场中的品牌和供应商进行核算，法院无法确定其边界，因此无法评估被告的市场实力。

② See Twombly, 550 U. S. at 570.

③ See 15 U. S. C. § 53(b).

④ See Foman v. Davis, 371 U. S. 178, 182, 83 S. Ct. 227, 9 L. Ed. 2d 222(1962).

四、法院的进一步分析

法院认为，如果案件继续进行，向当事人提供一些指导是有益的。因此，就FTC的指控提出的两个问题（平台政策和收购）提供了进一步的法律分析。

（一）平台策略

原告指控Facebook采用并执行了一系列反竞争政策来管理其API的使用。最突出的是，2013年，它宣布了一项政策，拒绝第三方独立应用程序（如前文讨论的国际象棋应用程序等）"复制Facebook的核心功能"，即与Facebook Blue竞争的情形下访问这些API。随后，Facebook对一些独立应用实施了这一政策，撤销了API许可。FTC认为这些行为是非法的"有条件交易"或非法的"拒绝交易"。然而，法院同意Facebook的观点，即这两种理论都没有为《联邦贸易委员会法》第13(b)条下的禁令提供可行的依据。第一，根据当前的反垄断原则，Facebook拒绝向其竞争对手提供API访问的一般政策本身并不违反《谢尔曼法》第2条的规定。第二，尽管Facebook在之前提供访问权限后，撤销竞争对手的API许可的具体行为可能违反了《谢尔曼法》第2条的规定，但这一行为发生在2013年，因此不能认为Facebook"正在违反"或"即将违反"反垄断法，而这是根据《联邦贸易委员会法》第13(b)条发出禁令的必要条件。[①] 第三，原告未能提供支持"有条件交易"理论的事实依据。

1. 拒绝交易

(1)法律框架

审理拒绝交易指控的核心原则是，作为一般情况，垄断者有"拒绝与其他公司交易的权利"，其中包括"拒绝与竞争对手合作的权利"。[②] 这是因为垄断者被期望和允许像其他任何公司一样竞争，而和其他公司一样竞争意味着有能力决定与谁交易以及交易的条件。即使垄断者仅仅"为了限制进入"而拒绝与其竞争对手

---

① See 15 U.S.C. § 53(b).

② 参见Verizon Commc'ns Inc. v. L. Offs. of Curtis V. Trinko, LLP, 540 U.S. 398, 408, 124 S. Ct. 872, 157 L. Ed. 2d 823(2004)，该案引用了Aspen Skiing Co. v. Aspen Highlands Skiing Corp., 472 U.S. 585, 601, 105 S. Ct. 2847, 86 L. Ed. 2d 467(1985)。

进行交易,这种一般的无交易义务规则仍然适用。[①]

因此,宣布单方面拒绝交易本质上是"合法的"或"推定合法的"。对反垄断政策的审理有以下三个考量因素。[②] 第一,公司可以通过建立一个基础设施来获得垄断权,使其特别适合为客户服务,而强迫这些公司分享其优势与反垄断法的根本目的之间存在一定的紧张关系,因为这可能会削弱垄断者、竞争对手或二者投资于这些可以获得经济利益的设施的动机。换言之,已经成功的大型公司"可能不会投资、创新或扩张……因为他们知道,他们创造的任何东西都可能被迫分享",而"规模较小的竞争对手的发展也会被抑制,因为他们知道自己有权依附于更大的竞争对手"。这种平衡将阻碍而不是促进消费者福利。[③] 强制共享使联邦法院扮演了规划者的角色,选择与适用相应条款作出强制共享的命令,尽管他们不具备承担这一角色的能力。而强制共享实际上可能为垄断者与其竞争对手之间的勾结提供机会。[④] 共谋是"反垄断的最大罪恶"[⑤],其本身"对消费者和竞争过程都有伤害"。[⑥]

然而,一般的无交易义务规则确实有一个例外,可追溯到美国联邦最高法院在阿斯彭滑雪场案中的裁决。在该案中,被告拥有科罗拉多州阿斯彭市场的四个滑雪场中的三个(使其成为垄断者),并长期与第四个(竞争对手)运营一家合资企业,为所有四个滑雪场提供了联名票服务。这张联名票对双方都有利,并让客户感到满意。[⑦] 然而,被告阿斯彭滑雪场最终终止了联名票服务。原告海兰德

---

① 参见 Olympia Equip. Leasing Co. v. W. Union Tel. Co., 797 F. 2d 370, 375 – 76(7th Cir. 1986),该案指出,拥有合法垄断力的公司没有帮助竞争对手的一般义务,因此没有向新的进入者伸出援手或帮助竞争对手生存或扩张的义务;Novell, Inc. v. Microsoft Corp., 731 F. 3d1064, 1074(10th Cir. 2013),该案指出,即使是垄断者,通常也没有义务与竞争对手分享其知识产权或物理产权;FTC v. Qualcomm Inc., 969 F. 3d 974, 993(9th Cir. 2020),该案引用了 Pac. Bell Tell Co. v. Linkline Commc'ns, Inc. ,555 U. S. 438,457,129 s. Ct1109,172 L. Ed. 2d 836(2009)一案并指出,正如最高法院一再强调的那样,垄断者没有义务按照竞争对手的竞争对手所偏好的条款和条件进行交易; Aerotec Int'l, Inc. v. Honeywell Int'l, Inc., 836 F. 3d 1171, 1184(9th Cir. 2016),该案指出,本案驳回拒绝交易是非法的论点,因为其动机是"阻止竞争"。

② See Novell, 731 F. 3d at 1073.

③ 参见 Olympia Equip. Leasing, 797 F. 2d at 379,该案指出,如果一家拥有垄断权的公司有义务向新进入者提供积极援助,或者自愿延长其义务,无限期地继续提供援助,则消费者的境况会更糟。

④ See Aerotec, 836 F. 3d at 1183.

⑤ Trinko, 540 U. S. at 408.

⑥ See Novell, 731 F. 3d at 1073.

⑦ See 472 U. S. at 588 – 92.

(Highlands)称其尝试了各种方式来重新创建联名票,包括最终"以零售价购买被告的票",但是阿斯彭滑雪场拒绝接受这些门票。法院基于这些事实认为可以合理地得出结论,阿斯彭滑雪场并非出于效率考虑,而是愿意牺牲短期利益和消费者福利,以换取对其较小竞争对手的长期影响。从而足以构成《谢尔曼法》第 2 条规定的情形。因此,尽管《谢尔曼法》规定了一般的无交易义务规则,但是阿斯彭滑雪场仍违反了《谢尔曼法》,因为其行为具有掠夺性。也就是说,它故意伤害自己(和消费者),以进一步伤害竞争对手。类比掠夺性定价,即一家公司将其商品定价低于其成本及竞争对手的成本,目的是将这些竞争对手赶出市场,如果实行掠夺性定价的公司承受能力更强,足以承受低于成本定价所造成的损失,这种方法就会奏效。[①] 本案中阿斯彭滑雪场终止盈利且客户满意的合作项目,甚至拒绝接受以零售价购买联名票,通过承受短期损失,达成将其竞争对手赶出市场的目的。因此,被告失去了一般无交易义务规则的通常保护,而作为一个旨在损害竞争,从而损害消费者福利的企业,至关重要的是,阿斯彭滑雪场的违规行为的特征是作为"更大的反竞争企业",而不能仅仅是意图伤害对手或避免帮助对手。在集中市场中,保持或改善自己的市场地位的意图总是意味着竞争对手必须遭受损失,如果反垄断法规制垄断者采取的"具有限制竞争效果或目的"的每一项行动,那么垄断者没有义务帮助竞争对手的规则就无从立足了。因此,最高法院将阿斯彭滑雪场描述为"处于或接近《谢尔曼法》第 2 条规定的责任的外部边界"[②],而"拒绝将责任扩大到其他各种拒绝交易的情形"[③]。因此,《谢尔曼法》第 2 条的责任的试金石是上文所述的掠夺性设计,即拒绝交易的唯一可能的理由或目的是牺牲短期利益,以便从长期来看从排除竞争中获得更高的利润。[④] 法院从阿斯彭滑雪场案中总结出非法拒绝交易的三步测试法,旨在准确判定掠夺性行为。垄断者和竞争对手之间必须有一个预先存在、自愿达成且可能有利可图的交易过程,垄断者后来却拒绝与之交易。[⑤]

第二,拒绝交易必须涉及被告已经在现有市场上向其他处境相似的客户销售

---

① 参见 Novell, Novell, 731 F. 3d at 1075 ; Brooke Grp. Ltd. v. Brown & Williamson Tobacco Corp. , 509 U. S. 209, 224, 113 S. Ct. 2578, 125 L. Ed. 2d 168(1993),该案中解释了掠夺性定价理论。

② Trinko, 540 U. S. at 399.

③ Viamedia, 951 F. 3d at 462(引用 Novell, 731 F. 3d at 1075).

④ See Areeda & Hovenkamp vol. IIIB, 772d3, at 235.

⑤ See Novell, 731 F. 3d at 1074; Qualcomm, 969 F. 3d at 993.

的产品。[①] 也就是说,被告必须向他人销售特定产品或服务,但拒绝向竞争对手销售相同产品或服务。[②]

第三,垄断者终止现有的交易过程,必须表明他们愿意放弃短期利润,以达到反竞争的目的,[③]而不是为了推进有效的商业目的。原告“必须证明被告拒绝交易导致被告短期经济损失”。很多案例和论文对测试的第三点给出了严格的解释:要求掠夺性动机是“唯一可以想象的理由或目的”,否则就无法解释被告利润的牺牲;[④]停止交易是否“不合理,但有损害竞争的倾向”[⑤];“既定交易过程中具有无法解释的、明显不合理的变化”。

(2)应用

①Facebook 政策

综上,很明显 Facebook 采取的不向竞争对手提供 API 访问的政策并没有违反《谢尔曼法》第 2 条的规定。如上所述,垄断者没有义务与竞争对手作交易,拒绝这样做通常是合法的,即使是出于限制新公司进入或阻碍竞争对手发展的愿望。因此,一家公司仅仅宣布其选择不与竞争对手交易,无论这样做的动机如何,都不能违反《谢尔曼法》第 2 条。Facebook 禁止竞争对手访问 API 的一般政策显然是合法的,因为它涵盖了之前没有自愿交易的竞争对手。而先前的交易历史是阿斯彭滑雪场案的必要组成部分。这也是为什么仅仅宣布或维持不与竞争对手交易的一般政策本身不违反《谢尔曼法》第 2 条的另一个原因。与之相对,分析必须侧重于特定行为。垄断者有可能进行一系列拒绝交易的协同计划,一个非法的拒绝交易计划必须由拒绝交易构成,经过阿斯彭滑雪场测试,这些拒绝交易本身便独立违反《谢尔曼法》第 2 条。原告不能引用任何权威的主张,即一系列不违反反垄断法的单方面行为可能被合并为非法的“行为过程”,[⑥]否则,垄断者可能会因拒绝交易而面临责任,而这些拒绝交易应受到严格保护,不受审查。因此,FTC

---

① See 540 U. S. at 404 - 05, 407, 409.

② See Qualcomm, 969 F. 3d at 994; Areeda & Hovenkamp, 773d3, at 233.

③ See Novell, 731 F. 3d at 1075; Steward Health Care Sys., LLC v. Blue Cross & Blue Shield of Rhode Island, 311 F. Supp. 3d 468, 483(D. R. I. 2018).

④ See Qualcomm, 969 F. 3d at 993.

⑤ Novell, 731 F. 3d at 1076.

⑥ 参见 486 F. App'x 186(2d Cir. 2012); Masimo Corp. v. Tyco Health Care Grp., L. P., No. 02 - 4770, 2004 U. S. Dist. LEXIS 26916, 2004 WL 5907538, at *5 - 6(C. D. Cal. June 10, 2004),该案指出,行为过程责任理论不能允许将法律明确允许的行为被纳入其中以支持原告的反垄断诉求。

无法通过将 Facebook 拒绝与所有竞争对手交易的政策重新定义为实施非法的垄断维持计划。如果 FTC 想要主张此类计划可诉,必须涉及执行该政策的具体情况:针对垄断者之前曾与之进行过交易的对手;当垄断者继续与市场上的其他人交易时;承受了的短期利润损失,这一损失除了从长远来看将竞争对手赶出业务之外,没有任何可以想象的理由。

②特定拒绝

FTC 主张的 Facebook 多次具体拒绝交易行为事实上可能符合前述要求。然而,所有此类行为都发生在 2013 年。这一事实使 FTC 的主张不能成立。因为按照《联邦贸易委员会法》第 13(b)条的规定,无论这些具体的交易拒绝行为是否通过阿斯彭滑雪场案测试法,本案中没有可起诉的违规行为正在进行或即将发生。正如最高法院指出的,鉴于该规定要求被告"正在违反"或"即将违反"(而不是"已经违反")反垄断法,它考虑的是"具有前瞻性而非追溯性的救济",[①]如果 FTC 想要解决过去的违法行为,即企业已经违法,必须援用《联邦贸易委员会法》第 5(b)条的规定。[②] FTC 最接近的指控是,"(2018 年 12 月)为了应对预期的公众审查,Facebook 暂停了其反竞争平台政策,如果审查通过,Facebook 可能会恢复此类政策"。即使假定 Facebook 不与竞争对手交易的政策本身是非法的(然而,实际上并未违法),现有指控也不足以证明制止该行为具有必要的紧迫性。[③] 此外,没有任何事实表明 Facebook 面临的反垄断审查"即将"通过,或者在可预见的未来任何时候都会通过。只要浏览一下报纸就知道情况恰恰相反。当然,更根本的问题是,Facebook 不仅必须立即恢复其政策,而且必须立即采取阿斯彭滑雪场可能采取的进一步行动:以与其此前自愿开放 API 交易的竞争对手为目标采取牺牲短期利润的掠夺性行为。FTC 当然没有声称这种特定行为"即将"发生,实际上自

---

① 参见 AMG Cap. Mgmt. , LLC v. FTC, 141 S. Ct. 1341, 1348, 209 L. Ed. 2d 361(2021); FTC v. Credit Bureau Ctr. , LLC, 937 F. 3d 764, 774(7th Cir. 2019),该案指出,《联邦贸易委员会法》第 13(b)条起着前瞻性作用:禁止持续和即将发生的未来违规行为; FTC v. Evans Prod. Co. , 775 F. 2d 1084, 1087 (9th Cir. 1985),该案指出,《联邦贸易委员会法》第 13(b)条"考虑正在进行或未来的违法行为",因此"只有在错误正在进行或可能再次发生时才会发布禁令"。

② See 917 F. 3d at 159 [引用 15 U. S. C. § 45(b)].

③ 参见 Shire ViroPharma, 917 F. 3d at 153, 160,该案指出,原告关于"如果没有禁令,被告将有从事类似行为的危险,因为被告有动机和机会这样做"的指控不足以根据《联邦贸易委员会法》第 13(b)条提出主张。

2018 年 12 月 Facebook 在近 8 年内也没有采取过这样的行动。[①]

FTC 提出了一个令人惊讶的观点,称由于法律规定,只要"有理由相信……任何人……正在违反或即将违反"反垄断法,FTC 便可以"提起诉讼"申请禁令,[②]因此法律"赋予其自由裁量权",以决定是否存在此类"相信的理由"。根据 FTC 的说法,其"相信的理由"不能被审查。法院认为这一观点不能成立,该规定明确了 FTC 在何时可以"起诉请求禁令",但是《联邦贸易委员会法》第 13(b)条并未授权 FTC(而不是法院)决定禁令的条件是否实际得到满足,从而确实应该实施禁令。FTC 必须说服法院同意违法行为正在进行或即将发生,并且有必要发出禁令。因此,FTC 必须"陈述其表面上合理的寻求的救济主张",证明被告"正在违反"或"即将违反"反垄断法。FTC 引用的两个案例只有一个案例真正支持其"内部标准论点",[③]但该案仍然要求 FTC"至少陈述一些事实,以支持合理推断,即在缺乏禁令救济的情况下,非法行为将在未来再次发生"。[④] 法院认为原告的指控甚至没有达到较低的标准。在这样的情形下,尽管 Facebook 被指控的取消竞争对手应用程序 API 访问的计划可能构成阿斯彭滑雪场案测试下的拒绝交易行为,法院也不需要解决这个问题。即使假设答案是肯定的,也无法从法律上作出禁令救济。

2. 有条件交易

FTC 认为 Facebook 的政策违反了所谓的"有条件交易"的反垄断规则的观点也站不住脚。首先,FTC 认为垄断者通过限制对垄断者的某些资源的访问引导其贸易伙伴或其他公司不得与其竞争,他们主要引用的案例是 Lorain Journal Co. 诉 United States(《洛雷恩日报》诉美国)一案,在该案中,广泛制定的规则将涵盖拒绝与竞争对手交易的行为,从而与上述案例相矛盾,因为这种拒绝总是可以被重新定义为仅在第三方不参与竞争的情况下进行交易的要约。[⑤] 在某种程度上,与学术评论中使用"有条件交易"的含义不同,该短语通常指"搭售"或"独家交易"等

---

① 参见 Shire ViroPharma, 917 F. 3d at 153, 160,该案指出,发现被告可能会恢复行为的指控不充分,原告没有指控其在 2012 年停止诉讼和 2017 年诉讼之间的 5 年间隔内被告参与了该行为。

② See 15 U. S. C. § 53(b).

③ See FTC v. Hornbeam Special Situations, LLC, 391 F. Supp. 3d 1218, 1223(N. D. Ga. 2019).

④ 参见 FTC v. Vyera Pharms., LLC, 479 F. Supp. 3d 31, 44(S. D. N. Y. 2020),该案指出,若干事实指称支持"有理由相信被告当时参与了违法行为"的事实。

⑤ 参见 Herbert Hovenkamp, Frand and Antitrust, 105 Cornell L. Rev. 1683, 1697(2020),该案定义简单拒绝交易,包括"公司同意向非竞争对手但不向竞争对手出售商品,以不改变公司地位为条件"。

行为。[①] 将这种行为与拒绝交易区别开来的关键事实是,这种行为不是“单方面的”,而是“基于垄断者对市场进行某种分析”,从而干扰竞争对手和第三方之间的关系。[②] 例如,当一家公司“要求第三方购买一捆商品,而不仅仅是他们真正想要的商品”时,就会出现捆绑销售,从而利用垄断者在捆绑销售产品市场上的力量,打击其在“捆绑”产品市场中的竞争对手(使他们失去了与客户的联系)。[③] “独家交易”与之类似,指的是垄断者以买方不与竞争对手作交易的协议为条件销售产品。同样,这些“有条件交易”方案与只涉及垄断者竞争对手的单方面行为(如垄断者拒绝与他们交易)截然不同。这一区别至关重要,因为反垄断法对单方面行为更为宽容。[④] Lorain Journal(《洛雷恩日报》)案中,涉及“一种非常特殊的独家交易形式,即拒绝出售产品给从垄断者的竞争对手那里购买产品的最终用户”。[⑤] 在那里,当地报纸 Lorain Journal 在俄亥俄州洛兰市的广告市场上占据了“制高点”,在一家新的广播电台进入该市场后,该报开始拒绝“向任何在电台做过广告或该报认为将要在该电台做广告的洛兰市的广告商出售广告位”,该报的赌注是,许多广告商不能失去用它做广告的机会。Lorain Journal 赌赢了,因为该计划使大多数公司避免在电台上刊登广告,使 Lorain Journal 恢复了其在当地的垄断地位。根据这些事实,法院认定 Lorain Journal 违反了《谢尔曼法》第 2 条。本案中,Lorain Journal 不仅拒绝与竞争对手的电台作交易,如它拒绝在其页面上刊登该电台的广告,而且更进一步,Lorain Journal 拒绝与任何竞争对手的客户作交易,除非这些客户同意不与竞争对手作交易,最终干扰了竞争对手的竞争能力。

回到本案,FTC 如果根据 Lorain Journal 案,主张 Facebook 对其平台访问的限制是非法的,还必须证明 Facebook 对平台 API 的访问是以应用开发者同意不与其他社交网络服务交易为条件的。事实上,FTC 确实指出了这一点,其称“Facebook 仅在以下条件下允许第三方完全访问其平台:承诺不会通过与其他 PSN 提供商联系或促进其他 PSN 供应商来威胁 Facebook 垄断地位”,从而

---

① See Herber HovenKamp, Fkand and Antitrust, 105 cornell L. Rev. 1607 – 1608 (2020).

② See Novell, 731 F. 3d at 1072.

③ See Microsoft, 253 F. 3d at 84.

④ 参见 Novell, 731 F. 3d at 1072 – 73,该案指出“简单地说,垄断者更可能因未能让竞争对手独立而承担责任,而不是因未能帮助他们而承担责任”。

⑤ See Kenneth L. Glazer & Abbott B. Lipsky, Jr. , Unilateral Refusals to Deal Under Section 2 of the Sherman Act, 63 Antitrust L. J. 749, 800 n. 75(1995).

"Facebook 对其平台的访问以不与之竞争或协助竞争对手为条件"。如果 Facebook 的政策实际上以这种方式干扰了竞争社交网络服务与应用开发者作交易的能力,那么这很可能违反了《谢尔曼法》第 2 条的规定,因为 Facebook 通过控制用户与竞争社交网络服务的交易,将竞争对手对其市场份额构成真正威胁的能力控制在临界水平以下。

然而,原告并没有充分证明上述行为。Facebook 2011 年的政策确实禁止"Facebook 上的应用程序整合、链接、推广、分发或重定向到任何其他竞争社交平台上的任何应用程序"。但是,如上所述,该政策仅适用于专为 Facebook 网站内使用而设计的应用程序,而非独立的应用程序,如国际象棋应用程序或华盛顿邮报应用程序。此外,该政策似乎并未阻止应用程序开发人员构建其应用程序的版本,该版本可以在另一个 PSN 服务的网站中访问和使用。例如,为 Facebook 开发个性测试应用程序的开发者可以在不违反政策的情况下为 Google + 开发相同的应用程序,Facebook 只是禁止该应用的 Facebook 版本链接或重定向到 Google + 版本。因此,Facebook 2011 年的政策并不是告诉应用程序开发者,如果他们承诺只为 Facebook 开发应用程序,他们就只能访问 Facebook 的平台。如果类比到 Lorain Journal 案,应当是 Lorain Journal 并不拒绝刊登任何与竞争电台也有广告合作的企业的广告,而只是要求报纸上的广告必须避免提及竞争电台。这种针对垄断者自身设施的禁止政策显然不会"显著限制"个人社交网络服务的"竞争对手进入或留在市场的机会",因而并未违反《谢尔曼法》第 2 条的规定。FTC 指控中提到的 2012 年和 2013 年 Facebook 的政策同样没有限制 Facebook 竞争对手与第三方应用程序开发者交易的机会。据称,2012 年的政策禁止独立应用程序(不是"Facebook 上的应用程序")"使用 Facebook 平台 API 将 Facebook 用户数据导出到竞争的社交网络中"。2013 年的政策更进一步,要求独立应用程序不能使用 Facebook 的 API"向复制 Facebook 核心产品或服务的产品或服务推广或输出 Facebook 用户数据"。这两项政策都没有对独立应用程序链接到 Facebook 竞争对手或与之建立互操作性施加全面禁止。Facebook 并未指示华盛顿邮报其应用程序只能允许用户使用 Facebook 账户登录,而不能通过谷歌账户登录,或者只添加 Facebook 的"赞"按钮,而不是 Path 或 Circle 的"分享"按钮。Facebook 也没有要求应用禁止用户从其他社交网络服务中搜索联系人,就像他们使用查找好友 API 搜索 Facebook 好友一样。也许 FTC 扩大解释了禁止使用 Facebook 平台"推销"竞争对手的政策,这样解读是不合理的。尽管指控中充斥着关于被告执行其"禁止与竞争对手交易"政策的指控,FTC 也没有举出 Facebook 执行其政策以防止竞争对手和其他独立应用程序之间的交易的具体事例。因此,原告关于被告违反《谢尔曼法》第 2 条的"有条件交易"的规定是不能成立的。

综上,法院得出结论,Facebook 对其 API 的访问施加和执行的政策既未构成《谢尔曼法》第 2 条的排他行为,也不得作为《联邦贸易委员会法》第 13(b)条下实施禁令的依据。

(二)《联邦贸易委员会法》第 13(b)条下的反竞争收购

在结案之前,法院解决了 Facebook 在其驳回意见中提出的另一个问题:假设市场力量能够建立,《联邦贸易委员会法》第 13(b)条是否允许 FTC 制止 Facebook 收购 Instagram 和 WhatsAPP 的行为。Facebook 认为,因为这些收购行为发生在 2012 年和 2014 年,其并非"正在违反"或"即将违反"《谢尔曼法》第 2 条的规定。被告坚持认为,FTC 对其收购的攻击是针对一种"过去很久的行为"的指控,不能构成《联邦贸易委员会法》第 13(b)条下禁令的基础。尽管 Facebook 的论点看起来有道理,但是已经有相反的先例。最高法院已明确表示,《克莱顿法》第 7 条是对"可能大幅减少竞争或倾向于形成垄断"的收购的禁止,本条的"收购"不是离散交易,而是指在交易撤销之前持续的状态。① 换言之,收购意味着购买另一家公司的股权并持有这些股权,因此《克莱顿法》第 7 条禁止某些收购,包括禁止持有某些资产,而不仅仅是获得这些资产。② 这一理解是法院先前在美国诉杜邦案中作出的裁决的必要依据,认为美国政府可以在 1949 年寻求剥离杜邦公司于 1919 年首次收购并仍持有的股票。因此,按照《克莱顿法》第 7 条的规定,只要杜邦公司继续持有收购资产,政府可"随时"指控该公司违反了《克莱顿法》第 7 条。在这种情况下,杜邦公司违反了 FTC 执行的法律规定,因此属于《联邦贸易委员会法》第 13(b)条调整的范围。由于 FTC 对 Facebook 收购的指控是根据《谢尔曼法》第 2 条而非《克莱顿法》第 7 条提出的,问题在于同样的原则是否适用于根据《谢尔曼法》第 2 条提出的主张。法院认为没有理由不这样做,Facebook 也

---

① See United States v. ITT Cont'l Baking Co., 420 U.S. 223, 241 – 42, 95 S. Ct. 926, 43 L. Ed. 2d 148 (1975).

② See Concord Boat Corp. v. Brunswick Corp., 207 F.3d 1039, 1050 (8th Cir. 2000).

没有提供不这样做的理由。正如政府可以在任何时候主张一项收购倾向于产生垄断,违反了《克莱顿法》第 7 条对具有该影响的交易的控制,因此,只要对《谢尔曼法》第 2 条的禁止带来明显威胁,即该收购"倾向于通过"非竞争的方式"破坏竞争本身",那么很明显,收购就可能构成一种这样的手段。[①] 法院不再进一步分析根据《谢尔曼法》第 2 条的规定,对涉及很久以前收购的指控可能与最近(甚至即将)发生的收购的指控有什么不同,以及相关救济问题。在这一点上,法院只是认为,与 Facebook 的意见相反,只要被告仍然持有购买的资产或股票,《联邦贸易委员会法》第 13(b)条下的禁令在理论上就可以对很久以前违反《谢尔曼法》第 2 条的收购行为采取可用的补救措施。

五、第一次裁判结论

综上,法院支持 Facebook 的驳回指控的请求,但将在不损害诉权的情形下仅驳回指控,而不驳回案件。法院还将允许原告在 30 日内修改并指示原告提交任何修改后的诉状。如此说明的同期命令应于当日发布。

六、FTC 修改诉状再次提起诉讼

FTC 接受了法院的提议,于 2021 年 8 月提交了一份经修订的诉状,其中载有对法院先前意见中所确定的缺陷的重大补充和修订。FTC 的核心观点基本不变,FTC 继续声称,Facebook 在 PSN 服务市场上长期占据垄断地位,并通过两种行为非法维持这种垄断地位:第一,通过收购其认为可能会威胁其垄断地位的竞争对手和潜在竞争对手——最明显的是 Instagram 和 WhatsAPP;第二,通过制定和实施政策,组织 Facebook 和其他被其视为新生威胁的应用程序之间的互操作性。然而,本次修改诉状为巩固前述观点和事实提供了更加有力和详细的论证,特别是在被告指出的垄断力量的方面。

修订后的诉状再次根据《谢尔曼法》第 2 条的规定,指控:(1)Facebook 通过其反竞争行为(包括其反竞争收购)的过程,蓄意维护其垄断力量;(2)Facebook

---

① 参见 Grinnell, 384 U. S. at 576,该案指出,部分对竞争对手的收购构成对《谢尔曼法》第 2 条的违反; BRFHH Shreveport, LLC v. Willis Knighton Med. Ctr., 176 F. Supp. 3d 606, 622(W. D. La. 2016),该案指出,仅对可能的竞争对手的收购就可能确立《谢尔曼法》第 2 条规定的反竞争行为要素;参见 o Areeda & Hovenkamp vol. Ⅲ, 701a, at 201,指出《谢尔曼法》和《克莱顿法》对收购的处理存在重叠,包括具有重大市场影响力的公司的合并视为非法垄断行为。

通过其行为过程,包括反竞争收购和维护及执行与 Facebook 平台相关的反竞争协议,以阻止竞争者对其个人社交网络的垄断地位产生威胁,从而蓄意维护其垄断力。FTC 再次援引《联邦贸易委员会法》第 13(b)条,该条授权 FTC 寻求针对"正在违反"或"即将违反"反垄断法的实体禁令。[①] FTC 希望获得旨在防止未来发生被控违法行为的禁令,以及命令资产剥离、业务剥离或重建(包括但不限于 Instagram 和/或 WhatsAPP),以及其他足以恢复竞争的救济。

Facebook 依据《联邦民事诉讼规则》第 12(b)(6)条,该条规定在陈述事实不足以获得救济时可以驳回指控,认为 FTC 的指控仍有缺陷,请求法院驳回修订后的指控。Facebook 还认为,FTC 提交修改后诉状的内部投票存在无效的情形,因为主席 Lina Khan(莉娜·汗)声称对 Facebook 的反垄断责任进行了预判,应当要求她回避。

七、第二次裁判观点概述

法院认为,FTC 现在已经解决了指控方面的缺陷,本案可以继续进行调查。首先,FTC 举证的事实已足以令人信服地证明 Facebook 在 PSN 服务市场上拥有垄断力;其次,FTC 已经举证证明 Facebook 的主导市场份额受到进入该市场的壁垒的保护;最后,FTC 还解释了为何 Facebook 不仅拥有垄断力量,而且通过反竞争行为,特别是对 Instagram 和 WhatsAPP 的收购故意维护其垄断力量,然而,法院不允许 FTC 围绕 Facebook 的互操作性政策(也称为平台政策)进行指控,因为 Facebook 在 2018 年已经放弃了这些政策,而其上一次被指控执行政策更在 2018 年之前。针对 Facebook 关于 FTC 投票无效的主张,法院认为,这一理由不能成立,因为 Lina Khan 在投票中是以原告的身份,而不是一个司法角色。

如法院先前意见中所述,《谢尔曼法》第 2 条规定的垄断维持行为有两个要素:(1)在相关市场上拥有垄断力量;(2)故意……维持这种垄断力量,其增长或发展并非由于产品质量、商业敏锐性或历史原因。Facebook 以 FTC 未充分说明上述任何一项要素为由,请求驳回其指控。具体而言,被告辩称,与之前一样,FTC 没有举证证明 Facebook 具有垄断力量的事实,并且 FTC 也没有举证证明存在法律上可认定的排他性行为。此外,Facebook 还认为,FTC 内部投票存在无效

---

① See 15 U. S. C. § 53(b).

的情形,提醒法院关注。

(一)垄断力量

首先考虑垄断维持指控的门槛是否达到:FTC 是否有证据指控 Facebook 在相关市场拥有垄断力量?美国联邦最高法院将垄断力量定义为“控制价格或排除竞争的力量”①。换言之,如果一家公司能够将价格大幅提高到竞争水平之上,那么它就是一个垄断者。如果原告能够提供直接证据证明“公司事实上这样做是有利可图的,那么垄断力量的存在是显而易见的”。然而,由于这种直接证据很少可用,原告和法院一般会审查市场结构,以寻找垄断力量的间接证据。在这种情况下,应当先建立相关市场,计算市场份额,从公司拥有相关市场的主导份额推断出其具有垄断力量。因为市场力量只有在持续的情况下才有意义,通过间接证据提起诉讼的原告还必须证明,公司在相关市场的主导份额受到进入市场“壁垒”的保护。②

法院在其先前的意见中已经认定,FTC 已经建立了相关的反垄断市场。③ FTC 在修订后的诉状中主张同一反垄断市场,被告对此处的市场定义不持异议。④ 此处法院简要重述其先前关于市场定义的相关结论:法院认可 FTC 关于美国 PSN 服务市场的定义:人们能够用以在共享的社交空间中维持人际关系以及与朋友、家庭成员分享经验和其他人际联系的在线服务。此类服务的定义和区别在于其具有“三个关键要素”。第一,此类服务建立在描绘了用户与其朋友、家人和其他个人联系的图谱之上。第二,此类服务包括在共享虚拟社交空间中个人之间的联系互动、以一对多的“广播”等形式分享个人体验等用户常用的功能。第三,此类服务包括允许用户查找其他用户并建立联系的功能,以使每个用户更容易建立和扩展自身的社交网络。社交图谱还会基于已有的社交网络提示用户可以建立哪些新的关系。本案中其他服务并非主要用于个人共享,这是服务之间不能替代的合理原因。

---

① Microsoft, 253 F. 3d at 51, 该案引用了 United States v. E. I. du Pont de Nemours & Co. , 351 U. S. 377, 391, 76 S. Ct. 994, 100 L. Ed. 1264(1956)。

② See Lenox MacLaren Surgical Corp. v. Medtronic, Inc. , 762 F. 3d 1114, 1123 – 25(10th Cir. 2014); Microsoft, 253 F. 3d at 51.

③ See Facebook, 560 F. Supp. 3d 1, 2021 U. S. Dist. LEXIS 119540, 2021 WL 2643627, at *9 – 11.

④ See Redacted Am. Compl. , 165 – 80.

1. 市场占有率

之前 FTC 没有充分证明 Facebook 的市场支配地位。在之前的诉讼程序中，FTC 只是声称 Facebook 自 2011 年以来“一直保持着美国个人社交网络市场的主导份额(超过 60%)”，并且“美国不存在其他类似规模的社交网络”。现在 FTC 对 Facebook 的市场份额提出了大量新证据，最值得注意的是，经修订的诉状为支持其主张，即“Facebook 在美国个人社交网络服务相关市场上自 2011 年以来一直占据垄断地位”进行了详细说明。修订后的诉状包括关于 Facebook 在美国 PSN 服务的日均用户(DAU)和月平均用户(MAU)中的市场份额，以及用户在 PSN 服务上花费的平均时间份额的举证。例如，FTC 声称，“根据 comScore(一个商用数据源)维护的数据分析，Facebook 在美国提供个人社交网络服务的应用的 DAU 份额自 2016 年以来已超过 70%，且至少在 2011 年已经达到相同水平”。事实上，经修订的诉状中称，从“2016 年 9 月到 2020 年 12 月，Facebook 在美国提供个人社交网络服务的应用程序中的 DAU 份额，智能手机平均每月 80%，平板电脑平均每月 86%，台式电脑平均每月 98%，而且在任何类型的设备上，Facebook 的 DAU 比例都没有下降到 70% 以下”。同时，“其他 PSN 提供商的合计份额”，FTC 称其为“包括 Snapchat、Google +、Myspace、Path、MeWe、Orkut 和 Friendster”的部分，在此期间的任何一个月内，在任何类型的设备上都未超过 30%。FTC 关于 MAU 的指控也说明了同样的情况。FTC 再次根据 comScore 的数据称，“Facebook 在美国提供个人社交网络服务的应用的 MAU 中所占份额自 2012 年以来已超过 65%，2011 年至少达到了 65%”。同样，在 2012 年 9 月至 2020 年 12 月的任何一个月内，“其他提供商在移动设备或桌面设备上的合计份额……均未超过 32%”。原告关于“Facebook 在美国提供个人社交网络服务的应用程序用户花费的时间份额”的指控也与 DAU 和 MAU 数据一致。事实上，FTC 声称，Facebook 用户在此类服务上花费的时间份额“自 2012 年以来已超过 80%，且至少在 2011 年达到了同样的水平”。

修订后的诉状说明，用于衡量市场份额的三个指标，即 DAU、MAU 和花费的时间是适当的指标。FTC 解释说，与常识一致，“个人社交网络服务对用户的吸引力即为其竞争力，这与用户数量和用户参与服务的程度有关”。值得注意的是，经修订的诉状中声称，Facebook 本身也使用这些指标来评估其服务以及竞争对手的 PSN 服务。实际上在日程业务过程中，Facebook 的高管和投资者、作为竞争对手的个人社交网络提供商以及行业观察人士对 Facebook Blue、Instagram 和其他个人社交网络提供商都以活跃用户群数量、DAU、MAU 和用户在服务上花费的时间作为衡量标准评估业绩。例如,Facebook 内部评估 Facebook Blue 和 Instagram 表现侧重于每月花费的时间、MAU 和 DAU,Facebook 依靠这些相同的指标来评估竞争对手的竞争力。FTC 同样声称,其他提供 PSN 服务的公司引用了这些指标。例如,Snapchat 定期将其性能与"Instagram 公司的 MAU、DAU 和花费的时间"指标进行比较。商用数据源也使用"MAU、DAU 和花费的时间"等指标跟踪美国境内在线服务的使用情况。

考虑到原告新的指控事实,并给予原告从所指控的事实中进行推论的权利,① 修订后的诉状已经陈述了充足的、真实的事实,足以初步请求救济。② 与之前的诉状形成了鲜明的对比,这份诉状强化了具体指控,并将所有事实指向同一个结论:Facebook 在相关时间段内保持了主导市场份额。在接受市场定义和市场份额指控的真实性的基础上,Facebook 的市场份额大大超过了法院通常认为足以确立垄断力量的水平。③

首先,Facebook 辩称,FTC 所依赖的 comScore 数据"本身就警告不要依赖这些数据,否认对其'准确性或完整性'负责"。然而,这种对基础数据可靠性的怀疑在驳回阶段是不合适的。Facebook 后续将有充足的机会提出此类论点,然而,此时法院"必须将指控的事实视为真实的"④,Facebook 没有依据来审查 FTC 提出的数据的可靠性。其次,Facebook 质疑 PSN 服务花费时间数据的意义。具体地说,Facebook 辩称,这些数据"不跟踪 PSN 的使用情况,而是跟踪在线服务的用户和在这些服务上花费的总时间(包括 PSN 和非 PSN 服务)"。正如法院先前承认的那样,衡量用户在 Facebook(以及其他 PSN 服务提供商)上花费的时间的数据很可能捕捉到了未使用 PSN 服务的时间,如观看电影官方页面上嵌入的电影预告片的时间,考虑到 FTC 对市场的定义,Facebook 的观点可能是正确的。至少

---

① See Sparrow, 216 F. 3d at 1113.

② See Iqbal, 556 U. S. at 678(引用 Twombly, 550 U. S. at 570).

③ 参见 AbbVie Inc. , 976 F. 3d at 373,该案指出市场份额超过 60% 就足够了; Eastman Kodak Co. , 125 F. 3d at 1206,该案指出法院通常要求 65% 的市场份额,作为确立市场力量的初步证据;2301 M Cinema LLC 诉 Silver Cinemas Acquisition Co. ,342 F. Sup. 3d 126140(D. D. C. 2018); 2301 M Cinema LLC v. Silver Cinemas Acquisition Co. , 342 F. Supp. 3d 126, 140(D. D. C. 2018)。

④ See Sparrow, 216 F. 3d at 1113.

Facebook、Instagram 或 Path 提供的一些功能似乎不是 FTC 定义的这些公司 PSN 服务的一部分，因此，花费在这些应用程序或网站上的时间不一定是花费在 PSN 服务上的时间。但这并不意味着该指标不能向法庭反映 Facebook 的市场份额。修订后的诉状称，Facebook Blue 和 Instagram“主要用作个人社交网络服务”。FTC 表示，Facebook 本身承认 Facebook Blue 提供“个人社交网络服务，个人社交网络是 Facebook Blue 对用户的主要价值和用途”。Facebook 首席执行官扎克伯格的大量声明不断强化该公司认为 Facebook Blue 和 Instagram 专注于提供 PSN 服务。虽然 Facebook 认为，FTC 在提供 PSN 服务的平台上花费的时间的数据捕获超过了仅使用此类服务所花费的时间，但是原告无须提出科学家精确估计后的市场份额，提出最接近的可用近似值即可。[①] 此外，原告并非仅提供了花费时间的数据来表明市场份额远超过了必要的阈值，而是用 MAU 和 DAU 指标支持这一指控，[②]以强化同样的结论。综合 FTC 的指控情况，仅因为 FTC 对用户在 Facebook 和 Instagram 上与朋友、家人和其他个人联系人互动所占的时间百分比并没有完美的数据（可能根本不存在），而这些与市场定义不符合的活动仅包括被动观看音乐视频等，就驳回 FTC 修正后的指控是不恰当的。[③] Facebook 的第三个反驳是针对 FTC 使用的 MAU 和 DAU 数据，被告认为，这些指标“不能合理地用于计算相对市场份额，因为同一个人可能（而且经常）使用不止一项服务，更根本的原因是，一个人使用一项服务的事实并不能说明该人在该服务上花费了多少时间（如果有的话）”。关于第一点，FTC 认为单个用户对来自多个提供商的服务的消费反映在 MAU 和 DAU 度量中。换言之，如果一个人在同一天同时使用 Instagram 和 Snapchat，这两种使用都将包含在分母中，以确定 PSN 服务在市场中的总份额。Facebook 关于 MAU 和 DAU 数据没有说明 PSN 服务的使用强度的观

---

① 参见 United States v. Anthem, Inc., 236 F. Supp. 3d 171, 207(D. D. C. 2017)，该案引用了 FTC v. Sysco Corp., 113 F. Supp. 3d 1, 54(D. D. C. 2015)；H & R Block, Inc., 833 F. Supp. 2d at 72，其中指出提供相关市场份额数据的可靠、合理的近似值便足够了。

② 参见 Twombly, 550 U. S. at 563，其中指出充分陈述了一项指控后，就可以通过展示与指控一致的任何一组事实来支持。

③ 参见 United States v. Bazaarvoice, Inc., No. 13 – 133, 2014U. S. Dist. LEXIS 3284, 2014 WL 203966, at ∗32(N. D. Cal. Jan. 8, 2014)，该案指出，关于该市场的现有数据并不完善，部分原因是该市场相对较新。但这并不意味着我们应该忽略现有数据或市场现实。例如，对于被告的绝大多数业务来自评级和评论平台（R&R）这一点，双方没有真正的争议，因此我们抱怨政府专家没有区分 R&R 收入和其他补充部分的收入是不令人信服的。

点，实际上只是强调了应当同时关注花费时间的数据并全面考虑这三个指标的作用。事实上，尽管每一项指标都以不同的条件反映了 PSN 服务的消费情况，但是事实上却强化了 FTC 的指控，因为每一项衡量指标都描绘了相同的图景：Facebook 在相关时间段内保持了主导市场份额。在任何情况下，如果 DAU 和 MAU 没有完全捕捉到消费者的使用强度，当关注花费时间的数据时会发现 Facebook 在相关市场的份额实际上会增加，这也说明了一天或一个月内的使用强度。

简言之，FTC 这次做了功课，提出了详细的事实指控，假定所有指控的事实为真，则 FTC 已经将提出救济的权利提高到推断水平之上。为了支持其声称的市场主导地位，FTC 使用了多个指标，得到了产出或消费的"市场及其份额的通常衡量标准"。[①] 这些指标相互支持，显示了法院通常认为足以推断垄断力量的市场份额。修订后的诉状表明，Facebook、其竞争对手和相关数据采集者经常使用这些指标来评估市场力量。虽然随着诉讼的继续，Facebook 最终可能会反驳这些指控，但当前法院还不需审理这个问题。相反，当前可以得出这样的结论：FTC 有理由声称，自 2011 年以来，Facebook 在美国个人社交网络市场保持着主导地位。

2. 进入壁垒

由于本案先前的意见书得出结论认为，FTC 没有达到其市场份额指控的要求，法院便没有"解决 FTC 已经充分指控了所谓进入壁垒的问题"。现在法院必须处理这个问题。如上所述，根据间接证明方法提起诉讼的原告，若声称被告拥有主导市场份额，还必须声称被告"拥有相关市场的主导份额受到进入壁垒的保护"。[②] 因为市场份额只是评估市场力量的一种方式，而即使被告拥有很大的市场份额，其他参与者也可能很容易进入市场而没有壁垒的阻碍。[③] 出于反垄断目的，进入壁垒的最好定义为允许已经进入市场的公司获得高于竞争水平的回报，而同时阻止外来者进入的任何因素。[④]

FTC 声称，"Facebook 在美国个人社交网络市场上的主导地位是持久的，因为存在巨大的进入壁垒，包括直接网络效应和高昂的转换成本"。法院的结论是，原

---

① See Phillip E. Areeda & Herbert Hovenkamp, Antitrust Law, vol. IIB, 535, at 308(5th ed. 2021).

② See Microsoft, 253 F. 3d at 51.

③ See Areeda & Hovenkamp, 420, at 78.

④ See Areeda & Hovenkamp, 402, at 78; Microsoft, 253 F. 3d at 51，该案指出，"进入壁垒"是阻碍新竞争对手及时应对高于竞争水平的价格上涨的因素。

告的指控已经足够。就网络效应,一篇著名的反垄断论文解释道,为了分析进入壁垒,先说明网络效应是一种随着用户数量增加而使网络更有价值的特征。[①] 例如,电话系统传统上“更有价值,因为它拥有更多的用户,从而使更多的人能够相互交流”。然后FTC提出了前述壁垒的现代变种,因为个人社交网络的核心目的是连接和参与个人联系,所以新加入的竞争者很难使用户在其朋友和家人的参与下已经建立的个人社交网络之外进行切换。换句话说,新用户会没有理由去一个不包括他们重要联系人的社交空间。除了面临这些网络效应,个人社交网络服务的潜在参与者还必须克服用户面临的高切换成本。FTC指出,随着时间的推移,Facebook的用户和其他个人社交网络的用户建立了更多的联系,并建立了帖子和共享体验的记录,他们已经无法轻易地将其在个人社交网络提供商之间进行转移。随着使用服务,用户对于内容和联系的投入会不断积累,因此切换成本可能会随着时间的推移而增加。

毫无疑问,网络效应和转换成本是公认的进入壁垒,而Facebook未能对这一观点进行有力怀疑。[②] 综上,FTC在修订后的诉状中以充分的指控支持了其主张。FTC指出,被告自身“认识到Facebook由于这些结构性障碍而享有的显著优势”。事实上,Facebook的一位高管在谈到网络效应的时候曾经说过:“为什么很难与之竞争？你的朋友在这里,你在Facebook的社交网络和自身设定上投入了很多……也许Facebook最有价值的一点是,它拥有迄今为止世界上最全面的人员及其关系的目录,这是一个巨大的结构性优势”。FTC声称,在转换成本方面也是如此。它指出,Facebook的高管认识到,“如果Facebook是所有用户照片所在的地方,那么在用户不能随身携带这些照片和相关数据/评论的情形下,用户将会很难在服务间进行转换。这是将用户的转换成本提至很高水平的最重要的方式之一”。FTC指出,随着时间的推移,这些转换成本可能会增加,这是一种“棘轮效应”,因为每个用户对内容和连接积累和投入都会随着服务的使用而不断增加。FTC表示,Facebook很清楚这一动态过程,“Facebook的一份日常流程文件中指出,有‘大量证据表明存在显著的棘轮效应’,棘轮效应‘可以带来永久

---

① See Areeda & Hovenkamp, 421h, at 95.

② 参见ECF No. 87(Reply) at 9 – 12; Eastman Kodak Co. v. Image Tech. Servs., Inc., 504 U.S. 451, 476 – 77, 112 S. Ct. 2072, 119L. Ed. 2d 265(1992),该案讨论了转换成本的问题;Microsoft, 253 F.3d at 55 – 56,该案讨论了网络效应的问题。

优势’”。

尽管本案涉及一个新的市场，但 FTC 对于 Facebook 的网络效应和高昂的转移成本阻止了新的竞争对手进入该市场的指控是合理的。至此，原告已经完成了初步的指控。Facebook 否认原告的指控，其认为原告在声称“其他拥有大量网络的服务提供商可以在提供其他服务的同时添加 PSN 服务”时，已经为 Facebook 辩护了。换言之，Facebook 辩称，由于非 PSN 可以在 PSN 市场之外建立网络后添加 PSN 功能，因此不存在明显的进入壁垒。

但非 PSN 服务增长的事实并不一定与 PSN 市场存在进入壁垒的事实相矛盾。事实上，FTC 在修订的诉状中描述了谷歌等“知名、成熟、资金充足的公司”是如何试图进入美国个人社交网络市场但未获成功的，以及 Facebook 的市场影响力是如何持续多年的。扎克伯格认为，围绕社交产品“有网络效应，而且可以引入数量有限的不同社交机制”。

（二）反竞争行为

然而，仅在相关市场拥有垄断力量是不够的。法院现在转向《谢尔曼法》第 2 条的第二个要素：FTC 是否充分指控 Facebook“故意……维持这种垄断力量，其增长或发展是否并非由于产品质量、商业敏锐性或历史原因”？[①] FTC 称，其一，Facebook 通过收购 Instagram 和 WhatsAPP 等公司从事反竞争行为；其二，被告与 Facebook 平台相关的协议和实践，（该公司的“一套允许软件开发人员在其产品和 Facebook Blue 之间创建互操作性的工具”），意在阻止竞争者对其个人社交网络的垄断地位产生威胁，从而蓄意维护其垄断力量。对于前述第一种行为：垄断本身并不违反《谢尔曼法》第 2 条的规定。[②] 最高法院解释说，“仅仅拥有垄断力量，同时与之相应收取垄断价格，不仅不违法，而且是自由市场体系的一个重要组成部分……为了保护创新的动力，除非伴随着反竞争行为，否则拥有垄断力量不会被认定为违法”。[③] “然而垄断者的特定行为究竟是非法排除竞争手段还是正常竞争行为很难辨别，因为非法排除竞争的手段和合法竞争的手段一样，有无数

---

① See Microsoft, 253 F. 3d at 50（引用 Grinnell, 384 U. S. at 570 – 71）.

② See Microsoft 253 F. 3d at 58.

③ See Verizon Commc’ns Inc. v. L. Offs. of Curtis V. Trinko, LLP, 540 U. S. 398, 407, 124 S. Ct. 872, 157 L. Ed. 2d823（2004）.

种”。[①] 因此,反垄断案件法院面临的挑战在于,制定一项一般规则,区分降低社会福利的排除竞争行为和提高社会福利的竞争行为。[②] 为了应对这一挑战,哥伦比亚区巡回法院阐述了“一个世纪以来根据《谢尔曼法》第 2 条制定的垄断判例法中出现的几个原则”。[③] 第一,要被谴责为排他性,垄断者的行为必须具有“反竞争效应”。也就是说,它必须损害竞争过程,从而损害消费者。[④] 第二,原告负有举证责任,必须证明垄断者的行为确实具有必要的反竞争效果。[⑤] 第三,如果原告证明了反竞争效应,成功完成了《谢尔曼法》第 2 条下的初步举证责任,则垄断者可以为其行为提供“有利于竞争的理由”。[⑥] 第四,如果垄断者的促进竞争的正当理由成立,那么原告必须证明该行为的反竞争损害大于促进竞争的利益。[⑦] 第五,在基于对垄断者行为平衡性的考量判断是否因损害竞争而被认定为《谢尔曼法》第 2 条中的排他性行为时,法院重点考量的是该行为的效果,而不是其背后的意图。关于垄断者行为背后意图的证据仅在帮助理解垄断者的行为可能产生的影响的情形下才被考虑。

考虑到这些原则,法院针对 FTC 修订后的诉状中的第一项指控(重点为 Facebook 对 Instagram 和 WhatsAPP 的收购行为)是否合理地指控了法律上可认定的反竞争行为进行了审理。

正如 Facebook 在意见中所承认的,“众所周知,合并可能构成一种‘手段’,这种‘手段’倾向于通过‘非竞争的手段’来‘破坏竞争本身’”。[⑧] 事实上,不乏权威人士指出,“一直以来,合并可能的竞争对手以建立垄断地位显然是违反第 2 条的行为”[⑨]。此外,垄断者收购“实际或可能的潜在竞争者应当被归类为反竞争行

---

① See Microsoft 253 F. 3d at 58.

② See Microsoft 253 F. 3d at 58.

③ See Microsoft 253 F. 3d at 58.

④ See Microsoft 253 F. 3d at 58.

⑤ See Microsoft 253 F. 3d at 58 – 59.

⑥ See Microsoft 253 F. 3d at 59.

⑦ See Microsoft 253 F. 3d at 59.

⑧ Facebook, 560 F. Supp. 3d 1, 2021 U. S. Dist. LEXIS 119540, 2021 WL 2643627(引用 Microsoft, 253 F. 3d at 58, 62).

⑨ Phillip E. Areeda & Herbert Hovenkamp, Antitrust Law, vol. Ⅲ, 701a, at 200(4th ed. 2015).

为,因为它倾向于通过非实质竞争的方式来增强或巩固垄断地位”①。因此关键在于,FTC 是否有理由指控 Facebook 通过收购实际的或者潜在的竞争对手,损害竞争过程,从而损害消费者利益的反竞争行为。在深入研究这个问题之前,值得初步注意的是,尽管 FTC 在修订后的诉状中提到了 Facebook 收购 Instagram 和 WhatsAPP 以外的公司的行为,但是 FTC 承认,它没有声称这些收购“各自独立地违反了反垄断法。相反,这些行为为 Facebook 的反竞争行为提供了事实背景”。因此,法院重点关注有关 Facebook 收购 Instagram 和 WhatsAPP 的指控。

FTC 声称,长期以来 Instagram 对 Facebook 垄断地位构成严重威胁,这导致 Facebook 最初试图与之在移动照片共享功能方面进行竞争。但是随着 Instagram 用户数量的飙升,Facebook 开始关注收购 Instagram 的前景,而不是与其竞争。事实上,扎克伯格在 Facebook 公司内部反复解释了 Instagram 作为个人社交网络竞争对手的威胁。Facebook 内部根深蒂固的观点正如扎克伯格在 2008 年 6 月的一封内部电子邮件中所指出的,对于 Instagram,“购买比竞争更好”。最终在 2012 年 4 月,Facebook 对外宣布达成协议,以 10 亿美元收购 Instagram,在当时是价格最高的收购。FTC 声称,无论是 Facebook 内部还是外部,评论都认为此次收购旨在压制竞争对手。② FTC 指出,在宣布收购后不到两周,扎克伯格建议取消或缩减对 Facebook 手机照片应用的投资,这是收购 Instagram 的直接结果,Facebook 随后几年一直这样做。

关于 WhatsAPP 的收购情况大致相同。修订后的诉状中称,在消除了来自 Instagram 的威胁后,Facebook 转向了它认为 Facebook Blue 面临的下一个最大的消费者流失风险、广受欢迎和广泛使用的移动消息应用程序 WhatsAPP。尽管当时 WhatsAPP 尚未活跃在个人社交网络市场,但 Facebook 担心,一旦该应用达到足够规模,它“可能会通过添加其他特色和功能,具备竞争规模并进入个人社交网络,最终破坏或取代 Facebook Blue 在个人社交网络市场的垄断地位”。因此,

---

① Phillip E. Areeda & Herbert Hovenkamp, Antitrust Law, vol. Ⅲ, 701a, at 200(4th ed. 2015);参见 Grinnell, 384 U. S. at 576,该案部分基于对竞争对手的收购行为,认定构成《谢尔曼法》第 2 条的情形;Brfhh Shreveport, LLC v. Willis Knighton Med. Ctr., 176 F. Supp. 3d 606, 622(W. D. La. 2016),该案指出,对可能竞争对手的收购行为本身就可以构成《谢尔曼法》第 2 条规定的反竞争行为要件;Behrend v. Comcast Corp., No. 03-6604, 2012 U. S. Dist. LEXIS 51889, 2012 WL 1231794, at *20(E. D. Pa. Apr. 12, 2012)。

② See 581 F. Supp. 3d 34, *54; 2022 U. S. Dist. LEXIS 5415.

Facebook 将 WhatsAPP 视为潜在的竞争对手。Facebook 在“决定收购 WhatsAPP 而不是与其竞争,以消除对 Facebook 个人社交网络垄断地位的重大竞争威胁之前,曾短暂尝试与 WhatsAPP 竞争”。事实上,扎克伯格在2012 年曾经表示:“我最担心信息传递方面。WhatsAPP 在信息传递方面已经领先于我们,就像 Instagram 在照片方面领先于我们一样,我愿意付 10 亿美元得到他们。”

由此可见,Facebook 收购 Instagram 和 WhatsAPP 是为了消除实际和未来可能的竞争对手。尽管 Facebook 简短地辩称,FTC 并未举证证明“WhatsAPP 将成为 Facebook 在 PSN 领域的重要竞争对手的客观可能性”,而且事实上 Instagram 和 Facebook Blue 之间可能“几乎没有实际重叠”。但在诉讼的这一阶段,FTC 只需合理地初步指控 Instagram 和 WhatsAPP 是实际或潜在的竞争对手即可。[①] 本案中,法院认为 FTC 列举的事实已经能够支持其指控。而 Facebook 在其答辩中没有对指控予以回应,这也暗示其缺乏信心。[②]

Facebook 认为,FTC 必须证明存在某种反竞争效应,即收购行为损害了竞争过程,从而损害了消费者利益[③],仅仅对一个或多个竞争对手产生损害是不够的。Facebook 的这一答辩理由是成立的,而鉴于 Facebook Blue、Instagram 和 WhatsAPP 都是免费提供服务,FTC 没有也不可能以消费者价格上涨的典型形式指控造成了损害。[④]

撇开价格上涨不谈,FTC 确实指出了收购行为对竞争过程和 PSN 服务消费者的一系列其他危害,即服务质量下降、缺乏创新、隐私和数据保护下降、广告过多、消费者对广告的选择和控制能力降低、通常情形下消费者在市场上已经无法对此类服务进行选择。FTC 特别指出,由于缺乏“有意义的竞争”,Facebook“在隐私和数据保护方面提供的服务质量低于在竞争市场中应当提供的水平”。FTC 称,在收购了 Instagram 和 WhatsAPP 后,Facebook 停止了自身与其具有竞争性的服务的开发,并减缓了新收购产品的创新和推广。FTC 进一步指出,在竞争激烈

---

① See Areeda & Hovenkamp, 701a, at 200(4th ed. 2015).

② 参见 Wal-Mart Stores, Inc. v. Sec'y of Labor, 406 F.3d 731, 736 n. *, 365 U.S. App. D.C. 395(D.C. Cir. 2005),该案中,法院将被告的“沉默答辩”认定为表明该方“放弃了最初的论点”;Hunter v. D.C. Child & Family Servs. Agency, 710 F. Supp. 2d 152, 157(D.D.C. 2010)。

③ See Microsoft, 253 F.3d at 58.

④ 参见 Microsoft, 253 F.3d at 51,该案指出,如果一家公司能够将价格大幅提高到竞争水平以上,那么它就是一个垄断者。

的市场中,相互竞争的社交网络很可能已经探索并开发出了消费者可能更喜欢的其他替代性广告模式。简言之,FTC 认为,尽管 Facebook 收购 Instagram 和 WhatsAPP 的行为并没有导致服务价格的上涨,但确实导致了服务质量的下降和消费者选择的减少。

Facebook 反对上述结论,认为 FTC 只是在推测收购行为对竞争过程和消费者的损害。然而法院在这一阶段仅先假定原告列举的事实是属实的,审查其指控是否合理地支持其的救济请求。FTC 已经指出,与没有 Facebook 收购行为的情形相比,目前的消费者在 PSN 服务市场上确实获得了更劣质的服务和更少的消费选择。例如,经修订的诉状中称,尽管 WhatsAPP 在收购前采用了以隐私保护为中心的产品及设计,但 Facebook 自收购以来提供的隐私和数据保护服务较少,这在竞争激烈的市场中是不可能的。又如,经修订的诉状所称,与当前的服务相比,消费者更倾向于提供更少的广告或者提供不同广告框架的服务,这当然是符合实际的。事实上,联邦立法已经解决了与消费者技术相关的各种隐私保护和广告提供问题,这反映出消费者对这些问题越发关注、希望能够在 PSN 服务中得到更有力保护的意愿。① 至于对消费者选择的损害,FTC 指控 Facebook 在收购 Instagram 后缩减服务规模并最终关闭了自己的移动共享应用程序,这一指控能够支持其提出的"消费者在从未发生收购的情形下会在一个服务更优质、选择更广泛的服务市场中消费"的观点。

虽然 FTC 当下尚未证明必要的反竞争效果,但现阶段不需要 FTC 这样做。FTC 已经完成指控:有争议的收购损害了竞争,并且在缺乏有意义的竞争的情况下,Facebook 能够提供的服务质量水平低于在竞争激烈的市场中所能提供的水平。FTC 将需要在诉讼的后期阶段证实这些指控——可能是通过专家证词或统计分析——但当前缺乏切实证据并不意味着不允许进行推测。Facebook 坚称,无法明确 PSN 服务市场在没有收购行为的情形下如何发展。然而,这不能推翻 FTC 的指控,相反,Facebook 只是在说明 FTC 将不得不举证证明其关于收购行为如何

---

① See 15 U. S. C. § 6101 et seq. (Telemarketing and Consumer Fraud and Abuse Prevention Act); 15 U. S. C. § 7701 et seq. (Controlling the Assault of Non-Solicited Pornography and Marketing Act); 47 U. S. C. § 227(Telephone Consumer Protection Act).

影响市场状态和竞争的论点。①

Facebook 对这一问题的最后的反对意见涉及 FTC 在其收购结束前的审查。正如法院先前在本案中的意见所解释的:根据《哈特—斯科特—罗迪诺法案》以及《美国法典》第 15 篇第 18a 条的要求,FTC 在收购结束之前审查了 Facebook 对 Instagram 的收购,以评估其是否构成反竞争行为。FTC 对大多数合并都很快给予批准,但对 Instagram 的收购行为的审查花了 4 个多月的时间。在审查期间,FTC 采取了罕见的步骤,“要求各方提交与拟议收购相关的额外信息或文件材料”。然而,最终在 Facebook 宣布合并后的 4 个多月,FTC 以 5 比 0 的投票结果允许其在不附加条件的情况下进行收购。Facebook 对 WhatsAPP 的收购也是如此,FTC 同样没有阻止。尽管 FTC 在其修订的诉状中再次没有提及前述审查,但法院可以对 FTC 的行为发出司法通知。Facebook 认为,先前 FTC 已经认为两项收购均不违反《克莱顿法》第 7 条的规定(该条旨在解决《谢尔曼法》第 2 条未规制的初期竞争威胁),而现在却声称收购行为违反了《谢尔曼法》第 2 条的规定,是不合理的。FTC 反驳称,根据《哈特—斯科特—罗迪诺法案》提交的文件并不一定会使收购获得 FTC 或司法部的批准,《哈特—斯科特—罗迪诺法案》“仅确立了超过一定规模的收购的报告要求”。FTC 指出,《哈特—斯科特—罗迪诺法案》不要求 FTC 就审查中的收购是否违反反垄断法作出正式决定,相反,它只是要求合并各方向 FTC 报告某些信息,并等待交易完成直至法定等待期结束,当然,FTC 需要收集额外信息时可能会延长该期限。② 事实上,尽管 FTC 对被指控的收购行为进行了审查并最终投票结束审查,但其给 Facebook 的结案函中明确表示“这一行动不意味着收购不存在违法行为,正如调查的未决不意味着已经发生违法行为一样。FTC 保留依公共利益需要采取进一步行动的权利”。结案函符合该法案的明确措辞,即 FTC 尽管之前在没有作出反垄断违规决定的情形下结束了审查,但仍可以提出审查后的诉讼,即“FTC 或助理司法部长采取的任何行动,或者 FTC 或助理司法部长未能根据本条采取任何行动,均不得构成在任何时间根据本法案任何其他章节或任何其他法律条款就此类收购提起任何诉讼或采取任何行动的障碍”③。

---

① 参见 Microsoft, 253 F. 3d at 79,该案指出,原告和法院都不能自信地重建出在没有发生过被告排他行为的情形下产品的假设技术发展路径。因而在某种程度上,被告将被迫承受因其自身不良行为带来的不确定后果。

② See 15 U. S. C. § 18a(a),(b),(e).

③ See 15 U. S. C. § 18a(i)(1).

据此,FTC 决定结束对 Facebook 收购案的调查,并不能成为 Facebook 的收购行为不存在违法行为的依据。FTC 可以出于多种原因决定结束调查,根据这些决定就合并的合法性下定论是不合适的。①

综上,法院得出结论,经修订的诉状中的第 1 项指控充分说明了 Facebook 的收购行为构成《谢尔曼法》第 2 条规定的非法垄断维持行为的两个构成要素:(1)Facebook在 PSN 服务市场上具有垄断力量;(2)该公司通过反竞争收购故意维护该垄断力量。

接下来是第 2 项指控,即指控 Facebook 通过其行为过程(包括反竞争收购和反竞争有条件交易行为),以及维护和执行与 Facebook 平台相关的反竞争协议,以遏制其他竞争者对其个人社交网络垄断地位的竞争威胁,蓄意维护其垄断地位。由于先前意见书对 FTC 针对平台政策的指控进行了冗长的讨论,此处有必要简要回顾相关要点。在最初的诉讼中,FTC 指控如下:Facebook 采用并实施了一系列反竞争政策,管理其应用程序编程界面的使用。最引人注目的是,2013 年,它宣布了一项政策,拒绝允许第三方独立应用在复制了 Facebook 的核心功能(也就是说,如果第三方独立应用选择与 Facebook 竞争)的情形下访问其 API,Facebook 随后对一些独立应用实施了这一政策,即在先前向他们提供访问权限后撤销了 API 的访问权限。在先前的意见中法院支持 Facebook,认为 FTC 的相关指控并没有为根据《联邦贸易委员会法》第 13(b)条的禁令提供可行的依据,因为拒绝向竞争对手提供 API 访问的一般政策本身并不违反《谢尔曼法》第 2 条的规定,而尽管 Facebook 在之前允许访问后撤销竞争对手的 API 许可的具体行为可能违反了《谢尔曼法》第 2 条,但最近一次被指控的情形发生在 2013 年,因此,Facebook 不可能"违反"或"即将违反"反垄断法,不符合根据《联邦贸易委员会法》第 13(b)条发出禁令的必要条件,对于提起诉讼的 7 年前的行为,FTC 缺乏基于这种长期的行为寻求禁令的法定权限②;同时"FTC 未能列举事实以支持其'有条件交易'的观点"。

Facebook 认为,法院不应围绕平台政策的新指控进行论述,因为原告不应对

---

① 参见 Cf Steves & Sons, Inc. v. JELD-WEN, Inc., 988 F.3d 690, 713 – 14(4th Cir. 2021),该案指出,在不质疑司法部调查结论的情况下,法院认为司法部决定不追究此事的决定不能证明合并行为的合法性,因为许多因素可能会促使司法部作出这样的决定,包括司法部有限的资源。

② See 560 F. Supp. 3d 1, 2021 U. S. Dist. LEXIS 119540, [WL] at *2[引用 FTC v. Shire ViroPharma, Inc., 917 F.3d 147, 156(3d Cir. 2019)].

该问题进行补充，正如法院在之前的意见中指出的，“不管 FTC 是否可以修改其诉状，以合理地指控市场力量并推进诉讼进程，其所指控的有关 Facebook 互操作性政策的行为均不能构成第 2 条责任的基础”。当然，法院无须决定是否允许 FTC 补充这些指控，因为无论如何，这一指控都不能成立。同样，不管各方当事人进一步质疑与平台相关的指控是否受到相关法律的禁止，法院都可以回避对该问题的任何分析，因为无论相关法律是否正式适用，FTC 都没有提供任何有说服力的理由来说明其存在《联邦贸易委员会法》“第 13(b)条规定下实施禁令的可行基础”。换言之，即使修订后的新指控满足了之前提出的严格要求以证明在过去某个时间点确发生了违反《谢尔曼法》第 2 条的行为，但根据《联邦贸易委员会法》第 13(b)条的规定，仅应考虑“前瞻性救济，而非追溯性救济”，因此 FTC 不能使用《联邦贸易委员会法》第 13(b)条来质疑 Facebook 平台相关行为，因为它不能指控任何实际违反《谢尔曼法》第 2 条的行为正在或即将发生。

FTC 称，2018 年 12 月，为了应对预期的公众审查，Facebook 暂停了其反竞争平台政策，如果审查通过，Facebook 就可能会重新制定此类政策。实际上，这一指控与法院已经认为不足以满足《联邦贸易委员会法》第 13(b)条之目的的指控完全相同，仍然存在被指控行为与本诉讼之间的时间差距，故而不能影响法院之前的结论。

这一结论还要求解决与第 2 项指控有关的一个剩余问题。如上所述，该指控并不限于 Facebook 的平台政策，相反，FTC 将其针对这些政策的指控与针对收购行为的指控结合了起来(而第 1 项指控仅与收购行为相关)。FTC 认为，法院可能不会驳回第 2 项指控，因为“Facebook 对 Instagram 和 WhatsAPP 收购”同时构成了第 2 项和第 1 项指控的基础。换言之，如果指控同时包含了有效和无效的部分，则驳回是不合适的。当然，收购可能会受《联邦贸易委员会法》第 13(b)条的规制。事实上，法院先前认为，“在根据《谢尔曼法》第 2 条的规定对很久以前的合并提出指控的情形下，《联邦贸易委员会法》第 13(b)条的禁令在理论可以是《谢尔曼法》第 2 条的补救措施，只要被告仍然持有购买的资产或股票。而本案正是如此”。针对 FTC 的第 2 项指控，Facebook 在其答辩意见第 37 ~ 38 页提出了平台政策不能根据《联邦贸易委员会法》第 13(b)条的规定提出指控的反驳理由，但是其答辩意见中未提及对收购行为指控的类似反驳理由。

问题是如何处理第 2 项指控？法院是应该驳回包含对平台政策的指控的部

分,还是必须允许该项指控继续存在,因为其纳入了收购?法院的结论是,后者是更好的做法,但有一个重要的说明:虽然哥伦比亚特区巡回法院似乎没有考虑这一问题,但其他法院已经达成了一致。[①] 该结论源于《联邦民事诉讼规则》第12(b)(6)条的简明规定,该规则允许一方当事人在对方当事人"未能陈述可获得救济的指控"的情形下请求驳回其指控。[②]

综上,在确定指控是否被驳回的阶段,一旦法院确定指控陈述了可行的救济基础,就无法进一步分析指控的其他部分是否成立。由于与Facebook收购有关的指控已经提出了合理的救济请求,即使平台政策缺乏救济基础,第2项指控也不能被驳回。

当然,这一点在简易判决阶段是不同的。[③] 与《联邦民事诉讼规则》第12(b)(6)条形成鲜明对比,《联邦民事诉讼规则》第56条规则"明确允许'部分简易判决',并要求各方'确定每项指控或辩护的内容—或者每项指控或辩护的每一部分—作为作出简易判决的基础'"。[④] 在简易判决阶段,法院可以通过确定仍然存在的实质性事实争议来适当缩小个别事实问题的审理范围。[⑤] 同时,法院不会因此便将第2项指控中的平台政策引入审理范围之中。相反,法院将不会在平台政策上耗时耗力。[⑥] 鉴于法院已经得出的结论,即与平台相关的指控在法律上是站

① 参见BBL, Inc. v. City of Angola, 809 F.3d 317, 325(7th Cir. 2015),该案指出,《联邦民事诉讼规则》第12(b)(6)条驳回指控的规定不允许零星地驳回部分指控。相反,现阶段的问题很简单,即判断投诉是否包括了陈述合理的救济请求的事实指控;FTC v. Nudge, LLC, 430 F. Supp. 3d 1230, 1246(D. Utah 2019),该案指出,正如许多法院所承认的,当事人不得使用《联邦民事诉讼规则》第12(b)(6)条仅驳回部分指控。而且由于被告的答辩意见并未回应相应指控,因此这些指控在现阶段也无法驳回;Redwind v. W. Union, LLC, No. 18-2094, 2019 U.S. Dist. LEXIS 118297, 2019 WL 3069864, at *4(D. Or. June 21, 2019)。

② 参见Charles v. Front Royal Volunteer Fire and Rescue Dep't, Inc., 21 F. Supp. 3d 620, 629(W.D. Va. 2014),该案指出,对《联邦民事诉讼规则》第12(b)(6)条的简单解读表明,该规则仅可用于驳回整个指控;Doe v. Napa Valley Unified Sch. Dist., No. 17-3753, 2019 U.S. Dist. LEXIS 118297, 2018 WL 4859978, at *2(N.D. Cal. Apr. 24, 2018),该案指出,似乎没有任何方式可以根据《联邦民事诉讼规则》第12(b)(6)条的规定部分驳回指控。

③ See BBL, Inc., 809 F.3d at 325.

④ See BBL, Inc., 809 F.3d at 325[引用Fed. R. Civ. P. 56(a)].

⑤ 参见BBL, Inc., 809 F.3d at 325;Nudge, 430 F. Supp. 3d at 1246,该案指出,在简易判决程序中,如果被告希望仅对原告的部分指控提出怀疑,那么这种怀疑是适当的。

⑥ See TIG Ins. Co. v. Firemen's Ins. Co. of Washington, D.C., 718 F. Supp. 2d 90, 95(D.D.C. 2010)[引用citing Friedman v. Bache Halsey Stuart Shields, Inc., 738 F.2d 1336, 1341, 238 U.S. App. D.C. 190(D.C. Cir. 1984)].

不住脚的,因此没有理由讨论与案件无关的信息。① 这样的决定最好地平衡了司法经济和当事人的时间,同时忠实于《联邦民事诉讼规则》的相关规定。

八、第二次裁判结论

综上,法院将不支持 Facebook 的驳回请求。同日将发布一份单独的命令。

(编写人:张　迪)

6. HIQ 公司诉 LinkedIn 公司案

一、案例基本信息

审理法院:美国加利福尼亚州旧金山地区法院(以下简称加州地区法院);美国第九巡回上诉法院(以下简称上诉法院);美国联邦最高法院

判决时间:2022 年 12 月 8 日

案号:17 – 16783

关键词:数据爬取　初步禁令　蓄意合同侵权　未经授权访问计算机

裁判结果:以和解的方式达成一致判决

当事人:

原告:HIQ LABS,INC(以下简称 HIQ 公司)

被告:LINKEDIN CORPORATION(以下简称 LinkedIn 公司)

二、案件事实概述

原告 HIQ 公司是一家数据分析公司,主营业务是使用自动网络机器人爬取 LinkedIn 的公开用户数据,包括名字、工作职位、工作履历和技能信息,然后利用这些内容,结合公司独有的预测算法,生成人力分析报告,出售给商业用户。

被告 LinkedIn 公司是一家职场社交网站的运营商,支持用户上传个人简历和

① See Food Lion, Inc. v. United Food & Com. Workers Int'l Union, AFL-CIO-CLC, 103 F. 3d 1007, 1012, 322 U. S. App. D. C. 301 (D. C. Cir. 1997) [引用 8 Wright, Miller & Marcus, Federal Practice and Procedure: Civil 2d § 2008 (1994)].

工作经历,与其他用户建立职场社交关系。LinkedIn 公司的"robots. txt"文件向网络爬虫传达了限制使用网络机器人手段访问 LinkedIn 公司数据的禁令,采取了措施保护网站上的数据不受非法利用或盗用,但是对谷歌等特定搜索引擎开放了机器人数据访问权限。此外,LinkedIn 公司也采取了技术手段检测可疑行为并限制自动爬虫。

2017 年,LinkedIn 公司的首席执行官 Jeff Weiner(杰夫·伟纳)做客哥伦比亚广播公司频道(CBS),表明 LinkedIn 公司正在研发一款和 HIQ 公司的数据分析产品高度相似甚至一模一样的产品。2017 年 5 月,LinkedIn 公司向 HIQ 公司发送了一封禁止通知函,宣称 HIQ 公司违反了 LinkedIn 公司的用户协议,要求 HIQ 公司停止访问和复制 LinkedIn 服务器上的数据。该通知函中主张,如果 HIQ 公司未来继续访问 LinkedIn 的数据,将违反联邦和州的法律,包括《计算机欺诈与滥用法案》(CFAA)、《数字千年版权法案》(Digital Millennium Copyright Act, DCMA)、《加利福尼亚州刑法典》第 502 条 c 款[California Penal Code § 502(c)]和《加利福尼亚州非法入侵一般法》(California Common Law of Trespass)。

2017 年 5 月,HIQ 公司向加州地区法院提出请求:根据加利福尼亚州(以下简称加州)法律对 LinkedIn 公司的行为给予禁令救济,请求法院判决 LinkedIn 公司援引《计算机欺诈与滥用法案》《数字千年版权法案》《加利福尼亚州刑法典》第 502 条 c 款和加州非法入侵一般法,阻止 HIQ 公司的行为是于法无据的。

三、判决观点概述

加州地区法院从四个方面分析原告的初步禁令申请是否成立:原告能否证明该禁令在事实上是具有正当性的;如果没有该禁令救济,原告是否会遭受无法挽回的损失,衡平法是否会向对原告不利的方向倾斜原告能否证明该禁令是符合公共利益的。法院采用"浮动判断标准"审理这些条件,因为"如果其中一个要素过强,就可能会抵消其他弱一点的要素"①。依据浮动判断标准,如果原告确实会遭受极其不公正的打击,则其只需要证明这些严重的问题在事实上成立即可。

2017 年 8 月,加州地区法院认定原告事实上会遭受极其不公正的打击,这些严重的问题在事实上成立,准许了 HIQ 公司的初步禁令申请,责令 LinkedIn 公司

① Alliance for the Wild Rockies v. Cottrell, 632 F. 3d 1127, 1131(9th Cir. 2011).

撤回禁止通知函,排除所有现存的阻止 HIQ 公司访问公开资料的技术屏障,不再实施其他法律或技术手段阻止 HIQ 公司访问公开资料。

2017 年 9 月,LinkedIn 公司就初步禁令上诉至上诉法院。上诉法院认为,本案审查的内容是加州地区法院准许 HIQ 公司的初步禁令请求的判决是否构成滥用自由裁量权。

1. 无法挽回的损失

上诉法院首先审理的是:如果没有初步禁令救济,对于 HIQ 公司造成无法挽回的损失的可能性。“金钱损失一般不是无法挽回的。”①“受到破产威胁足以构成不可挽回的损失。”②第二巡回审判庭曾经解释:“对于一个企业所有者来说,失去其多年苦心经营的企业,甚至生计,则构成无法挽回的损失。原告的这种损失是不可以被金钱衡量或补偿的。”③因此,举证存在“灭亡”的可能就足以构成无法挽回的损失,即使直接损失的金额是可以被精确计算的。④

加州地区法院采纳了 HIQ 公司的陈述,即如果没有初步禁令,其业务的存续将受到威胁。根据 HIQ 公司首席执行官的陈述,“HIQ 公司的全部业务依赖于访问 LinkedIn 公司用户公开数据”,“对于 HIQ 公司的 Keeper 和 Skill Mapper 产品来说,目前没有其他的可以替代 LinkedIn 公司数据库的数据来源”⑤。如果没有访问 LinkedIn 公司公开资料的权限,首席执行官断言,HIQ 公司有很大可能会在和 eBay、Capital One、GoDaddy 签订的既有合同中违约,并错过和潜在用户未决的合同。收到 LinkedIn 公司的禁止通知函时,HIQ 公司正在一轮融资中,在知道了 HIQ 公司未来业务的不确定性之后,融资已经停滞,几名员工已经离职。如果 LinkedIn 公司胜诉,HIQ 公司就将不得不辞退大部分员工并关闭既有业务。

LinkedIn 公司认为,HIQ 公司的业务模式并不完全依赖 LinkedIn 的数据,LinkedIn 网站的数据存在替代者,Facebook 网站上也有用户上传的职业信息。HIQ 公司认为,Facebook 网站的数据并不能轻易获得,不构成同等的可替代的数

---

① Los Angeles Mem'l Coliseum Comm'n v. Nat'l Football League, 634 F. 2d 1197, 1202(9th Cir. 1980).

② Am. Passage Media Corp. v. Cass Commc'ns, Inc., 750 F. 2d 1470, 1474(9th Cir. 1985).

③ Roso Lino Beverage Distributors, Inc. v. Coca Cola Bottling Co. of New York, Inc., 749 F. 2d 124, 125 – 26(2d Cir. 1984).

④ See Am. Passage Media Corp., 750 F. 2d at 1474.

⑤ Am. Passage Media Corp., 750 F. 2d at 1474 – 5.

据来源。

LinkedIn 公司敦促 HIQ 公司通过员工调查问卷自己收集数据。但是 HIQ 公司是一家数据分析公司,不是一家数据收集公司。建立一个数据收集系统毫无疑问需要大量的时间和成本投入,在这期间,HIQ 公司没有任何产品可以销售,是否还有能力开拓数据收集业务是高度存疑的。

综上所述,上诉法院认定,HIQ 公司作了充分举证,论证了如果没有初步禁令,公司将遭受无法挽回的损失,准许了 HIQ 公司初步禁令的申请,加州地区法院的判定没有滥用自由裁量权。

2. 衡平法的平衡

接下来,加州地区法院"平衡各方利益,权衡各方损失,判断衡平法的平衡"①。一方面,没有禁令的话,HIQ 公司将面临破产的风险;另一方面,LinkedIn 公司声称禁令威胁到了其用户的隐私,损害了它在用户中树立的良好声誉。

关于用户隐私问题,加州地区法院分析了用户的心理,"用户将其资料的隐私权限设置为公开可见,并不意味着想让第三方主体收集和利用这些数据"。LinkedIn 网站提供了"不要通知"功能,有 5000 万用户设置了"不要通知",这些用户在修改用户信息时不会通知其他用户。LinkedIn 公司陈述,"不要通知"功能的流行,反映了很多用户,包括那些会公开分享信息的用户,不想让他们的雇主知晓他们有换工作的意愿。

法院认为,首先,对于那些将个人信息设置为公开的 LinkedIn 用户来说,没有证据证明他们对自己的信息还有保密的预期。LinkedIn 的隐私保护条例明确:"用户在 LinkedIn 网站个人资料界面展示的所有内容均是对所有人可见的",并指导用户不要"公布或增加你不想对公众展示的私人信息"。

其次,庭审记录中没有证据表明选择了"不要通知"功能的用户,都是想向他们的雇主隐瞒自己为了换工作修改了个人资料。用户选择这个选项也有可能出于别的原因,比如很多用户只是单纯不想每次修改资料时都发送消息打扰他们的联系人。员工向他们的雇主隐瞒自己更改资料的情况也有其他途径,比如,在联系人里面删除他们的雇主。

最后,LinkedIn 公司的一些行为也削弱了他们是为了保护用户隐私的证词的

① CTIA-The Wireless Ass'n v. City of Berkeley, Calif., 928 F.3d 832, 852(9th Cir. 2019).

可信度。LinkedIn 公司自身开发的"Recruiter"产品允许猎头"追踪"有可能离职的员工,"当有可能离职的员工修改个人资料时收到提醒",并"利用这些提醒及时出手"。

简言之,法院认为 HIQ 公司继续经营的权益重于 LinkedIn 阻止 HIQ 公司爬取数据的权益,因为后者高度依赖访问、分析从 LinkedIn 获取的公开用户信息。

对于用户数据信息,LinkedIn 公司要求制止 HIQ 公司使用平台上公开资料的"搭便车"行为。法院认为,根据 LinkedIn 的用户协议,用户拥有他们上传到 LinkedIn 的内容和信息的所有权,只是授予了 LinkedIn 公司使用、复制、修改、传递、发布和处理这些信息的非排他性权利。LinkedIn 公司对其用户贡献的数据不拥有受保护的财产权益,因为用户始终对其个人资料拥有所有权。至于对公众可见的资料,用户相对明显地表达了将其公之于众的意图,包括将其用于商业目的,如被正在招聘员工的有资质的雇主看上。当然,LinkedIn 公司只要将其可以向公众展示用户资料的功能关停,就可以解决所谓的"搭便车"问题,然而其代价可能是失去大部分用户,可能也突破了它的底线。

综上所述,上诉法院认定加州地区法院没有滥用自由裁量权,加州地区法院关于衡平法的平衡的判决不是"不合逻辑的,不合情理的或没有判例支持的",即对 HIQ 公司将遭受更为严重的损失予以认可。

3. 事实上的正当性

因为 HIQ 公司论证了其将遭受更为严重的损失,衡平法向其有利的方向倾斜,所以对于事实正当性的审理,聚焦于 HIQ 公司是否提出了"涉及正当性的严重问题"①。上诉法院对此予以认可。

按照惯例,上诉法院只审理双方上诉的主张和辩护,即上诉法院只审理 HIQ 公司对被告蓄意破坏商业合同或者不正当竞争的指控是否具有正当性,依据是《加州不正当竞争法》。② 相应地,LinkedIn 公司抗辩的主要依据是《计算机欺诈与滥用法案》,所以上诉法院将依据上述法律审理本案。

(1)蓄意合同侵权(tortious interference with contract)

HIQ 公司指控 LinkedIn 公司蓄意破坏了 HIQ 公司与第三方的商业合同。"指控蓄意合同侵权,原告必须在 5 个方面进行举证:原告和第三方之间签订了有

---

① Alliance for the Wild Rockies, 632 F. 3d at 1131.

② See California's Unfair Competition Law, Cal. Bus. & Prof. Code § 17200 et seq.

效合同;被告知晓该合同;被告蓄意的行为会导致合同关系破裂;合同关系事实上破裂了;导致原告损失。”①HIQ 公司对以上方面进行了充分的举证,LinkedIn 公司并没有怀疑 HIQ 公司就蓄意合同侵权举证的 5 个方面。相反,LinkedIn 公司抗辩它对所有此类侵权行为都有“合法的商业目的”。② 该主张是肯定的正当性辩护,由 LinkedIn 公司承担举证责任。

根据加州法律,“合法的商业目的”确实可以证明干涉合同是正当的,但不是每种情况都适用。在存在合同关系的情况下,从社会利益出发考虑,“合同的稳定性通常被认为比自由竞争更重要”。③ 加州最高法院强调,“注意对现有合同的侵权和对潜在合同或经济关系的侵权之间的区别”,必须“更加重视已经成熟的合同”。④ 因此,仅仅因为竞争对手“试图以牺牲他人为代价来扩大自己的经济优势”,就去干涉既有合同是不合理的。相反,只有在被指控的一方采取的侵害合同权利的行动“发挥了比确保合同稳定性有更大社会价值的利益”时,才具有正当性。⑤

因此,加州地区法院用平衡测试法来确定干涉合同带来的利益是否超过保护合同稳定性带来的社会效益:第三方的蓄意合同侵权是否具有正当性取决于社会和私人利益的平衡,需要平衡合同稳定性带来的收益与干扰合同带来的收益之间的大小。

上诉法院对加州地区法院的判决予以认可。首先,HIQ 公司有强烈的商业利益必须履行其对 eBay、Capital One 等大客户的合同义务。这些合同基于 HIQ 公司访问、收集和分析来自 LinkedIn 公司个人资料数据的能力。其次,LinkedIn 公司的干涉手段可能不属于“公认的商业惯例”。“公认的商业惯例”包括诸如“广告”、“降价”和“雇用他人的雇员用于本公司的业务”等行为——所有可能间接干扰竞争对手的合同,但不会从根本上破坏竞争对手商业模式的做法。⑥ LinkedIn 公司选择性地阻止 HIQ 公司访问其网站上的数据的技术措施并不符合间接干涉合同的正当行为。

---

① Pac. Gas & Elec. Co. v. Bear Stearns & Co., 50 Cal. 3d 1118, 1126(1990).

② See Cf. Quelimane Co. v. Stewart Title Guar. Co., 19 Cal. 4th 26, 57(1998).

③ Imperial Ice Co. v. Rossier, 18 Cal. 2d 33, 36(1941).

④ See Della Penna v. Toyota Motor Sales, U. S. A., Inc. 11 Cal. 4th 376, 392(1995).

⑤ See Imperial Ice, 18 Cal. 2d at 35 – 36.

⑥ See Buxbom, 23 Cal. 2d at 546 – 47.

再次，LinkedIn公司的行为很可能不在“公平竞争的范围内”。[①] HIQ公司提出了重要的问题，即LinkedIn公司禁止HIQ公司机器人的行为是否是为了推出自己的数据分析软件，从而与HIQ公司进行市场竞争。有证据表明，LinkedIn公司在本次纠纷发生前几年就知道HIQ公司及其对外部数据的依赖。在LinkedIn公司首席执行官宣布LinkedIn公司计划利用其平台上的数据为雇主创建与HIQ公司的Skill Mapper产品有一些相似之处的新产品后的一个月内，它就发送了禁止通知函。如果像LinkedIn公司这样的公司（其服务器拥有大量公开数据）被允许选择性地禁止潜在竞争对手访问和使用数据，那么其结果就是在公开数据分析领域完全排除了竞争和创新——根据加州法律，这很可能被视为不正当竞争。[②]

最后，LinkedIn公司主张的两项商业利益，即“保护用户数据和平台开发的投资”和“执行用户协议对自动抓取的禁令”相对较弱。LinkedIn公司对其平台上公开的数据只有非排他性使用权，而没有所有权。

综上所述，上诉法院对加州地区法院的判决意见予以认可，LinkedIn公司很可能无法证明其凭借“合法商业目的”使蓄意破坏他人合同的行为具有正当性。上诉法院因此认定HIQ公司至少就蓄意合同侵权提出了重要的指控——该指控足以证明禁止LinkedIn公司选择性屏蔽HIQ公司访问公开数据的初步禁令是有必要的。

（2）《计算机欺诈与滥用法案》

LinkedIn公司辩称，即使HIQ公司在加州法律下举证了其行为的正当性，其行为也违反了《计算机欺诈与滥用法案》。

《计算机欺诈与滥用法案》规定，“无论怎样……蓄意地未经授权访问计算机或超出授权访问权限，从而获得……来自任何受保护计算机的信息……应处以罚款或监禁”[③]。

“受保护的计算机”是指“用于或影响州际或外国商业或通信”的任何计算机，实际上是指连接到国际互联网的任何计算机——包括服务器、网络资源并向

---

① See Inst. of Veterinary Pathology, 116 Cal. App. 3d at 127.

② 加州地区法院判定，LinkedIn公司关于其合法商业目的的抗辩与HIQ公司依据《加州不公平竞争法》（California's Unfair Competition Law, UCL）的主张重叠。加州地区法院认为HIQ公司对案情的正当性提出了重要的问题：“HIQ公司提供了一些证据来支持其主张，即LinkedIn公司决定撤销HIQ公司对其数据的访问权是为了消除数据分析领域的竞争对手，因此可能违反了UCL。”

③ 18 U.S.C. § 1030(a)(2)(C).

其他计算机提供数据的计算机。LinkedIn 公司的计算机服务器存储用户在 LinkedIn 公司平台上共享的数据,并将该数据提供给请求访问其网站的用户。因此,要抓取 LinkedIn 公司数据,HIQ 公司必须访问 LinkedIn 公司服务器,这些服务器构成“受保护的计算机”。

此处关键的问题是,HIQ 公司收到 LinkedIn 公司的禁止通知函后,对 LinkedIn 公司数据进一步抓取和使用,是否属于《计算机欺诈与滥用法案》定义的“未经授权”范畴。首先,法案的原文是禁止“未经授权的访问”,“授权”是一种肯定的表示,意味着访问权限仅仅授予部分得到许可的主体。其次,上诉法院结合立法过程分析了立法机关的意图。制定《计算机欺诈与滥用法案》是为了防止蓄意侵入他人的计算机,特别是计算机黑客的攻击。1984 年关于《计算机欺诈与滥用法案》的众议院报告明确将第 1030 条的行为禁止条款类比为私闯民宅。上诉法院认为,《计算机欺诈与滥用法案》最好被理解为反入侵法规,而不是“挪用法规”(misappropriation),因而拒绝从合同法的角度解释《计算机欺诈与滥用法案》“未经授权”条款的含义。

上诉法院认定,从公共网站抓取数据并不违反《计算机欺诈与滥用法案》。《计算机欺诈与滥用法案》考虑了三种计算机访问方式的存在:①对公众开放且不需要许可的计算机访问;②需要授权但已获得授权的计算机访问;③需要授权但未获得授权的计算机访问(或者超出授权访问权限的访问)。LinkedIn 公司公开的个人资料属于第一类。对于可在互联网上自由访问的网站,国会立法审议期间频繁援引的“破门侵入”类比已不适用于本案,“未经授权”的概念并不适用于公开网站。

只有当一个人绕过计算机关于访问权限的一般适用规则(如用户名和密码要求)来访问计算机时,才违反了《计算机欺诈与滥用法案》禁止的“未经授权”访问受保护计算机的规定。用户访问公开数据不构成违反《计算机欺诈与滥用法案》的未经授权的访问。HIQ 公司寻求访问的数据不归 LinkedIn 公司所有,LinkedIn 公司也无权将其划分为私有数据。因此,HIQ 公司提出了重要的问题,即 LinkedIn 公司是否可以援引《计算机欺诈与滥用法案》来推翻 HIQ 公司可能具有正当性的合同侵权指控。

此外,上诉法院指出,数据抓取的受害者并非没有法律途径解决问题,州法中动产侵权主张仍然可以用来保护合法权益。侵犯版权、挪用、不当得利、非法财产转换、违约或侵犯隐私等其他理由也可能成立。

4. 公共利益

初步禁令涉及的公共利益也是需要考虑的因素。权益平衡侧重于考察当事双方的利益，而公共利益调查主要解决对非当事方的影响，并考虑到采用禁令这一特殊救济措施的公共后果。

正如加州地区法院所观察到的那样，每一方都声称将通过最大化互联网信息自由流动而有利于公众利益。HIQ 公司指出，数据抓取是一种常用的信息收集方法，被搜索引擎、学术研究人员和其他人使用。根据 HIQ 公司的说法，已经积累了大量用户数据的既得利益实体决定谁可以从公共网站上抓取这些数据，将会使这些实体对数据使用掌握过大的控制权。LinkedIn 公司辩称，初步禁令违反公共利益，因为它将招致恶意爬虫者访问 LinkedIn 公司的计算机并攻击其服务器。

上诉法院对加州地区法院的判决予以认可。总体来说，公共利益倾向于支持 HIQ 公司的立场。让 LinkedIn 公司在任何条件下自由决定谁可以收集和使用数据——这些数据并不属于这些公司，它们以某种方式向观众公开，以及自己收集使用——可能会造成损害公共利益的信息垄断。

此外，加州地区法院明确表示，该禁令并不排除 LinkedIn 公司继续对不良行为者进行“技术自救”，例如，通过采用“反机器人措施来防止对其服务器的有害入侵或攻击”。上诉法院判定，加州地区法院关于授予初步禁令更有利于实现公共利益的结论是合理的。

四、法院结论

2019 年 9 月，上诉法院维持加州地区法院的判决，随后，LinkedIn 公司上诉至美国联邦最高法院。

2021 年 6 月，美国联邦最高法院基于 Van buren v. United States 案[①]撤销了上

① 内森 · 范 · 布伦（Nathan Van Buren）是佐治亚州的一名警察，有权限为执法目的搜索有关车牌的计算机记录。他被指控有为私人目的搜索这些记录的行为（应联邦调查局线人的要求，该线人提出为这些信息支付数千美元）。范布伦被指控犯有两项欺诈罪：根据一项法规进行的诚实服务电信欺诈，以及《计算机欺诈与滥用法案》“未经授权而有意图的访问计算机或超出授权访问权限”。其中“超出授权访问权限”是指以授权方式访问计算机，并使用这种访问来获取或更改计算机中访问者无权获取或更改的信息。2021 年 6 月 3 日，美国联邦最高法院推翻了下级法院的裁决。多数意见由艾米 · 康尼 · 巴雷特大法官撰写，认为范布伦获得的信息在授权范围内，只是出于不正当理由，不构成《计算机欺诈与滥用法案》中“超出授权访问权限”规制的行为。

诉法院的判决，并指示上诉法院根据 Van buren v. United States 案的裁决审查本案。

2022 年 4 月，上诉法院对加州地区法院关于 HIQ 公司已经就初步禁令的必要性进行了充分举证的判决予以认可，并将进一步的审理流程发回下一级法院重审。案件又回到了加州地区法院。

在重新审理本案的过程中，LinkedIn 公司向加州地区法院请求解除禁令。在双方当事人补充提交了答辩的基础上，加州地区法院就 LinkedIn 解除禁令的请求作出如下认定。寻求修改或解除禁令的一方需要证明：(1)事实或法律发生了重大变化；(2)该重大变化使解除禁令有必要。

在本案诉讼过程中，LinkedIn 公司证明事实发生了重大变化——HIQ 公司不再持续营业(倒闭了)；该重大事实变化使解除禁令有必要。判断的标准要和颁发禁令时的标准一致。颁发禁令的标准是：不颁发禁令的话，可能会造成不可挽回的损害。HIQ 公司至少自 2018 年业务停摆以来一直无法获得新客户，也没有新的投资人，员工也已不在公司工作，HIQ 公司已经没有足够证据证明不继续执行禁令的话它可能会遭受无法弥补的损害。

基于以上，2022 年 8 月，加州地区法院确认了一项重大事实变化：HIQ 公司不再具有持续经营的业务，并作出了解除禁令的判决。判决同时明确：如果未来 HIQ 公司重新营业且需要访问 LinkedIn 平台公开的个人资料，无法访问将给 HIQ 公司带来不可挽回的损害，那么本判决不能排除 HIQ 公司在未来再次寻求禁令救济。

2022 年 12 月，双方向加州地区法院提出了一份“以和解的方式达成一致判决的提议”(Stipulation and Proposed Consent Judgment)。

和解内容简要叙述如下。

1. 加州地区法院对该案有管辖权。

2. HIQ 公司赔偿 LinkedIn 公司 50 万美元，双方放弃所有其他经济上的索赔。

3. HIQ 公司，包括其先前的和现在的员工、代理、中介、律师等，应立即且永久停止任何直接的或间接的对 LinkedIn 平台的数据抓取行为，包括：(1)立即并永久停止直接或间接通过第三方、中介或代理以违反 LinkedIn 平台用户协议的方式访问和使用 LinkedIn 平台，包括但不限于：①未经 LinkedIn 明确书面许可，使用自动化方式从 LinkedIn 平台访问和/或复制数据，无论是否登录；②使用虚假身份创建账户；③未经 LinkedIn 公司明确书面许可，使用 LinkedIn 平台开发商业服务。(2)立即并永久停止开发、使用、销售、许诺销售或分销，指导、协助或密谋与他人一起开发、销售、要约销售或分销任何企图从 LinkedIn 平台收集数据的软件、脚本或代码。(3)立即并永久停止开发、使用、销售、许诺销售或分销，指导、协助或密谋与他人一起开发、销售、要约销售或分销任何针对从 LinkedIn 平台上收集的数据开展数据分析的软件、脚本或代码。(4)永久删除旨在访问 LinkedIn 平台的软件、脚本或代码。(5)立即并永久停止使用、分发、出售、分析或以其他方式访问未经 LinkedIn 公司明确许可的情况下从 LinkedIn 平台收集的任何数据。

4. HIQ 公司应将本禁令通知所有现在、之前和未来的工作人员，并在本裁决下发后或未来的工作人员首次与 HIQ 公司建立联系后的 5 个工作日内通知。

5. 加州地区法院对本达成一致的判决和永久禁令的执行具有持续的管辖权，有权处理因本达成一致的判决和永久禁令引起的或与之相关的其他问题。

本案前后历经 5 年时间，最终以双方一致和解的判决方式结案。

值得注意的是，本案不属于美国联邦最高法院提审案件，结果只对加州地区法院生效，对其他州法院仅具有参考价值，不具有判例法上的效力。

（编写人：陈叶简）

第二部分

PART 2

数字经济下新业态、新模式竞争行为司法规制

引　论

以数据为关键要素的数字经济已经是推动我国经济发展的重要动能。2021年12月国务院印发《“十四五”数字经济发展规划》(以下简称《数字经济发展规划》),明确要加快培育新业态、新模式。习近平总书记在中央全面依法治国工作会议上提出,“健全国家治理急需的法律制度、满足人民日益增长的美好生活需要必备的法律制度,以良法善治保障新业态新模式健康发展”。数字经济和新技术,在激励和创新经济社会发展的同时,也使原有的司法实践捉襟见肘,特别是由商业竞争行为和竞争模式改变引发的数字市场反不正当竞争和反垄断问题尤为明显,从而给现有经济社会治理法治体系带来了新的挑战。为应对数字经济新业态、新模式中上述问题,立法层面上,欧盟、德国、日本、韩国陆续出台数字经济下反垄断相关法律。美国参议院司法委员会通过了《美国创新与选择法案》《开放应用市场法案》(2022)等草案。我国也陆续出台了国家发展改革委等部门《关于推动平台经济规范健康持续发展的若干意见》《中共中央、国务院关于构建数据基础制度更好发挥数据要素作用的意见》,制定了《国务院反垄断委员会关于平台经济领域的反垄断指南》,在《反垄断法》中增加了数字经济反垄断专条。除了立法层面的努力外,世界各国的反垄断执法机构针对平台垄断行为纷纷出具大额罚单、提起诉讼。虽然我国法院已经对上述部分新业态、新模式中的竞争行为案件作出了裁判,起到了很好的规则确定效果,但是在数字市场竞争行为司法规制方面,仍有以下三个方面问题亟待破解:一是部分反不正当竞争案件的裁判标准尚未明确,且仍缺乏体系化的研究;二是在现有法律框架下如何对平台垄断行为进行精准、有效、适当的司法规制,有待通过调研进一步厘清问题,提出解决思路;三是数据权益的财产权证成、保护模式的选择问题亟须司法的智识贡献。同时,在北京打造全球领先的数字经济新体系、组织实施标杆引领工程、培育壮大数字经济标杆企业的进程中,需要充分发挥北京知识产权法院关键作用,在合理的限度内,通过现有的竞争法体系和司法实践，找寻既能为数字经济发展保驾护航又能维护数字市场公平竞争的“黄金分割点”，为将北京建设成为全球数字经济标杆城市提供强大智力支持和全面司法保护。

在上述背景下，开展数字经济下新业态、新模式竞争行为司法规制研究就显得尤为重要。课题组通过分析数字经济的发展、概念与内涵，消化吸收域外最新立法状况，以数据的运行模式为逻辑，以国内外司法案例为切入点，明确数字市场新型不正当竞争行为的司法裁量标准，在现有反垄断框架下寻求对数字市场垄断行为的有效规制。同时，提炼国内外涉数据权益保护司法案例中的规则，总结数字经济的关键生产要素——数据的经济、权利属性，剖析知识产权司法实践中数据利用共享和司法保护的平衡点，以期为数字经济司法保护提供可行的数据赋权路径和考量因素。

第一章　数字经济概述

近年来，我国数字经济蓬勃发展，产业规模持续快速增长，已数年稳居世界第二位。统计测算数据显示，从2012年至2021年，我国数字经济规模从11万亿元增长到超45万亿元，数字经济占国内生产总值比重由21.6%提升至39.8%，数字经济年均增速高达15.9%，显著高于同期GDP的平均增速，①数字经济已经成为支撑我国经济高质量发展的关键力量。②

《数字经济发展规划》是我国在数字经济领域的首部国家级专项规划，标志着国家层面统筹数字经济发展迈上了新的台阶。《数字经济发展规划》明确，到2025年，数字经济核心产业增加值占国内生产总值比重达到10%，数据要素市场体系初步建立，产业数字化转型迈上新台阶，数字产业化水平显著提升，数字化公共服务更加普惠均等，数字经济治理体系更加完善；展望2035年，力争形成统一公平、竞争有序、成熟完备的数字经济现代市场体系，数字经济发展基础、产业体系发展水平位居世界前列。

一、数字经济的概念

全球范围内对数字经济的定义尚未达成共识。在我国，2021年12月公布的《数字经济发展规划》将数字经济定义为"以数据为关键要素，以现代信息网络为主要载体，以信息通信技术融合应用、全要素数字化转型为重要推动力，促进公平与效率更加统一的新经济形态"。此种界定至少包含了三个方面内容。

---

① 参见中国信息通信研究院发布的《中国数字经济发展报告(2022年)》。

② 新冠疫情发生以来，我国经济特别是以传统产业为代表的实体经济遭受了严峻考验。与此同时，数字经济却实现了逆势加速发展，展现出强大的抗冲击能力和发展韧性。以线上办公、电商网购、远程医疗、在线娱乐等为代表的数字经济新模式、新业态蓬勃发展，数字经济全面赋能生产、投资、消费、贸易等各领域，正成为引领我国经济复苏的关键因素和畅通国内国际双循环的关键动力。

1. 数字经济是伴随和依赖数字技术研发和应用而发展起来的一种新的经济形态。数字经济是随着信息技术革命发展而产生的一种新的经济形态。20 世纪 40 年代起,微电子技术的突破性发展和应用使计算机得以诞生并快速升级,人类信息存储和处理能力随之大幅提升,其对经济社会的积极影响也逐步被人们所认识,"信息经济"的概念应运而生。20 世纪 90 年代以来,伴随互联网技术逐步成熟和接入互联网的计算机快速增加,以电子商务为代表的全新商业模式快速发展,以互联网为媒介进行传播的电影、音乐、新闻、游戏、广告等虚拟服务产品大大拓展了信息产品的范围,"互联网经济"概念产生并广泛传播。进入 21 世纪,移动通信技术取得快速突破,移动终端连接和高速数据传输使万物互联成为可能,移动通信和互联网深度结合的数字通信技术嵌入经济社会各个层面,"数字经济"概念逐渐兴起。特别是近十年,全球互联网用户数快速攀升至 46.6 亿,移动互联网用户数占比 92.6%,云计算、物联网、大数据、人工智能等数字技术在经济、社会生活各个层面广泛扩散与成熟应用,带来海量的信息数据,数据本身逐渐成为重要的生产要素,"数字经济"的概念被广泛认可。①

信息经济、互联网经济和数字经济是信息时代经济发展一脉相承的三个阶段,主要区别在于信息通信技术的发展和应用程度不同。在当前阶段,以最前沿、最融合、应用最广泛的数字技术为标志的数字经济最能涵盖当下和未来一段时间的经济发展特征。

2. 数据是数字经济运行的重要载体和表现形式,是数字经济时代最重要的生产要素。经济学范畴的生产要素一般是指生产经营中所需要的各种社会资源。在不同时代、不同生产力条件下,生产要素的具体内容也不同。在数字经济下,人类所有的活动环节都可以被记录并作为数据保存下来,数据收集、创建的体量,数据产生和流通的速度前所未有。海量的数据通过算力、算法等数字技术被不断提取出信息应用于经济社会活动,从而形成新的知识。基于数据积累的正反馈机制形成"数据—信息—知识—数据"的价值增值闭环:在人类不断积累知识的过程中,在面临"数据—信息—知识"的提取时,会发挥创造性甚至天才性的解读分析,涌现大量原来无法形成的商业洞见。数据通过价值闭环不断提高人类智力,带来

---

① 参见潘彪、黄征学:《数字经济概念演变、内涵辨析与规模测度》,载《中国经贸导刊》2022 年第 5 期。

物质财富和精神财富的新增长态势。[①]

数字经济时代，以人工智能、大数据、云计算等为代表的数字技术使数据要素大规模、高效率地产生并应用于生产、分配、交换和消费的各个环节，极大地促进了生产力发展，提升了资源配置效率。2020 年 3 月，中央第一份关于要素市场化配置的文件《中共中央、国务院关于构建更加完善的要素市场化配置体制机制的意见》公布，明确将数据和土地、劳动力、资本、技术等传统生产要素并列，标志着数据在我国被正式纳入生产要素范围。

3. 公平、效率相统一的价值追求和目标导向是数字经济发展的应有之义。每一次新的技术变革都会带来社会生产力的改变和提升，进而也将改变原来经济形态中的生产关系。但无论处于任何经济发展阶段，其发展目标都离不开公平与效率。在充分肯定数字经济在提升社会生产力方面的巨大作用的同时，也应该关注数字经济时代生产关系正在出现的新变化，以应对效率和公平失衡带来的挑战。

二、数字经济中的新业态、新模式

进入数字经济时代，数据产生和流通的速度前所未有，整个经济系统呈现极大的复杂性，其中消费者需求碎片化、个性化升级，供应链体系趋于数字化、智能化。[②] 以数字技术创新应用为牵引的新业态、新模式如雨后春笋般蓬勃兴起。

新业态、新模式是以数字技术创新应用为牵引，以数字要素价值转化为核心，以多元化、多样化、个性化为方向，经产业要素重构融合而形成的商业新形态、业务新环节、产业新组织、价值新链条，是关系数字经济高质量发展的活力因子，具有强大的成长潜力。[③]

2020 年 7 月，国家发展改革委等 13 个部门公布的《关于支持新业态新模式健

---

① 参见戚聿东、刘欢欢：《数字经济下数据的生产要素属性及其市场化配置机制研究》，载《经济纵横》2020 年第 11 期。

② 参见邵婧婷：《数字化、智能化技术对企业价值链的重塑研究》，载《经济纵横》2019 年第 9 期。

③ 参见王琼洁、高婴劢：《数字经济新业态新模式发展研判》，载《软件和集成电路》2022 年第 8 期。特别是新冠疫情发生以来，常态化疫情防控呼唤数字化的生存机制。人们借助数字技术将各类社会关系和活动迁移到线上数字空间，线上办公、在线教育、网上订餐、电子政务等数字化应用场景成为常态，进一步促进了与数字经济相关的新业态、新模式的繁荣发展，展现了数字经济赋能高质量发展的活力。

康发展 激活消费市场带动扩大就业的意见》提出支持15种新业态、新模式发展。[1] 2022年12月,《数字经济发展规划》在“加快培育新业态新模式”部分指出,推动平台经济健康发展,引导支持平台企业加强数据、产品、内容等资源整合共享,扩大协同办公、互联网医疗等在线服务覆盖面。深化共享经济在生活服务领域的应用,拓展创新、生产、供应链等资源共享新空间。发展基于数字技术的智能经济,加快优化智能化产品和服务运营,培育智慧销售、无人配送、智能制造、反向定制等新增长点。完善多元价值传递和贡献分配体系,有序引导多样化社交、短视频、知识分享等新型就业创业平台发展。

总结以上新业态、新模式,大致可划分为四类:一是线上服务新模式。大数据、云计算、人工智能等新兴技术应用于生产销售、教育医疗、社会治理等传统领域,催生出在线教育、互联网医疗等数字化新模式,形成并激活了新消费市场。二是产业数字化转型模式。“上云用数赋智”行动加速带动和助力传统产业和中小微企业进行数字化转型,促进产业结构升级。工业互联网、数字产业园、智慧工厂等生产场景初具规模,激发了实体经济新动能。三是新个体经济模式。以“带货主播”“内容博主”为代表的新兴个体经营者依托互联网和数字技术实现了自主就业和价值创造,开辟了消费和就业的新空间。四是共享经济新业态。共享经济借助大数据实现了精准配置、物尽其用,提高资源使用效率的同时,也催生了人们生活方式的革命。

数字经济新业态的主要表现是数据、算法和平台,研究新业态、新模式中竞争行为,其起点是研究作为新业态的生产要素——数据的特点、运行模式以及随着数据利用而出现的数字平台。

(一)数据的特点

新业态、新模式的核心和底层要素是数据,数据的特点影响对数据的收集、加工和利用,进而塑造了新业态、新模式中竞争行为的样态,有必要予以分析。数据具有以下五方面的特点。

---

[1] 新业态、新模式包括在线教育、互联网医疗、线上办公、数字化治理、产业平台化发展、传统企业数字化转型、“虚拟”产业园和产业集群、“无人经济”、培育新个体经济支持自主就业、发展微经济鼓励“副业创新”、探索多点执业、共享生活、共享生产、生产资料共享及数据要素流通。

1. 规模性、多样性和价值性

网络环境下，数据不断地被产生和收集，各个行业都在积累大量数据。数据本身并非稀缺资源，而且随着万物互联的出现和演进，数据越来越多，呈现庞大规模，且在不断增加，其边界难以固定。数据的来源有多种，各个产业不断推进产业数字化的过程中，都会形成数据，数据来源于不同主体，在很大程度上导致数据孤岛甚至数据垄断的出现，因此构建规则促进互联互通尤为重要。数据的表现形式也具有多样性，不仅有文字，还有图片、视频或三种要素的结合等。数据在满足人类需求、创造社会经济等方面具有价值，也因此成为新的关键生产要素。

2. 可复制性、非损耗性

作为对信息的记录载体，数据能够复制、存储，这也是数据加工、流转的基础。数据的非损耗性体现为在传播、使用过程中，数据蕴含的信息不会减少，不发生有形损耗，存储数据的载体发生损毁也不会导致数据改变或消灭。①

3. 非排他性、规模效应

数据的非排他性表现在数据能够被多个主体同时使用，这使数据能够发挥更大价值，也使数据具有一定程度上的非竞争性。非竞争性是有限的，因为一方占有数据将减少竞争对手的优势，法院在多个涉及数据抓取的纠纷中，认定原告对数据享有竞争性利益。数据具有非排他性的同时，也具有规模效应，主要体现为对数据的利用越多，数据的价值就越大。此外，数据的规模效应还体现在万物互联环境下，数据产生量呈加速增长状态。

4. 涉及利益主体多

数据在收集、使用、加工过程中，涉及用户、企业、社会、国家等多个相关主体，多方主体之间的利益存在不协调之处。企业数据、政府数据等涉及多项对用户个人信息的采集与保护。企业平台收集数据，享有相关的权利，其他企业等主体若使用其数据往往会支付一定的对价。企业之间的行为会影响社会公共利益；政府数据等公开数据对国家也会产生影响。国家利益不仅体现于公共数据中，还体现在数据安全方面，故对数据出境采取评估等措施，以维护国家数据安全。

5. 算法导向性

数据被加工使用的重要途径是运用算法对数据进行分析，算法是挖掘数据价

---

① 参见冯晓青：《知识产权视野下商业数据保护研究》，载《比较法研究》2022 年第 5 期。

值的重要工具,并“成为支配数据流动的权力”①。算法有多种类型,不同算法会产生不同的结果。数据平台基于自身利益会选择对其有利的算法加工数据,也存在对算法的不当利用情形,如存在算法黑箱、算法歧视等现象,具体表现如“大数据杀熟”等。

(二)数字经济的运行逻辑

数字经济发展所涉及的诸多环节具有高度的内在统一性,即围绕“与数据相关行为”而形成的一个完整的生态系统,具有逻辑上的关联性和递进性。② 大数据系统体系构架主要分为数据采集、数据计算、数据服务及数据应用四大层次。③ 数据采集层是起点,负责收集生产业务端的数据,通过实时数据传输平台将海量数据传输到大数据架构核心的数据计算层。在该层数据被整理、分析和计算,由数据服务层产出质量高的数据,用以各类产品和应用的开发和运行。数据应用层通过合适的应用实现数据服务价值的最大化。④

1. 数据采集

数据成为生产要素发挥作用的基础在于充足的数据资源集聚。⑤ 不同于信息社会初期主要依靠人工完成的数据的采集和存储,伴随大数据等相关技术的发展和成熟应用,数字经济时代已实现海量数据采集和存储。一方面,技术的进步拓宽了数据的来源,使个人、企业等市场主体参与社会经济活动所涉及的各类信息都可作为数据要素被采集、存储;另一方面,技术的发展还实现了数据按人们的需求和既定标准进行分类采集和存储,极大提高了数据采集效率和使用价值。因此,数据逐渐具备了作为生产要素发挥驱动作用的可能。数据采集层已出现不当采集、不正当抓取、拒绝分享等数据垄断和数据不正当竞争的行为。

---

① 洪学军:《关于加强数字法治建设的若干思考——以算法、数据、平台治理法治化为视角》,载《法律适用》2022 年第 5 期。

② 参见陈兵:《数字经济发展对市场监管的挑战与应对——以“与数据相关行为”为核心的讨论》,载《东北大学学报(社会科学版)》2019 年第 4 期。

③ 参见阿里巴巴数据技术及产品部:《大数据之路——阿里巴巴大数据实践》,电子工业出版社 2017 年版,第 4 页。

④ 参见周林彬、马恩斯:《大数据确权的法律经济学分析》,载《东北师大学报(哲学社会科学版)》2018 年第 2 期。

⑤ 参见黄少安、张华庆、刘阳荷:《数据要素的价值实现与市场化配置》,载《东岳论丛》2022 年第 2 期。

2. 数据计算

数据本身并不当然具有价值。为了发挥出数据的价值并最终赋能于社会经济发展，必须对海量数据进行整合和计算，并从中洞察特点规律、挖掘潜在信息。云计算等技术的成熟运用以及算法的迭代更新，不断提高人们从数据中提取信息的能力，进而提高了人们决策的能力。因此，基于算力、算法技术的发展与应用，数据才真正具备了演化为生产要素的外部必要条件。数据计算层业已出现通过算法歧视、算法共谋等数据优势滥用以实现排除限制竞争和侵害用户利益的行为。

3. 数据服务

随着"数据 + 算力 + 算法"的逻辑演绎，数据能够以人们需要的方式呈现，最终服务于生产和决策。一方面，海量数据突破了传统调研方式样本少、有偏差的弊端，可以更加准确地识别需求。另一方面，数据的实时分析可以突破供需两端普遍存在的时滞效应，使信息得以实时流通。经过计算的数据可服务于经济活动和社会治理的上游环节，使生产者可以按照消费者需求进行生产，决策者可以根据现实情况进行决策，显著提升了社会财富的创造水平。

4. 数据应用

数据需要通过合适的应用提供给用户，让数据最大化地发挥价值。数据应用层面根据使用的对象不同，通常可划分为以下三类：第一类是对普通用户形成数据产品，如平台类型产品、移动 APP、小程序等，商家利用数据向消费者精准输出商品或服务以获取流量和报酬；第二类是对内形成内部数据产品，主要供企业自身进行数据优化和整合，进一步服务生产和决策；第三类是对外形成商用数据产品，主要是按照外部企业或个人使用的需要，提供原始数据集或经过加工处理的数据产品。数据在不同场景的应用以及在不同主体之间的流动不但能够发挥数据本身的价值，还能衍生、迭代新的数据，更好赋能经济社会运行。数据服务层和数据应用层出现侵害用户隐私、公平交易、自由选择等权益的行为，还有滥用优势地位损害其他新进入者正当竞争利益的行为等。

对前述四个层级的数据行为的整体架构的描述可以概括为"以数据采集为起点，以数据计算为核心，以数据服务和数据应用为目标"的一个完整的生态系统。在整个架构下，数据的价值被无限挖掘和放大，相同的数据信息，基于不同的大数据思维，可经过反复多次的利用与不同的排列重组，获得不同的价值和功能。在这里数据不仅作为用户信息的载体而被数据控制者所收集和整理，更作为一种生产要素被数据控制者进一步挖掘和使用，体现为消费产品与生产要素的高度聚合。在这个过程中，与数据相关行为的持续性展开是实现数据价值最大化的关键。同时，与数据相关的不正当竞争行为和垄断行为，严重制约了该系统效率的提升，给现行的反不正当竞争、反垄断司法带来了诸多困难。

（三）数字平台

数字平台是新业态的典型形式，平台经济已然成为推动全球经济不断发展的新引擎。[①] 在数据积累的正反馈机制下，以数据挖掘和利用为价值创造方式的平台企业，[②]成为数字经济最为典型的商业模式。这些平台企业通过数据的积累和挖掘持续形成新的商业洞见，向市场交付更具创新性的产品和服务，并由正反馈机制吸引更多消费者进行更多数据的积累。[③] 一些平台企业凭借所掌握的海量数据、资本、用户等资源形成的虹吸效应，逐渐在市场竞争中建立起绝对的优势地位，成为“数字巨头”和“超级平台”。[④]

数字平台是指与一个或多个用户群体进行商业[⑤]互动的网站、应用程序或其他数字平台。“双边”数字平台是指能够促进涉及至少两个相互依赖的用户群体的活动的平台。在某些情况下（淘宝、京东、滴滴、亚马逊、eBay、优步和美国运通），这些团体之间的交易是在网站上直接协商的。在其他情况下（如百度搜索、微博、谷歌搜索、Facebook、Match. com 以及大多数期刊和电子游戏），用户之间并不直接进行商业交易，但他们将商业交易支持平台作为利润中心。有研究认为，

① 相关表述参见中共中央、国务院2021年9月22日印发的《知识产权强国建设纲要（2021—2035年）》，载国家知识产权局官网，http://www.cnipa.gov.cn/art/2021/9/23/art_2742_170305.html。

② 参见马蓄等：《数据资源对企业竞合战略选择的影响机理研究——基于平台理论的多案例研究》，载《经济管理》2018年第2期。

③ 参见戚聿东、刘欢欢：《数字经济下数据的生产要素属性及其市场化配置机制研究》，载《经济纵横》2020年第11期。

④ 20世纪90年代，伴随数字技术进步和商业模式创新，涌现出网易、腾讯、阿里巴巴等一批基于信息技术的互联网企业，标志着平台经济在我国兴起。这些互联网领域高科技公司以互联网、大数据、人工智能等技术为基础，发展电子商务、社交媒体、共享经济等诸多领域。数据信息成为互联网数字平台上最重要的生产资料，平台资本利用数字技术拓宽了剩余价值的来源，提高了资本循环、周转和积聚效率。

⑤ 虽然不是每个平台都从事商业活动，但反垄断法只适用于那些从事或影响商业活动的平台。See Phillip E. Areeda & Herbert Hovenkamp, *Antitrust Law: An Analysis of Antitrust Principles and Their Application*, 260-62 (5th ed. 2020).

平台的本质是“降低搜索和匹配的成本,从而为供需各侧主体提供交易机会”。[①]同一平台的主体之间存在内部竞争,两个或者两个以上的平台之间存在外部竞争,并且像在其他领域一样,也从中产生出各种垄断和不正当竞争行为。[②] 平台经济时代竞争规制面临更大挑战,原因就在于市场势力与数据、算法结合在一起实施,可以在实现控制市场之效果的同时表面上又未影响竞争结构,[③]给现行的基于相关市场界定的反垄断分析框架带来了的巨大困难。

---

① 参见杨明:《平台经济反垄断的二元分析框架》,载《中外法学》2022 年第 2 期。

② 参见王先林、方翔:《平台经济领域反垄断的趋势、挑战与应对》,载《山东大学学报(哲学社会科学版)》2021 年第 2 期。

③ 参见杨明:《平台经济反垄断的二元分析框架》,载《中外法学》2022 年第 2 期。

第二章　新业态、新模式中不正当竞争与垄断行为及司法困境

数字经济下，技术迅猛发展，创新层出不穷，竞争样态随之更具多样性、隐蔽性。对近年来司法实践中大量出现的与新业态、新模式相关的不正当竞争案件进行梳理，主要表现为以下几种类型：刷量炒信、账号租赁、盗链、软件干扰、流量劫持、数据资源的抓取及利用。[①] 其中，针对平台数据资源进行抓取、搬运或加工利用的不正当竞争案件显著上升，成为司法和理论关注的热点。

一、新业态、新模式中不正当竞争行为及其表现

（一）刷量炒信行为

刷量炒信案件中的被诉行为主要表现为通过人为操作或技术手段向他人提供针对视频网站、短视频平台、电商平台等产品的刷量服务，如提高网页访问量、视频播放量、广告点击量、搜索引擎搜索量、文章的阅读量、点击量、粉丝量或是制造虚假的点评数量或内容等。

在北京爱奇艺科技有限公司（以下简称爱奇艺公司）与杭州飞益信息科技有限公司等不正当竞争纠纷案[②]中，法院认定，访问数据对于视频网站经营者而言，既直接影响其经济收入，也能经过系统分析后作为运营决策的重要考量因素，蕴含着巨大的商业价值，能给视频网站经营者带来竞争优势，爱奇艺公司依托视频访问数据获取的商业利益应受法律保护。被告通过技术手段增加无效的爱奇艺

---

① 对于数字经济下新业态、新模式类型化案件的梳理，课题组参考并引用了《北京市海淀区人民法院知识产权审判白皮书（2022 年度）》的部分内容以及《北京市高级人民法院民三庭课题组的网络黑灰产 知识产权民事案件司法审判调研报告》，并结合了现有能够检索到的裁判文书进行了归类。

② 上海市徐汇区人民法院民事裁定书，（2017）沪 0104 民初 18960 号。

网站视频点击量，给爱奇艺公司造成损害，具体包括：可能基于虚假的访问数据付出不应承担的许可使用费；无法作出准确经营活动决策；被误导的消费者将产生不良用户体验，最终选择其他服务提供商。

（二）账号租赁行为

账号租赁类案件的被诉行为主要表现为：提供视频网站会员账号和游戏账号租赁服务的平台经营者（以下简称租号平台），为出租方提供发布、出租账号服务和为租赁方提供租用账号服务，租号平台从中收取利益分成。账号租赁案件可能还会涉及违规注册倒卖账号、批量注册等行为。

在腾讯计算机公司、腾讯科技公司诉杭州科贝网络科技有限公司等不正当竞争纠纷案①中，法院认为，庞大的微信用户基础和经营者基础是微信平台重要的商业资源，用户基础包括社交关系链、用户数据安全及用户流量；经营者基础包括对第三方开放而收取服务费、管理费等费用权利。微信用户基础和经营者基础以及以微信生态健康为前提，可持续的流量变现的现实利益和发展空间等，成为两原告在微信生态系统这一经营模式可获得的商业利益和竞争优势。两原告为研发、维护、推广微信服务支付了大量的人力、财力和物力，其由此获得的正当商业利益和竞争优势应受到法律保护。该案中，两被告伪造资质文件、注册一定数量的公众号进行非法经营，其行为具有违法性和可责性；其通过不正当方式争取比其他诚实正当的经营者更多的交易机会，违规吸引流量，损害其他经营者和消费者权益，同时破坏微信平台竞争的公平性，易导致微信用户流失。该行为不仅具有违法性，而且违背诚实信用原则和商业道德，破坏了微信生态中的公平竞争秩序，损害了两原告及其他经营者、消费者的合法权益，具有明显的不正当性和可责性，违反了《反不正当竞争法》第二条的规定。

在爱奇艺公司诉杭州龙境科技有限公司等不正当竞争纠纷案②中，被告购买爱奇艺 VIP 服务后，通过其经营的涉案 APP 的积分有偿兑换的方式，向其用户提供爱奇艺 VIP 账号的使用权，提供爱奇艺 VIP 账号共享、分时租赁服务，并以此吸引用户下载使用其产品。法院认为，经营者不得利用技术手段，通过影响用户选择或者其他方式，实施妨碍、破坏其他经营者合法提供的网络产品或者服务正常

---

① 杭州铁路运输法院民事裁定书，(2018)浙 8601 民初 1020 号。

② 北京市海淀区人民法院民事判决书，(2018)京 0108 民初 37522 号。

运行的行为,被诉行为违反了《反不正当竞争法》第十二条之规定。该案中,法院对于爱奇艺公司在本案中主张的视频网站付费 VIP 模式及所处行业背景均作了考察,认为结合当前正值我国网络视频会员付费意识和习惯的养成阶段这一现实,对诸如爱奇艺公司等网络视频平台会员制度为其带来的权益进行了认可,这将有助于推动我国网络视频付费时代进一步有序发展和规范,否则,网络视频平台将失去动力维护此种差异化策略,用户也将被鼓励继续寻找、使用免费的盗版资源,而此种后果显然将在长远上阻碍网络视频市场的正常、有序发展。

(三)屏蔽视频广告行为

屏蔽视频广告类案件主要涉及对视频网站所提供的视频资源含有的片前广告或是贴片广告的屏蔽。此类案件从传统的"盗链""深度链接""聚合视频"等行为方式,逐渐转变为通过可实现"屏蔽广告"效果的软件、手机 APP、插件等产品直接实施"屏蔽广告"的行为方式。此外,除了"屏蔽广告"之外,该类案件还涉及突破视频网站设置的会员权限,直接观看仅有付费会员才能够观看的视频。

在爱奇艺公司与上海真彩多媒体有限公司其他不正当竞争纠纷案[①]中,被告的"千寻影视"软件聚合了包括原告在内的多个视频网站内容,以技术手段屏蔽原告片前广告直接播放正片。法院认为,被告无须支付版权费用、带宽成本即能使部分不愿意观看片前广告又不愿意支付原告会员费的网络用户转而使用"千寻影视"软件,挤占原告市场份额,不正当地取得竞争优势,进而将造成原告广告费以及会员费收入的减少,危及原告的正常经营,攫取了原告合法的商业利益,同时在视频播放缓冲过程中嵌入被告客户的广告,为被告带来商业利益。该种竞争行为有违诚实信用原则以及公认的商业道德,属于《反不正当竞争法》第二条所规定的不正当竞争行为。

(四)软件干扰行为

软件干扰类案件的被诉行为主要表现为寄生于他人正常运营的软件、游戏等产品或服务,通过外挂、插件等技术手段修改其程序,实现异化产品功能、突破产品规则等效果。

---

① 上海市杨浦区人民法院民事判决书,(2015)杨民三(知)初字第 114 号。

在重庆腾讯信息技术有限公司、腾讯计算机公司与谌某等不正当竞争纠纷案①中，被告谌某通过微信、淘宝等渠道销售虚拟定位插件，该插件通过改变手机操作环境，欺骗涉案网络游戏“一起来捉妖”的定位系统，使游戏玩家无须实际位移，即可通过虚拟定位插件迅速变换地理位置抓取“妖灵”。法院认为，被申请人谌某提供、推广的虚拟定位插件通过改变涉案网络游戏正常运行的生态环境，导致涉案游戏以地理位置为核心的功能玩法难以实现，玩家时间、金钱的投入和产出方面的平衡性被打破，由此导致申请人通过增值服务获得游戏收入的交易机会降低，申请人的合法权益受损。同时，使用虚拟定位插件的游戏玩家相较于未使用的玩家将获得明显的竞技优势，遵守游戏规则的正常游戏玩家的合法权益难以保障。而且，被申请人谌某基于涉案游戏谋取利益的主观意图明显。故被申请人谌某的上述行为涉嫌构成对申请人的不正当竞争。

在腾讯计算机公司、腾讯科技公司诉浙江搜道公司、聚客通公司不正当竞争纠纷案②中，被告通过“微理系统”群控软件，突破微信的产品功能，妨碍和破坏微信产品和服务的正常运行，主要体现在以下几个行为：(1)采用 Xposed 外挂技术，在群控软件上操作微信；(2)采用 Xposed 外挂技术，自动化、批量化操作微信的行为；(3)监控并存储微信数据，破坏微信的个人信息保护机制，危害微信产品数据安全。法院认为，被控侵权软件批量化操作微信、发布商业活动信息异化了个人微信产品作为社交平台的服务功能，给用户使用微信产品造成了明显干扰，同时危及微信平台的安全、稳定、效率，已妨碍、破坏了两原告合法提供的网络产品与服务的正常运行，属于《反不正当竞争法》第十二条第二款第四项所规定的其他妨碍、破坏其他经营者合法提供的网络产品或者服务正常运行的行为，构成不正当竞争。被控侵权软件擅自收集微信用户数据，存储于自己所控制的服务器内的行为属于违反《反不正当竞争法》第二条规定的不正当竞争行为。

(五)流量劫持行为

在魔方网聘公司与智联公司等不正当竞争纠纷案③中，魔方网聘公司向用户提供了一款名为“省钱招”浏览器插件。安装“省钱招”插件后再打开智联招聘的

① 上海市浦东新区人民法院民事裁定书，(2019)沪 0115 行保 1 号。

② 杭州铁路运输法院民事判决书，(2019)浙 8601 民初 1987 号。

③ 北京知识产权法院民事判决书，(2021)京 73 民终 1092 号。

网站,就自动弹出更低价格的求职者简历下载渠道,如“此份简历最低价格为6元,比智联下载节约21元”等。如果通过“省钱招”软件下载简历,打开魔方网聘公司的网站,则该简历也会被魔方网聘公司网站自动收录。法院认为,通过“省钱招”插件在智联招聘网站插入链接,进行比价及获取简历资源,截取了智联招聘网站的用户流量,破坏了智联招聘正常的商业经营模式,具有不正当性,违反了《反不正当竞争法》第十二条第二款第一项,构成不正当竞争。

在爱奇艺公司与搜狗公司不正当竞争纠纷案①中,爱奇艺公司发现,使用搜狗浏览器访问爱奇艺网站时,浏览器页面底部设置了“搜索推荐词”一栏,用户点击该搜索关键词后即可跳转至搜狗搜索网站(网址为www.sogou.com)。爱奇艺公司认为,该行为攫取了本应属于爱奇艺公司的用户流量,构成不正当竞争。法院认为,搜狗浏览器作为浏览器经营者,为吸引更多网络用户访问其网站,有权通过技术手段扩展其浏览器功能。涉案搜狗浏览器底部设置的“搜索推荐词”栏没有遮挡爱奇艺网站页面,也没有影响爱奇艺网站视频内容的正常展示;点击“搜索推荐词”栏关键词后,浏览器自动打开新标签页,并没有替代原展示的爱奇艺网页,也不会导致用户关闭爱奇艺网站页面,故并没有妨碍、破坏爱奇艺公司合法提供的爱奇艺网站的正常运行,不构成不正当竞争。

(六)数据竞争行为

1.抓取他人数据并进行使用

在微梦公司诉北京淘友天下技术有限公司(以下简称淘友公司)等不正当竞争纠纷案②中,被告运营的“脉脉APP”作为第三方应用,曾经与微博存在合作关系,微博用户可以通过微博账号登录脉脉APP,同时微博向脉脉开放API借口。被告在合作期间,违反双方Open API《开发者协议》的约定,在没有授权的情况下获取并使用微博用户的职业信息、教育信息,以及获取非脉脉用户的头像、名称、职业、教育、个人标签等微博信息。在合作结束后,被告仍继续使用合作期间获取的新浪微博用户信息。此外,脉脉APP通过其脉脉用户上传的手机通讯录,使用手机通讯录中非脉脉用户联系人与新浪微博用户对应关系,将新浪微博用户的头像信息、标签信息、职业信息、教育信息展现在脉脉APP的人脉详情中。法院认

① 北京知识产权法院民事判决书,(2021)京73民终3276号。

② 北京知识产权法院民事判决书,(2016)京73民终588号。

为,被告的上述行为违反了诚实信用原则及公认的商业道德,破坏了 Open API 的运行规则,损害了互联网行业的市场竞争秩序,一定程度上损害了原告的竞争优势及商业资源,根据《反不正当竞争法》第二条的规定,构成不正当竞争行为。

在上海汉涛信息咨询有限公司诉百度公司等不正当竞争纠纷案①中,未经原告许可,百度公司通过搜索技术大量抓取来自大众点评网的用户点评信息,并在自己的百度地图和百度知道产品中全文展示。法院认为,对于多数消费者而言,在百度地图和百度知道中阅读用户评论信息后,已经无须再跳转至大众点评网阅看更多的信息,被告未经许可大量完整使用点评信息达到实质替代程度,明显损害原告利益,构成不正当竞争。值得注意的是,本案中,百度公司获取涉案网站数据的行为并不违反大众点评网设置的 robots 协议,但这意味着在数据获取行为合法的前提下,后续的使用行为并非当然具有正当性。经营者应当本着诚实信用的原则和公认的商业道德,合理控制源于其他网站信息的使用范围和方式。

在百度公司与奇虎公司不正当竞争纠纷案②中,法院认定百度公司在缺乏合理、正当理由的情况下,以对网络搜索引擎经营主体区别对待的方式,限制奇虎公司的 360 搜索引擎抓取其相关网站网页内容,并采取技术措施使网络用户使用 360 搜索引擎进行搜索并点击搜索结果栏中的百度内容链接时,访问被阻断并跳转到百度搜索引擎网站主页,从而影响 360 搜索引擎的正常运行,损害了奇虎公司的合法权益和相关消费者的利益,妨碍了正常的互联网竞争秩序,违反公平竞争、诚实信用原则和公认的商业道德,具有不正当性。

在微梦公司与字节公司不正当竞争纠纷案③中,微梦公司通过 robots 协议限制"ToutiaoSpider"爬虫程序的应用场景并非搜索引擎服务,而是"微头条"等非搜索引擎应用场景。在此情况下,经营者显然无义务将自己网站的数据信息开放给非搜索引擎应用场景下的爬虫程序,允许网站经营者通过 robots 协议对非搜索引擎应用场景下的抓取限制,正是网站经营者经营自主权的一种体现。

在微梦公司诉蚁坊公司不正当竞争纠纷案④中,微梦公司认为,蚁坊公司通过其运营网页鹰击系统和手机鹰击应用,获取、存储、展示和分析微梦公司的微博平

---

① 上海知识产权法院民事判决书,(2016)沪 73 民终 242 号。
② 北京市高级人民法院民事判决书,(2017)京民终 487 号。
③ 北京市高级人民法院民事判决书,(2021)京民终 281 号。
④ 北京知识产权法院民事判决书,(2019)京 73 民终 3789 号。

台数据，并形成数据分析报告提供给用户的行为构成不正当竞争。法院认为，蚁坊公司利用了技术手段破坏或绕开了微梦公司所设定的访问权限，从而获取微博平台非公开数据，该行为干扰了微博平台的正常运行，给微梦公司增加了经营成本，并影响微梦公司对外授权并获得相关收益，构成《反不正当竞争法》第十二条第二款第四项规定的不正当竞争行为。

2. 利用他人数据产品或数据资源

在美景公司与淘宝公司不正当竞争纠纷案①中，淘宝公司系阿里巴巴卖家端“生意参谋”零售电商数据产品的开发者和运营者。该数据产品主要提供各类商品多种参数的大盘趋势图、排行数据，包括“行业大盘”“商品店铺榜”“搜索词分析”“买家人群画像”等板块。淘宝网上运行的“生意参谋”数据产品所显示的数据内容均为趋势图、排行榜、占比图等形式的预测型、指数型、统计型的可视化数据信息。被告通过组织、帮助他人利用已订购“生意参谋”服务的淘宝用户所提供的子账户，即租用账号，获取数据产品中的数据内容，从中谋取商业利益。法院认为，开发者对数据产品享有竞争性财产权益，不当利用他人数据产品获取商业利益，属于不劳而获的“搭便车”行为；该行为违反了诚实信用原则和公认的商业道德，破坏了正常的数据产品经济竞争秩序，损害了数据产品开发者的合法权益，属于《反不正当竞争法》第二条所规制的不正当竞争行为。

值得关注的是，该案侵权行为的表现形式虽为账号租赁，但判决书对数据产品享有竞争性财产权益进行了论述。法院在该案中采用了一种数据权益保护的思路，从网络安全法关于网络用户个人信息保护的相关规定出发，论证淘宝公司收集、使用网络用户信息并制成数据产品的行为是否具有合法性。法院认为，数据产品研发者应当遵循合法、正当、必要的原则，在严格履行对用户信息的安全保护义务，保障个人信息权利和网络安全的基础上，依法采集、使用各类数据信息，获得相应的数据权益。此外，法院试图划定网络运营者与相关网络用户对于网络用户信息、原始网络数据、数据产品的权利边界。其认为，网络运营者对于原始网络数据仍应受制于网络用户对其所提供的用户信息的控制，而不能享有独立的权利；但网络运营者对于其开发的大数据产品，呈现的是与网络用户信息、原始网络数据无直接对应关系的衍生数据，应当享有自己独立的财产性权益。

---

① 浙江省杭州市中级人民法院民事判决书，(2018)浙01民终7312号。

在北京微播视界科技有限公司(以下简称微播公司)与上海六界信息技术有限公司(以下简称六界公司)等不正当竞争纠纷案①中,六界公司开发运营的"小葫芦"产品,未经原告许可,采取技术手段,非法抓取原告"抖音"直播平台的用户直播打赏记录(具体到每位用户每一笔打赏的时间、打赏对象及金额)、主播打赏收益相关数据(包括主播单场收入、日收入、月收入、年收入等),并以付费方式向其网站用户提供。法院从行为方式和行为后果两方面进行了阐述,其认为,某种行为是否正当,应结合该行为对经营者利益、消费者利益及社会公共利益的影响作整体利益衡量和判断。抖音对用户打赏和主播收益的真实数额均未公开展示,被告对上述数据通过自行整理计算后予以公开展示,破坏了抖音产品的数据展示规则及其运营逻辑和秩序。六界公司获取相应基础数据并未征得打赏用户及主播同意,侵犯了打赏用户和主播等抖音用户的个人信息权利。六界公司对数据的使用行为没有任何创新。综上,被告的行为违反《反不正当竞争法》第十二条第二款第四项规定,构成不正当竞争。

在微梦公司与云智联网络科技(北京)有限公司不正当竞争纠纷案②中,原告是新浪微博平台的运营者及服务提供者。被告是超级星饭团 APP 的运营者和服务提供者,其未经许可擅自抓取,并在涉案 APP 中向其用户推送和展示来源于新浪微博艺人微博的十五类动态数据,且持续并扩大抓取、展示范围,使用户无须登录新浪微博即可全面查看艺人微博动态,对新浪微博相关服务构成实质性替代。法院认为,从法律意义角度,对涉案数据应区分为"公开数据"(未设定访问权限、已在新浪微博中向公众公开的数据)和"非公开数据"(通过登录规则或其他措施设置了访问权限的数据)。综合用户协议约定、平台对数据的投入、数据价值等各因素,可以认定原告可基于其对涉案数据享有的经营利益,依据《反不正当竞争法》对被告擅自抓取并使用涉案数据的行为提出相应主张。被告利用技术手段绕过所设定的访问权限,显然具有不当性。而对于抓取涉案公开数据的行为,其抓取行为破坏了相关数据的展示规则,且规模较大,具有明显主观恶意,故其抓取行为不具有正当性;因数据来源不合法故后续在涉案 APP 中推送、展示的使用行为亦不具有正当性基础。

① 杭州市余杭区人民法院民事判决书,(2021)浙 0110 民初 2914 号。
② 北京市海淀区人民法院民事判决书,(2017)京 0108 民初 24512 号。

3. 整体数据资源搬运

在微播公司与创锐公司不正当竞争纠纷案①中，被告创锐公司系采用技术手段或人工方式获取来源于抖音APP中的视频文件、评论内容并通过自己的刷宝APP向公众提供。法院认为，直接采用技术手段或人工方式获取微播公司赖以经营和获利的视频资源、评论内容，掠夺微播公司的经营成果，削弱了微播公司的竞争优势，损害了微播公司的合法权益，此种行为违反诚实信用原则和公认的商业道德，构成不正当竞争。该案没有对短视频及评论这种数据形式采取传统的版权法予以保护，而是以整体数据资源的方式进行保护。

二、新业态、新模式中不正当竞争纠纷及司法困境

（一）新业态、新模式中不正当竞争纠纷的发展趋势

从既有的司法判例中可以看出，互联网领域的不正当竞争纠纷主要有以下三个发展阶段。

第一个阶段是单项功能的软件运营方之间对用户和市场的竞争。这一时期，经营者提供的软件功能或网站内容较为单一，相关的竞争主要是围绕用户量展开的，主要表现为软件之间的干扰或是安全软件与其他软件之间的干扰。2017年，《反不正当竞争法》尚未修订，"互联网专条"尚不存在，相关司法案例中均根据《反不正当竞争法》第二条的原则条款，对互联网领域新业态、新模式中发生的纠纷进行判定。在分析路径和方法方面，在百度公司等与奇虎公司"插标"不正当竞争案②、腾讯公司与奇虎公司"QQ保镖"不正当竞争案③、搜狗公司诉奇虎公司篡改浏览器案④等案件中，法院综合考虑了互联网竞争的特点、安全软件的技术特性、用户意愿、行业规范等因素后认为，互联网产品或服务应当和平共处，自由竞争，原则上不得相互干扰，是否使用某种互联网产品或服务，应当取决于网络用户的自愿选择。经营者对他人互联网产品或服务的运行采取干扰措施必须遵循三个原则，即"非公益必要不干扰原则"、"最小特权原则"和"公平竞争原则"。诚然，关于这些案例中所确定的裁判规则，实务界和理论界都存在相反意见。例如，

---

① 北京市海淀区人民法院民事判决书，(2019)京0108民初35902号。

② 最高人民法院民事裁定书，(2014)民申字第873号。

③ 最高人民法院民事判决书，(2013)民三终字第5号。

④ 北京市第二中级人民法院民事判决书，(2013)二中民初字第15709号。

"反不正当竞争法保护商业模式""互联网领域的竞争必然伴随干扰,非公益必要不干扰原则过度对互联互通的实现造成了限制""反不正当竞争法创设了未被其他制定法认可的权利",等等。对此,课题组认为,首先,前述案例是对特定互联网发展阶段竞争状况及其所产生纠纷的个案规则,对其确定的裁判规则不应从结果上进行绝对、僵化的理解。而从法理上看,无论是将《反不正当竞争法》作为侵权行为法的特别法,还是将其归入经济法的范畴,都不影响《反不正当竞争法》以竞争行为作为规制的重点,对竞争利益的认定也随着市场发展而不断进行动态调整的基本共识。其次,我国也并非判例法国家,上述规则对之后产生的纠纷并非具有当然的拘束力,仍然应当坚持个案分析的原则,确保《反不正当竞争法》适用的灵活性。但是,上述案例中采用的对技术问题和行业规则的查明,以及在此基础上将经营者利益、用户选择、社会公共利益综合考量的分析路径是在判定新业态、新模式相关不正当竞争行为的正当性时,应当遵循的裁判方法。

第二个阶段是跨界经营的互联网平台之间对流量的竞争。这一时期,移动互联网和平台企业的出现使这一领域的竞争发生了极大的改变,互联网平台通过提供基础服务累积了大量用户和流量,通过广告收入和增值收入进行交叉补贴,并开展跨界经营,向用户提供通信、社交、网购、咨询、娱乐等多种类产品和服务。这一时期互联网领域的竞争发展为平台之间对流量的争夺。此外,随着内容产业的爆发,"浏览器屏蔽广告""盗链""视频聚合"等围绕视频资源展开的竞争也大量出现。在这类案例中,法院认为,视频网站经营者通过针对一般用户"免费 + 广告"以及针对会员用户"付费 + 免广告"的商业模式所谋求商业利益和竞争优势应当受到保护,采用技术手段绕开片前广告或屏蔽广告,直接播放源于原告网站视频的行为,不仅会减少原告广告点击量,影响其广告收入,还会造成原告会员用户的流失,给原告合法经营活动造成损害,构成不正当竞争。①

第三个阶段是数字经济时代围绕数据资源的竞争。网站经营者,特别是互联网平台积累了大量用户数据,利用大数据和人工智能技术构建精准用户画像,从而提供更具个性化的服务。当数据日益成为企业重要的生产要素时,数据资源的获取与利用是极为重要的一种资源配置,互联网领域的竞争更多地表现为围绕数

---

① 参见北京市朝阳区人民法院民事判决书,(2015)朝民(知)初字第 44290 号;上海知识产权法院民事判决书,(2015)沪知民终字第 728 号;北京知识产权法院民事判决书,(2015)京知民终字第 2203 号。

据获取和利用而发生的竞争。如前所述,当前阶段大量不正当竞争纠纷与数据的获取与利用相关,呼吁进一步明确数据权益的归属和对涉数据类的不正当竞争行为的判定规则。

值得关注的是,一些类型化的不正当竞争行为,如插标、网页流量劫持等行为,在相关司法判决作出之后就逐渐减少或不再出现。同时,一些类型化的不正当竞争行为始终存在且未见减少,并随着技术的发展呈现出更为多样、复杂的不正当竞争行为。例如,在不当利用他人影视视频资源的相关案件中,涉案行为以链接、网站、软件形式屏蔽视频广告发展为定制可实现"屏蔽广告"效果的影视APP等插件或软件并在线销售;从仅屏蔽片前广告到屏蔽贴片广告;部分亦发展为可突破视频网站所设会员专属影片限制或仅可免费试看数分钟的机制,直接、完整观看仅有会员方可观看的会员专属影片或普通用户仅可免费试看数分钟的影片;除此之外,由于平台通过付费会员实现收益的比重日益提高,"账号租赁"这种新类型的不正当竞争案件逐渐增加。又如,数据爬取类案件中,在早期的大众点评诉爱帮案[①]中被告只是简单复制部分点评内容至自己的网站;在大众点评诉百度案中,被告在自己的导航软件中以完整呈现的方式使用原告的用户点评,构成对原告的"大众点评APP"实质性替代;而在微播公司诉六界公司案、微梦公司诉上海复娱公司案中,被诉侵权行为表现为不仅对数据进行抓取,而且对其进行加工并制成数据产品向公众提供。

出现上述状况的原因可能有:第一,技术的发展使被诉侵权行为更加具有隐秘性,对原告数据、视频等资源的利用也更具深度、广度和多样化,而相应的"技术中立""技术创新"的抗辩也常见于此类案件;第二,司法判决中尽管对被诉不正当竞争行为的判定进行了充分的说理,发展了丰富的裁判规则,但关于经济损害赔偿数额的确定,较之侵权获利仍然相对较低,对潜在侵权行为的威慑效应较为有限。

(二)新业态、新模式中不正当竞争纠纷的实践困境

目前,司法实践中对数字经济背景下新业态、新模式相关不正当竞争案件审理仍存在如下问题。

---

① 北京市第一中级人民法院民事判决书,(2011)一中民终字第7512号。

1. 裁判者的裁判思路有待统一，裁判依据有待协调

前述刷量炒信、屏蔽视频广告、数据资源的获取及利用等不正当竞争行为，往往随着新业态、新模式的发展而出现的新类型案件，故在评价被诉行为不正当性的裁判思路和裁判依据方面，司法实践中依然存在困惑。在对现有案件裁判文书的梳理中，课题组发现不同判决在评述被诉行为不正当性时考量的因素不尽相同，有些判决仅考虑竞争者合法权益的损害及被告实施被诉行为是否违反诚实信用原则，有些判决考虑消费者福利、竞争秩序等因素，有些判决综合考虑上述所有因素作出评价。

首先，在裁判思路方面，在早期互联网不正当竞争案件中，法院大多从某一创新商业模式能够为经营者（原告）带来商业利益和竞争优势出发，进而论证被诉行为是否损害了原告的合法权益，从而得出被诉行为是否具有不正当性的结论。这是一种侵权行为法上对未落入法定权利类型，但属于法律保护的合法利益进行保护的裁判思路。但近年来，《反不正当竞争法》的公共利益价值取向更为鲜明，特别是在《反不正当竞争法》修正之后，对其行为法的属性进行了强调，司法实践中也出现了更侧重于从被诉行为本身对消费者福利、竞争秩序等公共利益的影响方面来评价被诉行为的不正当性。这两种不同裁判思路背后的争议其实是对《反不正当竞争法》的立法宗旨和价值取向的选择。具体个案中裁判者不同价值取向的侧重及裁判思路的选择，往往影响对被诉行为不正当性评价的结果，从而导致经营者对法律规则适用无法形成未定的预期和判断。据此，形成较为统一的对被诉行为进行正当性评价的裁判思路对新业态、新模式下不正当竞争案件的审理尤为重要。由此，需要对经营者合法权益的保护、消费者保护、竞争秩序等反不正当竞争法中的价值选择进行优先级排位，并对被诉行为不正当性的判定因素进行明确。其次，在裁判依据的适用方面，个案中仍然存在对《反不正当竞争法》相关条款选择的困惑，具体包括《反不正当竞争法》第二条的原则条款和第十二条“互联网专条”的适用仍然较为混杂，原告在案件中在依据《反不正当竞争法》具体条款提出诉讼主张的同时一并主张原则条款；“互联网专条”第二款前三项的具体行为条款彼此之间规制的行为类型不够周延；“互联网专条”第二款前三项的具体行为条款和第四项的兜底条款之间的界限不甚分明；“互联网专条”与《反不正当竞争法》其他类型化条款（如商业诋毁、虚假宣传条款）之间的适用仍有争议。最后，关于《反不正当竞争法》与其他知识产权专门法之间的适用关系和范围仍然需要进

一步明确。

2. 裁判文书中对商业道德的阐述仍然有待明确

商业道德是诚实信用原则在不正当竞争案件中的具体化表述。但在现有的新业态、新模式相关不正当竞争案件的裁判文书中,对商业道德的阐述尽管内容丰富多样,但仍然缺乏较为统一的表述。虽然行业公约、自律规范、产业标准等行业性规范在一些案件中作为论证商业道德的佐证,但此类规范性文件在论证商业道德内涵和外延方面的作用及选取和使用方式仍然有待进一步明确。

3. 案件事实查明中对技术问题的认定和理解仍是难点

在新业态、新模式相关不正当竞争案件中,原告提出的证据往往仅能反应被诉不正当竞争行为的结果,但难以全面展示、固定、确定被告采用的技术手段和事实范围。而被告往往怠于披露真实情况或提交证据。此外,被告往往抗辩被诉行为系技术创新,不具有不正当性。由此给法院在查明技术问题、理解技术手段、确定技术事实方面带来困难。此外,数字经济领域的竞争行为常常由平台经营者、网站运营者、APP 经营者、技术支持者等多个主体在不同环节相互合作、共同实施,相关案件中还存在被告主体难以确定的问题。在经济损失的证明方面,由于数字环境下后台数据、技术痕迹、用户访问量等资料容易被修改,经济损失的数额难以被较为充分的客观证据所证明。

4. 对行使自由裁量权的边界仍有疑虑

司法实践中,如何寻求保护投资者利益和促进数字经济下的自由竞争之间的平衡点始终是困扰裁判者的问题。面对新业态、新模式下的新型不正当竞争案件,特别是在适用"诚信信用"的帝王条款时,法院需要在清楚确定案件事实、准确使用法律规则的基础上,对行业现状、技术发展和竞争状况进行合理预判,评估相关裁判规则对未来市场上竞争者利益和竞争行为的影响。如何审慎行使自由裁量权,避免市场自由竞争空间被不当压缩,仍然是困扰司法实践的一大难题。

三、新业态、新模式中垄断行为及其表现

平台经济时代反垄断规制之所以面临更大挑战,是因为市场势力与数据、算法结合在一起实施,可以在实现控制市场之效果的同时表面上又未影响竞争结

构，故对平台企业采取一体化经营策略产生了极大的激励。[①] 既有头部平台利用信息匹配效率（数据）优势进行针对性竞争行为（针对挑战其地位的企业）的封禁行为，又有诸如排他性协议、自我优待、“大数据杀熟”等头部平台经营者采取的排他性竞争行为，还有强制收集用户非必要信息行为需要反垄断的规制。

（一）“二选一”行为

“二选一”一般是指相关市场平台经营者通过某些技术措施或者合同安排，使交易对象面临要么“只能在本平台进行交易、不能在其他平台进行交易”，要么“无法在本平台进行交易”的两难选择，并通过惩罚性或奖励性的措施促使交易对象选择只与本平台交易，从而排除竞争对手的交易机会。上述行为既涉及行政执法又涉及民事诉讼。在行政执法案件中，如阿里巴巴“二选一”行政处罚案[②]、美团“二选一”行政处罚案[③]，上海食派士商贸发展有限公司滥用市场支配地位限定交易行为案[④]。在民事诉讼中，原告既有平台内经营者，又有竞争性平台。前者如格兰仕起诉天猫“二选一”滥用市场支配地位[⑤]，后者如京东起诉天猫“二选一”滥用市场支配地位[⑥]，饿了么诉美团“二选一”不正当竞争纠纷案[⑦]。

（二）“大数据杀熟”行为

“大数据杀熟”是大数据与算法发展的产物，通常是指“经营者通过大数据分析，对用户进行定位描摹，形成精准的用户画像，并对其提供特定价格的商品或服

---

① 参见杨明：《平台经济反垄断的二元分析框架》，载《中外法学》2022 年第 2 期。

② 参见《市场监管总局依法对阿里巴巴集团控股有限公司在中国境内网络零售平台服务市场实施“二选一”垄断行为作出行政处罚》，载国家市场监督管理总局官网，https://www.samr.gov.cn/xw/zj/art/2023/art_4966dda92ab34c398615f5878c10c8f1.html。

③ 参见《市场监管总局依法对美团在中国境内网络餐饮外卖平台服务市场实施“二选一”垄断行为作出行政处罚》，载国家市场监督管理总局官网，https://www.samr.gov.cn/xw/zj/art/2023/art_31910760066b4f69aa119a20dee250ad.html。

④ 参见《市场监管总局发布上海食派士商贸发展有限公司滥用市场支配地位行政处罚决定书》，载国家市场监督管理总局官网，https://www.samr.gov.cn/zt/9hfldzf/art/2021/art_3e376423f1cd486d89aa730d9e6bd47d.html。

⑤ 参见周益帆：《格兰仕起诉天猫，“二选一”之争将如何落幕?》，载央广网，http://www.cnr.cn/gd/ygsy/20191111/t20191111_524853700.shtml。

⑥ 最高人民法院民事裁定书，（2019）最高民辖终 130 号。

⑦ 浙江省金华市中级人民法院民事判决书，（2019）浙 07 民初 402 号。

务,实现‘千人千面’的定价方式”①。大数据、算法等相对法律来说是中性的,与之相关的行为是否构成违法,不取决于算法和大数据,而取决于经济主体的歧视性定价行为。② 这一分析的逻辑起点是“大数据杀熟”涉嫌违反反垄断法,即实施该行为的平台在特定相关市场内具有市场支配地位并滥用这一地位对相同交易条件下不同交易对象实施差别待遇。但实践中,能够实施“大数据杀熟”的平台并非都具有市场支配地位,也可能利用信息不对称等因素实施差别待遇。此时,这一行为很可能就不再是反垄断法规制的范畴,而需要依据个人信息保护、数据安全等领域的相关法律进行定性分析。③例如,在北京知识产权法院受理的朱某某诉北京三快公司滥用市场支配地位纠纷案中,原告称其作为老用户在同一时间、同一店铺购买同一种外卖食品所享受的津贴优惠少于新用户。又如,在北京知识产权法院受理的李某某诉滴滴公司滥用市场支配地位纠纷案中,原告称滴滴平台基于大数据和算法对原告同一实名认证会员下的不同手机号,展示不同的报价和等车时长,构成滥用市场支配地位的差别待遇行为。

(三)平台封禁行为

狭义上的“平台封禁”,通常是指“平台利用技术手段禁止其他经营者的链接或内容在本平台分享或展示的行为”④。该行为本质是平台经营者阻止流量从自身平台流向竞争者,或是拒绝为第三方经营者导流的行为。例如,FTC 诉 Facebook 案中控诉行为之一就是 Facebook 人为设置“互操作权限”(interoperability permissions),对其他 APP 开发者关闭或附条件访问 API。FTC 认为,Facebook 是在有目的地切断与某些应用程序之间的互操作性,以阻碍其发展为 Facebook 的未来竞争对手。该行为构成反垄断法上的拒绝交易,违反了《谢尔

---

① 文铭、莫殷:《大数据杀熟定价算法的法律规制》,载《北京航空航天大学学报(社会科学版)》2021 年第 2 期。

② 参见王潺:《“大数据杀熟”该如何规制?——以新制度经济学和博弈论为视角的分析》,载《暨南学报(哲学社会科学版)》2021 年第 6 期。

③ 参见李一帆:《个性化推送中的个人信息保护问题研究》,载《中国应用法学》2021 年第 1 期。

④ 殷继国:《互联网平台封禁行为的反垄断法规制》,载《现代法学》2021 年第 4 期。就行为本身的表现而言,封禁行为可以有广义和狭义之分。广义上的“平台封禁”,主要有“平台经营者强迫用户在不同平台之间进行‘二选一’、平台对其他平台的产品内容不予直链、平台对本平台的产品和内容进行自我优化、一方平台通过封闭的应用程序接口(API)政策拒绝与其他平台互联互通”这四个大的类别。张江莉、张镭:《互联网“平台封禁”的反垄断法规制》,载《竞争政策研究》2020 年第 5 期。

曼法》第2条。① 又如,在北京知识产权法院受理的侯某诉微播公司滥用市场支配地位纠纷案中,原告称抖音禁止第三方平台在直播中添加,侵犯平台内创作者和消费者自主选择权,扶植其自营的电商业务,排除限制了市场竞争。

(四)自我优待行为

自我优待行为通常发生在具有上下游关系的不同生产环节或经营阶段,处于上(下)游的经营者利用其优势地位以优于其竞争对手的条件与内部的下(上)游经营者进行交易,从而挤占了其他经营者的交易机会,可能产生排除和限制竞争的后果。其典型行为有二:一是自营业务优先排位。例如,在欧盟谷歌案中,谷歌为偏袒其自营服务,通过调整搜索结果排列顺序的算法,将其自营比价服务Google Shopping始终置于搜索结果页面的顶端,将其竞争优势纵向延展到下流服务。② 二是降低竞争者商品服务的检索结果顺序。例如,在韩国Naver案③中,Naver在经营网购及视频检索服务的过程中,人为地调整、变更检索算法,将自己的商品和服务(Smart Store商品、Naver TV等)提升到检索结果的顶端,同时降低竞争者的相关商品和服务检索结果排序。KFTC就这一行为下达整改命令并罚款(课征金)。KFTC明确表示,检索服务平台在决定搜索结果排序时,直接给自己的商品或服务"加分",或者全面改变算法却不告知竞争者的行为,当影响竞争秩序时,即违反了《韩国垄断规制与公平交易法》。

(五)涉个人信息数据保护的剥削型滥用行为

数据日益成为一项新的生产要素,企业对个人信息的争夺也日益激烈。个人

① See Federal Trade Commission v. Facebook, Inc., F. Supp. 3d, 2021. 该起诉被驳回后,2022年,FTC修改了诉状,再次起诉。再次基于之前程序中所解释的同样基本理由,Facebook于2018年放弃了上述政策,以及它最近指控的行为甚至更为久远,故法院不会允许围绕Facebook的互操作性政策(也被称为平台政策)的指控进入下一阶段程序。FTC v. Facebook, Inc., 581 F. Supp. 3d 34,2022.

② See Google Search (Shopping) (Case AT. 39740) Commission Decision, June 27, 2017, https://ec.europa.eu/competition/antitrust/cases/dec_docs/39740/39740_14996_3.pdf.

③ See KFTC Imposes Corrective Measures on Naver for Favoring Its Own Real-estate Search, Shopping, and Video Services over Competitors [EB/OL]. (2020-10-21) [2022-10-13], https://www.ftc.go.kr/solution/skin/doc.html? fn=508d97db636c2f7f0961bf6361cfd44f09977d1a7a%2006f4dd5603f17c11d61013&rs=/fileupload/data/result/BB%20SMSTR_000000002402.

信息的争夺可能会导致个人信息被不当收集[①]、不当使用[②]等问题。2008 年 Google/DoubleClick 案是第一起将个人信息保护议题纳入竞争法讨论的案件。2017 年,德国联邦卡特尔局以滥用市场支配地位对 Facebook 强加不公平数据条款作出了处罚。

四、新业态、新模式中垄断行为规制及司法困境

平台涉嫌垄断行为主要涉及的是反垄断法滥用市场支配地位行为的认定,经调研发现,造成平台反垄断效果不彰的主要实践和制度困境有以下五点。

(一)反垄断司法分析框架存有争议

静态、单向的传统反垄断分析框架及判断标准很难适用于数字经济时代动态、跨界的平台经济。传统的反垄断分析框架是以存在既定的相关市场为前提的,但在数字市场中,由于不同领域之间的界限越来越模糊,新技术、新业态的持续涌现使市场边界难以确定,双边或多边平台可能涉及不止一个相关市场,已经有观点认为在互联网领域的反垄断案件审理中可以忽略对相关市场的认定。国家市场监督管理总局 2020 年 11 月发布的《关于平台经济领域的反垄断指南(征求意见稿)》也考虑到了这种特殊情形并作出了有针对性的规定。[③] 司法实务界也有法官持类似的观点。国务院反垄断委员会在最终发布的《关于平台经济领域的反垄断指南》中删除了上述内容,在第四条中明确了三类垄断行为均需要界定相关市场。但实务界仍有可以模糊界定相关市场的观点。该分歧直接影响后续的反垄断行为和效果分析,需要解决。

另外,《国务院反垄断委员会关于平台经济领域的反垄断指南》中规定了必需

---

① 国家互联网信息办公室秘书局、工业和信息化部办公厅、公安部办公厅、国家市场监督管理总局办公厅联合制定的《App 违法违规收集使用个人信息行为认定方法》对这些行为有明确的解释。

② 个人信息不当使用有以下情形:(1)个人信息本身可被作为商品销售,如未经用户同意向他人提供或出售个人信息;(2)个人信息成为价格歧视的实现工具,如“大数据杀熟”;(3)个人信息作为排挤竞争对手的手段,如限制用户转移信息或竞争对手访问信息以构筑市场进入壁垒;等等。

③ 《国家市场监督管理总局关于平台经济领域的反垄断指南(征求意见稿)》第四条规定:“……在特定个案中,如果直接事实证据充足,只有依赖市场支配地位才能实施的行为持续了相当长时间且损害效果明显,准确界定相关市场条件不足或非常困难,可以不界定相关市场,直接认定平台经济领域经营者实施了垄断行为。”这实际上突破了“相关市场界定”为起点的传统分析思路,能够对那些游离于传统分析思路之外的明显滥用市场支配地位行为进行有效规制。

设施认定的考虑因素。有观点认为,前述平台封禁、“二选一”、自我优待等行为,应基于必需设施理论通过滥用市场支配地位的拒绝交易行为予以规制。司法能否认定平台构成必需设施以及平台拒绝交易行为的认定是否以必需设施为前提,成了实践中的问题,前述两个问题的回答将影响后续平台垄断行为的适用条款。

(二)相关市场界定的制度困境

相比传统经济,平台经济具有交叉网络外部性①、双边或多边市场价格结构的非对称性②和消费者用户锁定效应③,导致商品功能界定方法面临挑战、平台多边市场构造下的相关市场划分困难、假定垄断者测试界定方法失效。具体而言:第一,何种类型或情况下平台应当界定为一个相关市场?第二,有无类型化的方式根据平台一边的商品界定相关商品市场?第三,什么情况下按照涉及的多边商品分别界定多个相关商品市场,以及如何考虑相关商品市场之间的相互关系和影响。

(三)市场支配地位认定的制度困境

在平台经济界定市场支配地位时需要考虑以下三个问题:一是无论是间接的还是直接的方法,在双边平台上进行市场支配地位的评估都需要考虑在另一边发生的反应。④ 但如何界定、评估另外一边发生的反应?可能需要更为明确的数据作为评估的基础,而不是简单地通过定义一个相关市场来避免考虑另一方的需要。二是在双边市场中,因为成本下降和网络效应,垄断所需市场份额的要求比

---

① 平台一边的用户规模往往与另一边的用户规模成正比,平台用户数量越多,该平台的价值就越大,就越能够吸引平台双方更多用户的加入,从而形成网络迅速扩张的正反馈效应。

② 平台企业往往对某一边或某多边用户采取低价甚至零定价的策略获得市场关注,对另一边或某多边用户收费获取利润,在此基础上,通过网络外部效应、用户锁定效应来实现规模效应,通过聚集巨大流量和海量数据实现流量与数据的变现。当然,在这一过程中也可以通过基于流量和数据的双轮垄断形成跨市场的传导效果,进而实现对平台相关市场或关联市场的影响力来剥削用户和排除竞争性平台,达到对某一边或某多边市场上的不公平定价目的。

③ 平台双边或多边用户往往对相互之间提供的商品或服务具有相互依赖性,当用户进行产品或服务转换时,就会因发生一定的信息资源损失而造成转换困难,从而容易被锁定在某一项由平台经营者独立提供的商品或服务上。

④ 有观点认为,为了进行竞争性评估,定义一个双边市场和定义两个相互关联的市场之间没有什么意义上的区别,只要跨平台网络效应的影响得到承认和分析。

传统确定市场力量时的份额要低,但多少合适仍需进一步考虑。[①] 三是平台的一个共同特点是,竞争效应体现在一方,而被告从另一方获得收益。[②] 那么,在衡量双边平台的市场份额时,应该使用哪一方?

(四)市场支配地位滥用行为认定标准模糊

首先,具有市场支配地位的互联网平台涉嫌垄断行为应适用《反垄断法》的具体条款仍存争议。其次,如何判断互联网平台行为具有正当理由?最后,《反垄断法》并没有规定滥用相对优势地位制度,不具有市场支配地位企业的滥用行为可否适用《反不正当竞争法》?

(五)举证责任分配、管辖等民事诉讼程序问题需进一步厘清

首先,互联网平台滥用市场支配地位案件中,一般采取的是按照侵权行为地或被告住所地,但互联网平台的特性使侵权行为地的确定成为困难。其次,进行举证责任的分配一般遵循"谁主张,谁举证"的原则,既然是当事人主张存在正当理由,证明责任应当由当事人担负。但理论和实践中有观点认为现行的垄断民事纠纷中,原告的举证责任过重,因而如何调整现有的垄断民事案件证明责任规则,需要进一步研究。另外,被告在证明经济效率提升或激励创新等正当理由时,应采取何种证明方式和标准,亦需进一步明确。

---

① FTC 指控 Facebook 维持"个人社交网络"服务市场约 60% 的份额,构成市场力量。FTC v. Facebook, Inc., 1:20 - cv03590 - JEB(D. D. C. Dec. 9, 2020).

② FTC 宣称,Facebook"几乎所有的收入都来自广告",而广告是个人社交网络服务市场的另一端。FTC v. Facebook, Inc., 1:20 - cv03590 - JEB(D. D. C. Dec. 9, 2020);谷歌搜索也出现了同样的现象,它占据了超过 90% 的互联网搜索,并且对用户免费,但它付费数字广告的份额约为 29.4%,而谷歌搜索的大部分收入来自付费数字广告。谷歌的美国广告收入首次下降,参见 Insider Intelligence(2020 年 6 月 22 日),https://www.emarketer.com/newsroom/index.php/google-ad-revenues-to-drop-for-the-First。

第三章　新业态、新模式中不正当竞争行为的司法应对

一、新业态、新模式中不正当竞争行为的司法应对原则

（一）区分不同场景对涉案不正当竞争行为进行评价

数字经济背景下，基于技术的飞速发展、跨界经营的普遍性以及应用场景的不断丰富，经营者之间的竞争行为的多样性和复杂性表现得尤为明显，而面对不同场景之下的竞争行为，需要综合相关行业惯例、交易习惯等因素来对涉案不正当竞争行为进行不同的评价。例如，对设置 roberts 协议限制抓取行为的正当性评价，百度公司与奇虎不正当竞争案以及微梦公司与字节公司不正当竞争案虽然都系因设置 robots 协议而引发的纠纷，但由于应用场景不同而导致不同的裁判结果。百度公司与奇虎不正当竞争案发生于限制搜索引擎抓取信息的应用场景中。搜索引擎的爬虫程序往往是为了互联网信息的自由流动，便于使用该搜索引擎的用户可实现快速准确地查询所需要的信息。因此，法院在该案中对设置 robots 协议的行为作出不正当性评判。而在微梦公司与字节公司不正当竞争案中，法院认为，在非搜索引擎应用场景中，经营者显然无义务将自己网站的数据信息开放给他人的爬虫程序，允许网站经营者通过 robots 协议对非搜索引擎应用场景下的抓取限制，正是网站经营者经营自主权的一种体现。

（二）建立对技术的客观理解，正确适用举证责任分配

利用技术手段展开竞争具有隐蔽性，而数字技术大多具体表现为相应的计算机程序，而此类程序运行过程中产生的痕迹并非都能以符合证据规则的形式留存，由此带来原告举证证明被诉侵权行为的存在以及具体表现形式的困难。这种情况下，尤其需要法院正确适用举证责任分配规则，特别是在准确理解技术问题

的基础上进行裁判。例如,在数据爬取类案件中,数据享有方难以掌握数据获取方通过何种手段获取数据的直接证据,而数据获取方对此清楚知晓且掌握其自身使用该种技术手段的证据。在前述微梦公司诉淘友公司等不正当竞争纠纷案和微播公司与六界公司等不正当竞争纠纷案中,法院对技术手段的证明进行了举证责任分配。在数据运营方已经穷尽所有其所能掌握的证明材料,初步证明数据获取方采用不当技术手段获取其数据的高度可能性时,应当由数据获取方就此给出合理解释并提供相应证据证明。

(三)坚持适中、多元的商业道德标准,实现多重价值平衡

在山东食品公司与马某庆等不正当竞争案中,最高人民法院首次明确提出"经济人伦理标准",即"商业道德要按照特定商业领域中市场交易参与者即经济人的伦理标准来加以评判,它既不同于个人品德,也不能等同于一般的社会公德,所体现的是一种商业伦理。经济人追名逐利符合商业道德的基本要求,但不一定合于个人品德的高尚标准;企业勤于慈善和公益合于社会公德,但怠于公益事业也并不违反商业道德"。商业道德的阐述需要综合考虑行业规范、用户行业等多重因素,确定多元、适中的商业道德标准。例如,在微梦公司诉淘友公司等不正当竞争纠纷案中,法院考虑了 Open API 开发模式运行规则。在百度公司与奇虎公司不正当竞争案中,法院参考了当时国内主要搜索引擎公司参加的《互联网搜索引擎服务自律公约》,认为从行业角度,遵守 robots 协议是一项行业惯例,设置 robots 协议也需要遵循公平、开放和促进信息自由流动的原则。

网络经营者的竞争行为不仅涉及经营者之间的竞争利益,而且由于网络服务涉及用户的数量广泛性、短时聚集性等特点,在判断被诉行为是否具有不正当性时,往往需要作出经营者与消费者之间利益平衡的考量。一方面,需要强调用户权益,尊重用户知情权、选择权,如在微梦公司诉淘友公司等不正当竞争纠纷案中,法院强调了原告对用户信息妥善保存及审慎收集用户信息的义务,并阐明了在 Open API 开发合作模式中,第三方通过 Open API 获取用户信息时应坚持"用户授权 + 平台授权 + 用户授权"的三重授权原则。严重损害用户知情权、选择权的涉案行为,往往会被认为系不正当竞争。另一方面,需要坚持不唯用户的司法态度。消费者福利并非《反不正当竞争法》关注的核心问题,在无损用户权益或对用户权益影响较小的情况下,法院需要考虑其他因素对涉案行为进行评价,如经

营者竞争利益的损害以及对市场秩序的影响。

二、新业态、新模式中不正当竞争行为的司法应对规则

（一）新业态、新模式中竞争行为正当性判定的分析框架

大多数字经济领域中新业态、新模式相关不正当竞争案件与技术手段联系紧密，在绝大多数案例中均能够适用“互联网专条”即《反不正当竞争法》第十二条进行裁判。[①] 具体而言，首先看被诉行为是否符合《反不正当竞争法》第十二条规定的适用条件，若被诉行为在第十二条第二款的前三项的调整范围内，则优先考虑相关具体条款。被诉行为不属于第十二条第二款的前三项规定的行为，须考虑其是否符合第十二条有关“利用技术手段”“妨碍、破坏网络产品正常运行”等条件，如果符合，则应适用第十二条第二款第四项的兜底条款。如果被诉行为不符合第十二条规定的情形，则将考虑适用第二条原则条款进行评判。

基于现有的司法案例中所确定的裁判规则，能够总结出我国法院在数字经济下新业态、新模式相关纠纷中，对涉案行为的正当性判定的分析思路。

1. 拓宽对竞争关系的理解

对竞争关系作宽泛的理解在互联网相关不正当竞争案件的审理中已经成为共识。数字经济背景下，平台基于数据分析开发创新产品和服务，不断拓展业务边界，跨界竞争成为常态。数据资源在不同行业或产业间发生交互、融合，对这些市场资源的争夺也逐步从同业竞争者扩展到了非同业竞争者。数字经济存在强大的“范围经济”，拥有支配地位的平台试图向相邻市场扩展，从而形成和发展“商业生态系统”。[②] 在这种背景下，坚持以商品或服务之间相同或类似，以及是否具有可替代性作为判断竞争关系的依据，已无法有效规制不正当竞争行为。并且，反不正当竞争法的立法初衷是规制经营者实施的不正当竞争行为，着眼规制损害其他经营者、消费者合法权益、扰乱市场竞争秩序、违反诚信原则和公认的商业道德的不正当竞争行为。据此，反不正当竞争法上的竞争关系，应当是一种抽象的竞争关系，[③]而并非经营者利益此消彼长的直接竞争关系。竞争关系不再是适用

---

① 在部分“账号租赁”案件中，如果不涉及技术手段对涉案账号进行拆解、分时，法院适用《反不正当竞争法》第二条的原则条款进行审理，参见北京知识产权法院民事判决书，(2021)京73民终3955号。

② European Commission, Competition Policy for the digital era: Final report, 2019.

③ 参见李扬：《反不正当竞争法基本原理》，知识产权出版社2022年版，第17页。

反不正当竞争法的前提。在相关案例中,关于被告提出的原、被告之间不具有竞争关系的抗辩,法院均未予以支持。

2. 确定可保护的竞争性权益

关于反不正当竞争法的立法目的究竟是保护经营者的合法权益,还是制止不正当竞争行为,理论界具有较大争议。从历史上各国的反不正当竞争法立法实践来看,各国均是为了规制随着工业生产和商品经济过程中产生的不诚信、欺诈性以及不公平的竞争行为,对贸易自由原则进行平衡,从而形成关于反不正当竞争法的规范,并基于各自的法制传统采取不同的立法形式。例如,有的国家的反不正当竞争法是从民法典关于侵权行为的规定发展而来的,如法国;有的国家的反不正当竞争法并未构筑"不正当竞争"的一般概念,但是从侵权相关的判例法发展而来的,如英国;有的国家基于判例法,制定形成了成文的反不正当竞争法案,如美国。从立法实践来看,反不正当竞争法关注的重点起初在于"保护诚实企业主",这一点也在1883年的《巴黎公约》中得以体现。随着20世纪六七十年代消费者运动的出现,消费者利益开始在反不正当竞争法中进行考量,反不正当竞争法开始关注公共利益。自此之后,反不正当竞争法更致力于实现"良好竞争",力图给所有竞争者构建公平竞争的环境,防止有竞争者获取不正当的竞争优势。[①]综上,反不正当竞争法不仅关注单个经营者的利益,还关注公共利益,公平竞争等公共利益是通过对个体经营者权益的保障来实现的。在这个意义上,在反不正当竞争案件中讨论可保护的竞争者权益,是有必要的。

司法判决中认可的经营利益包括"广告+免费视频""会员收费+无广告视频"商业模式所获得的经营利益、竞争优势,包括会员收入、广告收入等;视频类平台和点评类平台数据展示的真实性所带来的经营利益,如用户点击量、点赞量、粉丝量、收藏量、真实的用户评论等;数据享有者对数据资源享有的数据权益等。

3. 被诉行为是否合法合规

在数字经济新业态、新模式的相关案件中,被诉行为是否违反了其他法律的相关规定也是在判定竞争行为正当性时应当考虑的因素。被诉行为本身如果已经违反涉及个人权利或网络安全的法律法规,如《网络安全法》《个人信息保护法》《消费者权益保护法》《电子商务法》的相关规定,就通常会被认定为构成不正

---

① 参见[德]弗诺克·亨宁·博德维希主编:《全球反不正当竞争法指引》,黄武双等译,法律出版社2015年版。

当竞争行为。

此外，是否破坏了经营者与用户之间的协议，或是违反经营者的第三方开发协议的约定，也是法院在认定不正当竞争行为时考虑的因素。例如，在游戏账号租赁案件中，法院认定通过租号平台提供游戏账号租赁服务，违反了用户与网络游戏服务商之间的用户协议，用户协议本身属于一种服务合同，而租赁游戏账号使游戏运营商向不特定的第三人履行义务、提供服务，显然违反用户协议的约定。

4. 行为后果

涉及新业态、新模式的不正当竞争案件通常为首次出现的个案，对不正当竞争行为后果的评价往往争议较大。在评价被诉行为后果时，诚实信用原则和商业道德是主要的价值取向及判断标准。如前所述，无论立法方式如何，各国对不正当竞争行为的规制目的大体上是一致的，其本质目标都离不开自由、公平与效率的交织。[①] 具体而言，司法实践中，被诉行为是否违反商业道德需要综合考虑以下方面。

(1)对原告的竞争性损害。反不正当竞争法的经济基础是市场经济，竞争的本质在于优胜劣汰，而经营资源和商业机会具有稀缺性，经营者必须将损害作为一种竞争结果予以适当的容忍。不能仅因被诉行为使原告产生了损失，就判定被诉行为不具有正当性，应当给合法利用他人经营成果留有相应的空间。相关判决中认定的竞争损害主要包括："食他人之肥"、实质性替代了相关产品或服务、对服务器运行带来负担、导致原有产品功能的异化、使用户对产品或服务的安全性评价降低等。

(2)是否损害消费者福利。反不正当竞争法对消费者权益的保护应当是一种间接的保护，个体消费者在反不正当竞争法之下并未被赋予独立的诉权以及损害赔偿请求权。在数字经济领域的相关不正当竞争案例中，消费者保护主要体现为获得未受扭曲的商业选择。考察被诉行为是否损害消费者权益，应考察被诉行为是否误导、欺骗、强迫用户，是否明确告知并获得消费者的许可，是否符合消费者的主观意愿，是否尊重消费者的选择权，是否由消费者自愿、主动实施等。

(3)是否损害竞争秩序。反不正当竞争法的目标是实现公平的竞争，而反不正当竞争法语境下的竞争秩序，仍然是一种抽象的法益，而并非反垄断法语境下

---

① 参见王艳芳：《商业道德在反不正当竞争法中的价值与标准二重构造》，载《知识产权》2020 年第 6 期。

关于市场格局、产业结构意义上的竞争秩序。对于认定不正当竞争行为而言，公平竞争秩序只有抽象的价值评判意义，而非具体不正当竞争行为的法律构成要件。换言之，反不正当竞争法出于保护竞争者的具体利益，以及对消费者利益和其他市场参与者利益的考虑，实现了保护公平竞争的抽象利益。

(4)是否有利于技术创新。在数字经济背景下，对数据的利用和开发是经营者进行创新的重要资源，而数据资源本身的价值也在于共享和利用。技术创新成为判断涉案行为是否具有正当性的重要考量因素。例如，在涉及网络爬虫的案件中，在其他因素相同的情况下，当某个平台爬虫后将数据用于和被爬虫平台类似的商业场景中，此时应当倾向于认定数据爬虫的不正当竞争；而当数据爬虫的目的是对数据进行进一步处理或在其他场景下对数据进行利用，此时应当倾向于认定数据爬虫的合理使用。这是因为，前一种行为并没有对数据进行创造性的利用，也没有为消费者提供差异化服务，其对数据的爬虫完全是一种“搭便车”行为，不利于构建良好的市场竞争环境。相对而言，第二种数据爬虫行为虽然也具有“搭便车”的因素，但鉴于数据较强的公共属性和此类服务的创新和差异化服务，此时应当更多倾向于认定数据的合理使用，或者应当更为慎重地将其认定为不正当竞争。

(二)新业态、新模式中具体不正当竞争行为的裁判规则

1.刷量炒信类案件

刷量炒信属于一种流量欺诈行为，其所针对的是平台或软件产品上本应由用户通过正常的浏览、评论、使用行为生成的访问数据，往往构成对平台、软件经营者以及用户的双重欺诈。在刷量炒信案件中，被告往往是刷量工具的提供者。对于该类行为的认定，应当依据《反不正当竞争法》第八条第二款规定的“经营者不得通过组织虚假交易等方式，帮助其他经营者进行虚假或者引人误解的商业宣传”[①]或是第十二条第一款第四项“其他妨碍、破坏其他经营者合法提供的网络产品或者服务正常运行的行为”进行判断，具体分析要件如下：(1)原告对其平台或软件上用户访问数据享有竞争利益，真实、客观的用户访问数据是原告作出运营

① 一般情况下，平台不会选择起诉自己的用户，即刷量炒信的普通参与者。如果被告是实施刷量行为的平台用户本人，那么通过技术手段进行刷量炒信的行为，应当适用《反不正当竞争法》第八条第一款关于虚假宣传的规定。

决策的重要考量因素,也是其吸引用户进而提供更为优质的服务的重要经营资源,能够为原告带来竞争优势。(2)被告提供的刷量工具通过技术手段,包括通过网站、APP或是利用群控软件、定制手机内置软件等帮助平台用户实施关于关注度、交易量、点评量、粉丝量的虚假宣传行为。(3)被告的刷量行为一方面有可能影响原告依据虚假的用户访问数据作出准确的商业决策,或是降低用户对其产品或服务的评价,损害原告的合法权益;另一方面有可能对其他消费者构成欺诈,影响其他消费者的知情权和选择权,或是通过影响用户选择的方式妨碍、破坏了原告合法提供的产品和服务的正常运行,有违诚实信用的商业道德。(4)刷量行为属于一种不公平的竞争行为,容易扰乱市场竞争秩序,信息和数据的客观、真实、透明是数字经济的重要价值追求,而保证信息得到客观呈现和展示也是经营者公平竞争的重要前提。如果放任其他经营者通过使用刷单炒信工具的方式提升自己的市场竞争力或者打击竞争对手,则将不利于鼓励经营者通过改善服务质量、创新产品、升级技术等正当方式参与竞争。

2. 账号租赁类案件

账号租赁类案件的被诉行为主要表现为租号平台为出租方提供发布、出租账号服务和为租赁方提供租用账号服务,租号平台从中收取利益分成。对于租赁账号行为的法律适用,如果租号平台使用了技术手段,如对账号进行分时租赁,那么在《反不正当竞争法》的互联网专条出台后,法院一般适用第十二条第二款第四项规定进行审理,认为属于"其他妨碍、破坏其他经营者合法提供的网络产品或服务正常运行的行为";如果租号平台没有使用技术手段,仅从事了收集、组织账号进行出租的行为,为其用户出租自身账号和租用他人账号提供中介服务,则应当适用《反不正当竞争法》第二条的原则条款。账号租赁不正当竞争行为的认定一般采取如下分析:(1)用户基础对于经营者而言属于重要的经营资源,能够为游戏、视频网站或是社交软件平台经营者带来商业利益和竞争优势;(2)被告实施的账号租赁行为往往违反了经营者与用户的用户协议,并非限制或阻碍了用户对账号享有的合法权益;(3)账号租赁行为使用户不用注册账户或支付会员费即可享有经营者提供的产品或服务,使原告减少了可预期的会员收入、用户流量或交易机会,也可能会影响其他正常用户的使用体验从而降低原告提供的产品或服务的质量,损害了原告合法的经营利益;(4)对于视频账号的租赁行为,在竞争秩序方面,租赁账号的行为也将逐步造成市场激励机制的失灵,阻碍网络视频行业的正常、有序发展,并最终造成消费者福祉的减损。

3. 屏蔽视频广告类案件

屏蔽视频广告类案件在反不正当竞争法司法实践中长期、大量存在。无论被诉行为是采取链接或是软件、插件的方式实现屏蔽广告的效果,或是突破会员权限观看视频,本质上均属于对视频网站的视频资源的不当利用。对于屏蔽视频广告类案件,一般适用《反不正当竞争法》第十二条第二款第四项进行审理,具体判定思路如下:(1)被诉行为与《反不正当竞争法》第十二条第二款前三项所规定的行为并不相同,应考虑其是否符合"利用技术手段""妨碍、破坏其他经营者合法提供的网络产品或者服务正常运行"等要件,从而适用互联网专条中第四项的"兜底条款"予以规制。(2)从被诉行为是否使用户无须再接受视频网站设置的服务前提条件并作出相应的选择、是否妨碍和破坏视频网站所提供网络服务的正常运营、是否根本上损害了视频网站本可获得的经营利益、从长远看是否最终造成消费者的利益受到损害等方面,对被诉行为是否构成不正当竞争予以综合判断。

值得注意的是,并非所有针对视频资源的播放替代行为均构成不正当竞争,如在优酷网诉乐视公司不正当竞争纠纷案①中,优酷网认为乐视盒子连接电视后,使用乐视播放器播放优酷网内容,替代了优酷网的播放器,构成不正当竞争。法院认为,使用乐视播放器播放优酷网的视频时,没有屏蔽优酷网的视频贴片广告,没有影响优酷网的页面展示,也没有干扰优酷网的正常视频点播服务,因此并未不当干扰或破坏优酷网的正常经营活动,据此认定涉案播放器替代行为不构成不正当竞争。

4. 软件干扰类案件

软件干扰类不正当竞争行为一般出现在社交软件或是游戏软件领域,一般被认定为《反不正当竞争法》第十二条第二款第四项所规定的妨碍、破坏其他经营者合法提供的网络产品或者服务正常运行的行为。这类被诉行为的不正当性较为明显,就行为后果而言,主要体现在以下方面:改变或是异化了产品或服务的功能,妨碍、破坏了原告合法提供的网络产品与服务的正常运行,给原告正常运营增加了成本;给其他用户使用相关产品或服务造成了干扰和妨碍;降低用户对涉案产品或服务在安全性、体验性方面的有利评价。

① 北京知识产权法院民事判决书,(2019)京73民终3789号。

5. 流量劫持类案件

流量劫持类案件主要适用《反不正当竞争法》第十二条第二款第一项进行审理，这类案件中的被诉行为较为直接和单一，即未经其他经营者同意，在其合法提供的网络产品或者服务中，插入链接、强制进行目标跳转。流量的本质是用户的注意力和停留时间，其本身就是一种开放、流动、动态变化的资源。在这类案件中，尤为重要的是区分正当的流量竞争和不正当的流量劫持，应当考虑的因素如下：(1)考虑用户和经营者对流量归属和转移的认知，经营者通过自身商业模式获取的用户流量应当受到保护，但如果他人采取的流量竞争行为并未直接替代原告产品或服务，那么该行为可能属于正当的流量竞争行为；(2)考虑用户的选择是否自由，这一点在《最高人民法院关于适用〈中华人民共和国反不正当竞争法〉若干问题的解释》第二十一条第二款的规定中也得以体现，即仅插入链接，目标跳转由用户触发的，人民法院应当综合考虑插入链接的具体方式、是否具有合理理由以及对用户利益和其他经营者利益的影响等因素，认定该行为是否违反《反不正当竞争法》第十二条第二款第一项的规定；(3)考虑被诉行为是否属于合理的技术手段，客观上是否丰富了消费者选择，提升了产品功能，实现了技术创新。

6. 数据抓取及利用类案件

由于数据抓取及利用大多通过爬虫的技术手段实现数据抓取，并通过人工智能等技术手段进行数据分析或加工成特定的数据产品，故审理数据的抓取和利用类不正当竞争行为主要适用的法律依据为《反不正当竞争法》第十二条第二款第四项。数据的抓取及利用类行为的正当性判定思路为：(1)确定原告主张的数据资源是否属于可保护的数据或数据权益，区分不同涉案数据的类型从而判断数据获取方式的合法性。(2)被告获取数据的手段是否合法，具体案件中涉及是否违反 Open API 开发者协议；是否违反 roberis 协议；是否违反网络安全法；是否经用户许可等。(3)对数据享有者的竞争性损害，包括实质性替代了相关产品或服务、对服务器运行带来负担、导致原有产品功能的异化、使用户对产品或服务的安全性评价降低。(4)行为后果是否违反商业道德、是否损害竞争秩序、是否损害消费者福利、是否有利于技术创新。此外，数据类不正当竞争案件还应当考虑《反不正当竞争法》与其他知识产权专门法之间的协调，如涉案数据资源能够落入其他知识产权专门法所创设的知识产权保护范围中，应当优先适用知识产权法进行保护。

从当前法院审理数据类不正当竞争案件的情况来看,原告一般为控制丰富数据资源的平台企业,而从结果上看,原告的胜诉率普遍较高,客观上带来了对实现数据互联互通、促进数据合理利用等数据垄断方面的担忧。在这类案件中,尤其应当注意,在当前数据资源尚未成为一种法定权利的客体以及《反不正当竞争法》并未对数据类竞争行为设置专门规则的情况下,司法裁判应当在平衡保护数据享有者合法利益和促进数据的合理利用之间保持审慎的态度。例如,在小源科技公司诉泰迪熊公司不正当竞争纠纷案[①]中,法院认为,虽然泰迪熊公司未经许可而直接使用小源公司涉案智能短信识别模板的行为很容易让人感觉是一种“不劳而获”“食人而肥”的行为,但不能仅仅因为泰迪熊公司的行为具有“不劳而获”的直观表象就认定该行为系不正当竞争行为。泰迪熊公司利用没有被反不正当竞争法和知识产权专门法所保护的他人智力劳动成果的行为,不具有行为的违法性,也没有违反公认的商业道德,不属于《反不正当竞争法》第二条所规制的不正当竞争行为。

① 北京知识产权法院民事判决书,(2019)京民终567号。

第四章　新业态、新模式中平台垄断行为的司法应对

一、新业态、新模式中平台垄断行为的司法应对原则

互联网平台反垄断应在法律主导下运用各种分析工具，实现反垄断的目标。尤其要注重以下方面。

1. 注重法律理性

平台反垄断适用反垄断的一般分析框架，但又需要对平台经济的特点进行有针对性的微调。2022 年修正的《反垄断法》对数字经济反垄断设置了专条，但仍存在过于原则的问题。为增强反垄断司法的针对性、精准性和确定性，针对典型的涉嫌垄断行为，司法应在既有规则中找到具体条款予以涵摄，既不放任平台垄断行为的发生，又不为舆论和情绪所裹挟，力争做到不枉不纵。

2. 注重司法谦抑

"以良法善治保障新业态新模式健康发展"①，需在司法中兼顾打击垄断和鼓励创新。基于数据、算法的数字经济是当今最具活力的经济领域，互联网平台发展迅猛，互联网创新和变化快，阶段性问题会随着技术的变化而消弭，对其规律性的认识及竞争法理论的系统应对往往不足。如果制裁了具有促进竞争潜力的行为，就会窒息竞争，损害消费者福利。因此，互联网平台反垄断司法应当保持必要的和适当的谦抑。

3. 注重反垄断与反不正当竞争的协调适用

竞争法由反垄断法和反不正当竞争法构成，两者在维护竞争秩序的共同目标之下实现功能互补。相对反不正当竞争法对市场竞争行为进行频繁调整，反垄断

---

① 习近平：《坚定不移走中国特色社会主义法治道路　为全面建设社会主义现代化国家提供有力法治保障》，载《求是》2021 年第 5 期。

法不宜轻易使用,需重视发挥两者的协同作用。反垄断与反不正当竞争总体上有清晰的法律调整界限,但仍可能有交叉重合之处。例如,《反不正当竞争法》第十二条禁止"恶意不兼容"等规定,《电子商务法》第三十五条禁止电子商务平台经营者不合理限制交易等行为,均可能与反垄断法的调整有交叉。简言之,为避免制裁过重,影响竞争自由,情节较轻的行为,可以适用《反不正当竞争法》的规定;情节严重,经合理原则分析,仍存限制竞争效果的,适用《反垄断法》的规定。

二、新业态、新模式中平台垄断行为的司法应对规则

(一)完善反垄断分析框架

1. 在平台反垄断中,课题组认为应当根据个案情况界定相关市场,如确需模糊界定,应充分说明理由。理由有三:首先,越过相关市场直接界定市场支配地位或者模糊界定,缺乏立法依据。我国在《国务院反垄断委员会关于平台经济领域的反垄断指南》中提出了市场界定的方法,[①]否定了征求意见稿中越过市场界定直接认定市场力量的方式。[②] 其次,平台相关市场界定虽然难度很大,但其价值不容忽视。在监管能力尚需提升,平台监管经验不足的当下,"直接认定"可能会使司法者自由裁量权过大或是责任过重,相关市场界定和支配地位认定不宜直接跳过。最后,从国外司法实践看,在美国合并政策方面,直接界定市场支配地位的方

---

① "平台经济领域相关商品市场界定的基本方法是替代性分析。在个案中界定相关商品市场时,可以基于平台功能、商业模式、应用场景、用户群体、多边市场、线下交易等因素进行需求替代分析;当供给替代对经营者行为产生的竞争约束类似于需求替代时,可以基于市场进入、技术壁垒、网络效应、锁定效应、转移成本、跨界竞争等因素考虑供给替代分析。具体而言,可以根据平台一边的商品界定相关商品市场;也可以根据平台所涉及的多边商品,分别界定多个相关商品市场,并考虑各相关商品市场之间的相互关系和影响。当该平台存在的跨平台网络效应能够给平台经营者施加足够的竞争约束时,可以根据该平台整体界定相关商品市场。"《国务院反垄断委员会关于平台经济领域的反垄断指南》(2021 年 2 月 7 日国务院反垄断委员会印发)第四条,载国家市场监管总局官网,https://gkml.samr.gov.cn/nsjg/fldj/202102/t20210207_325967.html。

② 有研究表明,使用利润幅度指标、价格歧视或者排除竞争的证据都具有误导性而应当被完全抛弃。而其余的指标,如进入壁垒、分流比率、定价不连续和竞争性基点在某些案件中有用,但必须认清其中存在的各种隐患。梳理之后就能发现,目前的判例法和科研理论尚未提供全面有力的方法来证明市场力量,而反垄断法如果离开市场界定或市场份额范式,在很大程度上就只能借助一些零碎分散的工具从细枝末节重新开始。[美]Daniel A. Crane:《越过市场界定:市场力量的直接证明》(上),张江莉译,载《竞争政策研究》2016 年第 2 期。

法在横向单边效应分析方面取得了成功。[①] 但在俄亥俄州等诉美国运通公司等案中,美国联邦最高法院认为,即使原告提供了市场力量的直接证据,也必须在纵向限制案件中定义相关市场。[②] 美国法院从未在未界定市场的情况下谴责垄断。[③] 因为平台对消费者需求的排序产生了影响,使其明显不同于前数字经济时代中的影响消费者需求的相关因素,所以现有的需求分析界定相关市场方法无法有效识别相关需求。比抛弃现有的产品(服务)界定、相关市场界定、市场力量分析等框架更为妥当的处理方式可以是,针对已经变化的消费者需求的影响因素,完善现有的相关市场界定的方式,以使其与平台经济的竞争状况更为贴近。[④]

2. 必需设施认定的问题。涉及必需设施,问题有二:一是司法是否可以认定必需设施;二是平台滥用市场支配地位中的拒绝交易行为是否以认定必需设施为前提。关于问题一,课题组倾向于认为,如原告未提出必需设施的诉讼理由,法院不得径行认定被告平台构成必需设施。如原告提出该理由,法院原则上不宜在反垄断民事纠纷中认定平台构成必需设施,如在个案中确有认定的必要,则需要充分论证指南中涉及的各项因素。理由如下:首先,国外执法机构在认定互联网平台是否构成必需设施时非常谨慎。例如,在美国 HIQ 公司诉 LinkedIn 公司案[⑤]中,虽然法院要求 LinkedIn 开放数据,但其是基于合同义务而非损害竞争;在

---

① “单边效应”并购分析考虑的是两个相对接近的公司在产品差异化的市场中合并是否会给合并后的公司带来比合并前更高的利润最大化价格。See e. g. , United States v. H & R Block, Inc. , 833 F. Supp. 2d 3 6, 84 n. 35(D. D. C. 2011). “在应用经济学中,评估单边效应不需要市场定义……(引自 AREEDA & HOVENKAMP, supra note 9, P 913)”,为了更好地表达对高科技市场中传统市场份额衡量方法的怀疑,参见 Daniel A. Crane, *Market Power Without Market Definition*, 90 Notre Dame L. Rev. 31 (2014). FTC v. Actavis, Inc. , 570 U. S. 136, 157(2013); FTC v. Ind. Fed'n of Dentists, 476 U. S. 447, 460 - 61(1986)。

② See Ohio v. Am. Express Co. , 138 S. Ct. 2274, 2286(2018).

③ 微软的一些判决是,直接证据可能在第二节的案件中就足够了,但法院依赖的是相关市场的主导份额。See United States v. Microsoft Corp. , 253 F. 3d 34, 51, 56 - 57(D. C. Cit. 2001); see also Ohio v. Am. Express Co. , 138 S. Ct. 2274, 2286(2018) at 57 - 58. 美国第九巡回上诉法院曾一度认为,在一个声称企图垄断的案件中,不需要定义一个相关的市场,但最高法院果断地否决了这一观点。参见 Spectrum Sports v. McQuillan, 5o6 U. S. 447,452 - 53(1993)[推翻美国第九巡回上诉法院的判决,并驳回了较早的案件,如 Lessig v. Tidewater Oil Co. , 327 F. 2d 4 59(1964 年 9 月)]。

④ 参见陈兵:《平台经济领域相关市场界定方法审视——以〈国务院反垄断委员会关于平台经济领域的反垄断指南〉第 4 条为中心的解读》,载《法治研究》2021 年第 2 期。

⑤ See HIQ Labs, Inc. v. LinkedIn Corp. ,938F. 3d 985(9th Cir. 2019).

iTunes 案①中,法院也驳回了将 iTunes 数字音乐商店认定为必需设施的主张。2021 年 6 月,在美国哥伦比亚特区联邦法院对 Federal Trade Commission v. Facebook, Inc. 的初步回应中,亦不认可必需设施的观点。② 在 Bronner 案中,欧盟法院提出了适用必需设施原则的两个条件:一是如果必需设施持有人拒绝交易,则会消灭上下游市场的所有竞争;二是必需设施对于相邻市场经营者的营业是"不可或缺"的。在谷歌诉欧盟委员会案中,法院否认了谷歌搜索引擎具有"不可或缺"的特征,因此不能适用必需设施原则。③ 其次,从立法背景分析,在《国务院反垄断委员会关于平台经济领域的反垄断指南》中"必需设施"规则已被修改,数据构成必需设施的相关规定被删除,但是认定平台构成"必需设施"的规定仍被保留,同时规定"认定相关平台是否构成必需设施,一般需要综合考虑该平台占有数据情况、其他平台的可替代性……交易相对人对该平台的依赖程度"等因素,实践中认定难度很高。再次,平台是否构成必需设施是个案分析中的难点,在相关监管立法和政策出台之前,司法不宜单兵突进,轻易认定平台构成必需设施。最后,目前,我国拒绝交易的案例中,执法机构或法院从未直接认定过某项产品或服务构成必需设施,因而需对竞争者或者下游经营者开放。

就平台涉嫌拒绝交易行为而言,虽然《反垄断法》第二十二条第三款为要求以必需设施为前提,但是鉴于互联网领域的动态竞争、跨域竞争等特性,课题组倾向于认为,不宜在未界定必需设施的前提下,径行认定平台构成拒绝交易行为。

如认为可在不界定必须设施的情况下,认定平台构成拒绝交易行为,课题组建议借鉴"阿斯彭滑雪场案件标准":具有市场支配地位的经营者,尽管不负担一般性的不得拒绝交易的义务,但是在符合下述三个条件的情况下,拒绝交易行为会具有违法性。首先,当该种交易在垄断者和竞争对手之间,曾经自愿发生,并可推定对垄断者是有利可图的,但垄断者后来拒绝与该竞争对手进行交易;其次,该拒绝交易行为中,垄断者拒绝提供的产品和服务,是垄断者同时在向市场上其他

---

① See Sommers v. Apple, Inc., No. 5:07 - cv - 06507N. D. Cal. Dec. 31 (2007); Slattery v. Apple, Inc., No. C0500037JW, 2005 WL2204981 (N. D. Cal. Sept. 9, 2005).

② See Federal Trade Commission v. Facebook, Inc., Emorandum Opinion (2020). 法官明确指出:即便 Facebook 系具有市场支配地位的经营者(垄断者),其亦有权参与市场竞争的,而无义务去帮助竞争对手;如将 Facebook 视为类似提供水电煤这类基础设施,并据此限制其拒绝向竞争对手提供服务的选择权,则因企业知悉其需向竞争对手开发其信息,而失去创建该类基础设施的动力。

③ See case A. T. Google Search (Shopping), 27 June 2017, par. 700.

同等条件的客户进行提供的;最后,也是最为重要的一点,垄断者终止原先进行交易行为的目的,应是实现反竞争而牺牲自身的短期利益。此时,垄断者宁愿损失自身短期利益,也要排除竞争对手的行为,就具有了"掠夺性"属性,被认定为具有违法性。

(二)相关市场界定

按照平台相关市场界定的逻辑顺序,作如下分析。

1. 确定双(多)边市场。单边市场和双边市场界定错误会影响后续的市场界定方法的选择。[①] 美国运通法院对双边交易平台的定义仅限于"促进参与者之间同时进行单一交易"的平台。[②] 另外一种定义是,双边市场是一个平台,它通过确定最优价格和最优价格或利益分配,在至少两组相互依赖的用户和利润之间进行互动。"相互依存"意味着一方的业务规模或数量受到另一方活动的影响,反之亦然。我国《国务院反垄断委员会关于平台经济领域的反垄断指南》第二条第一款[③]按照后一种定义了双边市场,比之前一种定义更符合实际。因此,课题组认为,在平台垄断纠纷司法实践中,首先要根据该定义界定被告是否属于双边市场平台。

2. 确定基准产品,区分交易型互联网平台和非交易型互联网平台。[④] 相关市场界定的目的是系统识别经营者从事竞争行为的市场范围,并识别出经营者所受

---

① 例如,SSNIP 测试是为单边市场设计的。已有经济文献论证该测试不能以其传统形式应用双边市场。Lapo Filistrucchi; Damien Geradin; Eric Van Damme; Pauline Affeldt, *Market Definition in Two-Sided Markets: Theory and Practice*, Journal of Competition Law and Economics 10, No. 2(June 2014): 293 - 340. 转引自张正:《困境与出路:互联网平台垄断案件中相关市场界定的裁判思路探讨》,载知产力 2022 年 9 月 6 日,https://www. zhichanli. com/p/1107749818。

② See Amex, 138 S. Ct. at 2286.

③ 《国务院反垄断委员会关于平台经济领域的反垄断指南》第二条第一款:"平台,本指南所称平台为互联网平台,是指通过网络信息技术,使相互依赖的双边或者多边主体在特定载体提供的规则下交互,以此共同创造价值的商业组织形态。"

④ 德国联邦卡特尔局将互联网平台分为匹配型平台(matching platforms)和用户供应型平台(audience providing platforms)。其中匹配型平台是指为了直接交互的目的而连接两个或多个用户组的平台,用户供应型平台则是指通过提供接入潜在用户的便利,使一组用户获取另一个用户组的注意的平台。匹配型平台帮助两边的用户建立连接是平台提供的服务,因此平台对于双边的用户而言其提供的服务的可替代性是高度一致的,因此在对匹配性平台进行相关市场界定时应将平台两边作为一个整体市场来进行界定。而在用户供应型平台中,平台其中一边用户选择使用平台时所看重的不是另一边用户建立连接,而是平台提供的其他服务,平台对于其两边的用户而言其可替代性并不一致。因此,在对用户供应型平台相关市场进行市场界定时应该将平台的两边作为两个市场分别界定。

竞争约束,即经营者所存在的有效竞争对手,在此基础上能够科学有效地评估特定市场的竞争状况。而经营者之间能够存在竞争关系,是因其所经营的商品具有替代性,不同经营者提供的类似商品都能够满足消费者的同一需求,消费者能够在类似商品间进行自由选择,相关商品市场界定是进行相关市场界定的核心。基于用户需求的不同,复合性商品的不同功能可能构成不同的相关市场。司法实践中,已经出现了关于复合性商品的功能界定探讨,如在微源码公司诉腾讯科技公司等垄断纠纷案中,法院基于原告对微信公众号作为宣传推广需求的本质和实际使用目的以及争议对象,将微信公众号从微信产品中拆分出来。基准产品的主要挑战是数字化商品或服务,并增加其新功能成为复合功能的产品或服务。[①] 如何界定复合功能的产品或服务的基准产品,课题组认为,应当改进基准产品的确定方法。具体而言,确定基准产品满足消费者使用该产品或服务的核心需求[②],以满足核心需求确定商品或服务的核心功能(群),基于核心功能(群)进行需求替代分析。在确定商品的核心功能后,需与其他功能进行比较,如消费者核心需求的满足,无须借助其内部其他功能,且该功能本身被消费者视为其他具有类似功能商品的替代品,则在进行竞争行为分析时可考虑将其视为独立商品。[③]

单边市场中,基于基准产品就可以按照替代分析方法进行相关市场界定。但双边市场中,公司向两个不同的群体出售两种不同的产品或服务,会产生两个额外的问题:一是需要定义一个或两个(多个)相关市场;二是相关市场的另一边是否应该影响相关市场的界定。课题组认为,基于确定的基准产品是否属于撮合交易、有无互动,能否按交易或双边收费,可以将互联网平台的相关市场界定可以区分“交易型双边市场”与“非交易型双边市场”。[④] 交易型单边市场,如大多数媒体市场、搜索引擎服务市场、社交网络服务市场。交易型双边市场,[⑤]如支付卡市场、

---

① 参见张江莉:《多边平台的产品市场界定——兼论搜索引擎的产品市场》,载《竞争政策研究》2018 年第 1 期。

② 明确“核心需求”的目的在于明确相关商品的竞争约束产生的主要来源,倘若商品的满足消费者的核心需求或者主要功能一致,具有可替代性。

③ 在《国务院反垄断委员会关于平台经济领域的反垄断指南》第四条第一款第一项亦有体现。

④ See Eric van Damme, Lapo Filistrucchi, Damien Geradin, Simone Keunen, Tobias Klein, Thomas Michielsen & John Wileur, *Mergers in Two-Sided Markets A Report to the NMa*(荷兰竞争管理局,2010). 这一区别最初是由 Lapo Filistrucchi 提出的,然而,他使用了“媒体类型的双边市场”和“支付卡类型的双边市场”的术语。

⑤ 其他双边交易平台包括虚拟市场、拍卖行和操作系统。

电子商务服务市场、网约车服务市场等。就市场界定而言，交易型双边市场中平台的两边直接交易，此时仅需界定一个包含两个消费者群体的相关市场。非交易型双边(多边)市场中平台的两边不直接交易，此时需要界定两个(多个)相互关联的市场。对于非交易型互联网平台，可以选择依据该互联网平台与被诉垄断行为最相关一边的服务界定相关商品市场；该互联网平台存在跨边网络效应并给该互联网平台经营者施加了足够的竞争约束的，可以依据该互联网平台整体界定相关商品市场，也可以根据跨边网络效应所涉及的多边服务分别界定多个相关市场，并考虑各个相关市场之间的相互关系和影响。如在 Facebook 案中，德国联邦卡特尔局首先考虑了多边市场与个人用户需求的特殊性。Facebook 分别面向个人用户、广告商、发行商及开发商等多个市场侧提供服务。个人用户一侧使用 Facebook 的社交网络，主要目的是寻找用户已经认识的人并建立联系，在用户根据身份定义的特定联系人之间进行日常交流。广告商一侧利用 Facebook 发布定向广告，发行商一侧使用 Facebook 服务来推广业务，开发商一侧则可以通过使用应用程序编程接口(Application Programming Interface，API)将 Facebook 的社交插件(如"喜欢"按钮)、Facebook 登录或 Facebook 分析服务集成到自己的网站或应用程序中，广告商、发行商、开发商市场侧与广大个人用户之间存在间接网络效应。基于个人用户市场侧的需求不同于广告商、发行商及开发商市场侧的需求，且依据《德国反对限制竞争法》第十八条第二款 a 项的规定，商品或服务的免费与否并不影响相关市场的认定，德国联邦卡特尔局认为，Facebook 向广大个人用户一侧免费提供的"社交网络"可以构成相关商品市场界定的起点。其他分类型界定相关市场的案件如 Travelport/Worldspa 案、[①] Bloemenveiling Aalsmeer/Flora Holland 案、GIMD/Socpresse 案。

3. 需求替代分析。一方面，平台的去边界化策略使平台功能呈现多样性和复杂性；另一方面，平台的产品差异化策略促使处于相同领域的平台各自深耕细分领域，降低了相同领域内部的商品可替代性。在个案中界定相关商品市场时，课题组认为，需求替代分析时，围绕基准产品，特别是考虑平台功能、商业模式、应用场景、用户群体、多边市场、线下交易等因素进行需求替代分析。如果该商品被认为是可替代的，则将该商品纳入相关市场范畴，并逐步考察最有可能具有紧密替

---

① 案件编号：COMP/M. 4523, 2007 O. J. (C 3938)1。该合并案于 2007 年通过，涉及两个电子旅游分销服务供应商的集中。这些是允许旅行社和旅游服务提供商之间进行交易的平台。

代性关系的其他商品，如 Facebook 案。

4. 供给替代分析。在平台领域，即使其他经营者原则上有能力提供目标商品，但如果需要付出较高的成本或承担较高的风险才可以提供，就不能认为二者属于同一相关市场。从供给角度来看，平台领域中的经营者面临的成本和风险可能包括市场准入限制、存在技术壁垒、缺乏足够用户形成网络效应、用户对目标商品产生高度依赖、用户转移平台需要付出较大成本等。因此，需要考虑以上因素进行供给替代分析。例如，在食派士公司滥用市场支配地位案中，上海市市场监督管理局认为提供英文服务的在线餐饮外送平台服务和提供中文服务的在线餐饮外送平台服务不具有替代关系。具体理由包括：提供英文服务的在线餐饮外送平台在页面设计、合作餐厅选择、售前售后服务、配送服务等方面与提供中文服务的在线餐饮外送平台存在较大区别，平台经营者需要投入较高成本；在线餐饮外送平台相互转型成本较高，前期投入大，运营成本高；在线餐饮外送平台服务市场存在技术、用户黏性高等进入障碍等。[①]

5. 采用改进后的假定垄断者测试。在界定相关商品市场的过程中，如认为通过需求替代以及供给替代分析后，仍然不能较为清晰地确定本案的相关市场范围，则可以通过假定垄断者测试进行分析。但是，由于传统的鉴定垄断者测试无法直接适用于双边市场，故需要对这一测试方法予以改进。改进思路有三：一是通过质量下降的假定垄断者测试进行定性分析。二是通过改进价格上涨的假定垄断者测试进行定量分析。该改进思路为，在交易型双边市场中，允许假定垄断者以最优方式调整价格结构为前提，分析其提高的价格水平情况。在非交易型双边市场中，分阶段提升双边市场每边的价格，且允许假定垄断者调整其价格结构。三是按竞争对手成本提升判断。界定互联网领域相关商品市场时，可以根据案件具体情况选择使用价格上涨、质量下降、成本上升等假定垄断者测试。非交易型互联网平台经营者之间的竞争主要表现为质量、服务、创新等非价格竞争的，优先选择质量下降、成本上升等假定垄断者测试。

6. 结合平台经济的特点界定相关地域市场。法院界定互联网领域相关地域市场时，要综合考虑多数用户选择商品的实际区域、用户的语言偏好和消费习惯、相关法律法规的规定以及不同区域竞争约束程度、线上线下融合等因素。根据平

---

① 参见张正：《困境与出路：互联网平台垄断案件中相关市场界定的裁判思路探讨》，载知产力 2022 年 9 月 6 日，https://www.zhichanli.com/p/1107749818。

台特点,相关地域市场通常界定为中国市场或者特定区域市场,根据个案情况也可以界定为全球市场。①

(三)市场支配地位的认定

结合互联网的特点界定平台经营者在相关市场的市场份额。

第一,互联网平台经营者在相关市场的市场份额。课题组认为,法院认定互联网平台经营者在相关市场的市场份额时,可以采用能够反映相关市场实际竞争状况的商品交易金额、用户数量、用户使用时长、活跃用户人数、流量或者其他指标作为计算基准。第二,在互联网平台认定市场支配地位的市场份额可以考虑适当降低,如60%。同时,需考虑被告占据较高市场份额的持续时间因素。第三,对非交易型平台经营者进行滥用市场支配地位行为的规制,无须经营者在平台各边可能形成的多个相关市场上均拥有市场支配地位,仅需证明在涉案行为发生的服务或商品侧所涉及的相关市场上平台经营者具有市场支配地位。详见韩国 Naver 自我优待案②、微源码公司诉腾讯科技公司等垄断纠纷案。③ 第四,在规制滥用市场支配地位行为案件中,相关市场界定与市场支配地位认定应当着眼于现在或过去来进行评价。这不同于对经营者集中的规制,滥用市场支配地位行为规制的是经营者当下或者过去的行为,因此需重点关注当下,必要时分析被诉经营者过去所处的市场竞争状况。第五,关于判断互联网平台经营者市场支配地位中相关市场的创新情况,需要进一步讨论。有一种观点是,互联网领域竞争激烈,可以以互联网领域创新为理由来否定市场支配力的存在,对此,课题组认为,创新的判断需个案分析具体的指示性证据,如是否有证据显示用户有离开平台(Facebook)的趋势,或证明平台(Facebook)市场份额的下降的证据等。简言之,创新状况是具体的,需要证据支持的。④

---

① 《国务院反垄断委员会关于平台经济领域的反垄断指南》第四条第二款。

② See KFTC Imposes Corrective Measures on Naver for Favoring Its Own Real-estate Search, Shopping, and Video Services over Competitors[EB/OL].(2020-10-21)[2022-10-13], https://www.ftc.go.kr/solution/skin/doc.html? fn=508d97db636c2f7f0961bf6361cfd44f09977d1a7a%2006f4dd5603f17c11d61013&rs=/fileupload/data/result/BB%20SMSTR_00000000240.

③ 广东省深圳市中级人民法院民事判决书,(2017)粤03民初250号。

④ See The Decision of the Bundeskartellamt in Administrative Proceedings, Ref: B6-22/16, Date of Decision: 6 February 2019.

(四)市场支配地位滥用行为认定

1. 平台“二选一”。互联网平台实施“二选一”行为既可能侵害平台内经营者的利益,也可能侵害竞争对手的利益,最终可能侵害消费者的利益。这就意味着在特定场景下“二选一”可能构成不公平交易行为、不正当竞争行为,也可能构成限制竞争行为。对于规制“二选一”行为的思路,有两种分歧观点:第一种观点认为,《反垄断法》通常只关注违法性较为严重的垄断行为,一种行为构成垄断的,就不应再认定为不正当竞争;《电子商务法》第三十五条[①]并不属于竞争法规范,而是处理平台经营者与平台内经营者之间交易关系的法律规范,其可与《反垄断法》及《反不正当竞争法》同时适用。[②] 第二种观点认为,以“二选一”情节的轻重和法律责任的轻重作为依据,依次适用《电子商务法》、《反不正当竞争法》或《反垄断法》。[③]

关于该问题,课题组认为,可以考虑根据细分场景,来分析平台“二选一”各项规制工具之间的协调与衔接问题。具体而言,可以区分行政执法与民事诉讼两种方式。在行政执法的情况下,执法机构可依情节轻重,考虑法律责任的轻重,依次适用《电子商务法》第三十五条、《反不正当竞争法》第十二条及《反垄断法》第十七条或第二十二条的相关规定。在受损害经营者提起民事诉讼的情况下,若原告为受损害的平台内经营者,可以考虑根据举证的难易度来选择以《电子商务法》、《反不正当竞争法》或者《反垄断法》为依据提起民事诉讼;若原告为受损害的竞争性平台经营者,则可在《反不正当竞争法》与《反垄断法》之间进行选择。其中,平台“二选一”行为具体可依照《反垄断法》第二十二条第一款第四项的限定交易行为予以认定。

有观点认为,《电子商务法》第三十五条可以与《电子商务法》第七十四条结合作为请求平台经营者的请求权基础,但仅限于违约责任并需要借助合同规范等

---

① 《网络交易监督管理办法》第三十二条在《电子商务法》的基础上进一步细化,列举了一些平台干涉商家自主经营的情形,如“(一)通过搜索降权、下架商品、限制经营、屏蔽店铺、提高服务收费等方式,禁止或者限制平台内经营者自主选择在多个平台开展经营活动,或者利用不正当手段限制其仅在特定平台开展经营活动;(二)禁止或者限制平台内经营者自主选择快递物流等交易辅助服务提供者”,也可用于规制“二选一”行为。

② 参见焦海涛:《电商平台“二选一”的法律适用与分析方法》,载《中国应用法学》2020 年第 1 期。

③ 参见中国应用法学研究所课题组:《电子商务平台“二选一”行为的法律性质与规制》,载《中国应用法学》2020 年第 4 期。

其他法律予以具体化，不能与《反垄断法》第二十二条，《反不正当竞争法》第十二条、第二条共同作为请求权基础规范。[①] 课题组认为，《电子商务法》第三十五条不能独立作为平台内经营者起诉平台赔偿的请求权基础，该条的法律后果为行政处罚而非民事责任。[②] 该条款作为市场规制法关于电子商务行为的特别规范，应当可以与《反不正当竞争法》第二条相结合，作为平台内经营者起诉平台“二选一”行为的请求权基础。

2. 平台大数据杀熟。《国务院反垄断委员会关于平台经济领域的反垄断指南》第十七条极具针对性地规定了“大数据杀熟”构成对交易条件相同的交易相对人差别待遇的考量因素，可分为两类：基于大数据和算法，根据交易人的支付能力、消费偏好、使用习惯等个人特性，实行差异性交易条件；实行差异性标准、规则、算法或者付款条件、交易方式。同时，《国务院反垄断委员会关于平台经济领域的反垄断指南》明确了交易相对人“隐私信息、交易历史、个体偏好、消费习惯”等方面的差异不影响认定交易条件相同。“大数据杀熟”构成差别待遇，需要满足两个条件：一是符合《国务院反垄断委员会关于平台经济领域的反垄断指南》列出的行为类型，二是交易相对人必须有相同的交易条件。可能导致交易条件不相同的因素包括交易安全、交易成本、信用状况、所处交易环节、交易持续时间等方面，但上述方面只有存在“实质性影响交易的差别”时，才可作为不同交易条件的考量因素。

课题组认为，具有市场支配地位的互联网平台经营者利用大数据和算法，根据交易人的支付能力、消费偏好、使用习惯等个人特性，实行差异性交易条件以及实行差异性标准、规则、算法或者付款条件、交易方式，对条件相同的交易相对人实行差别待遇的，人民法院可以依照《反垄断法》第二十二条第一款第六项的规定予以认定。

3. 平台封禁行为。平台封禁行为主要集中在大型平台或者具备流量优势的

---

① 宋建宝：《〈电子商务法〉第三十五条法律适用的若干探讨》，载强企知识产权研究院 2021 年 11 月 4 日，http://www.qqip.org.cn/category/view? id = 920。

② 《电子商务法》第八十二条规定：“电子商务平台经营者违反本法第三十五条规定，对平台内经营者在平台内的交易、交易价格或者与其他经营者的交易等进行不合理限制或者附加不合理条件，或者向平台内经营者收取不合理费用的，由市场监督管理部门责令限期改正，可以处五万元以上五十万元以下的罚款；情节严重的，处五十万元以上二百万元以下的罚款。”违反《电子商务法》第三十五条所规定的各种不作为义务的是行政法律责任。

平台封禁第三方链接,其本质则可以解释为经营者阻断流量从自身平台流向竞争者,或者是拒绝为第三方经营者导流的行为。有观点认为,封禁行为既涉嫌构成《反垄断法》第二十二条第一款第四项“限定交易”形态的滥用市场支配地位垄断行为,又涉嫌构成《反垄断法》第二十二条第一款第五项“附加不合理交易条件”和第二十二条第一款第六项“差别待遇”形态的滥用市场支配地位垄断行为;另有观点认为,超级平台还具有《反垄断法》意义上“必要设施”属性,拒绝其他经营者以合理交易条件利用其平台工具,涉嫌构成违反《反垄断法》第二十二条第一款第三项的“拒绝交易”形态的滥用市场支配地位垄断行为。还有观点认为,平台封禁行为可能属于正常的商业竞争,不应干预。

课题组认为,平台封禁行为在行为表现上虽与拒绝交易行为有一定的相似性,但其行为目的、表现形式和反竞争效应在本质上与拒绝交易不同。因此,可以考虑行为是否构成《反垄断法》第二十二条第一款第六项的差别待遇条款。判断平台封禁行为是否构成具有排除、限制竞争效果的差别待遇行为,该行为需符合《反垄断法》第二十二条第一款第六项规定的四个要件:(1)条件相同的交易相对人;(2)交易条件的差别待遇;(3)没有正当理由;(4)排除、限制竞争效果。可参考如下路径分析被诉行为的排除、限制竞争效果:第一,其他未被封禁的互联网平台必须从行为实施中获益;换言之,其市场份额得到较大的提升。第二,涉案行为造成被封禁平台经营成本的提升,使之无法与未被封禁的平台在同一水平线上进行竞争,从而被迫处于竞争劣势。

4. 平台自我优待。自我优待行为的反竞争效果可以归结为两点:一是通过提高竞争对手的成本或降低自营业务的成本(或品质)达到排除竞争者的效果;二是排挤竞争对手或降低竞争对手产品质量,使消费者丧失选择竞争对手的权利,进而制定高昂的产品价格以诱发剥削效应,享受剥削利润的经营者则很可能减少创新的投入。对自我优待行为的规则有二种观点:第一种观点认为自我优待可能构成《反垄断法》第十八条第一款第三项的“国务院反垄断执法机构认定的其他垄断协议”。第二种观点认为自我优待涉嫌构成滥用市场支配地位,该行为具有复合型,可以分别依照拒绝交易、限制交易、差别待遇以及兜底条款处理。[①]

课题组倾向于认为,自我优待不属于现有法律框架下的内涵外延清晰的法律

① 参见丁茂中:《自我优待的反垄断规制问题》,载《法学论坛》2022年第4期。

概念。因此,建议限缩自我优待行为为"具有市场支配地位的互联网平台经营者在其平台上提供与平台内经营者相竞争的商品,对自己的商品给予优惠待遇的行为",按照滥用市场支配地位中差别待遇条款予以法律规制。理由有三:一是从控诉整体指向看,涉诉行为一般为单方行为,甚至是平台类企业的单方行为;二是采用固定限制纵向垄断协议,一般采用本身违法性认定原则,2022 年修正的《反垄断法》增加了豁免事由,但自我优待行为并不当然构成垄断行为,其行为是否违反《反垄断法》应当按照合理原则进行分析判断;三是根据在先案例可知,自我优待行为更多的是具有市场支配地位的平台经营者获取利润、提升己方竞争力的手段,其行为特性与差别待遇或拒绝交易更为相似,而与垄断协议差异较大。但鉴于前述中已经提到的现阶段不宜在司法中认定必需设施,故排除拒绝交易条款的适用。

因此,综合控诉整体指向、规制条款用途、行为基本特质等因素,课题组倾向于认为应当按照滥用市场支配地位中差别待遇行为的法律规范具有认定自我优待行为。差别待遇行为需具备交易相对人要件,具体而言,假设平台的行为仅优待了平台自营产品,未在第三方经营者之间实施差别待遇,因为平台和自营商家并非"交易对象",反映了"交易对象"之间并未被区别对待,难以认定该行为为差别待遇行为。不过,在欧盟竞争执法实践中,有案例以 TFEU 第 102 条为依据,认定在价格与资质上偏好自己的附属生产机构的行为构成差别待遇。但该案未曾提及母子公司之间的交易如何定性,也未曾将该种行为归类为差别待遇进行处罚。① 就对条件相同的交易相对人在交易价格等交易条件上实行差别待遇而言,通常需要充分考虑目标群体及其交叉范围,歧视程度以及持续时间,市场细分可以容纳的空间,是否存在政府补贴、消费文化等。从以往的经验来看,不少情形可能还需要引入经济学进行定量分析才能得出较为精确的结论。

5. 平台掠夺性定价。掠夺性定价有两类不同的分析框架。欧盟的分析框架不要求证明当事人能够收回掠夺性定价的成本;而美国的分析框架要求证明当事人能够收回掠夺性定价的成本。《禁止滥用行为暂行规定》第十五条并没有就是否需要收回成本作出规定,而《国务院反垄断委员会关于平台经济领域的反垄断指南》则明确了证明收回成本的必要性,使证明平台构成掠夺性定价的难度大幅

---

① See Case COMP/39. 388 – German electricity wholesale market, 30 January 2009, paras. 52 and 53.

增加。我国未有认定掠夺性定价的相关案件。

课题组认为,法院认定《反垄断法》第二十二条第一款第二项规定的经营者"没有正当理由,以低于成本的价格销售商品",至少应当同时具备下列条件:(1)经营者以低于平均可变成本、平均可避免成本或者其他成本的价格销售商品;(2)经营者以低于成本的价格销售商品的目的或者效果系将竞争对手排挤出相关市场或者阻碍其他经营者进入相关市场;(3)经营者以低于成本的价格销售商品缺乏正当理由;(4)经营者以低于成本的价格销售商品可能在将其他经营者排挤出市场后,提高价格获取不当利益、损害市场公平竞争和消费者合法权益等情况。认定互联网平台经营者以低于成本的价格销售商品时,还应当考虑该互联网平台服务所涉及的多边服务成本及其相互关系。

(五)涉个人信息数据保护的剥削型滥用行为

根据国外案例,该类型行为的主要表现为垄断平台利用市场支配地位融合第三方网站个人信息数据,从竞争法的视角看,滥用市场支配地位侵犯用户数据和隐私的行为,既是市场缺乏竞争导致质量下降的表现,损害了消费者利益,也可能是企业维持或增强市场力量的一种手段;它属于对消费者的剥削性滥用行为,同时在特定市场中在一定程度上会产生排他性滥用的效果。① 上述问题可以进而分解为两个问题:一是国家竞争主管部门能否在反垄断案件中审查企业是否违反《个人信息保护法》的规定;二是在滥用市场支配地位案件中,《个人信息保护法》应如何解释在个人数据处理合法性的相关条件以及自愿给予处于支配地位的企业同意。②

第一个问题,有支持和反对两种观点。③ 课题组赞同支持的观点,反垄断监管

---

① 参见孙晋、万召宗:《滥用市场支配地位侵犯隐私行为的反垄断法规制》,载《财经法学》2021 年第 5 期。

② 限于本课题的主题,对于处理敏感个人数据部分的问题,本节不作阐述。

③ 支持观点主要认为两项制度均致力于保护消费者福利,可以以整体方式实施。焦海涛:《个人信息的反垄断法保护:从附属保护到独立保护》,载《法学》2021 年第 4 期;张占江:《个人信息保护的反垄断法视角》,载《中外法学》2022 年第 3 期;Louise O'Callaghan, *The Intersection Between Data Protection and Competition Law: How to Incorporate Data Protection*, as a Non-Economic Objective, into EU Competition Analysis, 21 Trinity C. L. Rev. 109(2018), p. 111;反对观点,有以下两点理由:(1)零价格不会产生反垄断法试图防止的竞争损害,see John M. Newman, *Antitrust in Zero-Price Markets: Foundations*, University of Pennsylvania Law Review 164, No. 1(December 2015): 149 - 206;(2)其他部门法足以解决个人信息保护问题。李剑:《互联网反垄断能促进数据隐私保护吗?》,载《商业经济与管理》2021 年第 5 期。

机构调查一家公司涉嫌滥用市场支配地位时,可以考虑其他法律规则。结合我国法律规范,平台企业是否遵守《个人信息保护法》,可能是认定其行为是否违反竞争规则的重要指标。国家市场监管总局虽不具有对侵犯《个人信息保护法》行为进行裁决的管辖权,但其在行使反垄断调查权力时,可以根据案件的总体情况来判断,判断违反《个人信息保护法》的行为本身是否构成垄断行为的重要标志。简言之,违反《个人信息保护法》的行为可以在一定程度上简化对滥用行为的违法性的认定。就具体法律条款的选择,课题组认为,可以依据附加不合理条件条款规制涉及个人信息数据保护剥削性滥用纠纷。理由如下:首先,涉及个人信息数据保护剥削性滥用纠纷[①]不公平交易价格条款难以适用。我国现行《反垄断法》中的剥削性滥用主要是不公平交易价格和附加不合理交易条件,其中不公平交易价格条款即《反垄断法》第二十二条第一款第一项规定的"以不公平的高价销售商品或者以不公平的低价购买商品"。该规定仅涉及"价格"剥削,无法涵盖个人信息保护水平的降低。其次,《反垄断法》第二十二条第一款第五项的规定,即"没有正当理由搭售商品,或者在交易时附加其他不合理的交易条件"是我国剥夺性滥用的主要条款,《国务院反垄断委员会关于平台经济领域的反垄断指南》第十六条第一款规定,分析是否构成搭售或者附加不合理交易条件,可以考虑以下因素:强制收集非必要用户信息或者附加与交易标的无关的交易条件、交易流程、服务项目。国家市场监督管理总局《禁止滥用市场支配地位行为规定》第十七条第一款第二项规定,禁止具有市场支配地位的经营者在交易时附加其他不合理的交易条件:对合同期限、支付方式、商品的运输及交付方式或者服务的提供方式等附加不合理的限制。结合上述法律和行政法规的规定,可以将垄断平台通过服务协议方式融合第三方个人数据的行为认定为附加其他不合理交易条件行为。在判断行为的违法性时,需要综合考量违反《个人信息保护法》所要求的行为是否平台企业市场力量的体现及是否违反了用户的意愿。上述判断可以基于规范层面[②]和结果层

---

① "剥削性滥用"是指拥有市场支配地位的企业不受竞争制约,向交易相对人施加不合理交易条件的行为;"排他性滥用"是指拥有市场支配地位的企业为了排挤竞争对手,或者为了将市场力量不合理地扩大到相邻市场而采取的限制竞争行为。参见王先林:《竞争法学》,中国人民大学出版社 2018 年版,第 246 页。

② 在规范层面的差别是,如果存在市场支配地位的因果关系,则适用《反垄断法》;不具有市场支配地位,但具有市场优势地位的,按《反不正当竞争法》等规定处理。

面[①]分析其因果关系。如果平台企业的主导地位限制了用户自主权(同意),则争议行为违反个人信息保护法的规范性因果关系可以认定。如果平台企业通过对个人信息的不适当处理以及融合相关账户,获得了进一步的个人信息数据,取得了对于竞争对手的竞争优势,同时增加了市场进入壁垒,进一步保证了平台企业对终端用户的市场力量,则属于结果层面上的因果关系。综上所述,我国反垄断法执法、司法中可以通过该条款规制具有支配地位的平台企业的个人信息数据垄断行为。

关于问题二,课题组认为,《个人信息保护法》中用户同意的认定需考虑平台垄断的市场力量因素。《个人信息保护法》第十四条规定,基于个人同意处理个人信息的,该同意应当由个人在充分知情的前提下自愿、明确作出。关于"同意"的法律性质,我国有意思表示说、违法阻却事由说和双重属性说等观点。课题组认为,可以将用户对自身数据收集和使用程度的选择权是否得到保障,作为判断是否"自愿(被强制)"的标准。数据主体和个人信息处理者之间不存在"力量明显不平衡"的情况下,以下情况不能认定为"自愿"同意:一是如果一方面数据主体感到被迫同意或不同意将承受重大的负面后果;二是同意系作为条款的一个不可协商的部分;三是如果数据主体不同意,就会出现欺骗、恐吓、胁迫或重大负面影响。反之,个人数据处理者能证明其获得的数据主体的同意是自愿的,且可以有效撤回时,可以认定数据主体的同意有效。

在数据主体和个人信息处理者之间存在"力量明显不平衡"的情况下,表面的同意(如点击注册按钮等)不应作为处理个人信息的有效法律依据。概言之,在评估同意是否自愿时,必须特别考虑到合同的履行情况,包括服务的提供是否以同意处理对履行该合同没有必要的个人信息为条件,如果以此为条件则不能认定为自愿同意。如果不允许对不同的个人信息处理业务分别给予同意,则应被推定为不是自愿给予的同意。

关于"未取得个人的同意"合法性条件,课题组认为,鉴于个人信息处理者可能会寻求在服务条款中纳入一般处理条款,以最大限度地收集和使用用户个人信息数据,而不充分说明这些条款目的或考虑数据最小化义务。因为在线服务条款通常不是在个人意思自治基础上进行谈判的,存在严重风险,所以目的限制和数

---

① 结果层面的因果关系指排除、限制竞争效果,具体可以是获得竞争优势,提升市场进入壁垒等。

据最小化原则与在线服务合同特别相关。需对此情境下“未取得个人的同意”合法性有关理由进行严格解释。首先,个人信息处理者应对其行为符合《个人信息保护法》第五条至第九条的相关原则的证明责任。其次,根据该法第十三条第一款第二项前半段规定,为订立、履行个人作为一方当事人的合同所必需。该规定中“必需”的认定,应当考虑以下几点:一是要使处理个人信息成为履行合同的必要条件,仅在履行合同时进行、在合同中提及或仅对履行合同有用是不够的;二是处理是客观必要的,其目的是向数据主体提供该合同服务的组成部分,个人信息处理者必须能够证明,如果不对有关个人信息数据进行具体处理,与数据主体签订的具体合同的主要事项事实上就无法执行;三是考虑到数据主体的合理期望,处理必须是履行合同的客观需要,即必须没有现实的、侵入性较低的替代方案;四是如果合同由几项独立的服务或服务内容组成,可以相互独立地执行,那么应在这些服务中的每一项单独评估其是否属于履行合同所必需。

(六)完善举证责任分配规则

平台垄断案件,特别是滥用市场支配地位案件中,原告承担了较重的举证责任,但针对原告负担较重的举证责任问题,课题组建议区分市场支配地位的举证责任和排除、限制竞争效果的举证责任。

对于市场支配地位的举证责任分配,受害人在垄断纠纷中往往处于劣势地位,完全由其对被诉垄断行为人在相关市场内具有支配地位和存在滥用市场支配地位行为承担举证责任,将导致原告胜诉可能性极小,不利于司法有效规制垄断行为,因此,课题组建议通过相对详细的规定合理分配举证责任,适当降低受害人的举证责任。例如,原告能够提供初步证据证明被告具有市场支配地位的(如被告自己对外宣传的市场份额、销售额占比、市场影响力等)或者滥用市场支配地位的,则由被告举证证明自己不具有市场支配地位以及未实施滥用市场支配地位行为。

对于排除、限制竞争效果的举证责任分配,课题组建议采用三步责任转移框架。第一步,原告承担的最初责任是证明被质疑的限制措施对相关市场的整体竞争产生了不利影响。完成此证明责任有两个方法:一是直接证明限制措施在相关市场上对竞争造成的实际不利影响,如价格上涨、产量减少、质量降低或竞争对手成本提高;二是间接证明被告有足够的市场力量对竞争造成不利影响,并且有其他理由相信被告的行为会损害整个市场的竞争。间接市场支配地位分析代表着法院努力辨别被告公司是否有能力损害竞争,以及与此相关的被质疑的限制措施是否有可能在相关市场上产生反竞争效果。对竞争的实际不利影响的证明是令人信服的证据,证明被告公司事实上拥有足够的权力来限制相关市场的竞争并从中获利。第二步,如果原告能够根据《反垄断法》履行其最初的责任,那么责任就会转移到被告身上,由被告提供证据证明其行为的有利竞争效果。第三步,如果被告能够证明这样的理由,那么责任最终又转移到原告身上,证明被告提出的任何合法的竞争利益都可以通过较少的限制性手段实现。

(七)合理确定滥用市场支配地位纠纷管辖规则

关于如何确定平台等涉互联网企业滥用市场支配地位案件的地域管辖,实践中有以下两种做法:第一种是将原告住所地视为结果发生地。理由有二:一是《民事诉讼法司法解释》第二十五条的规定,将被侵权人住所地作为侵权结果发生地,互联网平台企业滥用市场支配地位案件可以适用该条的规定,原告住所地可以视为侵权结果发生地。二是直接依据民事诉讼法认定原告住所地是垄断侵权行为结果发生地。[①] 第二种是不将原告住所地视为侵权结果发生地。其认为如果按照第一种做法处理,则会产生“管辖权泛化”的问题,应严格按照被告住所地或侵权行为地来确定滥用市场支配地位案件的管辖。[②]

课题组认为,根据《最高人民法院关于审理因垄断行为引发的民事纠纷案件应用法律若干问题的规定》第四条的规定,垄断民事纠纷案件的地域管辖,根据案件具体情况,依照民事诉讼法及相关司法解释有关侵权纠纷、合同纠纷等的管辖规定确定。因此,平台等涉互联网企业滥用市场支配地位案件的地域管辖,应适用民事诉讼法及相关司法解释有关侵权纠纷的管辖规定确定。

---

① 上述观点的主要案例如下:(2021)沪73知民初220号金某某与苹果电脑贸易(上海)有限公司垄断纠纷管辖异议裁定;(2020)最高法知民辖终82号康健苗苗公司与登士柏公司纵向垄断协议纠纷管辖异议裁定;(2015)浙辖终字第137号宁波科田磁业有限公司与日立金属株式会社滥用市场支配地位纠纷管辖异议裁定;(2015)浙辖终字第138号宁波永久磁业有限公司与日立金属株式会社滥用市场支配地位纠纷管辖异议裁定;(2015)浙辖终字第139号宁波同创强磁材料有限公司与日立金属株式会社滥用市场支配地位纠纷管辖异议裁定;(2015)浙辖终字第140号宁波华辉磁业有限公司与日立金属株式会社滥用市场支配地位纠纷管辖异议裁定。

② 上述观点的主要案例如下:(2019)最高民辖终130号,京东贸易公司、京东电子商务公司诉天猫网络公司、天猫技术公司等滥用市场支配地位纠纷管辖异议裁定。

《民事诉讼法》第二十九条规定，因侵权行为提起的诉讼，由侵权行为地或者被告住所地人民法院管辖。《民事诉讼法司法解释》第二十四条规定，侵权行为地包括侵权行为实施地和侵权结果发生地。因此，平台等涉互联网企业滥用市场支配地位案件可由被告住所地、侵权行为实施地或侵权结果发生地具有反垄断案件管辖权的法院管辖。

在平台等涉互联网企业滥用市场支配案件中，不宜根据《民事诉讼法司法解释》第二十五条的规定，将被侵权人住所地作为侵权结果发生地。具体理由如下：《民事诉讼法司法解释》第二十五条规定的信息网络侵权行为具有特定含义，指的是侵权人利用互联网发布直接侵害他人合法权益的信息的行为，主要针对的是通过信息网络侵害他人人身权益以及侵害他人信息网络传播权等行为，即被诉侵权行为的实施、损害结果的发生等均在信息网络上，并非侵权行为的实施、损害结果的发生与网络有关即可认定属于信息网络侵权行为。① 滥用市场支配行为不同于侵害他人人身权益和侵害他人信息网络传播权行为，直接损害的并非某个或某几个特定主体的合法权益，而是对竞争秩序的损害，并基于竞争秩序损害所产生的"涟漪效应"或"伞形效应"将损害后果作用于同一层次的多个、多种相对人(市场竞争者)，乃至传递至不同层次的不特定主体(消费者)。因此，如果根据《民事诉讼法司法解释》第二十五条的规定，将被侵权人住所地视为侵权结果发生地，将导致平台等涉互联网企业滥用市场支配案件地域管辖混乱，由不同市场竞争者或消费者针对同一被诉行为提起的诉讼分散在多地法院管辖，不利于司法效率和裁判标准统一。

同时，在平台等涉互联网企业滥用市场支配地位案件中，如果有证据证明被诉侵权行为实施地位于原告住所地，②则可以将被诉侵权行为实施地作为连接点，确定由该地法院作为管辖法院。

---

① 最高人民法院民事裁定书，(2019)最高法知民辖终 13 号。
② 最高人民法院民事裁定书，(2019)最高民辖终 130 号。

第五章　数据权益的保护进路

新业态、新模式对数据的争夺日益白热化，既有数据采集层存在平台数据不当竞争，又有数据计算和服务层的“算法黑箱”问题和涉及数据应用的网络刷量类、账号租赁类等纠纷，还有与数据产业化相关的新型商业模式不正当竞争案件，更有头部平台基于数据优势被提起反垄断诉讼。数字经济背景下新业态、新模式中竞争行为失序，很大程度上来源于数据确权的缺失。因为立法尚未对数据权属予以明确，当事人在面对数据攫取、数据滥用等行为时，维权难度较大，保护力度不足，且部分正当的数据使用需求无法通过交易获得。现有的知识产权各专门法对于缺乏独创性的数据难以提供保护，《反不正当竞争法》第二条侧重于对主体行为的规制和市场秩序的维护，难以数据本身形成直接的保护，而且《反不正当竞争法》第二条的适用需严格审慎，不能当然适用于不能归入各知识产权专门法保护的对象。《民法典》总则编第一百二十七条规定，法律对数据、网络虚拟财产的保护有规定的，依照其规定。该条表明了法律保护数据的鲜明态度，但由于目前缺少保护数据产权的法律规范，司法对数据的保护力度仍显不足。另外，《数据安全法》《个人信息保护法》等重视对数据收集的规制，尤其是对数据爬虫、未经同意收集或从第三方获取数据等行为的规范化。从目前的审判实践来看，对于数据及其相关权益，既有通过《著作权法》等知识产权专门法予以保护的，也有通过《反不正当竞争法》予以规制的，还有通过《合同法》予以调整的。这种裁判标准的多样性，既是司法面对立法缺位时的无奈之举，也是司法对挑战的积极回应，但这种裁判标准的不统一，不利于数据的有效保护与获取数据行为的有序规范。因此，有必要对该问题进行深入研究。

一、数据权益的保护进路

涉及数据的行为具有多样性，涉及数据的纠纷以及对数据权益的保护也具有多样性。以下围绕常见的知识产权司法保护路径展开分析。

(一)著作权法保护进路

1. 著作权法对于数据的保护

数据是记录信息的载体,保护数据也主要是保护数据所承载的信息。著作权法对构成作品的数据提供保护,包括对数字版权的保护,对构成文字作品、图形作品、汇编作品等不同类型作品的数据予以保护。数字经济背景下出现作品电子化、数字化趋势,数字作品作为作品的类型应予以保护,且在作品中所占比例日益增加;作为一种重要的数据类型,数字作品受著作权法保护,对此并不存在争议,亦非本课题关注的对象。对于单条不具有独创性的数据而言,其形成的数据集合可能构成著作权法中的作品,从而受到著作权法的保护。

关于涉案数据或数据集合属于图形作品的典型案例有四维图新公司诉百度公司、①奇虎等公司②等案件。在四维图新公司诉奇虎公司等案中,四维图新公司主张涉案导航电子地图构成地图作品,奇虎公司的行为侵犯了其著作权。一审法院认为,根据在案证据无法证明四维图新公司主张的地图作品中的具体内容,无法认定四维图新公司"已整体创作完成了其主张的地图作品",且对涉案地图应从整体上而非局部考量其独创性,故认定四维图新公司的证据无法证明其对涉案地图享有著作权。③ 二审法院认为,地图作品具有较高的科学性和技术性等特点,不同于一般图形作品;导航电子地图包括地理信息和图形两部分,其表达方式多样,创作空间大,且能够通过地图软件在任意设备上显示出相同的图形化表达,故已经完成且固定,具备可感知性,具有独创性的导航电子地图构成图形作品;通过与高德地图的对比,可知涉案导航地图在地物、地貌、地点、颜色、标注和绘制方式上都有所选择、取舍,体现了四维图新公司对此的独创性表达,构成图形作品。二审法院对涉案导航地图予以保护,认为奇虎公司等未经许可的使用等行为侵犯了四维图新公司对涉案图形作品的复制权等权利,④再审裁定对此亦予确认。⑤

通过汇编作品对涉案数据(库)进行保护的是济南白兔信息有限公司(以下简

---

① 北京知识产权法院民事判决书,(2017)京73民初1914号。

② 北京知识产权法院民事判决书,(2019)京73民终1270号。

③ 北京市海淀区人民法院民事判决书,(2016)京0108民初27234号。

④ 北京知识产权法院民事判决书,(2019)京73民终1270号。

⑤ 北京市高级人民法院民事裁定书,(2021)京民申3990号。

称白兔公司)诉佛山鼎容软件科技有限公司(以下简称鼎容公司)著作权侵权纠纷案。该案中,白兔公司主张其“白兔商标信息数据库”构成作品,应受到法律保护。法院经审理认为,白兔公司将原国家商标总局的商标公告中的商标信息进行拆分、识别并录入信息库,根据公告期号、商标注册号、商标文字等信息进行编排录入,信息库能够通过查询软件进行检索、编辑、统计;虽然关于商标的数据本身不构成作品,但白兔公司对数据的编排、分类具有一定的独创性,符合汇编作品的构成要件,属于著作权法保护范畴。鼎容公司的数据带有白兔公司的暗记,鼎容公司亦未能证明其数据源于其他地方,故可认定鼎荣公司实施了复制了部分白兔公司数据库中多个商标的行为,侵犯了白兔公司的著作权。①

2. 评价

著作权法保护对思想的独创性表达,能够对构成作品的数据提供有力保护。在原告方主张其数据构成作品的案件中,法院会根据我国关于作品的规定及在案证据,判断涉案作品是否具有独创性,是否构成作品,若构成作品则须判断具体属于何种类型的作品;之后分析被诉侵权行为是否侵害了原告的著作权,具体侵害了哪些权利。涉案数据是否具有独创性直接影响原告关于被告侵犯其著作权的主张能否成立。关于本身构成作品的单一数据,如某一数字作品,著作权法能够提供清楚、明确的保护。对于自身不构成作品的单个数据来讲,其无法获得著作权法的保护,但若多个数据结合起来的数据集合能够体现出选择、取舍等独创性因素,则其能够构成作品,如四维图新公司诉奇虎公司等案中的电子导航地图构成图形作品,白兔公司诉荣鼎公司案中白兔公司的商标数据库构成汇编作品。公司通过汇编作品对数据进行保护,其所保护的不是数据本身,而是选择和汇编这种智力成果,故对于数据的保护范围和力度较小。

在分析对不具有独创性的数据进行汇总、加工而形成的数据集合是否具有独创性时,需要分析其是否符合作品的构成要件,如创造性空间之大小,是否可以被感知。分析此种数据集合的创造性空间之大小,如果创造性空间大,则关于数据集合涉及的事项有较多的选择,数据集合的结果能够体现出数据集合形成方的选择和取舍;如果创造性空间小,则通常不宜认为具有独创性。可以从有无相关标准、技术要求等限制因素及其影响来分析独创性空间之大小。构成作品的数据集

① 广东省佛山市禅城区人民法院民事判决书,(2016)粤0604民初1541号;广东省佛山市中级人民法院民事判决书,(2016)粤06民终9055号。

合本身并非单纯的数据集合,往往是对数据进行加工形成的衍生数据或者数据产品。当然,数据产品本身是否能受著作权法保护还需要分析其独创性。

对于那些不具备独创性的单一数据,对其进行简单加工或汇总得到的数据集合也缺乏独创性,不构成作品。大多数数据集合都不能获得独创性,这类数据即使被不当抓取、使用,著作权法亦无法提供相应的保护,这是著作权法保护进路的边界或限制,对此类数据,可以寻求其他途径予以保护。

(二)商业秘密保护进路

1. 商业秘密规定对数据的保护

商业秘密是企业的重要资产,数据的商业秘密保护进路能够维护商业秘密权利人的正当利益,有利于提高企业创新能力与竞争力。一些涉数据的纠纷中,原告方主张其涉案数据构成商业秘密,对方当事人实施了侵犯其商业秘密的行为。对此,法院会先判断涉案数据是否构成商业秘密,后分析被诉侵权行为是否侵犯了原告的商业秘密。在杭州某科技公司诉汪某侵犯商业秘密纠纷案中,原告主张其直播打赏实时数据构成商业秘密。法院经审理认定,原告方直播打赏实时数据需平台管理人员登录账户方能知晓,不能通过公开渠道获得,具有秘密性;实时数据与平台自身运营密切相关,对数据的分析能够为平台带来经济利益,具有商业价值,具有价值性;公司与员工签订有保密协议,注销离职员工的账户,采取必要措施限制离职员工使用数据,涉案数据具有秘密性。被告汪某为原告公司前运营总监,汪某与原告签订有保密协议,知晓实时数据的秘密性及商业价值,在任职期间以及离职后采取不当手段获数据并从中获利,使原告注册用户充值和打赏大幅减少,侵害了原告的商业秘密。① 在某金融分析师协会诉某教育科技公司等侵害著作权、侵害商业秘密纠纷案中,某金融分析师协会主张某教育科技公司侵害其对涉案金融分析师考试试题所享有的商业秘密权益。法院认为某金融分析师协会规定的保密要求并不能防止社会公众知悉涉案试题,也不能证明该协会具有将试题作为商业秘密予以保护的意图,故涉案试题不具有保密性,不符合商业秘密的构成要件。②

① 浙江省杭州市中级人民法院民事判决书,(2021)浙01民终11274号。

② 上海知识产权法院民事判决书,(2018)沪73民终220号。

2. 商业秘密保护进路的优势与局限

对数据的商业秘密保护进路的优势在于以下几点：其一，法律对商业秘密的保护没有期限限制，如关于技术秘密的数据可以获得长时间的保护；其二，可包含众多类别的数据，不要求数据具有独创性，既可以是来自用户个人或企业的数据集合，也可以是来自公共领域的数据；既可以涉及企业运行的经营数据，也可以是涉及技术方面的数据；其三，保护规则明确，能够为相关主体提供清晰指引。商业秘密的保护有三个要件，即价值性、秘密性以及保密性，满足上述要件的数据能获得商业秘密的保护。

除此之外，此种保护进路也有其局限，价值性、秘密性以及保密性的要件排除了大量数据，使商业秘密保护进路的保护范围较为有限。一是在属性方面，数据流动公开性与商业秘密的秘密性、保密性之间存在张力。大部分数据来源公有领域，数据价值发挥的重要途径在于数据的共享、流动，数据来源、流动往往涉及数据公开，而数据一旦公开，将不再符合秘密性和保密性的要件，无法适用商业秘密保护进路。二者之间的张力还体现为商业秘密的秘密性和保密性提升了交易成本，且容易形成数据孤岛甚至数据垄断。[①] 二是在实践方面，对于要件的证明本身也存在难度。价值性方面，并不是所有的数据都能够被证明对拥有者具有现实价值。保密性方面，保密性要件要求企业为其数据的泄露采取了合理的保密措施，保密措施可分为技术措施和管理措施，这些事项的证明责任由主张方承担。保密性的证明标准为“接触 + 实质性相似 − 合法性来源”[②]，技术手段的运用使侵权行为和侵权结果更为隐蔽，接触要件的证明存在困难；海量数据也对实质性相似的比对带来了挑战。

（三）反不正当竞争法保护进路

1. 反不正当竞争法的保护

实践中对数据持有方等主体权益的保护多是通过《反不正当竞争法》的原则条款予以保护，部分情况下适用《反不正当竞争法》第十二条互联网专条，部分情

---

① 参见冯晓青：《知识产权视野下商业数据保护研究》，载《比较法研究》2022 年第 5 期。

② 例如，北京知识产权法院民事判决书，(2017)京 73 民初 18 号；最高人民法院民事判决书，(2020)最高法知民终 1101 号。二审维持一审判决，一审判决指出，“当有证据表明涉嫌侵权人有渠道或者机会获取商业秘密，且其使用的信息与该商业秘密实质上相同时，若涉嫌侵权人未能举证证明其使用的信息来源合法或实际不侵犯商业秘密时，可以推定涉嫌侵权人实施了侵害商业秘密的行为”。

况下同时适用原则条款和互联网专条,法院裁判思路体现出以下特点。

(1)扩大解释竞争关系

竞争关系的有无是判断被控不正当竞争行为是否正当的基础。互联网环境下,不同行业之间的融合度越来越高,竞争关系不仅限于同行业竞争者,从产品用户竞争更多地转向网络数据流量竞争。法院通常会从竞争利益的视角对竞争关系进行扩大化解释,以适应互联网时代经济发展形势。例如在微梦公司诉蚁坊公司案中,一审法院认为:其一,当前反不正当竞争法倾向于保护多元利益,只要经营者的行为具有对其他经营者利益造成损害的可能性,且同时会基于该行为获得现实或潜在的经济利益,就可认定二者之间存在竞争关系。其二,竞争关系并不限于同行业竞争,包括非同行业但仍对交易机会、交易能力存在竞争的情形。① 在淘宝诉美景案中,法院认为在网络经济环境下,只要双方吸引争取的网络用户群体存在此长彼消的或然性对应关系,就可认定为双方存在竞争关系。②

(2)确认原告对其主张的数据享有合法权益

反不正当竞争法保护经营者合法的竞争优势。关于经营者对数据是否享有应予以保护的权益,法院一般会从数据收集过程、投资、数据构成商业机会和竞争优势等角度进行分析,认定平台对数据享有财产性权益或竞争性利益。经营平台作为数据的收集者、持有者、加工者,在其收集用户数据、加工数据时,应遵循个人信息保护法、数据安全法等法律规范,获得用户同意,并且依据法律规定保障用户的删除权等权利,否则其收集、加工数据的行为非但不能受到保护,而且可能面临相应的法律制裁。

数据权益的讨论在数字经济背景下,新业态、新模式相关案件中尤为令人瞩目。既有的判例在判定被诉不正当竞争行为的正当性时,区分不同涉案权益的类型、获取方式判断判定数据享有者的涉案数据权益是否能够获得保护,形成以下认规则:数据产品研发者应当遵循合法、正当、必要的原则,在严格履行对用户信息的安全保护义务,保障个人信息权利和网络安全的基础上,依法采集、使用各类数据信息,获得相应的数据权益③;网络运营者对原始网络数据的利用仍应受制于

① 北京知识产权法院民事判决书,(2019)京73民终3789号。

② 浙江省杭州市中级人民法院民事判决书,(2018)浙01民终7312号。

③ 参见北京知识产权法院民事判决书,(2016)京73民终588号;浙江省杭州市中级人民法院民事判决书,(2018)浙01民终7312号;杭州铁路运输法院民事判决书,(2019)浙8601民初1987号。

网络用户对其所提供的用户信息的控制,而不能享有独立的权利,网络运营者只能依其与网络用户的约定享有原始网络数据的权益;但网络运营者对其开发的大数据产品,呈现的是与网络用户信息、原始网络数据无直接对应关系的衍生数据,应当享有自己独立的财产性权益;网络平台中的数据,以数据资源整体与单一数据个体划分,网络平台方所享有的是不同的数据权益。网络平台方对数据资源整体依法享有竞争性权益,并有权要求获得赔偿;但对于平台上的单一数据个体,即用户个人身份数据或个人行为数据,平台仅享有有限使用权,不享有专有权,不能因此而主张损失赔偿。但平台作为用户数据的收集、存储、使用方,对用户数据负有提供安全保障的法定义务,其对于侵害用户个人数据安全的行为应当有权请求予以禁止;第三方开发者使用其他网络运营者收集的用户信息,应当遵循"用户授权网络运营者 + 网络运营者授权第三方 + 用户授权第三方"的三重授权许可使用规则。

(3)重点关注涉数据行为的正当性

被控不正当竞争行为是否正当是法院关注的重点,实践中常见的争议为数据抓取是否正当,数据使用是否正当。在分析数据抓取是否正当时,一般会考虑数据抓取是否违反 robots 协议或是否采取了技术规避措施,抓取行为是否违反商业道德。虽然法律未对 robots 协议的性质作出规定,但一般认为 robots 协议属于行业惯例,在某种程度上其也是商业道德的一部分,其虽有技术措施的表象,但并非严格意义上的技术措施。如果违反 robots 协议大量抓取数据,则可能构成不正当竞争;但如果对 robots 协议另设黑名单,则亦有可能构成不正当竞争。因商业道德本身属于不确定法律概念,其内涵较为模糊,涵盖面广,关于抓取行为是否违反商业道德,法院也会根据案情考虑不同的因素。例如,商业道德可以表现为与诚实信用原则相同或近似的含义,有些案件中法院会将行业自律规范视为商业道德,有些案件中法官创设出一些规则,如"非公益必要不干扰原则""最小特权原则"等。该原则是指除非出于保护网络用户等社会公众的利益的需要,并采取必要的合理的措施,否则互联网产品或服务之间原则上不能相互干扰。①

(4)权衡涉数据行为的后果

数据抓取、使用既有有利影响,又存在一些不利影响。数据抓取能够创造出

---

① 北京市高级人民法院民事判决书,(2013)高民终字第 2352 号。

新的需求,为用户提供新的、更好的产品,满足消费者的需求,增进消费者福利,促进数据流通,提高市场的创新能力,促进数字经济发展。同时,数据抓取也会产生一些不利影响,如被爬取方的计算机信息系统安全利益、商业秘密权益、著作权、数据安全利益、数据收益权益、业务是否实质性被爬取方所取代,网络流量过载,平台运营成本增加等。对于用户而言,存在个人隐私泄露可能。此外,从社会层面看,不当的数据抓取会使"搭便车"的经营者获得有利地位,而收集、保管数据的经营者会处于不利地位,进而使竞争秩序受到破坏。法院会根据案件情况进行权衡,判断数据抓取使用的正当性。损害市场效果的行为模式有两种:一种是破坏他人经营的行为;另一种则是未经许可利用他人经营的行为。这两种基本模式能够为判断行为之正当性提供指引。判断行为后果时,需要考虑正当的商业模式本身是否因竞争行为而受到侵犯。在腾讯公司诉聚客通公司等案中,[①]法院认为被告擅自收集、存储或使用微信个人数据,即使被告行为能够给部分消费者带来一些福利,但其行为将损害更多用户的个人信息安全以及福利;损害微信用户对微信产品的信任,减少微信产品的吸引力,损害原告对数据资源享有的竞争性权益,如果不加以禁止将损害其他市场主体的积极性,因此,被告行为的破坏性大于建设性,对市场的影响明显弊大于利,有损市场发展及广大消费者的福利,并非有效的竞争性创新,构成不正当竞争行为。

(5)民事责任的确定以法定法赔偿方式为主

民事责任中最主要的是赔偿损失,有些案件中还存在赔礼道歉等。关于经济损失数额的确定,需要考量是否有相应的证据支持。被诉不正当竞争行为对原告方实际造成的损害、实施不正当竞争行为的被告所实际获得的利益往往难以确定。在此情况下,法院会考量侵权行为持续时间、范围,侵权行为产生的影响,侵权人的主观过错,维权的合理支出等因素,结合具体案件事实予以认定。如在腾讯公司诉聚客通公司等案中,法院考量的因素包括原告微信产品的市场获利空间,被告的获利空间、侵权时间、用户数量,侵权行为对原告带来的维护成本增加等,是否造成原告用户与流量的损失,维权所付出的保全费、律师费等合理费用。[②]

---

① 杭州铁路运输法院民事判决书,(2019)浙8601民初1987号。该案中,被告运营的聚客通群控软件以Xposed外挂技术将该软件的"个人号"功能模块嵌套于原告个人微信产品中,可在群控软件上自动化、批量化操作微信,监控存储微信数据,为购买该软件的用户在个人微信平台中开展商业运营活动提供帮助。

② 杭州铁路运输法院民事判决书,(2019)浙8601民初1987号。

2. 评价

在无法通过著作权法、商业秘密条款对数据予以保护的情况下，具有补充性功能的反不正当竞争法能够对数据提供有效保护，这也是在专门数据保护立法前最主要和有效的保护进路。反不正当竞争法对数据相关权益的保护，有利于遏制不当数据抓取利用行为，维护市场竞争秩序，为数据持有方提供财产损失救济，保护持有方在数据收集、加工过程中付出和投入，能够维护数据持有方的利益，保护其竞争优势，从而有利于激励数据的收集、加工和流转。反不正当竞争法具有开放性和时代性，能够适应新形势，为数据持有方或者投入者提供有效的保护，维护数据相关群体的正当利益，促进新业态新模式的出现与发展，对于数字经济的发展不可或缺。

反不正当竞争法对数据的保护也有其局限。其一，反不正当竞争法为行为法而非权利法，难以为数据权利予以界定，难以为数据的利用提供充分依据，无法有效满足数字经济背景下对数据产权的制度需求，在一定程度上不利于数据价值的释放。其二，无法有效明确数据的保护范围，且属于事后救济类措施，对不正当竞争行为的判定指引作用较小，预防相应不正当竞争行为的能力相对有限。其三，该进路主要适用一般条款，一般条款具有模糊性、不确定性。细化和完善作为重要判断标准的诚实信用原则、商业道德，不但有利于解决涉数据相关纠纷，还能为涉数据纠纷的类型化处理以及数据赋权制度提供司法实践参考。

二、完善数据权益保护需要注意的问题

（一）明确保护目标

对数据进行保护的目的在于释放数据价值，促进社会经济发展。数据作为重要的生产要素，其价值的发挥主要通过数据流动、交易来实现。数据保护还应保护在数据流转过程中的劳动付出和资本投入，鼓励与数据相关的创新。

1. 促进数据流通

开放、共享与效率是数字经济的基本特征和主要价值取向。“数据资源的开放共享是实现数字经济发展的必由之路。”①数据具有非排他性，一方对数据的使

① 李慧敏、孙佳亮：《论爬虫抓取数据行为的法律边界》，载《电子知识产权》2018 年第 12 期。

用并不影响其他主体的利用,而且越多人使用数据,数据的价值就越能得到释放。"旨在实现数据再利用的数据流通机制是数据要素市场的关键环节。"[①]数据的流通、共享对数字经济的发展至关重要,如果数据不能有效流通,则其价值将大大降低,数字经济发展亦必然受到不利影响。数据赋权制度设计应当始终以有利于数据要素市场有效运行为原则,数据赋权的结果不能与促进数据流通的目的背道而驰。《数据安全法》第七条亦规定,"鼓励数据依法合理有效利用,保障数据依法有序自由流动"。

数据流通主要途径有数据抓取和数据交易,数据抓取是目前主要的数据流通方式。数据抓取能够实现数据获取的规模化,快速实现数据收集,为后续对数据的加工利用奠定基础。"数据抓取是数据处理的前提,是数据产业的基础,更是推动数据普及运用的重要途径。"[②]促进数据有序流通需要引导和规范数据抓取,数据抓取的制度构建及司法实践将对数据流通产生重要影响。数据抓取方的行为边界目前仍不甚清晰,数据抓取引发的纠纷主要通过反不正当竞争法进行保护。为促进数据流通,避免数据垄断,对数据抓取应秉持开放的态度。对于公开数据,如那些没有设置访问权限的证据,平台经营者有一定的容忍义务,容忍他人抓取相关数据等。为促进数据流通,需要鼓励和引导公共数据、政府数据走向公开,推动数据共享。鼓励数据公开、共享,从而为数据抓取提供便利。公共数据应属于可被抓取利用的范畴,但公共数据自身存在"纵向不连通、横向不共享"等问题。解决数据孤岛等问题有利于数据的流动和后续使用。落实政务数据公开制度,"按照规定及时、准确地公开政务数据"[③],有利于引导、鼓励公共数据的开发利用。对于非公开数据,抓取行为应受到相应限制。对于违反 robots 协议及采取技术措施避开数据持有方的数据保护措施的数据抓取行为,应分析数据抓取方是否存在恶意,是否违反商业道德,是否对被抓取方造成损害等方面,制止不当数据抓取行为。

数据流通的另一重要途径是数据交易。在统一、清晰的产权制度确立前,数据交易缺乏明确的指引。数据中涉及个人信息保护、数据安全等相关事项,能进行交易的数据范围不够明确;目前缺乏统一数据市场,也缺乏统一、有公信力的数

① 许可:《数据爬取的正当性及其边界》,载《中国法学》2021 年第 2 期。
② 蔡川子:《数据抓取行为的竞争法规制》,载《比较法研究》2021 年第 4 期。
③ 参见《数据安全法》第四十一条。

据质量、数据产品评价体系，相关主体进行数据交易的意愿不强，数据交易的数量和质量都有较大提升空间。为促进数据交易、流通，需要运用法律和技术手段等手段，解决包括上述问题在内的制约数据交易的问题，如确立数据使用权，明确数据交易对象，建立数据交易规则，构建数据质量评价体系等。

2. 保护劳动付出与资本投入

数据收集者、持有者、加工者等相关主体在收集、持有和加工等过程中的劳动付出、资本投入对于数据集合、数据产品的形成不可或缺，应给予保护，这与洛克的财产保护观念也是一致的。对于不同类型的数据给予不同程度的保护，与此类似，对数据链条上相关者的劳动付出、资本投入等保护也应根据劳动的性质、程度、资本投入的多少等因素，给予不同程度的保护，明确相关主体对何种类型的数据享有何种权益。有学者认为，对商业数据的权属进行界定时，需遵循投入界权原则，即“谁收集，谁投入，谁拥有”①。《欧共体数据库法律保护指令》对数据库的保护并非基于鼓励新作品的创作，而主要是在制作数据库方面所作的投资。对投资给予保护，能够保护和鼓励投资者的积极性，为后期自身或他人对数据的开发提供基础。对侵害劳动付出、资本投入等不利于数据形成和价值释放等不当行为给予制裁。现行法律可以给予保护的，依照现行法律保护；不符合现行法律保护要件的，应作为数据立法关注的重点，通过完善现行法律规定或创设规则予以保护。

3. 鼓励数据在开发利用方面的创新

数据的无形性、非消耗性、非竞争性使对数据的使用开发成为数据价值释放的最重要表现。鼓励数据在开发利用中创新，有利于为社会提供更多的数据产品，满足消费者对数据产品的普遍性以及个性化需求，进而提升消费者福利，促进数字经济发展。将鼓励创新作为数据保护的目的和原则，有利于引导数据保护的相关规则及相关司法实践。《数据安全法》也规定了鼓励数据开发利用的商业创新。②

鼓励创新，表现在给予具有创造性的数据产品更高水平的保护，数据开发对

① 孔祥俊：《商业数据权：数字时代的新型工业产权——工业产权的归入与权属界定三原则》，载《比较法研究》2022 年第 1 期。

② 《数据安全法》第十六条规定：“国家支持数据开发利用和数据安全技术研究，鼓励数据开发利用和数据安全等领域的技术推广和商业创新，培育、发展数据开发利用和数据安全产品、产业体系。”

数据产品所享有的权利也更为多样,如可享有著作权,拥有商业秘密,拥有对数据产品进行使用、交易等类似财产的权利。鼓励创新,也表现为对抓取他人数据,未提供新的产品且其实质性替代数据被抓取方原服务的行为的否定性评价,为创新提供反向激励。例如,在淘宝诉美景案中,法院认为淘宝公司的"生意参谋"数据产品属于衍生数据,应给予保护,而美景公司的"咕咕互助平台"实质性替代了原服务——"生意参谋"服务,具有不正当性。在汉涛公司与百度公司案[①]中,法院认定百度公司作为网络搜索方所提供的服务实质性替代了被搜索方大众点评网的点评信息,具有不正当性。

(二)坚持场景化保护与利益平衡原则

1. 场景化保护原则

由于数据的复杂性,需要对数据类型、属性,数据收集、抓取、利用等行为进行具体分析,根据场景采取相应保护措施。其一,区分数据类型。《数据安全法》规定,"对数据实行分类分级保护"。[②] 法院在实践中会根据涉案数据情形、当事人主张对数据进行区分,并根据数据类型的特点采取不同的态度,对于需要保护的不同类型的数据采取相应的保护措施。例如,在微梦公司诉云智联网络科技公司不正当竞争纠纷案、[③]微梦公司诉蚁坊公司案[④]中,法院将涉案数据分为公开数据和非公开数据。在淘宝诉美景案中,法院将数据分为原始数据与衍生数据。[⑤] 在腾讯公司诉聚客通公司等案中,法院区分了数据资源整体和单一数据个体,认为腾讯公司对单一用户数据不享有专有权。[⑥]

其二,区分涉数据行为类型,如数据抓取中数据持有方设置禁止某一主体进行数据抓取的 robots 协议是否构成不正当竞争不能一概而论。例如,在百度公司与奇虎公司不正当竞争案中,[⑦]法院认定百度公司设置针对奇虎公司限制抓取的 robots 协议构成不正当竞争;在微梦公司与字节公司不正当竞争案中,法院则认定

---

① 上海知识产权法院民事判决书,(2016)沪 73 民终 242 号。

② 参见《数据安全法》第二十一条。

③ 北京市海淀区人民法院民事裁定书,(2017)京 0108 民初 24512 号。该案二审中,云智联公司撤回上诉。

④ 北京知识产权法院民事判决书,(2019)京 73 民终 3789 号。

⑤ 浙江省杭州市中级人民法院民事判决书,(2018)浙 01 民终 7312 号。

⑥ 杭州铁路运输法院民事判决书,(2019)浙 8601 民初 1987 号。

⑦ 北京市高级人民法院民事判决书,(2017)京民终 487 号。

微梦公司设置针对字节公司限制抓取的 robots 协议不构成不正当竞争。两案得出不同的判决的重要考量因素在于数据抓取行为发生的场景不同。在百度公司与奇虎公司的纠纷发生于限制搜索引擎抓取数据的应用场景中,而在微梦公司与字节公司案中的场景与搜索引擎场景不同,微梦公司设置的 robots 协议并不违反出于搜索引擎行业管理而形成的 robots 协议,亦未违反行业惯例和商业道德。

2. 坚持利益平衡原则

数据保护应坚持利益平衡原则,主要体现为应妥善处理企业发展、个人信息保护和社会公共利益之间的关系,在不同场景中平衡各方利益。数据上承载着相互交叉的多方利益,使数据赋权与传统的物权、债权、知识产权专有权利的权利主体单一性存在巨大差异。数据赋权不是为了保护某一主体的权益,而是为了兼顾多方主体的权益,寻求各方利益的平衡,使社会整体利益最大化。

在肯定平台拥有对数据的持有权、使用权的同时,亦应对用户个人信息给予充分保护。平台企业在收集和利用用户信息时,应获得用户的授权或者许可。对涉及个人信息的部分进行匿名化或者脱敏处理被视为平衡个人信息保护与数据交易的关键制度,在进行数据加工和数据交易中,应对个人基本信息进行匿名化处理,防止个人信息泄露。

数据保护应鼓励企业创新发展,故对于数据使用应坚持“非必要、非公益不干预”原则,为企业利用数据提供宽松、自由的环境。企业使用和开发数据所形成的数据产品,不仅有利于提高企业自身竞争力,还有利于提高消费者福利和社会公共福祉。对于数据抓取、使用等行为正当性的评价,也应参考消费者福利和公共利益因素。在分析数据利用是否提高了消费者福利时,可参考的因素包括是否满足了消费者的需求,即共性需求与个性化需求;所提供的服务是否高效、便捷;服务是否能够节省时间成本和经济成本等;消费者所反映出的问题的解决态度和解决效果等。

重视保护数据权益的同时,也应注意对权利的行使施加适当限制。首先,应促进数据开放和共享,避免出现数据孤岛,防止数据垄断。例如,可根据公共利益需求及个人信息需求设计法定许可、合理使用制度等。给予一些数据权利一定的期限限制,超过期限后相关数据将进入公有领域。其次,注意数据安全保护。对于涉及国家数据安全的数据,在数据利用、交易等环节进行审查,以保障国家数据安全。

（三）谨慎界定数据权利的性质和内容

保护数据涉及对数据相关者权利性质的界定，权利性质不同，对数据保护的程度和方式等会产生不同的影响，故需认真、谨慎对待数据性质之界定。目前关于数据赋权并未达成共识，同意赋权说占多数。界定数据权利性质与内容，需要基于数据及所涉利益主体的特点等因素，并结合学界研究和司法实践、发展趋势等多种因素。可以从提炼涉数据纠纷案件的裁判规则，到设立数据专条，再到数据保护立法的步骤对数据进行赋权保护。

数据具有无边性、不确定性，且涉及用户、企业、社会等不同主体，其利益需求多元化，需要平衡相关主题的利益；数据具有规模性、非消耗性等特点，需要引导和促进数据的开放与流动，因而，对数据的保护应为弱保护，即赋予数据有限的排他权。根据不同的数据类型设计不同的权项内容，而非赋予内容统一的数据产权，数据相关权能可包括数据持有权、数据使用权、数据经营权等内容。在设计具体权项内容时，应着重针对数据的持有、公开、利用、破坏等不当行为类型创设相应的权利类型。比如，可针对公开数据的大量搬运行为、破坏技术措施或者保护管理措施的搬运行为设置数据持有权，针对数据开发利用行为设置数据演绎权，针对数据污染、破坏、干预行为设置数据完整权等。针对未来可能出现的数据类型设计兜底性权利，以适应数字经济发展新形势。

三、数据权益赋权“三步走”建议

根据中央全面深化改革委员会意见中有关数据产权运行机制分置的精神，建立数据产权运行机制可以分“三步走”。

1. 提炼裁判规则，明确现行法律依据

立法和学界虽然对数据保护方式仍有争议，但司法实践对数据的保护已经颇为成熟，相关案例资源也比较丰富。在数据立法缺位的情况下，著作权法、反不正当竞争法的商业秘密条款与原则性条款以及互联网专条都对数据提供了一定程度的保护，并未出现应予保护但无法可依的情形。在数据赋权未形成成熟、统一意见之前，当务之急是提炼现有的司法裁判规则，根据数据的类别和不当行为的类别归纳保护的方式和途径，以起到立竿见影的效果。

2. 修改反不正当竞争法,创设数据专章

反不正当竞争法关注的是行为的不正当性,对保护客体的属性要求不高,这恰恰与数据权利的无边性、不确定性相吻合。但数据本身又与反不正当竞争法所要保护的传统法益存在一定的区别,具有自己的个性。因此,可以比照商业标志、商业秘密的保护模式,创设数据专章,将数据视为一种法定权益,为数据权益设计保护要件,对在哪些情况下的数据使用行为具有不正当性进行明确。

3. 加大基础理论研究,研判数据赋权的制度设计

在数据赋权尚存争议的情况下,应进一步加大基础理论研究,特别是加大对数据作为市场要素作用发挥情况的调研,为数据赋权提供进一步智力支持。待基础理论研究成熟,再看是否有必要将反不正当竞争法中的数据专章单独立法。在具体权项设计时,建议设置非排他性权利,依照数据行为类型确定权利或权益类型,如数据持有权、数据演绎权、数据完整权等,同时兼顾不同主体类型和不同数据内容设计相应的权利限制机制。

第六章　新业态、新模式中竞争与垄断案件典型裁判规则要览

一、新业态、新模式中不正当竞争纠纷案件典型裁判规则要览

（一）网络不正当竞争案件的一般裁判规则

1.【原则条款和互联网专条的法律适用顺序】网络不正当竞争案件的被诉行为通常都具有利用网络技术实施的特点，应当结合当事人的诉讼请求，采用以下法律适用顺序。

首先判断被诉行为是否符合《反不正当竞争法》第十二条的适用条件，如果被诉行为在第十二条第二款的前三项调整范围内，则优先适用相关具体条款。

被诉行为不属于《反不正当竞争法》第十二条第二款前三项规定的行为，应当考虑其是否符合第十二条规定的“利用技术手段”“妨碍、破坏其他经营者合法提供的网络产品或者服务正常运行”等条件，如果符合，则应适用《反不正当竞争法》第十二条第二款第四项的“兜底条款”。

如果被诉行为不属于《反不正当竞争法》第十二条规定的情形，如未采用技术手段等情形，则应考虑适用《反不正当竞争法》第二条原则条款。

2.【互联网专条的适用条件】《反不正当竞争法》第十二条的适用条件为：（1）被诉行为利用了网络技术手段；（2）被诉行为以影响用户选择或其他方式实施；（3）被诉行为系针对其他经营者合法提供的网络产品或服务实施；（4）被诉行为妨碍、破坏了其他经营者合法提供的网络产品或服务的正常运行。

3.【原则条款的适用条件】《反不正当竞争法》第二条的适用条件为：（1）《反不正当竞争法》对该种竞争行为未作出特别规定；（2）该竞争行为对其他经营者或消费者的合法权益造成损害，可能对市场竞争秩序造成破坏；（3）该种竞争行为因违反其他法律的相关规定、违反诚实信用原则、违反商业道德而具有不正当性。

4.【网络竞争行为的不正当性判定因素】在网络不正当竞争案件中，判断被诉行为是否具有不正当性时，具体应当综合考虑以下因素：(1)被诉行为是否对其他经营者的合法权益造成损害，或是破坏了经营者与用户、经营者与第三方之间的协议，如被诉行为导致被告产品或服务实质性替代了原告的产品或服务、对原告服务器运行带来负担、导致原告产品功能的异化、使用户对原告产品或服务的安全性评价降低等；(2)被诉行为采取的手段是否合法合规，如被诉行为是否存在违反涉及个人权利或网络安全的法律法规的情形，包括《消费者权益保护法》《电子商务法》《网络安全法》《个人信息保护法》等法律法规的相关规定；(3)被诉行为是否损害了消费者的合法权益，如被诉行为是否存在误导、欺骗、强迫等违背用户真实意愿的情形，是否存在未经用户许可收集个人信息的情形等；(4)被诉行为是否扰乱了市场公平竞争秩序；(5)被诉行为是否符合商业道德。

5.【网络不正当竞争案件中商业道德的确定原则】网络不正当竞争案件中，商业道德应当结合被诉行为涉及的具体应用场景进行个案审查和认定。特定场景下商业道德的确定，可以结合特定商业领域的从业规范、技术规范、自律公约、商业惯例等因素，综合考虑经营者利益、消费者利益、公平竞争秩序、技术创新、数据互联互通等多重价值平衡，确定相关互联网行业普遍认同和遵守的行为规则。

(二)新型网络不正当竞争案件的裁判规则

1.【刷量炒信行为的认定】经营者通过组织虚假交易、虚构评价、操控流量数据等方式，帮助他人进行虚假或引人误解的商业宣传，以及为虚假宣传提供设计、制作、发布等服务的，可以认定构成《反不正当竞争法》第八条第二款规定的帮助其他经营者进行虚假宣传的行为。

2.【恶意差评等行为的认定】经营者采用恶意差评、插标等方式编造虚假信息或误导性信息，直接损害特定经营者的商业信誉、商品声誉的，可以认为构成《反不正当竞争法》第十一条规定的商业诋毁行为。

3.【流量劫持类行为的认定】经营者利用技术手段实施流量劫持行为，包括未经其他经营者同意，在其合法提供的网络产品或服务中，插入链接、强制进行目标跳转，或是利用关键词联想、设置虚假操作选项等方式，设置指向自身产品或服务的链接，欺骗或误导用户在违背其真实意愿的情况下点击等，可以认定为构成《反不正当竞争法》第十二条第二款第一项规定的不正当竞争行为。

如果经营者采取的流量竞争行为并未直接或实质性替代其他经营者的产品或服务,如仅插入链接,目标跳转由用户触发等情形,则需综合考虑插入链接的具体方式、是否具有合理理由、对用户利益和其他经营者利益的影响以及是否属于技术创新等因素,认定该行为是否构成不正当竞争行为。

4.【账号租赁类行为的认定】经营者利用技术手段收集、出租其他经营者的用户账号,或者组织他人实施上述行为,可以认定为构成《反不正当竞争法》第十二条第二款第四项规定的"其他妨碍、破坏其他经营者合法提供的网络产品或服务正常运行的行为"。但是,如果租号平台没有利用技术手段实施上述行为,则可以适用《反不正当竞争法》第二条的原则条款进行认定。

判定账号租赁是否构成不正当竞争行为,应当考虑以下因素进行综合判断:(1)被诉行为是否违反了经营者与用户之间的用户协议;(2)被诉行为是否使用户无须注册账户或支付会员费即可享有经营者提供的产品或服务,使经营者减少了可预期的会员收入、用户流量或交易机会;(3)被诉行为是否会影响其他正常用户的使用体验从而降低经营者提供的产品或服务的质量;(4)被诉行为对于相关行业的正常、有序发展以及消费者利益的影响。

5.【屏蔽视频网站广告行为的认定】经营者利用技术手段,对其他视频网站经营者合法提供的产品或服务的内容、页面实施拦截、屏蔽、修改或是突破其合理的技术限制措施,影响其他视频网站经营者正常的视频播放服务的,可以认定为构成《反不正当竞争法》第十二条第二款第四项规定的不正当竞争行为。

判定屏蔽视频广告行为是否构成不正当竞争行为,应当综合考虑被诉行为是否使用户无须再接受视频网站经营者设置的服务前提条件并作出相应的选择、是否妨碍和破坏视频网站经营者所提供网络服务的正常运营、是否根本上损害了视频网站经营者本可获得的经营利益、从长远看是否最终造成消费者利益受到损害等因素,对被诉行为是否构成不正当竞争予以综合判断。

6.【技术干扰类行为的认定】经营者利用技术手段实施不当干扰行为,即未经其他经营者同意,在其他经营者合法提供的网络产品或者服务中,嵌入自己或他人的产品或服务,改变、异化、影响其他经营者的合法产品和服务正常运行的,或是损害其他经营者的用户合法权益的,可以认定为构成《反不正当竞争法》第十二条第二款第四项规定的不正当竞争行为。

7.【网络不正当竞争行为赔偿的考量因素】被告主要利用技术手段,通过网络实施被诉行为的,可以结合相关行业、商业模式的特点,参考原告流量损失或被告流量获益酌情确定赔偿数额。流量损失可以根据原告因流量减少导致的利润损失、因广告点击量减少导致的利润损失、会员费损失、流量基础数据和数据产品的销售许可损失、流量变现能力的降低等因素确定。被告流量获益可以根据实施侵权行为的成本,被告因流量增长而获得的利润,被告用户量及用户活跃度,被告从侵权行为带来的流量中获取的广告、直播、电子商务等方面的收益等因素确定。

赔偿数额还应当包括原告为制止侵权行为所支付的合理开支。

8.【行为保全禁令的适用】审查网络不正当竞争行为的行为保全申请,可以综合考量以下因素:(1)申请人的请求是否具有事实基础和法律依据,被诉行为是否涉嫌构成对申请人的不正当竞争,具体包括涉案竞争行为是否可能妨碍、破坏申请人产品或服务的正常运行,损害申请人的市场竞争优势,损害消费者利益,损害互联网行业的竞争秩序;(2)不采取保全措施是否会对申请人的竞争优势、经营利益、市场份额、商业机会、用户评价等方面造成难以弥补的损害;(3)采取行为保全措施是否会导致当事人之间利益显著失衡,申请人的行为保全申请应当指向明确、范围适当,可以根据被申请行为在被申请人产品或服务中所占比例采取相应的禁止措施,避免对被申请人产品或服务的正常运行造成不当损害;(4)采取行为保全措施是否会损害社会公共利益。

(三)数据类不正当竞争案件的特别裁判规则

1.【数据类不正当竞争案件中的法律竞合问题】在数据类案件的审理中,应当充分运用现行法律法规、指导案例精神和其他法律政策工具,准确界定应受保护的客体,发挥著作权法、专利法、反不正当竞争法等法律的调整功能,既充分保护数据权益,又避免错位保护、过度保护、重叠保护。

当事人主张数据权益保护,诉争对象实际构成作品、邻接权客体、技术方案或商业秘密等知识产权客体的,适用调整该项客体的法律规则。

对于同一侵权行为,已经认定侵害著作权、专利权或构成不正当竞争,并判令被告赔偿经济损失,当事人又以该行为侵害数据权益为由,请求同一侵权人承担赔偿损失的民事责任的,不予支持。

2.【对整体数据资源主张权益的审查】涉案数据虽然包含著作权、邻接权或商业秘密等客体，但是当事人不主张区分处理，而是主张将涉案数据作为整体加以保护的，可以对整体保护的必要性与可行性进行审查，具体可以考虑以下因素：(1)原告主张权益的涉案数据整体上存在无法全部落入著作权、邻接权或商业秘密等保护范围的情况；(2)涉案数据系通过合法经营取得，原告就涉案数据整体的积累和维护投入相应的人力、财力、物力成本，对数据整体享有重要的经营利益；(3)被诉行为并非指向原告的单一数据个体，如直接采用技术手段或人工方式大规模、高频次获取原告赖以经营的数据资源，或利用该方式获取的数据复制原告产品或服务；(4)被诉行为可能造成对原告产品或服务的实质性替代。

3.【数据类不正当竞争案件的法律适用】判定被诉数据获取或利用行为的正当性时，适用《反不正当竞争法》第十二条第二款第四项进行判定。在不满足《反不正当竞争法》第十二条适用条件的情况下，适用《反不正当竞争法》第二条原则条款进行判定。

4.【数据类竞争行为的不正当性判定】经营者不得不当获取或使用其他经营者通过人力、物力、财力等投入而生成的、具有经济价值的数据集合，损害其他经营者和消费者合法权益，扰乱市场公平竞争秩序。判断被诉数据获取或利用行为是否构成不正当竞争行为，可以综合考虑以下因素：(1)确定原告主张的涉案数据是否属于可保护的数据或承载着可保护的数据权益；(2)被告获取数据的手段是否合法，可以参考《网络安全法》《个人信息保护法》等法律法规关于数据处理的相关规定，行业规范或自律公约的相关内容，是否获取用户同意，原、被告之间关于数据共享的协议，原告设置的 robots 协议等进行确定；(3)被诉行为对原告的竞争利益是否造成损害，包括是否实质性替代了相关产品或服务、是否对服务器运行带来负担、是否导致原告产品功能的异化、是否使用户对产品或服务的安全性评价降低等；(4)被诉行为是否损害消费者权益、是否损害竞争秩序、是否违反具体数据使用场景下的商业道德。

如果数据获取行为本身被认定为不正当竞争行为，则后续的数据储存、分析、利用，以及向他人披露、转让以不正当竞争手段获取的数据资源，可以认定为构成不正当竞争行为。

5.【可保护的数据权益的范围】经营者通过人力、物力、财力等投入而生成的、具有经济价值的数据集合，在合理范围内受法律保护。

上述数据集合既包括原始数据，也包括对诸如交易记录、网络行为轨迹等数据进行加工而形成的衍生数据。

经营者对其积累、生成的数据资源整体依法享有竞争利益，并有权对侵害数据资源整体的不正当竞争行为主张损害赔偿。对于经营者为了提供产品和服务所收集、存储的单一数据个体，即用户个人数据，经营者仅享有有限使用权，不享有专有权，不能主张损失赔偿。但是，经营者作为用户个人数据的收集、存储、使用方，对于用户个人数据负有安全保障的法定义务，对于侵害用户个人数据安全的行为有权请求予以禁止。

6.【经营者收集、使用用户信息的原则】网络经营者应当遵循合法、正当、必要的原则，在严格履行对用户信息的安全保护义务，保障个人信息权利和网络安全的基础上，依法收集、使用各类数据信息，获得相应的数据权益。

7.【访问和抓取采取技术措施限制的数据】经营者就其所有或管理的网络虚拟空间享有支配权，他人不得规避或者破坏经营者所设置的控制访问和数据抓取的技术措施，访问或数据抓取有正当事由的除外。

8.【第三方使用他人数据】第三方通过与网络经营者签订协议使用网络经营者收集的用户数据时，应当遵循“用户授权网络运营者 + 网络经营者授权第三方 + 用户授权第三方”的三重授权许可使用规则。

9.【robots 协议拒绝他人获取数据行为的认定】为提供信息搜索服务、进行文本和数据挖掘等目的，可以在合理范围内使用可合法访问的他人数据。

网络经营者通过 robots 协议拒绝他人使用爬虫程序等自动化技术扫描和获取其公开数据，不得违背诚实信用和公认的商业道德。

10.【“数据污染”方式的举证责任分配】主张权益保护的一方已举证证明，其在数据中加入的特殊标记或者同类数据中通常不存在的特征出现在被控侵权数据中，则推定被控侵权数据获取自主张权益保护一方。

11.【确定数据类案件损害赔偿数额的参考因素】数据类不正当竞争案件中，可以参考原告为收集、积累涉案数据投入的经营成本，以及原告服务器访问记录中被告抓取涉案数据的频次和规模，被告对涉案数据的使用范围，双方产品或服务的知名度，被告的广告收益和用户流量增长等因素确定损害赔偿数额。

二、新业态、新模式中涉平台垄断纠纷案件典型裁判规则要览

1.【地域管辖】涉平台等互联网企业的垄断民事纠纷案件的地域管辖，根据案

件具体情况,依照民事诉讼法及相关司法解释有关侵权纠纷、合同纠纷等的管辖规定确定,如果有证据证明被诉侵权行为实施地位于原告住所地,则原告住所地法院可以管辖。

2.【移送管辖】民事纠纷案件立案时的案由并非垄断纠纷,被告以原告实施了垄断行为为由提出反诉且有证据支持,或者案件需要依据反垄断法作出裁判,但受诉人民法院没有垄断民事纠纷案件管辖权的,应当将案件移送有管辖权的人民法院。

3.【相关市场】受害人主张被诉垄断行为违反反垄断法的,一般应当界定被诉垄断行为所影响的相关市场并提供证据或者说明理由。

4.【互联网平台相关市场】人民法院界定互联网平台所涉相关商品市场时,应当从被诉垄断行为直接涉及的特定商品或服务出发进行替代性分析,也可以从商品或服务的核心功能出发,根据具体案件中被诉垄断行为及其排除、限制竞争的效果、互联网平台的不同类型等因素,选择界定合适的相关市场。

对于中介型互联网平台,可以选择依据该互联网平台整体提供的特定交易服务界定相关商品市场。

对于非中介型互联网平台,可以选择依据该互联网平台与被诉垄断行为最相关一边的服务界定相关商品市场;该互联网平台存在跨边网络效应,并给该互联网平台经营者施加了足够的竞争约束的,可以依据该互联网平台整体界定相关商品市场,也可以根据跨边网络效应所涉及的多边服务分别界定多个相关市场,并考虑各个相关市场之间的相互关系和影响。

5.【互联网平台需求替代分析】需求者角度进行替代分析时,一般根据需求者对商品特性、功能和用途的需求,质量的认可,价格的接受,获取的难易程度等因素,在平台反垄断案件中,特别要考虑平台功能、商业模式、应用场景、用户群体、多边市场等因素,确定由需求者认为具有较为紧密替代关系的一组或者一类商品所构成的市场为相关商品市场。

6.【供给替代分析】供给替代对经营者行为产生的竞争约束类似于需求替代的,也可以从供给者的角度进行替代分析,考虑其他经营者进入市场的意图和能力、市场准入限制、缺乏足够用户形成网络效应、用户对目标商品产生高度依赖、用户转移平台需要付出较大成本等因素。

7.【地域市场】人民法院界定互联网领域相关地域市场时,要综合考虑多数用户选择商品的实际区域、用户的语言偏好和消费习惯、相关法律法规的规定以及不同区域竞争约束程度、线上线下融合等因素。根据平台特点,相关地域市场通常界定为中国市场或者特定区域市场,根据个案情况也可以界定为全球市场。

8.【互联网领域假定垄断者测试方法】人民法院界定互联网领域相关商品市场或者地域市场时,如需求替代以及供给替代分析后,仍不能较为清晰地确定本案的相关市场范围,可以根据案件具体情况选择使用价格上涨、质量下降、成本上升等假定垄断者测试。

非中介型互联网平台经营者之间的竞争主要表现为质量、服务、创新等非价格竞争的,优先选择质量下降、成本上升等假定垄断者测试。

9.【必需设施认定】如原告未提出被诉平台属于必需设施,则人民法院不得径行认定。原告提出该理由的,人民法院原则上不宜在反垄断民事纠纷中认定被诉平台构成必需设施,如在个案中确有认定的必要,则需充分考虑该平台占有数据情况、其他平台的可替代性、潜在可用平台情况、竞争性平台发展的可行性、交易相对人对该平台的依赖程度、开放平台对该平台经营者可能造成的影响等因素。

10.【互联网平台等经营者拒绝兼容或开放】具有市场支配地位的经营者拒绝将其商品、平台或软件系统等与其他经营者提供的特定商品、平台或软件系统等相兼容,或者拒绝开放其技术、数据、平台接口的,人民法院可以依照《反垄断法》第二十二条第一款第六项的规定予以认定。

依照《反垄断法》第二十二条第一款第六项的规定认定前款所述行为的,可以综合考虑下列因素:(1)其他未被封禁的互联网平台从该行为实施中获益情况;(2)涉案行为造成被封禁平台经营成本的提升情况;(3)影响排除、限制竞争效果的其他因素。

11.【互联网平台经营者限定交易】具有市场支配地位的互联网平台经营者通过压制、激励等措施限定平台内经营者交易的,人民法院可以依照《反垄断法》第二十二条第一款第四项的规定予以认定。依照《反垄断法》第二十二条第一款第四项的规定认定前款所述行为的,还可以综合考虑下列因素:(1)限定交易的市场覆盖率及持续期限;(2)限定交易所针对的平台内经营者的可替代性;(3)互联网平台用户使用多个互联网平台的情况以及转向其他互联网平台经营者的成本;(4)限定交易是否提高市场进入壁垒或者增大竞争对手的成本,产生市场封锁效应。

12.【平台大数据杀熟】交易相对人之间在交易安全、交易成本、信用状况、所处交易环节、交易持续时间等方面存在实质性影响交易的差别的，不属于《反垄断法》第二十二条第一款第六项的“条件相同”，但平台在交易中获取的交易相对人的隐私信息、交易历史、个体偏好、消费习惯等方面存在的差异不影响认定交易相对人条件相同。

平台经济领域经营者证明如下情形可以认定为《反垄断法》第二十二条第一款第六项的正当理由：(1)根据交易相对人实际需求且符合正当的交易习惯和行业惯例，实行不同交易条件；(2)针对新用户在合理期限内开展的优惠活动；(3)基于平台公平、合理、无歧视的规则实施的随机性交易；(4)能够证明行为具有正当性的其他理由。

13.【互联网平台自我优待】具有市场支配地位的互联网平台经营者在其平台上提供与平台内经营者相竞争的商品，对自己的商品给予优惠待遇的，人民法院可以依照《反垄断法》第二十二条第一款第六项的规定予以认定。依照《反垄断法》第二十二条第一款第六项的规定认定前款所述行为的，应当考虑优惠待遇致使互联网平台经营者将其市场力量传导到其他相关市场的可能性、目标群体及其交叉范围、歧视程度以及持续时间、市场细分可以容纳的空间、是否存在政府补贴、消费文化等。

14.【平台掠夺性定价】人民法院认定《反垄断法》第二十二条第一款第二项规定的经营者“没有正当理由，以低于成本的价格销售商品”，至少应当同时具备下列条件：(1)经营者以低于平均可变成本、平均可避免成本或者其他成本的价格销售商品；(2)经营者以低于成本的价格销售商品的目的或者效果系将竞争对手排挤出相关市场或者阻碍其他经营者进入相关市场；(3)经营者以低于成本的价格销售商品缺乏正当理由；(4)经营者以低于成本的价格销售商品可能在将其他经营者排挤出市场后，提高价格获取不当利益、损害市场公平竞争和消费者合法权益等情况。认定互联网平台经营者以低于成本的价格销售商品时，还应当考虑该互联网平台服务所涉及的多边服务成本及其相互关系。

15.【市场支配地位的举证责任】原告能够提供被告自己对外宣传的市场份额、销售额占比、市场影响力等初步证据证明被告具有市场支配地位的，由被告举证证明其不具有市场支配地位。

16.【排除、限制竞争效果的举证责任】原告证明被诉行为在相关市场上对竞争造成如价格上涨或产量减少、竞争对手成本增加、流量减少等实际不利影响,由被告提供证据证明其被诉行为有利于竞争。如果被告证明前述主张,则原告应证明被告提出的任何合法的竞争利益都可以通过较少的限制性手段实现。

第七章　域外数字经济下竞争行为规制的探索

随着数字经济的快速发展以及随之而来的新业态、新模式的大量出现，工业革命时代形成的反垄断规则在数字经济时代下存在诸多不适应。因此，世界各主要经济体均通过立新法或修旧法的方式，强化对数字经济领域的反垄断监管。

在世界主要经济体中，欧盟通过《数字服务法案》(Digital Service Act，DSA)和《数字市场法案》(Digital Markets Act，DMA)，加强对数字巨头市场行为的监管，解决市场封锁问题，明确保护用户的合法权益并确保市场公平竞争的实现。美国发布了《数字市场竞争调查报告》，通过了《美国创新与选择在线法案》，对数字平台巨头进行特殊规制，此后，FTC 即开始提起对 Facebook 的反垄断诉讼。德国针对数字经济时代新型垄断问题的特点，为了加强反垄断监管通过并实施了《〈德国反限制竞争法〉第十修正案》。日本颁布《数字平台交易透明化法案》和《关于数字平台与提供个人信息的消费者进行交易过程中滥用优势地位的指南》，以此来强化平台监管与消费者保护问题。

一、应对数字市场竞争问题的域外探索

(一)域外重要立法进展

1. 美国：以 GAFA 为目标，规制与保护并重

当前，美国在对国内头部互联网平台企业进行深入调查的基础上，通过针对性立法，提高反垄断执法强度，为数字经济领域反垄断执法提供合法性基础。

(1)《数字市场竞争调查报告》

美国众议院司法委员会下属小组委员会于 2020 年 10 月 6 日发布的《数字市场竞争调查报告》，是数字经济时代以来美国国会开展的最重大反垄断调查。

该报告在对调查流程、数字化市场背景和具体内容的介绍后，阐述了对四大互联网企业巨头的具体分析，其中包括了各自的市场实力和特定行为，并通过有关的证据说明了四大互联网企业巨头的主观故意和竞争损害，分别认定谷歌在通用在线搜索和搜索广告市场有垄断地位，亚马逊在美国在线零售市场拥有显著的且持久的市场势力，Facebook 在社交网络市场拥有垄断势力，苹果在移动操作系统市场拥有显著的和持久的市场势力。该报告对谷歌、苹果、Facebook、亚马逊的反竞争行为进行了具体分析，从中可以发现，大型互联网平台企业实施滥用市场支配地位的具体行为表现具有诸多共性，诸如兼并、非法获取数据(数据盗用)、自我优待、设置壁垒等。

《数字市场竞争调查报告》发布之后，FTC 于 2020 年 12 月 10 日正式起诉 Facebook，指控 Facebook 通过长达数年的反竞争行为非法维持其个人社交网络的垄断地位。FTC 向联邦法院寻求永久性禁令，其中包括剥离资产和禁止 Facebook 向软件开发人员施加反竞争条件，并要求 Facebook 进行未来的合并和收购之前须进行事先通知和批准。

(2)《美国创新与选择在线法案》

2021 年 10 月，美国两党议员小组联合发起《美国创新与选择在线法案》。2022 年 1 月 21 日，美国参议院司法委员会批准了《美国创新与选择在线法案》，参议院投票后该法案于 2022 年 3 月 28 日获得通过。除市值达 5500 亿美元以上的平台公司外，全球月活跃用户数量达 10 亿以上或年度净销售额达 5500 亿美元的平台都将受到该法案管辖。

该法案具体内容包括禁止占主导地位的平台滥用把关权，偏袒自己的产品或服务，使竞争对手处于不利地位；禁止施行对小企业和消费者不利，有碍于竞争的行为，如不公平地阻止企业间或企业与平台间的相互操作，要求企业购买平台的商品或服务以获得在平台上的优先位置，滥用数据进行竞争，以及操纵搜索结果偏向自身等。

2. 欧盟：强针对性监管，弥补数字经济反垄断监管短板

当前，欧盟数字经济发展规模在世界主要经济体中处于劣势地位，按照 2020 年 12 月的统计数据，全球前 50 大上市互联网企业中欧洲企业仅有 3 家，远低于美国的 28 家和中国的 12 家，欧洲企业总市值仅占全球前 50 大上市互联网企业市值的1.9%。目前，欧洲数字市场主要被谷歌、亚马逊、Facebook 等美国企业占据。

不仅如此，大型平台还会利用对平台用户的关键控制力，使用户对平台产生严重的依赖，成为影响人们生活、工作、社交甚至产业发展与政治领域最重要的负面因素。这种局面限制了企业用户的自由选择权而产生了不公平竞争。

为了促进欧洲数字市场的良性竞争，给众多中小型平台提供相应的市场机会，欧盟近年来一直在加强对美国大型数字平台的监管，包括一系列反垄断举措。2017 年至 2019 年，欧盟先后三次对谷歌开出共计 83 亿欧元的反垄断罚单。2020 年，欧盟又先后对 Facebook、亚马逊、苹果、谷歌发起 6 次反垄断调查。在 2022 年 5 月，欧盟委员会正式对苹果公司发起反垄断诉讼。欧盟委员会认为，欧盟成员国的监管举措不能完全消除不公平竞争局面，如果不采取欧盟层级的行动，则可能导致内部市场的分裂。因此，欧盟迅速出台了两部重要法案。

（1）《数字市场法案》

2020 年 12 月 15 日，欧盟委员会公布了 DMA 的草案；2022 年 7 月 5 日，欧洲议会通过该法案；2022 年 7 月 18 日，欧盟 27 个成员国一致批准 DMA，该法案旨在明确数字服务提供者的责任，加强对社交媒体、电商平台和其他在线平台的监管。2022 年 9 月 14 日，欧盟理事会事务部长与欧洲议会主席正式签署 DMA，DMA 于 2023 年 5 月开始适用。

相较于以往的欧洲竞争法，DMA 的不同之处在于其摒弃了“基于效果的方法”，即无论如何分析竞争影响的个案表现，DMA 的行为规则均应普遍适用。除此之外，DMA 避免使用既定的竞争法概念和术语，如“相关市场”（relevant market）或“主导地位”（dominant position），从而不受竞争法方法的僵化限制。

该法案通过设立“守门人”和“准守门人”标准，同时规定正面清单和负面清单，设定高额处罚标准（被处以高达公司全球年营业额 10% 的罚款或者定期罚款，最高可达平均每日营业额的 5%），实现对既有“守门人”的实时监管和对可能成为具有重大网络影响的大型互联网平台即“准守门人”的事前监管。

该法案的核心内容是，创设“守门人”概念，并通过定性和定量两个角度对守门人进行了明确定义：①对欧盟内部市场有重大影响，“重大影响”的量化推定为在过去 3 年中企业在欧洲经济区的年收入不低于 65 亿欧元（79 亿美元）并且公司在至少三个欧洲国家提供核心服务，或上一个财年的平均市值至少为 650 亿欧元；②提供核心平台服务，“守门人”平台是商户接触消费者的重要通道，“重要通道”的量化标准为拥有多于 4500 万人/月的活跃消费者以及多于 10,000 户/年的活跃商户;③该平台在其相关业务市场中享有牢固和持久的地位,或可以预见其在将来会享有牢固和持久的地位,其中"牢固和持久的地位"指过去三个财年中,每个财政年度都拥有超过4500万人/月的活跃消费者以及超过10,000户/年的活跃商户。

除此之外,为使该法案更具可操作性,该法案中对"守门人"的认定流程、抗辩方式和持续时间作出明确规定。根据DMA,如果"守门人"满足第3条第1款的标准,将被认定为"守门人",并因此受到监管。认定"守门人"的具体流程如下:①如果核心平台服务提供者达到或超过第3条第2款中的数量阈值,则有义务根据第3条第3款,在3个月内通知欧盟委员会;②欧盟委员会应当在收到完整信息后60日内指定该核心平台服务提供者作为"守门人";③"守门人"可以提出反驳的观点,并拿出充分的证据,说明为什么尽管达到了定量阈值但仍不符合第3条第1款的标准,因此不应该受到监管(由此产生的举证责任倒置将激励被指控的"守门人"提供其拥有的所有相关信息);④欧盟委员会必须进行市场调查以查证这些证据,且必须在12个月内就"守门人"的反驳观点作出决定;⑤市场调查后,欧盟委员会还可以考虑第3条第6款中列出的要素,指定不符合第3条第2款规定的数量门槛的"守门人",如果情况需要,欧盟委员会可以随时更改其指定任何核心平台服务的"守门人"的决定;⑥根据第4条,欧盟委员会还必须每3年审查被认定的"守门人"是否继续满足第3条第1款的标准。

(2)《数字服务法案》

2020年12月15日,欧盟委员会公布了DSA的草案。时隔一年,欧洲议会内部市场和消费者保护委员会(Internal Market and Consumer Protection Committee)于2021年12月14日通过DSA草案。当地时间2022年10月4日,欧盟理事会批准通过该法案,后续经欧洲议会主席和理事会主席签署并在《欧盟官方公报》上公布后,DSA将在生效15个月或自2024年1月1日起(以较晚者为准)起开始适用。DSA针对相关在线平台非法和有害内容事宜制定了追责新标准,它将更好地保护用户及其基本权利。

DSA是基于《欧盟电子商务指令》(E-Commerce Directive)的法律框架和主要原则进行起草的,但二者起草的背景和所追求的目标大不相同。《欧盟电子商务指令》于2000年通过时,如谷歌和亚马逊等平台尚处于发展初期,许多网络中介服务提供商甚至还未出现。因此,其确立的法律框架,更多的是为了推动信息社会服务在欧盟成员国之间的自由流动,推动内部市场的形成与正常运行,而非致力于对基本权利的保护和对线上非法行为的规制,《欧盟电子商务指令》规定服务提供商所应承担的法律责任较轻。

随着互联网和信息技术的发展,欧盟网络平台监管的重心发生了转移。互联网中介服务提供商已逐渐成为欧盟数字化转型过程中的重要一员。互联网中介服务提供商也加剧了非法商品或服务的大范围泛滥,加速了非法内容或虚假信息的传播,从而会对用户的权利、信息流通等带来不良的影响。如何在保障公众基本权利的同时,顺应时代趋势推动欧盟数字化转型,有力促进数字经济发展,成为亟待解决的核心问题。在对《欧盟电子商务指令》进行全面的修改的基础上,最终诞生了 DSA。

该法案加强了对消费者权利的保护,提高了平台对内容控制和信息透明度的责任标准,具体表现为依据平台在网络生态系统中的角色、规模大小和影响力程度的不同,进行分类分级,从而针对不同的网络服务提供商施加不同程度的义务。特别是在分类的基础上,对于超大型网络平台(very large online platforms, VLOPs)和超大型在线搜索引擎(very large online search engines, VLOSEs)等超大型网络服务提供商,施加更高的和额外的义务(见图 4)。

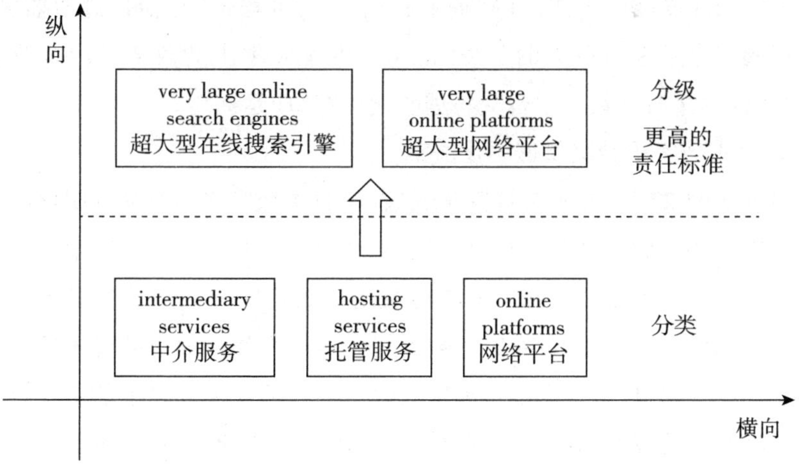

图 4　DSA 对平台的分级分类监管

DSA 的内容主要体现为以下七个方面:①规定了针对线上非法商品、服务或非法内容的打击措施,如由用户标记线上非法内容来实现平台与"可信标记者"(trusted flaggers)合作的机制;②为网络市场商家的可追溯性设立了新规定,以帮助识别非法商品的卖家,更好地实现对消费者的保护;③为用户基本权利的保护提供了有力保障,如允许用户怀疑平台内容审查的决定;④要求网络平台在各种问题上采取透明措施,包括推荐算法和定向广告的透明度;⑤规定了 VLOPs 进行风险管控的义务,包括对其风险管理措施进行独立审计,实现监督以防止系统被滥用于非法内容和虚假宣传活动(如操纵竞选,实施犯罪活动和传播恐怖主义、虚假新闻);⑥允许研究人员访问最大平台的关键数据,以帮助其了解在线风险的演变过程;⑦为解决数字空间的复杂性创立相应的监督架构,借助新设立的欧洲数字服务委员会(European Board for Digital Services),欧盟各成员国将发挥主要作用,且欧盟委员会将加强对 VLOPs 的执法与监督。DSA 最终在整个欧盟范围内的统一适用,不仅能够有利于跨境的数字创新,还有利于确保欧盟所有用户能够公平地享受到数字创新所带来的便利,同时受到同等水平的保护。可以说,DSA 的通过将是欧盟数字领域立法的一个良好开端,也是欧盟统一数字规则图景中重要的一部分。

3. 日本:重点监管域外大型企业,维护本国数据安全

当前,在日本境内占据优势地位的大型数字平台主要是境外的企业(如"GAFA"),这些巨头企业由于掌握的大量的用户信息俨然成为"基础设施企业",而这些跨国的互联网巨头往往以"商业秘密""技术秘密"等借口逃避监管,这给数据市场的安全带来了巨大的隐患,也让日本发展本土的数字平台企业更加困难,在此背景下,《日本数字平台交易透明化法案》应运而生。

(1)《日本数字平台交易透明化法案》

2020 年 5 月 27 日,日本参议院正式通过《日本数字平台交易透明化法案》,该法案旨在规制特定数字平台,增加特定数字平台的公开义务。该法案明确了平台分类的日本标准。依据平台规模影响力及用户数量区分大型数字平台与中小型数字平台。主要有以下几点:特定的数字平台达到内阁令规定的规模后必须通知经济产业大臣;区分特定数字平台和普通数字平台的规模取决于数字平台在人民生活中广泛使用的情况、数字平台的使用集中的情况、数字平台和平台内商户之间交易的实际情况和趋势以及根据本法案保护平台内商户的必要性;构建了政府、平台和社会协同监管的新模式中主要依靠平台自身对平台透明度和公正性进行提升,平台在每一财政年度向经济产业大臣提交一份报告,经济产业大臣收到报告后,根据相关情况对平台的透明度和公正性进行评估,平台根据评估积极主

动改进。

(2)《关于数字平台与提供个人信息的消费者进行交易过程中滥用优势地位的指南》

在保护消费者隐私与数据权利方面,数字平台经营者在收集、积累和运用用户数据并以此为基础形成商业模式而强化竞争优势。在这样的背景下,从独占禁止法及其相关制度的层面来考虑,为了防止数字平台经营者滥用优势地位特别是适用不正当手段获取或使用个人信息等的行为,重点保护消费者的合法权益并维护市场公平自由竞争,日本公平贸易委员会于2019年12月17日发布了《关于数字平台与提供个人信息的消费者进行交易过程中滥用优势地位的指南》。该指南主要有以下几点内容:将平台经营者针对消费者实施滥用优势地位的行为分为非法获取个人信息和个人信息的不当使用,并对这两大类型规范再进行分类;对数字平台经营者获取用户个人信息划定最低限度,限制对个人信息的处理和使用;规定不构成滥用优势地位的抗辩。

4. 德国:完善现行法律法规,植入数字经济法律规范

作为欧洲乃至世界的重要经济体,德国原有法律规范亦难以适应数字经济发展。2017年6月1日,作为德国反垄断法的《德国反限制竞争法》实施第九次修订,新修订的《德国反限制竞争法》构成德国整体运行良好的反垄断法律实施体系的基础性制度,但这部法律并未设定精准契合数字经济时代需求的相关反垄断规制法条。

2020年1月24日,德国联邦经济与能源部公布关于《德国反限制竞争法》第十次修订的专家草案,以征求德国联邦各州与协会对该草案的意见。该草案的全称为《德国联邦经济与能源部专家草案——为制定具有聚焦性、主动性、数字性的4.0版本竞争法而提出的关于〈德国反限制竞争法〉第十次修订的草案》。2021年1月19日,《〈德国反限制竞争法〉第十修正案》正式生效,以应对数字经济时代的竞争监管挑战。

《〈德国反限制竞争法〉第十修正案》厘定了不同于“滥用市场支配地位行为”与“滥用市场相对优势地位行为”的第三种类型的“企业滥用市场力量行为”,即具有显著跨市场竞争影响的企业实施的滥用市场力量行为。

《〈德国反限制竞争法〉第十修正案》主要对以下四个方面进行了修正:(1)修改了滥用相对优势地位条款。新的法案中拓展了滥用相对优势地位的交易对象

范围,在判断是否构成无法合理转向的依赖时不再将主体市场力量作为判断依据,在多个市场之间作为居间服务提供商的经营者亦可以成为滥用相对优势地位的主体。(2)增加了对“企业滥用市场力量行为”的规制。将“与竞争相关的数据”的获取渠道的控制力作为判断市场力量的重要参考之一,补充设定相关的滥用市场支配地位行为的认定标准,明晰“具有显著跨市场竞争影响的企业所实施的滥用市场力量行为”的界定标准。(3)拓展了必要设施原则的适用范围。具体来讲,必要设施原则适用范围拓展到包括“拒绝获取数据”,拒绝他人获取数据需具有合理理由。与之相对,不占支配地位但具有相对市场力量的企业,也可提出获取数据的请求权,该请求权的前提条件是,其他企业要依靠获取数据来开展自己的经营活动。(4)更新了合并控制规则。德国联邦卡特尔局在一定情形下,可以强制企业对未达到经营者集中审查营业额门槛的并购交易进行申报。前提条件主要包括该强制要求需针对某一特定行业,德国联邦卡特尔局对该行业完成了行业调查,并且收购方在供求双方市场份额达到15%。另外,收购方的全球营业额需要达到5亿欧元,被收购企业的全球营业额达到200万欧元,并且被收购企业2/3的营业额需要在德国产生。

(二)域外数字经济立法共性及特点

1. 域外立法的共性:与本国数字经济发展规划紧密结合

当前,各国数字经济立法各有其特色,在数字经济相关法律法规体系的构建和执法司法的具体标准方面,均具有较强的地域性,体现出明确的国家地域特征,具有明确的国家利益导向,隐含着国家对数字经济发展的现实需要和长远规划。因此,梳理分析域外立法进展和特点,一方面,通过分析域外立法体系和立法技术,结合我国数字经济发展特点,进行本土化、中国化,为构建具有中国特色的数字经济法律法规体系作准备;另一方面,结合域外执法、司法经验,更加深入认识域外数字经济领域反垄断及反不正当竞争政策在执法、司法层面的具体实现,为我国如何合理、高效地通过执法、司法促进数字经济发展提供借鉴。

2. 域外立法的特点

(1)预防性监管成为常态

从世界主要经济体数字经济立法情况来看,事前预防和监督成为一项必不可少的内容。事前预防和监督主要分为两个层面。一方面,针对已经被划定为“超级平台”的数字经济经营企业或数字经济服务提供者,对其未来可能进行的影响数字经济市场竞争和发展的行为进行预防性监管，如 FTC 在《数字市场竞争调查报告》发布后，要求苹果公司“未来的合并和收购之前须进行事先通知和批准”。另一方面，对于潜在的、在未来可能成为“超级平台”以至于可能造成数字市场垄断的“潜力型”企业，也要给予监管，如《日本数字平台交易透明化法案》规定，“特定的数字平台达到内阁令规定的规模后必须通知经济产业大臣”；《〈德国反限制竞争法〉第十修正案》规定，“德国联邦卡特尔局在确定某一企业具有跨市场特别影响力后，可以采取预防性措施来禁止该企业的某些市场行为”。

(2)分级分类治理成为基本模式

竞争法本身就存在很强的政策性和公共属性，在当今全球数字经济企业发展严重不平衡和相对集中的情况下，各国数字经济反不正当竞争和反垄断立法的针对性显著增强。综观上述各国数字经济立法情况，有一个相对其他部门法领域较为明显的特征，部分法律责任和义务的触发条件或适用主体并非法域范围内的不特定的全部市场经营主体，而是划定了明确相对标准的头部互联网平台企业，如《美国创新与选择在线法案》对于其所涵盖的平台范围，规定为年净销售额或市值 5500 亿美元，被认定为“头部平台”的持续年限从 10 年降为 7 年。此外，欧盟 DMA 创设“守门人”概念，并通过定性和定量两个角度对守门人进行了明确定义，将欧盟委员会对数字市场中的经营者进行监管的标准进行了明确。同时，欧盟 DSA 也在对数字平台进行分类的基础上创设 VLOPs 和 VLOSEs 的概念，并针对相应级别、类别的互联网平台经营主体提出了不同的义务和责任。

(3)重视强化个人信息保护

随着大型互联网平台企业的不断发展壮大，各国均面临个人信息保护与企业创新发展之间的矛盾冲突问题。无论在本国市场内占据主要市场份额的企业是否为国内企业，其对个人信息的非法获取和过度收集都将对本国经济发展、信息安全造成明显的负面影响。对此，各国均采取了相应手段以抑制这种不受控制的个人信息获取。

(三)对我国数字经济立法的借鉴意义

2021 年 1 月 19 日，美国科技创新智库“信息技术和创新基金会”发布的《美国全球数字经济大战略》报告认为，美国是全球数字技术创新主要推动者，且中国已成为美国在信息技术和数字经济领域最主要的竞争对手。对此，我国应当高度重视数字经济领域的立法,一方面,维护本国数字经济市场公平有序的竞争环境;另一方面,在国家战略层面的高度,数字经济立法已然成为全球数字经济发展竞争中的重要一环,一国数字经济法治水平的高低已经与经济有序发展、国家和个人信息安全息息相关。因此,在分析域外数字经济立法特征的基础上,结合我国特点,构建完善的数字经济法治体系,促进发展、对标国际,具有重大的现实意义和战略意义。

1. 摸清我国数字经济发展现状,为立法提供充分基础

数字经济与实体经济的区别体现在载体、手段、商业模式等方面的差异。数字经济权利边界的不特定性、交易行为的隐蔽性和相关市场模糊性以及交易双方综合实力的巨大差异,使市场主体在发生纠纷时诉诸司法的概率大大降低。这使通过司法经验提取数字经济发展现状及问题的难度较大,对数字经济发展的趋势性预测和判断则更为困难。因此,以现有发现的问题和域外数字经济治理方向为导向,加强对平台实体的调研,摸清我国数字经济发展脉络和现状,在征求各方意见,深入了解平台企业运营模式和发展规划的基础上,为立法提供充分的现实基础和方向指引尤为重要。

2. 完善数字经济法律法规体系

结合当前域外数字经济立法,对比我国目前立法现状,当前域外重要经济体对数字经济治理的规则和模式有以下四点可供借鉴:①分级分类进行监管。当前美国、欧盟在相关立法中均提出了针对不同类别中特定主体的认定标准,并根据这种标准将企业划分等级施加不同的义务和责任。我国数字经济市场中也存在类似于“超级平台”的市场经营者,其综合实力和市场力量往往远超同类经营者,因此这种分级分类的监管和治理模式值得借鉴。②市场支配地位和相对优势地位的双重规制模式。当前国内反垄断执法主要集中在头部平台企业,反不正当竞争和反垄断司法也集中于部分行业巨头,但并非所有涉嫌违法或排除限制竞争的经营者都具有明显的市场支配地位,增加相对优势地位规制路径,适当降低在反垄断、反不正当竞争中市场力量的绝对标准,可以在数字经济时代提升反垄断执法、司法的灵活性和效率。③强化个人信息保护。当前数字经济头部平台企业所具备的明显优势之一就是信息优势,尤其是用户或消费者原始信息。信息是一把“双刃剑”,众多个人信息汇集后,通过算法所加工出来的衍生信息将指导商业经营创新和风险控制化解,但同时过度的个人信息获取和收集也将侵害处于弱势地位的平台用户,并进一步攫取用户所有数据的经济价值。④全面保障用户各项权益。在

部分头部互联网企业发展成为具有绝对市场力量的主体,其产品具有不可替代的强大网络效应(是否构成必要设施需要个案认定)的情况下,仅通过“用户同意”就实现对互联网平台的绝对免责不具有合理性。因此,在平台审核、采集数据、与第三方共享数据等环节,应赋予用户明确的异议、撤回、中止等权利,以全面保障消费者利益。

除了借鉴和新增域外先进治理模式、完善规制内容意外,统合国内现行涉数字经济法律法规,明确各类法律法规层级和位阶,协调不同条文之间存在的体系性冲突,为涉数字经济执法、司法提供一个较为清晰的法律适用基础,避免出现执法、司法标准不一致的情况。

3. 以鼓励创新为主要目标

数字经济治理的根本目标是促进其发展,并非单纯打击优势地位企业,即便是在个人信息保护层面也不能绝对化,信息及负载信息的数据是数字经济不断创新发展的土壤,要在治理的同时鼓励发展,形成执法司法护航经济发展,经济发展倒逼完善法治的良性循环。当前我国数字经济市场力量已经形成了高度集中的趋势,这种趋势的好处在于,超级平台企业集中资本、智力、信息等发挥高水平创新能力,但弊端在于容易遏制市场整体活力,排除、限制竞争。欧美在针对平台企业的反垄断立法过程中,不乏激进的观点,如对符合条件的大型互联网企业处以“结构性调整”的处罚,强行分割大型互联网企业现有业务领域,但在最终法案出台时往往因遭受巨大阻力而删除。综上,我国仍应以鼓励创新为目标和宗旨,数字经济的治理强度应当以能够满足市场自由创新为标准,在规则完善的前提下,执法、司法机关的自由裁量将弥补成文法的滞后性,为我国数字经济法治增加更多积极可能。

二、英国竞争与市场管理局发布的《算法:如何减少竞争和伤害消费者》

算法:如何减少竞争和损害消费者利益

执行摘要

人们在网络中花费了大量的时间,无论是看新闻、社交、约会、订购食物还是安排旅行,人们都会使用网络。如果没有算法(通常是人工智能的形式),许多这些在线活动和支撑它们的市场就无法存在。算法使效率和效益得到了相当大的提高,如对数千种产品的组合进行实时重新定价。重要的是,算法是许多技术公司的核心,包括一些世界上最具战略意义的公司。然而,算法的使用可能会减少竞争和损害消费者权益。算法系统变得越来越复杂,这也使它们往往不那么透明,要确定它们何时对商业活动造成伤害也更具有挑战性。

本文件的发布以及随之而来的信息征集,标志着英国竞争与市场管理局(CMA)新的算法分析工作计划的启动,该计划旨在拓展知识,帮助人们更好地识别和消除危害。本文件讨论了使用算法对竞争和消费者的潜在危害,重点是CMA或其他国家竞争或消费者管理机构可能最适合处理的问题。

本文件首先描述了算法对消费者的直接伤害,其中许多问题涉及个性化。个性化可能是有害的,因为它很难被消费者或其他人发现,而且它可能针对弱势的消费者,或者有不公平的分配效果。这些伤害往往是在消费者不知情的情况下,通过操纵消费者的选择而发生的。

其次,本文件探讨了使用算法如何排除竞争对手,从而减少竞争(如一个平台优先考虑自己的产品)。作者概述了算法合谋文献的最新发展;如果更复杂的定价算法的使用变得广泛,合谋的风险似乎也就更大。作者还描述了为何使用无效的算法来监督平台活动不能防止损害。

接下来,作者总结了可用于分析算法系统的技术。即使没有接触到基本的算法和数据,也可以发现潜在的问题系统。然而,为了充分了解一个算法系统是如何运作的,以及是否违反了消费者保护法或竞争法,监管者需要以适当的方法来审计该系统。作者最后讨论监管机构的作用。监管机构可以通过制定标准,完善算法系统的问责制,包括支持制定道德方法、准则、工具和原则。他们还可以利用自己的信息收集权力,在个案的基础上或作为监管机构技术公司的事前监督制度的一部分,如英国拟议的数字市场部门(DMU),识别和补救危害。

数字市场正在迅速发展,我们需要更多的研究来评估和量化这些领域的危害。有些危害可能特别难以识别。例如,很难看到较小的非价格“暗示”的综合影响,如将昂贵的产品首先呈现给一些消费者,这可能与上市价格的个性化有相同的效果,但其更难发现。即使在相对研究较好的领域,如算法合谋,也缺乏经验性研究来了解现实世界的影响。

1. 引论

1.1　算法是执行计算或解决问题的指令序列。作者使用“算法”一词来包括较简单的规则集,以及更先进的机器学习或人工智能(AI)代码。在本文件中,作者对“算法系统”这一术语进行广义解释,将其作为一种方便的速记方法,以更广泛地指自动化系统,算法、数据、模型、流程、目标以及人们如何互动和使用这些系统的更大交集。①

1.2 简单算法系统并不新鲜。几十年来,它们一直被用来有效地管理业务流程,并使简单的决策过程自动化——特别是在制造、供应链物流和作出定价决策方面。

1.3 越来越多的细化数据的广泛存在,加上处理这些数据的计算能力不断增强,意味着更复杂的过程也可以使其变得自动化。机器学习和人工智能现在被广泛地应用于各种背景、行业和应用。② 算法是一些最大和最具战略意义的公司的运营核心,如谷歌的搜索算法和 Facebook 的 NewsFeed 算法。即使是小企业也越来越多地通过购买第三方开发的工具来使用机器学习。③

例如,亚马逊网络服务市场包含了数百种机器学习服务,涉及的领域包括语音识别、自动面部识别、文件总结(document summarisation)等。这种趋势可能会继续下去,因为大小企业都在利用更好的技术来实现产品创新和改善其内部流程。④

1.4 许多算法系统为消费者提供了大量好处。算法系统可以提供相关的个性化建议,节省人们的时间,使他们能够更专注于对自己重要的事情。如果没有算法和为其提供动力的数据,许多实现这些活动的产品就无法存在。企业可以使用算法系统来优化他们的行动和与客户的界面[通常被称为"选择架构",即关于如何向人们展示选择的设计决策过程和结果(包括在线环境中的用户界面),以及这种展示对人们决策的影响]。这样的优化是有益的,因为它可以提高消费者的产品和服务的质量,并允许公司在经验证据的基础上进行有效的改进。

1.5 算法系统还通过提高许多领域的效率和效益,间接地使消费者受益。例如,企业现在可以使用算法系统对数千种产品的组合进行实时⑤重新定价,定价

---

① World Wide Web Foundation(2017),*Algorithmic Accountability-Applying the concept to different country contexts*.

② See McKinsey Global Institute(2018),*Notes from the AI Frontier-Insights from Hundreds of Use Cases*, Discussion paper.

③ 2018 年英国小企业状况报告发现,9% 的微型企业(1 ~ 9 名员工)正在使用机器学习。这比 2012 年的 3% 有所增长,而且可能会进一步增长。See Roper S. & Hart M. (2018),*The State of Small Business Britain Report 2018*, Enterprise Research Centre.

④ El-Hanfy S. & Webster Z. (2020),*New business horizons in the AI landscape*, Innovate UK.

⑤ Competition & Markets Authority(2018),*Pricing algorithms: Economic working paper on the use of algorithms to facilitate collusion and personalised pricing*.

效率可以传递给客户。第三方解决方案使小型企业更容易获得算法定价,这可以降低进入门槛,并促进创新和增强竞争。企业也可以利用算法系统来减轻网络伤害①,防止对特定群体的歧视②,为消费者提供更优质(和更少伤害)的产品。算法系统甚至可以被用来检测企业之间的通谋,以确保价格的竞争性。③

1.6 然而,算法也会造成伤害,这就是本文件的重点。作为初步评论,作者注意到一些算法系统是复杂的,特别是那些涉及机器学习算法的系统,它们的行为和危害可能无法被开发者和公司完全预见。然而,公司有责任对这些系统进行有效的监督,这应该包括强有力的治理、整体影响评估、监测和评估。

1.7 CMA的使命是使市场更好地为消费者、企业和经济服务。CMA致力于为消费者的利益促进竞争,使消费者在购买商品和服务时能够获得良好的交易,并确保企业在法律范围内运营。CMA也有责任调查组织之间的合并,以确保它们不会减少竞争,如果它认为存在竞争或消费者问题,则将会开始调查整个市场,对参与卡特尔或反竞争行为的企业采取行动,并保护消费者免受不公平交易行为的影响。

1.8 一个新的数字市场部门(DMU)正在CMA内成立,以实施有利于数字市场竞争的制度(见政府对CMA数字广告市场研究的回应)。在其向政府提出的关于DMU需要哪些职能和权力的建议中,CMA数字市场工作组建议采用事前(监管)制度。这将在持续的基础上主动防止对头部数字公司的伤害,并使该部门在更广泛的数字市场中发挥积极的监督作用。作为其中的一部分,监测机器学习和人工智能应用的发展非常重要,以确保它们不会导致反竞争行为或对消费者产生损害,特别是对弱势消费者的损害。④ CMA已经拥有这方面⑤的经验,在竞争政策、消费者保护和监管设计方面的工作越来越多地涉及了解重要公司的关键算

① Cambridge Consultants(2019), *Use of AI in Online Content Moderation*, Ofcom.

② Kleinberg J. et al. (2020), *Algorithms as discrimination detectors*, in Proceedings of the National Academy of Sciences.

③ Johnson J. & Sokol D. D. (2020), *Understanding AI Collusion and Compliance*, in Cambridge Handbook of Compliance(D. Daniel Sokol & Benjamin van Rooij, editors)(Forthcoming).

④ See Strategic Recommendation D., *Unlocking digital competition*, *Report of the Digital Competition Expert Panel*, March 2019(available here)and also the CMA's Digital Markets Strategy.

⑤ See the CMA's Economic Working Paper on the Use of Algorithms to Facilitate Collusion and Personalised Pricing and the CMA Investigation into the Use of Automated Repricing Software to Facilitate an Illegal Cartel.

法和自动决策系统的运作和影响。

1.9　本文件第2节概述了滥用算法系统可能对竞争和消费者造成的一些潜在危害,重点是经济学、计算机科学和行为科学的观点(本文件并不关注英国消费者和竞争立法的哪些具体部分可以用来解决这些潜在危害)。它建立在作者2018年关于使用算法促进串通和个性化定价的经济工作文件的基础上,但进行了进一步发展,讨论了个性化、歧视、排他性做法的其他方面,以及由平台的无效监督引起的危害。本文件讨论的许多危害并不是新的,但技术的进步意味着今天的许多算法可以在一定规模上进行改变,使这些危害更加明显。

1.10　本文件第3节讨论了一些可用于调查危害的技术,第4节讨论了监管机构在解决这些危害方面的潜在作用。

1.11　本文件中的问题是目前对算法系统对消费者和竞争产生的最重大危害的看法,以及应该如何处理这些危害。作者将提出关键问题,以激发辩论,并鼓励学术界、竞争团体、公司、民间社会和第三部门组织为作者提供信息。在作者制定调查、预防和补救这些危害的方法时,作者请公众就以下问题发表意见。①这些领域和潜在的危害发生的可能性和影响是否应受到关注,以及是否还有其他值得关注的领域;②监测和评估潜在危害的方法和技术,以及调查和审视任何特定公司的算法和系统;③预防或补救算法危害的可行、有效和相称的措施。

2. 损害的理论

2.1　本节列出了关于使用算法和自动决策系统如何引起反竞争效果或损害消费者利益的各种"损害理论"。

2.2　使用算法的潜在危害范围很广,它可能会引发公共政策和监管层面的多个重叠领域(如刑事司法、公共卫生和"在线危害"领域)的问题。作者主要关注的是可以通过执行竞争法和消费者法,或通过DMU的新权力来解决的经济危害。然而,作者也注意到,算法系统的使用会对作为公民的人们造成伤害,而不仅仅是他们作为消费者或企业主的角色(如在选举完整性或媒体多元化方面),但作者没有在本文件中讨论这些更广泛的伤害。作者也没有详细讨论可以用来解决不同危害的法律工具。作者注意到,这些危害中有几个是重叠的,可以通过各种方法和法律工具的结合,或者与其他监管机构合作,利用他们的专业知识和权力来解决。这些机构包括信息专员办公室(ICO)、金融行为管理局(FCA)、通信管理局(Ofcom)以及平等和人权委员会(EHRC)。

2.3　本节讨论的许多危害都涉及使用算法系统来优化企业的行动和与客户的互动,通常被称为选择架构。例如,购物网站上"购买"按钮的位置、信息横幅的颜色和默认支付方式都是基于算法的选择架构的例子。虽然选择架构可以用来使消费者受益,但企业可能反而会利用消费者参与市场的能力中固有的弱点,违背消费者的利益,破坏竞争①(例如,利用他们有限的注意力、损失厌恶或惰性,导致对默认选项的易感性)。②

企业可以使用越来越复杂的技术来了解和利用这些偏见,③从而直接损害消费者的利益(如作出在不同选择架构下不会作出的购买决定)④,或更好地使现有公司排斥或排挤竞争对手(例如,从事不透明的自我推荐行为)。这些有害的用户界面设计选择被称为"黑暗模式"。

2.4　作者讨论的许多危害也涉及个性化。有关消费者的数据量越来越大,再加上算法系统的使用,企业已有能力个性化地给消费者推送不同的操作界面,其操作是以前不可能实现的。当企业分析消费者的特征和行为时,他们可以使用机器学习技术(如聚类算法)以确定有意义的消费者类别,并根据这些类别对新客户和现有客户进行分类,并对每个类别适用不同的处理方法。⑤ 这种个性化也延伸到选择架构。这方面的示例包括提供哪些选项、以什么顺序、如何显示价格、通知和提醒的时间和内容,以及是否提供报价和提供哪些报价。⑥ 消费者对企业可

---

①　在许多情况下,如果企业设计的选择架构与消费者的行为偏差相互作用,竞争可能不会给消费者带来好的结果,因为从事这种做法的企业可能会获得不公平的优势,使他们能够超越竞争,"赶走"拒绝这样做的企业。这样一来,市场就会向"坏平衡"靠拢,而这些市场失灵可以成为监管干预的理由。

②　众所周知,消费者会有行为偏差,企业可以利用这些偏差获利。See Walker M.(2017), *Behavioural economics: the lessons for regulators*, European Competition Journal, 13(1), 1–27. See also Spiegler R.(2011), *Bounded rationality and industrial organization*, Oxford University Press.

③　关于数字领域企业利用消费者偏见的一些方法的详细例子,见 Fung S., Haydock J. et al., *Recent Developments at the CMA: 2018–2019*, Review of Industrial Organization, 55(4), 579–605。其中有对 CMA 的酒店在线预订案的讨论。该案中各种做法的一个共同点是对消费者的误导。

④　See Calo R.(2013), *Digital market manipulation*, Geo. Wash. L. Rev., 82, 995.

⑤　例如,公司可以使用机器学习来估计异质治疗效果,并测试哪些客户或用户群体将最优地参与一种产品或服务。See Wager S. & Athey S.(2018), *Estimation and Inference of Heterogeneous Treatment Effects using Random Forests*, Journal of the American Statistical Association 113(523). 此外,请参阅论文的相关文献。

⑥　关于数字广告的选择结构的详细讨论,包括定义和例子,可以在 CMA's Market Study into Digital Advertising. 的附录 Y 中找到。

能对他们进行的推断以及他们所处的类别的能见度或了解有限。此外,虽然个性化可能对消费者有利,如允许企业提供适合每个人的服务和信息,但它也可能导致有害和不可接受的歧视。如果企业使用(无意中或其他方式)与消费者脆弱性①和受保护特征②相关的类别,则情况尤其如此。

2.5 尽管本文件讨论的大多数危害与面向消费者的系统有关,但有些危害与占主导地位的公司的排他性做法有关,这些做法会排斥或排挤竞争对手,并间接损害消费者。

2.6 作者对潜在危害的讨论安排如下:首先,讨论算法系统对消费者的直接伤害,包括:如何利用算法系统以对消费者不透明的方式实现价格的个性化;更通用的个性化,算法系统可用于更广泛地操纵选择架构或客户旅程;算法歧视,一种关于受保护特征的有害的个性化形式,以及作者可以从新兴的算法公平领域中学到什么;不公平的排名和设计,包括如何使用算法系统来促进优待他人以获得商业利益。其次,讨论算法系统在排他性实践中的使用,在这些实践中,占主导地位的公司可以采取行动阻止竞争对手挑战其市场地位。此类做法包括自我优待、操纵排名算法以排除竞争对手,以及更改网关服务中的算法系统会无意中损害依赖它的业务。再次,简要讨论了定价算法的潜在通谋问题。最后,讨论了无效的平台监督问题,缺乏透明度会使作者难以从外部评估一个算法系统是否有效,从而推动改进。

2.1 对消费者的直接伤害

2.7 在本节中,作者考虑对消费者的直接伤害,这些伤害与不公平、操纵和剥削有关。算法系统可以被用来对消费者的服务体验进行个性化处理。如果消费者没有意识到它的发生,或者它引起了不公平的分配效果,或者它损害了弱势消费者的利益,那么它就更有可能是剥削性的。此外,还有一些对消费者的潜在

① 货币与心理健康政策研究所最近研究了在线购物网站的无摩擦、压力和个性化设计如何使有心理健康问题的人难以控制支出。See Money and Mental Health Policy Institute(2020), *Convenience at a Cost.*

② 此外,众所周知,如果企业可以对其客户提供的任何方面进行个性化服务,企业就可以集中精力争夺积极的、参与的、边缘的消费者,而从惰性的、被动的、次边缘的消费者那里获取利润。这样一来,由于边缘消费者的警惕性,竞争的约束作用给消费者提供的保护对惰性消费者来说就被削弱了。See Chisolm A.(2016), *Consumer Engagement in a Digital World.*

伤害与个性化无关,而是与在线服务的不公平排名和设计有关。

2.8　在英国,贸易商不得以违反专业勤勉要求的方式,不当影响普通消费者对产品或服务的决定,这是贸易商的一般义务。这可以广泛地理解为按照一个合理的人所期望的可接受的贸易惯例行事。此外,禁止误导性和激进的做法。误导性和激进的做法包括向消费者遗漏重要信息,损害他们作出知情选择的能力。

2.1.1　个性化定价的危害

2.9　个性化定价包括向不同的人宣传不同的价格,达到相同效果的做法,如向选定的客户提供折扣。企业会根据它认为不同顾客愿意支付的价格进行个性化定价,以增加利润。

2.10　数字市场的主要特点之一是能够获取大量的个人数据,并运用分析方法来推测用户的支付意愿。当数字市场供应商(如平台)控制着消费者互动的界面时,这种做法可能特别有效,可以限制消费者能够获得的替代选择,从而限制消费者转向其他供应商的能力。

2.11　在许多情况下,个性化定价可以带来好处,增加总产出和消费者福利。例如,个性化定价可以降低消费者的搜索成本,使消费者与产品和服务之间的匹配更加精确。它还可以让企业设定一个较低的价格,并向那些不愿意支付企业所设定的统一价格的消费者销售,从而获得利润。同样,提供有针对性的折扣的能力可能有助于新进入者进行竞争,特别是在有转换成本的市场。

2.12　然而,在其他情况下,个性化定价可能导致消费者受到伤害。2013 年公平贸易局的一份经济文件中概述了竞争管理机构可能关注个性化定价的情况,包括竞争不充分(垄断者的价格歧视)、个性化定价特别复杂或对消费者缺乏透明度,以及/或企业实施个性化定价的成本很高。① 如果个性化定价增加了搜索和交易成本,如消费者需要货比三家或采取成本很高的方式来避免被收取溢价,这也可能对经济效率造成损害。②

2.1.1.1　个性化定价的经验证据

2.13　个性化的广告价格是一种公开的个性化定价形式。目前,在线零售商

---

① See Office of Fair Trading(2013), *The economics of online personalised pricing*. CMA 在个性化定价方面的立场也在我们对经合组织讨论的贡献中阐明。See *Personalised Pricing in the Digital Era-Note by the United Kingdom.*

② See Borgesius F. Z. & Poort J. (2017), *Online price discrimination and EU data privacy law*, Journal of Consumer Policy, 40(3), 347 - 366.

使用它们的证据有限。根据欧盟委员会向经合组织委员会提供的一份摘要,在欧盟没有发现任何大规模的个性化广告定价。[①] 2018 年 8 月,公民咨询局(Citizens Advice)发现,个性化的广告定价在必需市场(能源、水、电信和邮政)中并不普遍,但这可能会迅速改变。[②]

2.14 从经验上看,显示个性化广告价格如何被使用的一致审查也很有限。有一些例子,如英国家庭装修公司 B&Q 在其商店中通过数字价格标签来实现动态定价。这些价格标签使用来自顾客手机的信息,根据顾客的消费习惯和会员卡数据调整其显示的价格。[③] 一些较早的论文也发现了一些价格歧视以有限的方式发生的证据。[④]

2.15 如果个性化的广告定价像表面上那样有限,这可能是由于企业担心个性化定价的潜在声誉影响,并反映出一种观念,即消费者会认为个性化定价不公平。[⑤] 因此,他们可能采用其他技术来实现价格的个性化,而这些技术对消费者来说更难发现。

2.16 例如,使用忠诚度计划和促销优惠(如优惠券和代金券)来提供个性化的有效价格是普遍且成熟的,尤其是在零售和许多其他直接面对消费者的行业。但是,这可能对不太活跃的消费者产生不利影响。例如,公司向长期客户收取的

---

① Personalised Pricing in the Digital Era-Note by the European Union, 第 27 段至第 36 段对欧盟竞争和消费者保护机构在 2013 年至 2018 年开展的研究、调查和神秘购物活动进行了很好的总结。其中最近也是最大的一次,是代表欧盟委员会司法和消费者总司进行的,发现没有证据表明包括英国在内的八个欧盟成员国存在一致和系统的在线个性化定价。[Ipsos, London Economics & Deloitte, report for DG Just (2018), *Consumer market study on online market segmentation through personalised pricing/offers in the European Union*, 19 July.]

② Citizens Advice(2018), *A price of one's own-an investigation into personalised pricing in essential markets.*

③ See Thomas S. (2014), *Does dynamic pricing risk turning personalisation into discrimination?*, 22 October.

④ See Hannák A. et al., *Measuring Price Discrimination and Steering on E-commerce Web Sites*, in Proceedings of the 2014 conference on internet measurement conference(p. 305 – 318). Mikians J. et al., *Crowd-assisted Search for Price Discrimination in E-Commerce: First results*, in Proceedings of the ninth ACM conference on Emerging networking experiments and technologies (p. 1 – 6). Mikians J. et al., *Detecting price and search discrimination on the Internet*, in Proceedings of the 11th ACM workshop on hot topics in networks(p. 79 – 84).

⑤ See Office of Fair Trading(2013), *Personalised Pricing-Increasing Transparency to Improve Trust*, p. 15. Office of Fair Trading(2010), *Online Targeting of Advertising and Prices-A market study*, paragraphs 6.11 to 6.14. See also Obama White House(2015), *Big Data and Differential Pricing*, p. 13.

价格高于新客户或重新谈判交易的客户，[①]公司向每年续约的消费者提价。通常情况下，差别价格是以折扣而不是附加费的形式出现的，这可能使消费者更容易接受。这种做法也是比较有名的，许多消费者可能通过经常转换来利用较低的价格。[②]

2.1.1.2　复杂而不透明的定价技术

2.17　企业可以利用有关消费者的各种数据来支持对其支付意愿的推断，并据此制定个性化的价格。企业收集和使用这些数据的方式可能是消费者没有预料到的或几乎无法控制的。

例如，多份新闻报道推测优步（Uber）等乘车服务是否根据支付方式等因素进行个性化定价。[③] 据报道，2017 年，优步的“路线定价”是根据预测客户愿意支付的价格来收费的，[④]以及优步试图将客户分为“时间敏感型”和“价格敏感型”两类。[⑤] 2016 年，优步的经济研究负责人表示，优步发现，如果人们的手机快没电了，就更有可能支付更高的“激增”价格。[⑥]

拉斯维加斯的米高梅赌场被发现利用客户数据，根据其盈利能力进行个性化的促销活动。米高梅使用忠诚卡和链接的赌场游戏卡来捕捉顾客在哪里、什么时候、玩多长时间和玩多少钱，此外其在赌场里的其他活动。[⑦] 根据 Stucke 和 Ezrachi（2020 年）的说法，上述数据帮助赌场为客户提供最便宜的福利组合，以激励客户花费最多的钱。

据称，Staples（史泰博，美国办公用品公司）的网站向人们显示了不同的价格，这取决于他们离属于 OfficeMax（马克思办公用品公司）或 Office Depot（欧迪办公

---

① 2018 年，CMA 对 Citizens Advice 的超级投诉作出了回应，提出了对长期客户为商品和服务支付更多费用的担忧。CMA（2018），*Tackling the loyalty penalty*, 19 December.

② 最终，支付更高的广告价格的消费者也得到了一个根据他们的行为或特征（不采取行动或不具备有资格获得折扣的特征）“个性化”的价格。从大众对“忠诚度惩罚”的不满来看，一些消费者认为通过不作为来提高相对价格也是令人反感的。

③ The Guardian（2018），*Is your friend getting a cheaper Uber fare than you are?*, 13 April.

④ See Bloomberg（2017），*Uber Starts Charging What It Thinks You're Willing to Pay*, 19 May.

⑤ See Business Insider（2017），*Uber may charge you more based on where you're going*, 20 May.

⑥ See NPR（2016），*This Is Your Brain On Uber*, 17 May.

⑦ See Stucke M. E. & Ezrachi A.（2020），*Competition Overdose: How Free Market Mythology Transformed Us from Citizen Kings to Market Servants.*

用品公司)的竞争对手的实体店有多近。[①][②] 一般来说,作者希望企业在制定个性化价格时,对适用于每个客户的竞争条件作出反应。在其他条件相同的情况下,如果一些客户比其他客户有更多的选择,因为有更多的公司在竞争他们,这些客户就会得到一个较低的个性化价格。

2.18 企业还可以使用机器学习和数据科学技术,通过分析客户的特征或行为可以预测退出或转换,从而减少客户流失。[③] 然后,这些流失模型可以为企业的决策提供参考,如是否提价和提多少,重新谈判时提供什么价格,以及"赢回"报价。除了担心这些做法对消费者缺乏透明度外,它们还可能导致不可接受的分配结果,特别是如果那些支付更多的人可能是"弱势群体"。[④] (这些做法也会对竞争和在位者排斥对手的能力产生影响,这将在下文关于掠夺性定价的第 2.2.3 节中讨论)

2.19 例如,FCA 发现,一些家庭和汽车保险公司使用复杂和不透明的定价技术,以确定那些更有可能与他们续约的消费者。然后,这些公司每年都会对这些客户提高价格,导致一些消费者支付非常高的价格,其中许多人对此并不知情。这些做法对老年消费者的影响过大,而且随着时间的推移,累计起来会导致价格大幅上涨,幅度在 100% 或以上。[⑤]

2.20 将个性化应用于其他类型的定价选择架构也是可行的。这方面的例子包括滴水定价,即在显示价格时不收取任何费用或附加费用,根据消费者保护法这是不合法的;参考定价,即在显示产品价格时与同一产品的其他更昂贵的捆绑产品进行对比。

---

① See Wall Street Journal (2012), *Websites Vary Prices, Deals Based on Users Information*, 24 December.

② 这些在线定价的做法与 FTC 的调查结果是一致的,他们在 1997 年成功挑战了 Staples 和 Office Depot 的合并提议,实体店的价格也取决于当地是否有竞争对手的商店。Baker J. B. (1999), *Econometric analysis in FTC v. Staples*, Journal of Public Policy & Marketing, 18(1), 11-21.

③ See Chen Z-Y, Fan Z-P & Sun M. (2012), *A hierarchical multiple kernel support vector machine for customer churn prediction using longitudinal behavioural data*, European Journal of Operational Research 223(2).

④ 这方面的一个具体例子是"忠诚度惩罚",即长期客户比新客户支付更多的费用。参见 CMA's ongoing work into loyalty penalty complaints,对忠诚度罚款投诉的持续工作。

⑤ Financial Conduct Authority (2020), *General insurance pricing practices market study: Final Report*.

2.1.2　非价格个性化的危害

2.21　在本节中,作者讨论了选择架构和其他非价格信息可能被个性化的一些不同方式。如果消费者不知道它是如何发生的或正在发生,或者如果它引起了不公平的分配效应或伤害了弱势消费者,那么它就更有可能成为需要解决的问题。

2.1.2.1　个性化排名

2.22　企业向消费者展示一系列与之相关的选项或结果是很常见的。例如,电子商务网站可以根据搜索查询提供产品的搜索结果。企业可以利用搜索查询之外的用户信息来决定显示哪些结果和以什么顺序显示。这些信息可能包括用户的位置、他们以前的查询,以及他们以前的浏览和购买行为。

2.23　消费者很可能受到立场偏见的影响,他们不可能总是准确地观察到搜索结果以任何特定顺序呈现的原因和方式。因此,企业可以操纵消费者作出对企业更有利的不同决定,但在更客观或中立的条件下,消费者不会作出这种决定。这也可能导致"价格导向",通过向具有较高支付意愿的消费者提供价格较高的产品,可以达到(尽管是间接的)类似于个性化定价的效果。

2.24　与个性化的广告价格似乎并不常见相比,个性化的排名和结果却很普遍。例如,欧盟委员会在2018年进行的一项研究发现,其在神秘购物活动中访问的160个电子商务网站中,有61%对搜索结果进行了个性化排名。①

2.25　排名可能在其他方面不公平,而不是个性化。这些将在后面的"不公平的排名和设计"一节中讨论。

2.1.2.2　推荐和过滤算法

2.26　推荐和协同过滤算法是一类普遍的系统,通过确定呈现给消费者的信息和选择范围来影响选择架构。这方面的例子既包括社交媒体平台和视频或音频流媒体平台用来决定向用户展示或推荐哪些内容,也包括电子商务公司向消费者推荐相关产品。

2.27　虽然不是本文件的重点,但作者注意到,人们对推荐和协同过滤系统

---

① European Commission, *Consumer market study on online market segmentation through personalised pricing/offers in the European Union*, 19 July 2018.

有很大的担忧,[1]包括:它们可能会加剧自我控制的问题,导致消费者过度使用;[2]它们可能会在平台没有过滤掉的地方推广有害(但有吸引力)的内容;[3]它们可能会限制用户接触到的选择范围,导致共同的公共话语和对现实的理解支离破碎。

2.28 例如,有一些证据表明,社交媒体等成瘾性技术具有产生危害的特点,这对反垄断执法构成了挑战。[4] 罗森奎斯特(Rosenquist)等人(2020 年)主张重新规划围绕消费者福利的假设,摆脱消费增加导致效用增加的想法。例如,与社交媒体消费增加有关的成瘾技术的负面影响,[5]实际上降低了产品或服务的质量,从而降低了消费者福利。

2.29 此外,谷歌和必应等搜索引擎的自动建议功能可能会受到对抗性攻击的操纵,因为它们依赖于用户过去的查询。[6] 协调大量的具体查询可以使一个实体有可能操纵建议列表,这可以作为对消费者的信号,影响他们对市场的看法;不仅是对商品和服务,而且对思想。

2.1.2.3 操纵用户体验

2.30 选择架构还包括是否及何时发送通知和提示,以及用户体验的其他方面。此外,选择架构可能是个性化的,导致事实扭曲,从而破坏消费者的选择和竞争。

2.31 例如,企业在分析用户的特点和使用或互动历史的基础上,使用各种技术来预测用户可能对其服务作出的评价。[7] 根据这些信息,公司可以通过对消

---

① 最近的评论参见 Milano S., Taddeo M. & Floridi L. (2020), *Recommender systems and their ethical challenges*, Ai & Society, 1－11。

② Hasan M. R., Jha A. K., & Liu Y. (2018), *Excessive use of online video streaming services: Impact of recommender system use, psychological factors, and motives*, Computers in Human Behavior, 80, 220－228.

③ 新闻界提出的这类关切的典型例子,参见 Wired(2018), *Up Next: A Better Recommendation System*, 4 November。另见 the Guardian and Guillaume Chaslot 的分析,该分析剖析了 YouTube 的推荐。The Guardian(2018), *How an ex-YouTube insider investigated its secret algorithm*, 2 February.

④ Rosenquist J. N., Scott Morton F. M. & Weinstein S. N. (2020), *Addictive Technology and its Implications for Antitrust Enforcement*, Yale School of Management. September.

⑤ 如购买产品或观看内容,而消费者后来后悔或造成伤害,导致负面情绪。See Rosenquist et al. (2020), *Addictive Technology and its Implications for Antitrust Enforcement.*

⑥ See Hazen T. J. et al. (2020), *On the Social and Technical Challenges of Web Search Autosuggestion Moderation*, Preprint, 13 July.

⑦ See Hazen T. J. et al. (2020), *On the Social and Technical Challenges of Web Search Autosuggestion Moderation*, Preprint, 13 July.

费者是否以及何时收到通知和提示进行个性化控制,从而操纵和偏袒对产品或服务作出好评的消费者群体。例如,公司可以在特定的时间针对特定的消费者,让他们更有可能在一个应用程序上给他们好评。[①] 这种做法导致了评价虚高,对消费者来说,评价的有用性和信息性普遍降低。

2.1.3 算法歧视

2.32 滥用算法系统向消费者提供个性化的服务和报价,可能导致非法歧视。在英国,衡平法通常禁止提供服务的人和组织基于"受保护特征"进行歧视。[②][③] 这包括间接歧视,即在没有客观理由(实现合法目标的相称手段)的情况下,平等适用的政策却对特定群体产生了不成比例的有害影响。[④]

2.33 衡平法,特别是通过间接歧视的概念,禁止近年来报道的算法系统的许多歧视性影响。[⑤] 然而,执法是困难的。[⑥][⑦] 到目前为止,英国还没有通过专门为解决人工智能系统中的歧视问题而设计的立法。[⑧] 尽管如此,数据保护法通过 GDPR 中包含的公平原则,要求 ICO 在个人受到不公正影响的问题上进行干预。因此,导致不公正歧视的个人数据处理将违反 GDPR 的公平原则。

2.34 如上所述,在英国,交易商有一般义务不进行不公平的交易,并按照专

---

① See McGee P. (2020), *Apple: how app developers manipulate your mood to boost ranking*, The Financial Times.

② See Equality and Human Rights Commission, *Delivering services and the law*.

③ 有一些一般的例外情况,包括为特定群体提供的服务,以及特定行业的例外情况(如金融服务领域允许年龄歧视)。See Equality and Human Rights Commission, *Equality law-Banks and other financial services providers*.

④ See Equality and Human Rights Commission, *What is direct and indirect discrimination*?.

⑤ See Zuiderveen Borgesius F. (2018), *Discrimination, artificial intelligence, and algorithmic decision-making*, Council of Europe.

⑥ See Zuiderveen Borgesius F. (2018), *Discrimination, artificial intelligence, and algorithmic decision-making*, Council of Europe. 具体来说,Zuiderveen Borgersius 强调,对间接歧视的禁止并没有提供一个明确和容易适用的规则。要证明一项看似中立的政策对受保护群体产生了不成比例的影响是很困难的,特别是在消费者或研究人员无法获得或汇编大量个人样本的结果数据的情况下。此外,被指控的歧视者是否有"客观理由",往往取决于考虑到案件所有背景的细微的相称性测试。

⑦ 此外,与 GDPR 之后的欧盟竞争法和数据保护法不同,英国的衡平法不具有域外管辖权。信息社会服务提供商(ISSP),即通过网站提供服务的人,如网上购物或广告,如果不在英国,将不受英国衡平法的约束。See Equality and Human Rights Commission, *Advertising and marketing*, and id., *Websites and Internet services*.

⑧ See Allen R. (2020), *Artificial Intelligence, Machine Learning, algorithms and discrimination law: the new frontier*, paper prepared for Discrimination Law in 2020 conference, Congress House, 31 January 2020.

业勤勉的要求行事。遵守平等和数据保护法是这些要求的一部分。

2.35 应当指出的是,越来越多地使用算法决策为提高公平性带来了巨大希望。与人类决策者相比,算法可以受到更多、更深入的审查,而且衡量、修正和纠正算法系统中的偏见可能比教化人类更容易。①

2.36 有大量的跨学科文献在研究算法歧视、检测和缓解策略②以及解释自动决策的问题。③ 然而,作者有兴趣关注这些文献,因为用于收集数据和分析歧视算法系统的技术和方法可以推广或应用于分析其他社会和经济影响,包括作者讨论过的其他一些伤害理论。作者将在本文件的第3节中进一步探讨这些。与反歧视法和数据保护法的作用相比,应用消费者保护④法保护人们不受滥用算法系统引起的歧视是一个有待进一步应用的领域。歧视会伤害一些消费者,包括在经济背景下,消费者法和对商人的专业勤勉要求可能适用。此外,消费者法可用于保护具有脆弱性的消费者群体,而这些脆弱性尚未被确定为受保护的特征。⑤ 在这一领域,作者已经同意与ICO和EHRC进行密切合作。

2.37 在文献中,有许多关于算法系统如何引起潜在的非法歧视的例子,⑥包

---

① See Kleinberg J. et al. (2020), *Algorithms as discrimination detectors*, in Proceedings of the National Academy of Sciences, and id. (2018), *Discrimination in the Age of Algorithms*.

② The Centre for Data Ethics and Innovation 的概况总结:算法决策中的偏差概述了工业界和学术界提出的几种方法,如统计方法和软件工具包、自我评估工具、文档标准、认证和审计。它还强调,减轻算法偏差的策略取决于特定环境下公平结果的样子。See Rovatsos M. et al. (2019), *Landscape Summary: Bias in Algorithmic Decision-Making*, Centre for Data Ethics and Innovation.

③ 数据保护法可以帮助减轻不公平和非法歧视的风险。数据保护法,特别是GDPR,在激发讨论方面发挥了重要作用。除了限制数据控制者可以完全自动进行个人决策的情况外,GDPR还要求数据控制者向个人提供有关处理的信息,包括对决策和决策过程的解释。它还要求数据控制者采取步骤,防止错误、偏见和歧视。See ICO, *Rights related to automated decision making including profiling*; Zuiderveen Borgesius F. (2018), *Discrimination, artificial intelligence, and algorithmic decision-making*, Council of Europe.

④ See Zuiderveen Borgesius F. (2018), *Discrimination, artificial intelligence, and algorithmic decision-making*, Council of Europe.

⑤ 例如,可能有冲动控制障碍的消费者,如强迫性购买障碍,可能成为企业的目标。See Gupta S. (2013), *A literature review of compulsive buying-a marketing perspective*, Journal of Applied Business and Economics, 14(1), 43-48. 关于企业在多大程度上使用算法系统来识别和利用有冲动控制障碍的消费者,这是一个开放的问题。

⑥ See O'Neil, C. (2016), *Weapons of Math Destruction* 提供了许多例子。

括许多在作者职权范围之外的问题,如刑事司法[①]、雇员关系[②]和向民众提供医疗服务的卫生系统。[③] 还有大量研究表明,提供信息用于协助人类决策的算法系统会产生歧视性的伤害,如对希望贷款的人提供风险评估的算法系统。[④] 该种决策范式不在此处进一步考虑的范围内。

2.38　本节的其余部分讨论了一些选定的例子,以说明算法系统可能产生间接歧视结果的一些经济和交易背景,这些结果会影响消费者,如支付的价格或收到的服务质量;他们可以选择的方案(在线"共享经济"平台的歧视);甚至消费者拥有的信息(歧视性的广告定位)。[⑤]

2.1.3.1　地理定位

2.39　具有受保护特征的人在地域上分布不均。因此,即使是实施区域定价或不同地区提供的不同服务的简单政策也可能导致间接歧视。

2.40　例如,拉尔森(Larson)等人于2015年发现,美国在线SAT准备服务的价格因客户居住地不同而有很大差异,并显示亚洲人居住在价格较高地区的可能性几乎是非亚洲人的两倍。[⑥] 另一个例子是,当亚马逊于2016年在美国扩大其Prime服务的免费当日递送时,它优先考虑Prime会员高度集中的地区。然而,这样做的结果是,以黑人为主的社区被排除在外,即使(在某些情况下)这些社区周

---

① 例如,围绕美国使用的COMPAS累犯算法的辩论,突出了风险评分中不同的公平概念之间的根本矛盾。Kleinberg等人(2016年)表明,在存在不完美预测和群体间基础率不同的情况下,不可能有在群体内良好校准的风险评分(例如,分配到相同风险评分的白人被告和黑人被告在总体上有相同的再犯概率)和对正类的平衡(例如,白人和黑人再犯在总体上有类似的风险评分分布)。See Kleinberg J., Mullainathan S. & Raghavan M. (2016), *Inherent tradeoffs in the fair determination of risk scores*, arXiv preprint arXiv:1609.05807.

② See Oppenheim M. (2018), *Amazon Scraps "Sexist AI" Recruitment Tool*, The Independent, 11 October.

③ See Obermeyer Z. et al. (2019), *Dissecting racial bias in an algorithm used to manage the health of populations*, Science, 366(6464), 447-453.

④ See Green B. & Chen Y. (2019), *The Principles and Limits of Algorithm-in-the-Loop Decision Making*, in Proc. ACM Hum.-Comput. Interact. 3, CSCW, Article 50.

⑤ See Lee T., Resnick P. & Barton G. (2019), *Algorithmic bias detection and mitigation: Best practices and policies to reduce consumer harms*, Brookings.

⑥ See Larson J., Mattu S. & Angwin J. (2015), *Unintended Consequences of Geographic Targeting*, ProPublica, 1 September; Angwin J., Mattu S. & Larson J. (2015), The Tiger Mom Tax: Asians Are Nearly Twice as Likely to Get a Higher Price from Princeton Review, ProPublica, 1 September.

围的每个地区都得到了服务。[①]

2.1.3.2 网上共享经济平台

2.41 平台可能会作出无法减轻因用户聚合(aggregate)行为而产生的歧视的设计选择,特别是在平台试图通过减少匿名性和提供有关提供服务的人的信息来建立信任和促进交易的情况下。

2.42 TaskRabbit(任务兔子,自由职业者服务网站)和Fiverr是在线自由职业市场,将消费者与工作人员联系起来以完成小任务。他们向正在决定是否聘用他们的客户展示工人的图像,以及在他们完成任务后谁可以留下对工人的评论。汉克(Hannák)等人于2017年[②]发现女性和黑人工人收到的评论较少,评论中正面形容词较少,负面形容词较多,反馈分数低于其他具有相似属性的工人。此外,作者还分析了工人在搜索算法中的排名,发现在TaskRabbit[③](但不是Fiverr)的排名中存在明显的性别和种族偏见,如果算法考虑到客户行为,这可能是部分原因。

同样,艾德曼(Edelman)和卢卡(Luca)(2014年)以及卢卡和巴泽曼(Bazerman)(2020年)研究了Airbnb(爱彼迎),这是一个短期租赁的在线市场,展示了关于主人和客人的信息。作者发现,黑人房东的收入较少,而黑人客人被拒绝的次数较多。[④]

2.1.3.3 歧视性的广告定位

2.43 在线平台可以允许(或未能阻止)广告商使用受保护的特征进行广告定位。安格温(Angwin)等人于2017年发现,有可能在Facebook上投放住房广告,排除任何对非裔美国人、亚裔美国人或西班牙裔人有"种族亲和力"的人,[⑤]尽管Facebook后来对其系统做了一些修改,限制广告商按某些人口统计学类别进行定位的能力。

---

① See Ingold S. & Soper S. (2016), *Amazon Doesn't Consider the Race of Its Customers. Should It?*, Bloomberg, 21 April.

② See Hannák A. et al. (2017), *Bias in online freelance marketplaces: Evidence from Taskrabbit and Fiverr*, in Proceedings of the 2017 ACM conference on computer supported cooperative work and social computing(p. 1914 - 1933).

③ 然而,作者发现,在TaskRabbit上排名较低的特定群体在城市与城市之间发生了变化。

④ See Edelman B. G. & Luca M. (2014), *Digital discrimination: The case of Airbnb. com*, Harvard Business School NOM Unit Working Paper, (14 - 054). See also Luca M. & Bazerman M. H. (2020), *What data experiments tell us about racial discrimination on Airbnb*, Fast Company.

⑤ See Angwin J., Mattu S. & Larson J. (2017), *Facebook(still) letting housing advertisers exclude users by race*, 21 November.

2.44　即使广告商没有明确的歧视意图,也有可能因为广告投放系统对成本效益的优化(如在预算内以最低成本获得最大的印象或转化率)而产生歧视性的结果。艾尔等人于 2019 年发现,尽管设置了平等和高度包容的定位参数,但 Facebook 的广告投放在性别和种族方面存在明显的偏差。[①] 艾尔等人于 2019 年还发现,每日预算较低的活动向女性展示的广告较少,这证实了兰布雷希特(Lambrecht)和塔克(Tucker)于 2019 年的发现,由于广告商之间在向女性展示广告方面存在更多竞争,这样做的成本更高。这可能会导致原本打算不分性别的广告活动(如 STEM 职业广告)以明显的歧视性方式提供给更多的男性,因为在给定预算下最大化广告印象数时,这样做更具成本效益。[②]

2.1.4　不公平的排名和设计

2.45　搜索产品或服务需要时间和精力。企业可以通过聚集、组织和检索最能满足消费者需求的选择来为消费者提供价值。精心设计的选择架构,包括默认选项和排名,可以帮助消费者有效地作出决定。如果有足够的竞争,知情和积极的消费者在对其中一个平台的结果不满意时,就可以转向其他平台。

2.46　然而,如果公司对其使用的标准不透明,就可能会引起怀疑或担忧,认为默认选项和排名可能反映了公司的利益,可能牺牲了消费者利益。[③] 当消费者有可能将默认选项和排序结果误认为是客观建议时,这种情况就更明显了。

2.47　作者将不公平的排名和设计定义为使用算法系统来修改排名或其他设计特征,以影响消费者的注意力,并以此获得商业优势,但上述行为最终会降低其向消费者提供的产品或服务质量的行为。

2.48　讨论平台可能使用不公平排名和设计的两种重要方式:

(1)一个平台可能会操纵结果的排名,以有利于某些选项,因为它从商业关系中获得利益,如更高的佣金支付或收入份额(它也可能偏向于它所拥有的、在平台上与其他选项竞争的选项)。这就是所谓的自我优待,在下面的"自我优待"部分进一步讨论。

(2)平台可能使用其他不公平的设计做法("黑暗模式"),利用消费者的行为

---

① See Ali M. et al. (2019), *Discrimination through optimization: How Facebook's ad delivery can lead to skewed outcomes*, arXiv preprint arXiv:1904.02095.

② See Lambrecht A. & Tucker C. (2019), *Algorithmic bias? An empirical study of apparent gender-based discrimination in the display of STEM career ads*, Management Science, 65(7), 2966 – 2981.

③ 我们承认平台不使算法标准透明的原因有很多,如防止博弈或欺诈。

偏差获取商业利益,包括使用误导性的稀缺信息,利用消费者的损失厌恶(loss aversion)和受他人行为影响的倾向(社会证明)。

2.1.4.1 为商业利益偏袒他人

2.49 平台通常与参与其平台的其他公司有商业关系。例如,平台可能会向企业收取创建排名的费用,或者平台可能会从平台上所列企业或与之进行交易的消费者那里获得佣金或收入份额。如果这些商业关系是有区别的,那么一些公司可能会提出向平台支付比其他公司更多的费用,以换取平台更突出他们的选择或以其他方式扭曲排名算法(相对基于消费者重视的因素的"竞争优势"来排列列表的算法)。如果这对消费者不透明,就可能是一种不公平的商业行为。此外,如果平台有更大的市场力量,而消费者不太可能转而选择其他平台,那么平台从不公平的排名中获得的收益就更有可能超过任何成本。

2.50 由于排名和排序效应(或"位置偏差"),结果的呈现顺序很重要:[①]消费者更有可能选择结果列表中靠近顶部的选项,这仅仅是由于它们的位置,而与选项的相关性、价格或质量无关。[②] 这些影响在移动设备上更加强烈,在线购物的比例越来越高,[③]语音助手正在普及,该技术的受欢迎程度有所提高,因为他们同时提出一个或少数的建议。

2.51 公司可以通过将利润更高的选择(权)置于显眼位置来利用默认效应和排名效应。这可以在不透明或不被消费者理解和接受的情况下完成,如果消费者在更中立的选项呈现下选择了更好的替代品,则可能会以消费者为代价。如果偏爱的选项属于控制平台的同一实体,那么这是一种自我优待的形式(其中不包括"自我优待")(作者将在下面"自我优待"的部分讨论)。然而,最有利的选项不必属于平台。他们也可能是与平台有一些关系的其他公司(例如,利润分享或承诺)。

---

① 位置偏差与消费者惯性和默认效应密切相关,这是公认的行为偏差,消费者倾向于坚持默认而不是默认之外明显优越的替代品。

② See Finding 3 of the CMA (2017), *Online search: Consumer and firm behaviour-A review of existing literature*, 7 April. See also Ursu R. M. (2018), *The Power of Rankings: Quantifying the Effect of Rankings on Online Consumer Search and Purchase Decisions*, Marketing Science, 37(4), 530 – 552; and De los Santos B. & Koulayev S. (2017), *Optimising clock-through in online rankings with endogenous search refinement*, Marketing Science, 36(4), 542 – 564.

③ See Meola A. (2019), *Rise of M-Commerce: Mobile Ecommerce Shopping Stats & Trends in* 2020, Business Insider, 17 December.

2.52　这一情况的好的例子是,一些酒店预订网站对酒店搜索结果的排名方式,CMA[①]和澳大利亚竞争和消费者委员会(ACCC)对其进行了调查。CMA 调查发现一些酒店预订网站上的搜索结果受到了酒店支付给网站费用数量的影响。这对消费者来说是不清楚的。被 CMA 调查的公司承诺对这些实践保持透明。[②]类似地,ACCC 发现优栈网(Trivago)违反了澳大利亚消费者法,因为他的排名算法明显取决于哪一在线酒店预订网站支付给优栈网更多,却误导消费者相信他提供了对于房价(hotelroomrates)的无偏见、客观、透明的价格比较。[③]

2.53　优栈网的例子类似于不披露下的广告和内容促销,公司在此处为位置支付费用。即使广告是公开的,其公开性也会使消费者难以察觉。例如,在谷歌搜索中,使用者很难区分出广告和机器搜索的结果,这表明广告被标注的不充分。[④]

2.54　即使在没有对消费者提供任何个性化结果的情况下,不公平的排名也是对消费者有害的。在之前的章节,作者解释了公司是如何使用不同的算法系统(如推荐系统、排名和检索系统),以决定和优化替代物的展示,以及其展示的顺序。作者还解释了推荐系统和排名算法如何为每个消费者生成个性化的选项和结果页面。个性化的排名虽然可以进一步提高结果对消费者的有用性,但也可能放大企业可能利用的任何默认和排名效应。

2.1.4.2　黑暗模式

2.55　消费者有行为上的偏见或弱点,可以通过不同的选择架构加以利用。黑暗模式是用户界面的设计,它欺骗用户作出非预期的和潜在的有害决定。

2.56　企业可以部署大量不同的选择架构和黑暗模式,而算法只与其中的一个子集有关。具体来说,按照马图尔(Mathur)等人[⑤]的分类法,对企业的算法系统

---

① See CMA(2019), *Online hotel booking CMA launches consumer law investigation into hotel booking sites*, 27 October.

② See CMA(2019), *Online hotel booking CMA launches consumer law investigation into hotel booking sites*, 6 February.

③ See ACCC(2020), *Trivago misled consumers about hotel room rates*, 21 January.

④ See Dirk Lewandowski et al. (2017), *An empirical investigation on search engine ad disclosure*, Journal of the Association for Information Science and Technology Vol. 69, Issue 3 March 2018.

⑤ Mathur 等人(2019 年)提出了黑暗模式可以分类的五个特征,即它们如何影响用户的决策标记:不对称性、隐蔽性、欺骗性、隐藏信息和限制性。Mathur A. et al. (2019), *Dark patterns at scale: Findings from a crawl of 11K shopping websites*, Proceedings of the ACM on Human-Computer Interaction, 3 (CSCW), 1 –32.

进行审计和分析,将有助于发现某些欺骗性的黑暗模式。

2.57 作者重点讨论稀缺性信息的例子(强调产品在数量或时间上有限的促销信息)。稀缺性信息可以由计算所需指标的简单算法系统产生。这些信息可以在消费者中创造一种紧迫感,并导致更多的购买,花更少的时间去寻找,并改善对产品的看法。[①] 然而,稀缺性信息本身不能存在误导性或虚假性。

2.58 为了说明这一点,CMA 调查了酒店预订网站上可能具有误导性的稀缺信息,如"现在还有 × 人在查看这家酒店"和"还有 × 个房间"。CMA 发现,这些说法可能是不完整的。例如,有时查看酒店的"其他人"的数量可能包括查看不同日期或不同房型的人,或者该酒店的房间可能在其他平台上也有。[②]

2.59 更糟糕的是,作者发现有几个电子商务网站明目张胆的行为,即他们的稀缺信息完全是捏造的。例如,有用户说,只要检查一些以稀缺信息为特征的网站相关部分的代码,就可以直接观察到报告的查看产品的人数是一个随机数字。[③]

2.60 作者还注意到,A/B 测试使企业能够进一步完善其选择架构。机器学习可以用来更好地实现更细化的分类,从而产生更个性化的结果。如上所述,如果机器学习或其他自动化系统协调正在进行 A/B 测试,确切的测试就可能缺乏适当的监督,并可能导致无意中的伤害。

2.2 排他性做法

2.61 在这一节中,作者讨论了排他性做法造成的算法伤害:占主导地位的公司利用算法系统来阻止竞争者挑战其市场地位。

2.2.1 自我优待

2.62 在本文件中,作者将自我优待定义为网络平台在牺牲竞争对手的产品或服务的情况下作出的有利于自己的决定。

2.63 一些最受欢迎的在线市场和搜索引擎拥有强大的市场地位,是企业获得客户的关键通道。这些平台的选择架构和其他决策机制,包括不同选项和产品

---

① See Cialdini R. B. (1984), *Influence*: *The psychology of persuasion*(Vol. 55, p.339), Collins.

② See the discussion of the CMA's Hotel Online Booking case in Fung S., Haydock et al. (2019), *Recent Developments at the CMA*: 2018 – 2019, Review of Industrial Organization, 55(4), 579 – 605.

③ See Bergdahl J. (2020), *Are 14 people really looking at that product*?, 14 June. 另见 2019 年 10 月 16 日@ Ophir Harpaz 的这条微博,其中报道了一个类似的例子。

的突出地位以及它们的排名方式，会对这些企业的盈利能力产生重大影响。

2.64　如果一个占主导地位的平台偏爱自己的产品和服务，而这些产品和服务与竞争对手在其平台上提供的产品和服务存在竞争，那么竞争就会受到损害。当主导平台的偏好不是基于其自身产品和服务与对手产品和服务之间的“竞争优势”时，情况尤其如此。在网络环境下，这可能涉及操作其平台的关键算法和系统，如排名算法，以有利于自己的产品。

2.65　谷歌公司诉欧盟委员会案是一个开创性的案例，其说明了算法在自我优待滥用中的作用。在该案中，欧盟委员会发现，谷歌在其一般搜索结果页中对自己的谷歌购物服务的定位和显示比竞争对手的比较购物服务更有利，从而违反了竞争法。谷歌有专门的算法（谷歌的“熊猫”更新），旨在阻止内容质量差的网站出现在谷歌的顶级搜索结果中。本案的一个关键发现是，虽然这些算法降低了竞争性比较购物服务的排名，影响了它们的可见度，但谷歌将自己的谷歌购物服务排除在这些算法之外，并将其置于一般搜索页面的突出位置。①

2.66　在作者的在线平台和数字广告市场研究中，听到专业搜索供应商②对谷歌利用其在一般搜索中的市场力量来自我优待其专业搜索产品或排除专业搜索竞争对手的担忧。这些担忧包括：谷歌采取各种设计决策，将流量引向自己的专业搜索产品；降低与专业搜索对手的有机搜索结果页面的链接排名；通过抬高搜索广告的成本，增加广告的突出地位，牺牲有机链接，向专业搜索供应商收取租金。③

2.67　再举一个例子，2019 年，《华尔街日报》称，亚马逊改变了其搜索算法，更突出地展示对亚马逊来说更有利可图的清单。据称，这一改变不是在客户搜索时主要显示最相关和最畅销的清单，而是以牺牲亚马逊市场上的竞争产品为代

---

① See European Commission decision of 27 June 2017, Case AT. 39740 – Google Search(Shopping).

② 专业搜索，有时被描述为垂直搜索，提供的工具允许消费者搜索、比较和购买某一特定部门（或“垂直”）的不同供应商的产品或服务，如旅游、本地搜索、消费金融等。

③ 这些关切和证据在 CMA（2020）的附录 P 中提出，*Online Platform and Digital Advertising Market Study final report*。

价,让亚马逊自己平台上的自有品牌产品受益。①

2.68　自我优待并不限于排名。另一个可能利用默认效应或突出性的所谓自我优待的例子是,亚马逊选择哪个卖家占据其特色产品的方式(作者也用它以前更著名的名字"Buy Box"来称呼),这是亚马逊上任何产品的默认零售商。

特色优惠是指靠近产品详情页顶部的优惠,客户可以立即购买或添加到他们的购物车中。亚马逊上很高比例的销售是通过 Buy Box 购买箱进行的,估计有80%到90%的比例。② 亚马逊用来选择卖家完成Buy Box(可能是亚马逊自己)订单的算法的精确细节并不公开。然而,亚马逊解释说,赢得 Buy Box 的机会受到价格、可用性、履行方式和客户体验指标的影响。亚马逊市场上的第三方卖家担心,亚马逊的 Buy Box 算法不公平地倾向于亚马逊自己的产品。2019 年 7 月,欧盟委员会对亚马逊展开正式调查,并将研究数据在选择 Buy Box 赢家时的作用,以及亚马逊可能使用竞争性敏感的市场卖家信息对该选择的影响。③

2.69　除了可能滥用选择架构来影响消费者和客户的决定之外,使用算法系统的公司还可能在存在信息不对称或潜在利益冲突的情况下这样做。例如,在某些情况下,消费者和客户有效地将决策委托给使用算法系统代表他们行事的公司。在其他情况下,一个平台可以运营一个交易所,并作为两个或多个客户的中介。如果这些公司和平台的行为是通过自动决策系统或算法实现的,这些算法就可能是这些市场运作的核心。如果没有足够的信任和透明度,人们就可能会担心公司或平台作出的决定对公司或平台自身有利,而不是对它应该为之行事的人有利,这可能导致对消费者和竞争的伤害。

2.70　例如,在在线平台和数字广告市场研究中,发现上述担忧:谷歌能够利用其对广告技术代码关键部分的控制,以有利于其自身数字广告业务的方式决定

---

① See Wall Street Journal(2019), *Amazon Changed Search Algorithm in Ways That Boosted Its Own Products*, 16 September. 它进一步指称,该算法使用了盈利能力的"代理变量",这些变量与亚马逊的盈利能力提高相关,但外部观察者可能无法看出这一点,此前亚马逊律师拒绝了"将利润直接加入算法"的早期提议,因为他们担心这会"给反托拉斯监管机构带来麻烦"。

② 例如,RepricerExpress 指出,"83%的亚马逊销售是通过购买箱发生的,甚至更多的是在移动端。[RepricerExpress(2020), *How to Win the Amazon Buy Box in 2020*]

③ See European Commission (2019), *Antitrust: Commission opens investigation into possible anti-competitive conduct of Amazon*, [Press release] 17 July; European Commission(2020), *Commission opens second investigation into its e-commerce business practices*, [Press release] 10 November 2020.

拍卖程序。[①] 同时,广告拍卖中使用的算法缺乏透明度,包括用于按相关性和自动出价算法加权的算法。[②]

2.71　信息不对称以及对关键算法运作的完整性缺乏信任和信心,会导致消费者和客户停止参与数字市场,如退出社交媒体应用程序或停止使用谷歌。在企业没有足够强大的激励措施(如提高声誉)向消费者提供更多信息的情况下,这种情况尤其明显。在企业和市场参与者无法克服这些问题的情况下,监管机构直接投资于审计和检查这些算法运作方式的能力和努力,或者帮助促进独立的算法审计供应商的发展,可能是有益的干预和帮助缓解信息不对称的情况。这些想法将在下面的章节中详细讨论。

2.2.2　操纵平台算法和无意排除

2.72　操纵排名算法和其他平台设计选择,也可以让平台上的在位者排斥竞争对手。在网络市场上销售的第三方在位者可能会与关键平台的算法进行博弈,以便在新进入者成长的关键时刻暂时压制其知名度和突出地位。更为普遍的是,关键平台的搜索和排名算法可能对维持竞争重视不够,并强化了其他市场的市场力量。例如,平台可能系统性地偏袒既有的在位者,使消费者难以发现并有可能转向新进入者,甚至可能从在位公司因其他市场缺乏竞争而获得的租金中抽取一部分。

2.73　更为普遍的是,为合法目的而改变复杂的算法系统,会对依赖这些系统的企业造成意外的伤害,并对相关受影响市场的竞争秩序造成损害,特别是对 Facebook 和谷歌等"看门人"平台[③]算法的改变会产生重大影响,许多企业可能因此而被无意中排除在外或被边缘化。了解和适应这些算法运作的变化可能是进入市场的障碍。

2.74　例如,在 CMA 关于在线平台和数字广告的市场研究期间,许多出版商

---

① See CMA(2020)第 5 章和附录 M, *Online Platform and Digital Advertising Market Study final report*。

② 参见 CMA(2020)第 5 章,附录 Q 和附录 U。

③ The Furman Review(*Unlocking digital competition*, *Report of the Digital Competition Expert Panel*, March 2019)引入了"竞争看门人"一词,以描述对其他各方的市场准入具有控制地位的平台。

对搜索和排名算法的意外和不明原因的变化表示关切,最明显的是与谷歌搜索[①]和 Facebook[②]新闻源有关的变化。出版商认为,算法更改导致的网站流量减少会对他们的业务产生直接的财务影响,而突然的、无法解释的和重大的算法更改使计划和财务决策变得更加复杂。企业需要花费大量成本来理解和优化内容以适应这些变化。一些出版商还告诉作者,他们认为在某些情况下,算法更改可能是出于商业动机,以牺牲其他出版商的利益而有利于平台或关联方。[③]

2.75 可能受到影响的企业应该得到关于这些算法如何工作的充分解释,以及可能对其产生重大影响的变化的充分通知。此外,正如作者在讨论中强调的可能无意造成的伤害(例如第 2.3 节关于算法合谋和第 2.1.3 节关于算法歧视),公司负责他们的算法系统的影响,包括意想不到的影响。

2.2.3 掠夺性定价

2.76 作者在第 2.1.2 节讨论了个性化定价算法对消费者的一些潜在危害。这包括公司如何使用机器学习和数据科学技术来分析哪些客户可能会转换平台。

2.77 从理论上讲,现有公司可能会使用类似的数据、算法和技术进行个性化定价,以识别和有选择地针对那些最有可能转换风险或对新竞争对手至关重要的客户。这可以使现有公司更容易、更有效、成本更低地抢占先机,[④]并将竞争对手排除在外或边缘化。

2.3 算法合谋

2.78 在本节中,作者将讨论使用算法系统来促进共谋和维持更高的价格。

---

① 2019 年,谷歌改变了其新闻搜索算法,以突出"重要的原创报道",尽管对"原创报道"没有客观定义。See Gingras R. (2019), *Elevating original reporting in Search*, Google. 12 September. Google's changes could potentially change the business models of hundreds of websites; Bohn D. & Hollister S. (2019), *Google is changing its search algorithm to prioritize original news reporting*, The Verge. 12 September.

② 例如,2016 年 Facebook 的策展算法发生变化,以向用户展示更多来自朋友和家人的故事,导致出版商网站的访问量大幅下降,其中一些下降了 25%。See Isaac M. & Ember S. (2016), *Facebook to Change News Feed to Focus on Friends and Family*, The New York Times, 29.

③ CMA, *Online Platforms and Digital Advertising market study final report*, *Appendix S*, 2020, paragraphs 21 to 31.

④ 掠夺是指具有支配地位的现有公司非常激进地设定价格以将竞争对手排除在市场之外的情况。如果成功,"捕食者"将能够通过提高价格和赚取更高的利润来弥补损失,因为"猎物"在市场上的时间更长。掠夺是有争议的,因为由于激烈但公平的竞争,很难将低价与作为占主导地位的现有企业排他性战略的一部分的低价区别开来。

算法可使明确的共谋更加稳定,或者可以在没有任何明确协议或公司之间沟通的情况下进行共谋。

2.79　利用定价算法促进串通的可能性受到了学术界和竞争监管机构的广泛关注。2016 年,伊拉芝(Ezrachi)和斯图克(Stucke)出版了一本书,列出了潜在的合谋情况。[①] 如上所述,2018 年,作者就这一主题发表了一份经济工作文件。此后,其他几个竞争管理机构也发表了相关报告,[②]学术研究人员也发表了引人注目的论文,这些文献表明定价算法在理论上可以学习合谋。

2.80　大体上,围绕算法合谋的担忧可分为以下三类:

首先,增加定价数据的可用性和使用自动定价系统可以使企业能够更容易发现和应对偏差,减少错误或意外偏差的出现,从而促进明确的协调。即使是简单的定价算法,如果能够获得竞争对手价格的实时数据,也可以使企业之间的明确合谋更加稳定。

其次,如果公司使用相同的算法系统来设定价格,包括使用第三方提供的相同软件或服务,或者将定价决策委托给一个共同的中介,这可以创建一个“辐轴式”结构并促进信息交流。

最后,存在“自主默契合谋”的可能性,即定价算法在不需要其他信息共享或现有协调的情况下学会合谋。

2.3.1　促进明确的协调

2.81　竞争管理机构对使用定价算法执行明确的合谋协议的公司有一些执法案例,如在线海报案(CMA 的 Trod/GBeye 决定和美国诉 Topkins 案)。[③] 作者还了解到,西班牙国家市场与竞争委员会(CNMC)对西班牙房地产中介特许权和房地产经纪信息技术解决方案的供应商进行了调查。指控称,这些企业通过设计

---

① Ezrachi A. & Stucke M. E. (2016), *Virtual Competition: The Promise and Perils of the Algorithm-Driven Economy*, Harvard University Press.

② 这些包括:Autorité de la Concurrence & Bundeskartellamt(2019), *Algorithms and Competition*; Autoridade da Concorrência(2019), *Digital ecosystems, Big Data and Algorithms-Issues Paper.*

③ See US Department of Justice(2015), *Former E-Commerce Executive Charged with Price Fixing in the Antitrust Division's First Online Marketplace Prosecution*, [Press release] 6 April. CMA(2016), *Online seller admits breaking competition law*, [Press release] 21 July.

经纪软件和算法,为房地产经纪人协调价格和其他销售条件提供了便利。①②

2.82 算法也可能被用来更普遍地执行反竞争限制,以设定和维持超竞争价格(高于在竞争性市场中可维持的价格)。例如,在 2019 年,一家在线旅行社声称,其竞争对手 Booking. com 和 Expedia 事实上在执行广泛的价格平价条款,在其排名中降低任何在竞争对手的预订网站上提供更便宜房间的酒店经营者,从而使他们不太可能出现或出现在其搜索结果的下方。③ 这些指控与最近的学术研究相一致,表明在线旅行社改变了他们的搜索结果,以对抗酒店在竞争渠道上采取激进价格的行为,这降低了消费者的搜索质量。④ 在线旅行社宽泛的价格平价条款已经成为欧盟竞争管理机构多次调查的对象,⑤而 Booking. com 和 Expedia 则作出了正式承诺,包括对 CMA 的承诺,⑥不执行广泛的价格平价条款。⑦

2.3.2 辐轴协议

2.83 另一个潜在的关注点是,普通中介机构的定价建议或定价会在多大程度上导致价格具有超竞争力。⑧ 许多平台为其供应方用户(如亚马逊市场和 eBay 的第三方卖家和爱彼迎的房东)提供工具和算法,以帮助他们设定和管理价格(例如,亚马逊为其第三方卖家提供自动定价)。一些共享经济平台更进一步,推荐价格,允许供应方用户委托平台定价,甚至要求他们这样做。这些平台的算法是否为每个用户推荐,是一个开放的问题。

---

① See CNMC(2020), *The CNMC opens antitrust proceedings against seven firms for suspected price coordination in the real estate intermediation market*, [Press release] 19 February.

② 可以说,Eturas 案涉及立陶宛竞争委员会对一个共同的在线旅游预订系统(Eturas)作出的决定,该系统通过限制折扣为合谋提供便利,也可以被视为"算法"合谋案,在有限的意义上,折扣上限是利用对使用 Eturas 系统的旅行社的技术限制来实现的。Case C-74/14, Eturas UAB and Others v. Lietuvos Respublikos konkirencijos taryva(Eturas), ECLI:EU:C:2016:42.

③ See Global Competition Review(2019), *Expedia and Booking. com accused of imposing "new type" of abusive price parity*, 13 June.

④ See Hunold M., Reinhold K. & Laitenberger U. (2018), *Hotel Rankings of Online Travel Agents, Channel Pricing and Consumer Protection*, Discussion Paper, Duesseldorf Institute for Competition Economics.

⑤ See European Competition Network(2016), *Report on the monitoring exercise carried out in the online hotel booking sector by EU competition authorities in* 2016.

⑥ See CMA(2020), *Voluntary extension to parity commitments by Booking. com and Expedia*, 20 August.

⑦ 广泛的平价条款(也被称为"最惠国待遇"条款)违反了竞争法,这是公认的。See CMA (2020), *CMA fines ComparetheMarket £ 17.9m for competition law breach*, press release.

⑧ See paragraphs 5.19 to 5.21 of CMA(2020), *Pricing algorithms*.

2.3.3　自主默契合谋

2.84　对算法合谋的一些关切集中在复杂而精密的定价算法的前景上——使用深度强化学习等技术——自行学习默契地合谋,而不需要人类操作者明确的沟通和意图来压制竞争。[①]

2.85　模拟研究表明,理论上存在明显的担忧,即算法可以在公司之间没有任何明确的沟通的情况下自主合谋。例如,卡尔瓦多斯(Calvano)等人于2019年表明,在稳定的市场中进行了多次迭代实验后发现,在模拟中竞争的Q-learning(一种相对简单的强化学习形式)定价算法可以学习合谋策略,并对偏差进行惩罚。[②]

2.3.4　经验证据

2.86　更为复杂的定价算法在现实世界的市场中的使用程度是不确定的,估计范围很广。Chen等人于2016年分析了亚马逊市场上的第三方卖家,发现有543个卖家(在他们抓取的数据集中约有33,300个独特的卖家ID)被他们认为很可能在使用定价算法。[③④] 2017年5月,欧盟委员会的电子商务部门调查发现,大约28%的受访者使用软件来跟踪并随后调整自己的价格。[⑤] 2019年,葡萄牙竞争监管机构(AdC)发现他们调查的企业中约有8%使用了定价算法。[⑥]随着越来越多的公司提供第三方定价软件,这些数字可能会增加,并且可供更多以前缺乏内部能力的企业使用。

---

① See the discussion in Chapter 8 of Ezrachi, A. and Stucke M. E. (2016), *Virtual Competition: The Promise and Perils of the Algorithm-Driven Economy*, Harvard University Press.

② See Calvano E. et al. (2019), *Artificial Intelligence, Algorithmic Pricing and Collusion*; Klein T. (2019), *Autonomous Algorithmic Collusion: Q-Learning Under Sequential Pricing*.

③ See Chen L., Mislove A. & Wilson C. (2016), *An empirical analysis of algorithmic pricing on Amazon Marketplace*, in Proceedings of the 25th International Conference on World Wide Web (p. 1339 – 1349). 令人惊讶的是,正如作者自己所指出的,该研究中的第三方算法卖家销售的独特产品较少,幅度很大,这表明他们倾向于专攻相对较少的产品。

④ 在之前的工作中(CMA 2018),我们与一些算法定价工具和服务的供应商进行了交谈,他们表示,亚马逊上较大的第三方卖家(如年收入超过100万美元的卖家)往往拥有自动重新定价的软件,以便管理大量的产品[CMA(2018), *Pricing Algorithms: Economic Working Paper on the Use of Algorithms to Facilitate Collusion and Personalised Pricing*]。

⑤ 欧盟委员会发现,53%的受访零售商跟踪竞争对手的在线价格,其中67%的零售商还为此使用自动软件。78%的使用软件跟踪价格的零售商随后调整自己的价格。(European Commission, *Final Report on the E-commerce Sector Inquiry*, Commission Staff Working Document, May 2017.)

⑥ See Autoridade da Concorrência (2019), *Digital Ecosystems, Big Data and Algorithms: Issues Paper*.

2.87　一般来说,由于经验性证据相对较少,现实市场中的合谋风险并不清楚。如上所述,竞争管理机构对使用定价算法执行明确合谋协议的公司的执法案件很少。目前还不清楚竞争管理机构是否可以反对"辐轴式"以及自主的默契合谋情况,如两个企业之间可能没有直接接触,或者它们之间没有限制竞争的思想交流。

2.88　阿萨德(Assad)等人最近的一项学术研究,是(据作者所知)对现实市场中的算法定价和竞争之间的关系的第一个实证分析。他们估计,德国零售加油站在采用算法定价后,利润率增加了约9%,但只是在面临本地竞争的地方。利润率直到全市场采用后约一年才开始增加,这表明该市场的算法随着时间的推移学会了协调默契的合谋。①

2.4　无效的平台监督的危害

2.89　作者将无效的平台监督危害定义为:声明使用算法来解决危害,但在实践中可能部分或完全无效,如果伴随缺乏透明度,则无法进行外部评估。这可能导致消费者利益受损(例如,企业没有被激励去改善他们的服务),以及更广泛的社会伤害。这种危害可能涉及许多其他危害,但由于监管机构在解决缺乏透明度方面的重要性,作者将会单独对它作出强调。

2.90　这方面的一个例子是,旨在打击虚假在线评论的无效算法造成了伤害。消费者团体"Which?"发现亚马逊上出售的"未知"品牌的流行技术产品有数千条虚假或可疑的评论。② "Which?"报道说,根据亚马逊自己的估计,这些评论大部分是由计算机产生的。它的机器学习算法分析所有收到的和现有的评论,并阻止或删除那些被认定为不真实的评论。然而,"Which?"发现许多评论仍然通过了这些过滤器。这种危害可能会因平台应被激励使其算法更加有效而得到缓解,因为如果虚假评论普遍存在,平台就可能会失去消费者的信赖,并将业务输给其他平台。然而,如果在发布评论之前必须先购买产品,那么平台可能会从虚假评论中获益。例如,CMA 自己关于虚假在线评论的工作发现,超过 3/4 的人在网

---

① See Assad S. et al. (2020), *Algorithmic Pricing and Competition: Empirical Evidence from the German Retail Gasoline Market*, CESifo Working Paper, No. 8521.

② See Walsh H. (2019), *Thousands of "fake" customer reviews found on popular tech categories on Amazon*, Which?, 16 April.

上购物时会受到评论的影响。如果不能发现这些评论并将其删除，就可能导致消费者购买了他们不想要的产品或服务。

2.91　另一个例子是过滤有害内容不力的算法造成的伤害。[①] 2019 年 11 月，Facebook 宣布，在 2019 年第三季度，它能够删除 700 万个仇恨言论的实例，比上一季度高出 59%，[②]其中大部分是由算法检测出来的。鉴于算法系统需要对社会话题的不断变化作出反应，算法不可能在任何情况下捕捉到所有仇恨言论的实例。尽管如此，Facebook 使用的仇恨言论分类算法只适用于大约 40 种语言，Facebook 称没有足够的训练数据来训练讲得少的语言的算法。对于大型科技公司用来过滤不良内容的许多其他算法，目前仍不清楚它们的效果如何。这是因为缺乏透明度，这些公司没有被强制向监管机构或消费者提供透明的算法。

2.92　平台对用户在其平台上上传的内容的责任，一直存在争议。在美国，1996 年《通信道德法》第 230 条广泛规定平台对用户发布的内容享有豁免权。但是，它仍然要求公司对违反知识产权法或刑法的内容负责。[③] 从英国消费者保护的角度来看，作者希望平台能够确保其系统能够检测出非法或误导性的内容。此外，Ofcom 将成为网络危害的监管机构。政府在 2020 年 2 月对《网络伤害白皮书》咨询的初步回应中，强调公司将被要求履行其注意义务。这种注意义务包括删除非法内容，对于合法但有可能造成伤害的内容，公开声明"什么内容和行为他们认为在他们的网站上是可以接受的，并一致和透明地执行这一点"。

3. 调查这些危害的技术

3.1　在这一节中，作者讨论了调查上一节中概述的危害的普遍性或问题性的技术。作者分别考虑那些可以在不接触公司数据和算法的情况下使用的技术，以及那些需要公司提供给员工以及可能包括监管者在内的审计人员的信息。有些技术比其他技术更适用于调查某些危害。

---

① 仇恨言论等网络伤害本身就是一个重要的话题，但本文件没有广泛涉及，因为这些问题正在通过网络伤害监管和 Ofcom 来解决。

② See Perrigo B. (2019c), *Facebook Says It's Removing More Hate Speech Than Ever Before, But There's a Catch*, TIME, 27 November.

③ See Reuters(2019), *Google and Reddit defend law protecting tech companies from liability for user-generated content*, Venture Beat, 16 October.

3.1 不直接获取公司的数据和算法而调查危害的技术

3.2 如果不能直接接触一个公司的数据或算法,就很难将一个具体的算法与部署该算法的更广泛的产品或自动化系统分开来分析。相反,人们很可能会分析一个被理解为由一个或多个算法过程驱动的系统的输入和输出。[①] 前面概述的一大批危害可以通过收集或模拟适当的数据作为特定算法系统的输入,然后对输出进行分析。例如,通过阿达洛芙莱斯(AdaLovelace)研究所和英国数据慈善(DataKind)公司所谓的"偏差审计"对输入和输出进行系统分析。[②]

3.3 然而,要理解算法服务的危害,最好是有充分和适当的背景,即这种服务或自动系统是如何设计、开发和训练的,用作输入的数据及消费者如何回应和利用该系统的输出。[③] 在给定算法没有清晰透明的输入和输出的情况下,很难理解算法的行为,更不用说更广泛的自动化系统。作者在前文讨论了算法如何用额外的信息来丰富用户提供的输入,如用户的行为历史[④]、他们的设备类型或地理位置。这可能会导致一组算法输入不透明、部分或完全不可观察。例如,推荐系统通常在大量的消费者行为历史上进行训练,但究竟哪些行为被用作输入,外部人员可能并不清楚。算法的输出也可能是不可观察的,如进行客户细分的聚类方法。个人客户往往不知道这种细分正在发生,也不知道他们可能已经被分配到哪个细分类别中。[⑤]

---

① 算法输出,比如搜索算法,可能会受到影响消费者看到的确切"搜索结果"的噪声、A/B 测试或个性化等附加影响。无法保证如果两个不同的参与方同时搜索相同的术语,他们会以相同的顺序看到相同的结果。See Hannak A. et al. (2014), *Measuring Price Discrimination and Steering on E-commerce Web Sites*, in Proceedings of the 2014 Conference on Internet Measurement Conference(IMC'14), Association for Computing Machinery, New York, NY, USA, 305 - 318.

② 这种类型的审计通过查看输入和输出以检测决策结果中的任何偏差来测试假设,而不是通过更广泛的检查来调查系统是否符合特定法规。See Ada Lovelace Institute & DataKind UK(2020), *Examining the Black Box: Tools for Assessing Algorithmic Systems.*

③ Turing Institute 的 2019 年关于 Understanding Artificial Intelligence Ethics and Safety 的报告中,有一个理解这一更广泛背景的框架的例子——他们概述了四个互补的"公平"类别,分别为数据、设计、结果和实施。

④ See Bobadilla J. et al. (2013), *Recommender systems survey*, Knowledge-Based Systems, Volume 46, 2013, Pages 109 - 132, ISSN 0950 - 7051.

⑤ See Yan J. et al. (2009), *How much can behavioral targeting help online advertising?*, in Proceedings of the 18th international conference on World wide web, Association for Computing Machinery, New York, NY, USA, 261 - 270.

3.4　本文件所述的某些类型的损害是由于多个自动系统或算法之间的互动而产生的,如算法通谋。在这些情况下,有可能确定由全部算法互动产生的“总体”损害,如关于特定产品的价格竞争的显著减少。然而,要了解每个单独的算法在表现这种损害方面的作用,可能会更具挑战性。[①]

3.5　作者虽然认识到这些潜在的不足,但仍然认为,在不直接接触底层代码的情况下调查自动化系统有很大的价值,并注意到学术界已经开发了成功地将算法输出与更广泛的系统输出分离开来的方法。例如,对电子商务网站搜索结果的价格歧视,汉克等人开发了一种方法,从噪声中分离出个性化的影响,并衡量诸如操作系统的选择或购买历史等因素的相关性。[②]

3.6　在算法系统具有透明产出的情况下,一种传统的方法是让消费者充当数字“神秘顾客”。CMA 过去曾使用这种技术来了解消费者在通过网站或应用程序进行购买时如何使用数字比较工具。欧盟委员会在一项关于通过个性化定价进行在线市场细分的消费者市场研究中也使用了这种方法,[③]CMA 也进行了类似的研究。[④] 这类研究收集并使用真实购物者的在线资料、点击和购买历史、设备和软件使用情况等信息,以确定可能产生的伤害。[⑤] 研究人员还对搜索结果排名进行了研究,观察它们在不同设备(可与受保护特征相关联)或重复搜索时的差异。[⑥]

---

① 例如,考虑一组定价算法“代理人”在同一市场上竞争,并假设这些算法使用其他代理人的价格和消费者需求来告知自己的价格。在各种可能的市场条件下进行模拟,以确定何时可能发生危害,并确定哪一组算法的互动是负责任的,这是极具挑战性的。这个框架与 2010 年美国股市“闪电崩盘”发生的框架相同;人们普遍认为,这一事件事前难以预测,事后理解起来也是出了名的困难,许多专家学者对其根本原因仍有分歧。See this SEC report on the Flash Crash, and this more general 2018 FCA Report on Algorithmic Trading Compliance.

② See Hannák A. et al. (2014), *Measuring Price Discrimination and Steering on E-commerce Web Sites*, in Proceedings of the 2014 Conference on Internet Measurement Conference, Association for Computing Machinery, New York, NY, USA, 305 – 318.

③ See European Commission(2018), *Consumer market study on online market segmentation through personalised pricing/offers in the European Union*, 19 July.

④ See Annex 1 of CMA(2018), *Pricing algorithms-Economic working paper on the use of algorithms to facilitate collusion and personalised pricing*.

⑤ See Annex 1 of CMA(2018), *Pricing algorithms-Economic working paper on the use of algorithms to facilitate collusion and personalised pricing*.

⑥ 应该注意的是,在可行的情况下,测试输入和输出应与算法在实践中的工作方式相匹配,因为根据个性化或用户历史排除输出变化可能具有挑战性。

他们通过运行各种搜索查询并记录和比较结果①来收集历史数据,以确定可能产生的伤害,如比较不同的在线价格网站并分析。②

3.7 输出也可以通过桑维(Sandvig)等人所说的"爬虫审计"来观察。③ "爬取和刮擦是允许从网站上提取数据的方法。"④例如,汉克等人使用爬取从两个自由职业者市场上提取数据(如人口统计学数据、评级和评论以及工人在搜索结果中的排名)来创建工人档案并调查是否存在对性别或种族的看法偏差。⑤ 爬取检索系统的输出也可以与进行审计的团队的真实数据输入一起使用。例如,增加关于哪些数据被用于产生个性化的推荐或价格的透明度。⑥ 勒古耶(Lécuyer)等人提出了一个网络个人数据跟踪系统,该系统通过相关性预测哪些输入数据(如个人电子邮件或网络搜索)正被用于目标输出,如在线市场上的价格。⑦ 通常,作者警告说,对于特定案例,不能保证"爬虫审计"是可行的或直接的,这可能取决于特定网站或服务的运作方式的性质。

3.8 更复杂的技术方法可以包括使用 API,⑧逆向工程服务允许直接测试或模拟 Web 应用程序以提交带有特定数据的查询并截取完整的输出。最后两种数

---

① See Fletcher A. (2019), *Ranking rankings: Or how to protect consumers from being misled when searching online*, CCP Annual Conference.

② See Hunold M., Reinhold K. & Laitenberger U. (2018), *Hotel Rankings of Online Travel Agents, Channel Pricing and Consumer Protection*, Discussion Paper, Duesseldorf Institute for Competition Economics.

③ See Sandvig C., Hamilton K., Karahalios K. & Langbort C. (2014), *Auditing Algorithms: Research Methods for Detecting Discrimination on Internet Platforms*, Paper presented to "Data and Discrimination," a pre-conference of the 64th annual meeting of the International Communication Association, Seattle, WA, USA.

④ 一些网站有禁止抓取和抓取的服务条款;但是,作者支持以负责任的方式部署它们以用于审计目的。

⑤ See Hannák A. et al. (2017), *Bias in Online Freelance Marketplaces: Evidence from TaskRabbit and Fiverr*, in Proceedings of the 2017 ACM Conference on Computer Supported Cooperative Work and Social Computing(p. 1914 – 1933).

⑥ See Lécuyer M. et al. (2014), *XRay: Enhancing the Web's Transparency with Differential Correlation*, in Proceedings of the 23rd USENIX Conference on Security Symposium.

⑦ 作者创建了一个插件,该插件收集要跟踪的所选输入和输出,以及使用来自每个个人账户的输入数据子集的"影子账户"。然后相关引擎确定输入和输出之间的关联强度。如果输出看起来与在多个影子账户中输入,可以识别更可能导致该输出的输入,如单击产品并稍后看到它的广告。

⑧ API 是一种计算接口,它允许数据在系统之间轻松地来回发送(包括算法系统的输入和输出)。

据收集方法被 Chen 等人用于审计优步的涨价算法。①

3.9　为调查算法而收集和准备相关输入数据的过程需要从实际和道德的角度考虑。重要的是,要考虑数据收集技术的法律和道德影响,如网络爬取或逆向工程,以及确保被审计公司不承受不适当的负担。关于处理任何个人数据,这种收集、处理和储存都必须以道德的方式进行,并符合数据保护法。在准备此类数据时,也必须注意引入偏见,这可能会扭曲后来的算法服务分析。例如,在测试图像识别算法的种族偏见时,数据准备的一种方法是使用"现成的"算法,在收集的面部图像上标注种族类别。使用这些算法的人必须警惕进行这种标记的算法是否与作者可能试图审计的算法存在类似的偏见。②

3.10　在缺乏可访问的现实生活数据的情况下,一些机构正在创建虚拟人物来模拟各种人口统计和兴趣的用户。此类角色允许使用自动化方法以比手动分析更大的规模分析某些歧视性危害。普林斯顿 WebTAP 计划开发了 OpenWPM,这是一种开源软件,使研究人员能够建立浏览活动历史并观察这些角色如何与数字服务交互。③ 达塔(Datta)等人(2015 年)也创建了一个工具——AdFisher,它创建了模拟的用户网络历史,按性别和年龄划分,并比较了向每个部分显示广告,以分析广告设置中的任何歧视迹象,或缺乏透明度或选择。④ 然而,重要的是,作者要意识到,"模拟"人物与真实的消费者不一样,两者的特征和行为历史可能会有所不同,这对作者希望分析的算法产生实质性影响。⑤

3.11　一旦收集了输出,就需要进行适当的分析,以检验是否确实存在任何假设的损害。最合适的分析方法取决于被测试的伤害理论、被调查的系统以及系统部署的领域和背景。即使调查可以在统计分析的框架内进行,道德和法律方面可能也需要考虑。越来越多的道德机器学习文献指出,对什么是"公平"有不同的

---

① See Chen L., Mislove A. & Wilson C. (2015), *Peeking beneath the hood of Uber*, in Proceedings of the 2015 internet measurement conference(p. 495 – 508).

② 对于从个人资料图片推断性别和种族,主流数据集和使用这些数据集训练的算法已知存在偏见,这就是 Karkkainen 和 Joo(2019)把 FairFace 数据集放在一起的原因。Kärkkäinen K. & Joo J. (2019), *Fairface: Face attribute dataset for balanced race, gender, and age*, arXiv preprint arXiv:1908.04913.

③ See Narayanan A. & Resiman D. (2017), *The Princeton Web Transparency and Accountability Project*, Transparent data mining for Big and Small Data.

④ See Datta A., Tschantz M. & Datta A. (2015), *Automated Experiments on Ad Privacy Settings: A Tale of Opacity, Choice and Discrimination*, in Proceedings on privacy enhancing technologies.

⑤ 一个例子是深度强化学习算法,众所周知,它对输入和训练的微小变化相当敏感,见——Henderson P. et al. (2017), *Deep Reinforcement Learning that Matters*, Arxiv preprint。

定义和解释,而这些定义和解释本身又是复杂的、针对具体环境的。① 此外,检测和补救公平问题的技术往往需要访问受保护的特征数据,而这些数据往往不是现成的。②

3.2 在可以直接获取数据和算法的情况下调查危害的技术

3.12 算法是通过编写代码来开发的,这些代码通常(但并不总是)会经过优化程序,处理相关数据以产生最终的、"经过训练的"算法。能够接触到数据和/或代码意味着有可能通过全面的监管检查,以比"黑箱"方法更彻底的方式来审核决策系统。③ 可能不需要收集和处理数据;也可以在测试数据上运行算法代码,直接分析其输出和限制。同样,作者不一定需要访问代码;来自算法所有者的相关数据,如来自实时部署或 A/B 测试的输入和输出,本身就可能足以满足某些审计目的。

3.13 在可以接触到代码的情况下,有三种调查的可能性。"动态分析",如通过执行代码进行自动测试;"静态分析",如识别格式错误,代码只能在与其环境隔离的情况下进行分析;以及人工"代码审查",这对复杂的算法软件来说极具挑战性。后两种方法都有注意到的缺点,如无法了解代码的外部依赖关系如何影响其行为。此外,在完全透明的开源软件中,恶意软件的持续存在说明了有害行为是如何在看不见的情况下长期存在的。④ 学术界对各种分析方法的相对优势和局限性进行了研究,并具体到算法方面;人们普遍认为动态分析方法在进行有效审计方面要强大得多。⑤

3.14 在检查数据和代码之前,掌握该组织的文件、伪代码和一般解释是很

---

① See Binns R. (2018), *Fairness in machine learning: Lessons from political philosophy*, *in Conference on Fairness*, Accountability and Transparency (p. 149 - 159). PMLR, or Hutchinson B. & Mitchell M. (2019), 50 *years of test(un)fairness: Lessons for machine learning*, in Proceedings of the Conference on Fairness, Accountability, and Transparency(p.49 - 58).

② Veale 和 Binns 在 Veale M. & Binns R. (2017), *Fairer machine learning in real world* 中讨论了在不获取受保护特征数据的情况下减轻歧视的三种广泛选择。在不收集敏感数据的情况下减轻歧视,Big Data & Society, 4(2)。

③ See Ada Lovelace Institute & DataKind UK(2020), *Examining the Black Box: Tools for Assessing Algorithmic Systems*.

④ See Edward W. Felten & Joshua A. Kroll, SCI. AM. (Apr. 16, 2014), Heartbleed Shows Government Must Lead on Internet Security.

⑤ See Joshua A. Kroll et al., 165 U. Pa. L. Rev. 633(2017), Accountable Algorithms.

重要的。这有助于不知情的第三方了解算法的开发和部署的背景。文档可能包括关于业务背景、目标、设计、架构图、培训(包括在算法培训阶段已经最大化的相关功能)、关键绩效指标(KPI)和算法系统监控的通信和内部文件。[①] 公司自己进行审计的,也可以要求获得这些审计的结果,无论是概况介绍、[②]示范卡、[③]透明度报告,[④]还是其他内部审查。[⑤]

3.15　接下来,分析输入和输出数据(类似于上文概述的数据)可以提供更丰富的信息。这发生在欧盟委员会对谷歌的比较购物服务的调查中,该服务被发现有自我优待的排名。例如,欧盟分析了17亿搜索查询和自动替换搜索结果的排名,以观察是否改变点击的数量,这构成了他们调查的重要部分。[⑥] 如果算法是机器学习算法,检查用于训练模型的数据可以揭示偏见或公平性问题,损害的来源是与数据相随,而非通用的优化算法,[⑦]

3.16　在可以获取代码,但不能访问完全的决策系统或基础架构或者数据的情况下,可以通过人工或自动的方式仔细观察算法代码本身,进行综合审查。[⑧] 在Trvago案中ACCC如此行事,在该案中专家被引入同时分析了代码和输入与输入

① 在CMA的在线平台和数字广告市场研究中,提出了一项原则,即让算法的高级"目标函数"透明化,以便进行适当的监管监督。Appendix U., supporting evidence for the code of conduct-paras, 160–165.

② See Arnold M. et al. (2019), *FactSheets: Increasing Trust in AI Services through Supplier's Declarations of Conformity*.

③ See Mitchell M. et al. (2019), *Model Cards for Model Reporting*, in Proceedings of the Conference on Fairness, Accountability, and Transparency, January, p. 220–229.

④ See Datta A., Sen S. & Zick Y. (2016), *Algorithmic transparency via quantitative input influence: Theory and experiments with learning systems*, IEEE Symposium on Security and Privacy.

⑤ See Barnes P. et al. (2020), *Closing the AI accountability gap: defining an end-to-end framework for internal algorithmic auditing*, in Proceedings of the 2020 Conference on Fairness, Accountability, and Transparency, p. 33–44.

⑥ See European Commission (2017), *Statement by Commissioner Vestager on Commission decision to fine Google* 2.42 *billion for abusing dominance as search engine by giving illegal advantage to own comparison shopping service*, 27 June.

⑦ See Anupam Datta et al. (2017), *Proxy Discrimination in Data-Driven Systems*, arxiv preprint.

⑧ See Christian Sandvig et al., *Auditing Algorithms: Research Methods for Detecting Discrimination on Internet Platforms*, Paper presented to *Data and Discrimination: Converting Critical Concerns into Productive Inquiry*, a preconference at the 64th Annual Meeting of the International Communication Association. May 22, 2014; Seattle, WA, USA.

的数据。[①] 然而,除非算法是相对简单的,否则这是一项艰巨的挑战。确实,更为复杂的机器学习算法被称为"黑箱"算法,这是因为即使是对其负责的开发人员也不能完全理解一个给定的输入到输出的路径。[②] 更有甚者,一些复杂的算法在特定的数据集或应用上只会导出伤害性结果。[③] 因此,这一方面可能仅能用于特定的案件以及有赖于算法的性质。

3.17　如果外部参与者获得了算法的访问权限并想要审查算法,如果访问是通过 API 提供的,那么审查将会更简单些。给定的公司常常以各种方式处理数据(例如,通过 HTTP 请求,或已经存在的第三方 APIs),审查者可以在付出较少额外努力的情况下获取这些 APIs。一个替代方案是使用第三方沙盒的技术。在其中,所有者分享其算法,适当的外部第三方以隐私保存的方式分析。这样的方式可以使第三方在无须数据或代码的访问的情况下允许第三方执行有意义的审查,在数据敏感或加密的地方这种方法特别有价值,[④]有一些拟议的解决方案正在积极开发中,[⑤]但它们需要进一步的工作才能在实践中广泛部署。[⑥]

3.18　另外,可以使用随机对照试验(RCT)来进行端到端审计,这可能是审计许多算法决策过程的危害的最有效方法。作者注意到,面向网络的公司经常在内部进行大量的 RCT。[⑦] 因此根据其确切性,可以很容易地支持这种 RCT 的审

① Federal Court of Australia(2020),Australian Competition and Consumer Commission v. Trivago N. V. [2020] FCA 16(20 January 2020),20,January.

② 这里有明显的研究在有助于复杂算法的全领域的解释和综合理解的方法,Grégoire Montavon, Wojciech Samek & Klaus-RobertMüller, *Methods for interpreting and understanding deep neural networks*, (2018) Digital Signal Processing, Volume 73, February 2018, Pages 1 – 15.

③ See Christian Sandvig et al., *Auditing Algorithms: Research Methods for Detecting Discrimination on Internet Platforms*, Paper presented to *Data and Discrimination: Converting Critical Concerns into Productive Inquiry*, a preconference at the 64th Annual Meeting of the International Communication Association. May 22, 2014; Seattle, WA, USA.

④ See Royal Society(2019), *Protecting privacy in practice: The current use, development and limits of Privacy Enhancing Technologies in data analysis.*

⑤ Epstein Z. et al. (2018), *Closing the AI Knowledge Gap*, arxiv preprint.

⑥ United Nations(no date), UN Handbook on Privacy-Preserving Computation Techniques.

⑦ 确切的数字通常是保密的,然而,在 2013 年的一篇论文中,微软描述了对其必应搜索引擎的 1 亿多用户进行了超过 200 个并发实验。Kohavi R. et al. (2013), *Online Controlled Experiments at Large Scale*, in Proceedings of the 19th ACM SIGKDD international conference on knowledge discovery and data mining.

计。[①] 除此之外,公司也有可能通过重新利用已经进行过的 RCT 来进行审计。

3.19　如上所述,本节所述性质的算法审计的潜在效力要大于第 3.1 节所述的那种"黑箱"调查。然而,这种审计的成功程度在很大程度上取决于算法的企业所有者是否愿意合作、分享信息并减少获取代码和数据的摩擦。因此,监管机构以这种方式有效审计算法的能力可能在很大程度上取决于为公司提供适当的激励措施,如通过相关立法或软实力,以及存在有效的正式信息收集权力。

4. 监管机构在解决这些危害方面的作用

4.1　CMA 的使命是使市场更好地为消费者、企业和经济服务。对于第 2 节中列出的每一种损害理论,消费者和竞争执法部门都有责任去解决。此外,竞争管理机构、监管者和政策制定者正在努力调整法律的范围以及他们的执法政策。随着市场的发展,作者将利用现有的工具,发展新的能力,并在必要时争取更大的权力,以防止出现对竞争和消费者的伤害。

4.2　有充分的理由进行干预:(1)算法系统的不透明性和操作的不透明性使消费者和客户很难有效地约束公司。作者所概述的有关在线选择架构的许多做法可能会变得更加微妙,而且难以发现。(2)作者概述的一些实践涉及在英国经济(和国际)中占据重要战略地位的公司的算法系统。

4.3　这两个因素都表明,市场自身的力量不太可能有效地破坏作者所概述的许多做法,但有可能因剥削消费者和排斥竞争对手而造成重大损害。

4.4　在履行作者的使命时,作者将酌情与其他监管机构,如 ICO 和 EHRC 合作。

4.5　在本节中,作者阐述了 CMA 和更广泛的监管机构可以采取的一些行动。通过提出这些想法,作者旨在促进与潜在利益相关者的有益讨论,并促进在英国和国际上就监管机构有效履行职责所需的工具和权力达成共识。

4.1　为企业提供指导,制定或阐明标准

4.6　有一系列专家报告阐述了更明确的指导和标准的潜在好处,以帮助企

① 对 A/B 测试的使用及其对个人的影响的分析可以在 Jiang S., Martin J. & Wilson C. (2019), *Who's the Guinea Pig? Investigating Online A/B/n Tests in-the-Wild*, in Proceedings of the Conference on Fairness, Accountability, and Transparency(p. 201 - 210)。

业了解对他们的期望以及他们如何遵守相关法律。[①] 例如,在最近的一份报告中,数据伦理和创新中心强调了明确的监管标准在实现人工智能的关键利益方面的重要性。[②]

4.7 还有许多报告和倡议提出了关于人工智能的建议和指导方针[③]及框架,以帮助企业适当地保证其机器学习算法的质量——特别是防范前述"歧视"一节中提出的有关偏见的问题。例如,在2020年4月的一篇博客中,FTC强调了透明的重要性,向消费者解释决策,确保输入是准确的,输入、过程和结果是公平的。[④] 人们提出了算法风险评估和影响评价,帮助组织以负责任、有道德的方式设计和实施其算法系统,[⑤]而企业本身也开始开发开源工具,以评估其自身算法中的偏见和公正性。[⑥] 企业也可以通过建立内部或外部道德监督机制来支持评估和工具的发展,并分享最佳做法。[⑦] 作者支持公共和私营部门正在制定的道德方法、准则、

---

① See Royal Society & British Academy(2017), *Data management and use: Governance in the 21st century*; Hall W. & Pesenti J. (2017), *Growing the artificial intelligence industry in the UK*; Bakewell J. D., ClementJones T. F., Giddens A. et al. (2018), *AI in the UK: ready, willing and able?*, House of Lords Select Committee on Artificial Intelligence.

② 例如,关于公司如何获取敏感数据的明确监管标准,以便能够以公平的方式训练模型。See Centre for Data Ethics and Innovation(2020), *CDEI AI Barometer*, 18 June.

③ See European Commission High-Level Expert Group on AI (2019), *Ethics Guidelines for Trustworthy AI*, 8 April; Whittaker M., Crawford K., Dobbe R. et al. (2018), *AI now report* 2018; The IEEE Global Initiative on Ethics of Autonomous and Intelligent Systems(2019), *Ethically aligned design: A vision for prioritizing human well-being with autonomous and intelligent systems*; Abrassart C., Bengio Y., Chicoisne G. et al. (2018), *Montréal declaration for responsible development of artificial intelligence*; OECD (2019), *OECD Principles on AI*; Partnership on AI(2018), *Tenets*; Future of Life Institute(2017), *Asilomar AI principles*.

④ US Federal Trade Commission(2020), *Using Artificial Intelligence and Algorithms*, 8 April. See also US Federal Trade Commission(2016), *Big Data-A Tool for Inclusion or Exclusion?*, January.

⑤ See Ada Lovelace Institute & DataKind UK(2020), *Examining the Black Box: Tools for Assessing Algorithmic Systems*; Raji D., Smart A. et al. (2020), *Closing the AI accountability gap: defining an end-to-end framework for internal algorithmic auditing*, in Conference on Fairness, Accountability, and Transparency, p. 33-44. [online] Barcelona: ACM; and Reisman D. Schultz J. Crawford K. & Whittaker M. (2018), *Algorithmic Impact Assessments: A Practical Framework for Public Agency Accountability*, AI Now.

⑥ See Open source toolkits have been developed by several companies including LinkedIn[Vasudevan, S. & Kenthapadi K. (2020), *LiFT: A Scalable Framework for Measuring Fairness in ML Applications*, in Proceedings of the 29th ACM International Conference on Information & Knowledge Managemen, p. 2773-2780].

⑦ See European Commission Independent High-Level Expert Group on Artificial Intelligence(2019), *Ethics Guidelines for Trustworthy AI*.

工具和原则。然而,作者注意到许多准则和原则没有法律约束力,[①]监管者和政策制定者可能需要更进一步完善相关内容。

4.8　数据保护法规定影响评估的一种形式是数据保护影响评估(DPIA)。当组织在人工智能系统中处理个人数据时,必须进行 DPIA,以便在项目或计划开始前系统地分析、识别和最大限度地减少数据保护风险,这是组织问责义务的一个核心部分。除了关于如何完成 DPIA 的指导,信息专员办公室还制作了一个审计 AI 的框架,该框架提供了关于如何从数据保护角度评估 AI 可能带来的权利和自由风险的指导,包括如何减轻它们。这两份指南都有助于组织思考如何解决作者所概述的一些算法伤害问题。

4.9　人工智能报告的另一个常见主题是鼓励企业对其算法系统保持透明。[②]解释算法如何运作以及如何产生特定的输出是这方面的关键。作者认为,这对于受到这些系统决策影响的消费者和企业来说非常重要,[③]这样受影响的各方就可以自己发现问题,并有可能在没有监管部门干预的情况下与企业一起解决这些问题。不过作者注意到,仅仅是依靠透明度往往不足以完全解决这些问题。可解释的人工智能(XAI)是一个研究领域,为解释不同的人工智能方法或人工智能辅助决策过程的部分提供了各种方法和途径。当公司使用较简单的算法时,如逻辑回归或简单的决策,解释一个输出是如何达成的可以很直接。对于更复杂的"黑匣子"模型,可以使用其他方法,如代理模型,它可以近似地匹配系统并产生解释。可视化、敏感性分析或显著性地图也可以帮助了解哪些输入特征在产生输出时最有影响力。[④] ICO 和阿兰·图灵研究所(The Alan Turing Institute)编制了关于解释使用人工智能作出的决定的指南,并强调需要根据接受解释的人的情况进行调整。

4.10　审计员或监管机构还要求对公司算法系统的输出作出非常详细的解释,以便他们进行彻底的技术检查。在 2020 年 7 月的一篇博文中,当时的 TikTok

---

① See Wagner B. (2018), *Ethics as an Escape from Regulation: From ethics-washing to ethics-shopping?*, in M. Hildebrandt ed., Being Profiling. Cogitas ergo sum. Amsterdam University Press.

② See European Commission(2020), *Algorithmic Awareness-Building*.

③ For example, there are transparency requirements on platforms in the EU platform-to-business(P2B) regulation. See European Commission, *Platform-to-business trading practices*.

④ See Guidotti R. et al. (2018), *A survey of methods for explaining black box models*, ACM computing surveys(CSUR), 51(5), 1-42 and Molnar, C(2020), Interpretable Machine Learning.

首席执行官表示,"所有公司都应该向监管机构披露其算法、审核政策和数据流",并概述了 TikTok 为此采取的一些措施。对于更复杂的算法,这将需要包括可解释的算法系统。作者注意到,在某些情况下,广泛的透明度和细化的解释只应与需要了解它们的人(审计师或监管机构)分享,因为它们可能会增加不必要的算法操纵("博弈")的风险,或者在定价算法的情况下,促进市场参与者的合谋。

4.11 事实上,为了准备潜在的监管干预,作者建议公司有义务保留解释其算法系统的记录,包括确保更复杂的算法是可以解释的。作者认为,公司应该准备好为其算法的结果负责,特别是如果它们导致了反竞争(或其他非法或不道德的)结果。ICO 和阿兰·图灵研究所编制的指南概述了公司可以向监管机构提供的政策、程序和文件。① 在适当的情况下,甚至在开发开始之前应该有设计文件,记录系统目标、对社会技术背景的假设以及其他重要的考虑因素。②

4.12 监管机构还可以与消费者、公司、开发商和其他专家合作,制定可实施的标准和良好做法指南,以减少受到伤害的风险。有了更明确的标准和指导,企业可能会有更大的动力来采取措施,在其算法系统中设计和建立透明度和问责制程序,而不是将其作为事后的想法。欧盟委员会人工智能高级别专家组建议,可以制定标准之外的共同监管方法,如认证计划和职业道德守则。投资于健全的数据治理、监测和保存其算法系统的行为和决定的记录的公司,能够更好地识别和减少风险,并在需要时证明其合规性。

4.13 对于从事算法交易的投资公司来说,已经存在应对风险的严格法律要求。欧盟委员会第 2017/589 号授权条例对投资公司提出了一些技术和组织方面的要求,如需要有正式的治理安排,有明确的责任线,以及在交易前后处理问题的监测机制。它还规定,公司的合规人员应基本了解算法系统的工作原理,并应与负责系统运行的技术人员保持联系。③ 额外的立法(包括 CMA 市场调查后的命令)或指导可以澄清投资部门以外的公司对其算法系统的类似要求的程度。

---

① PROV-DM 是一个数据模型(知识图谱),它为数据的出处提供了一个词汇表,可以为可解释性的记录标准提供基础。它描述了一个决策系统所做的事情,以及所涉及的人、组织和数据集,以及数据是如何被归属和导出的。See Huynh T. D., Stalla-Bourdillon S. & Moreau L. (2019), *Provenance-based Explanation for Automated Decisions: Final IAA Project Report*.

② For example, in Raji I. E. et al. (2020), *Closing the AI Accountability Gap: Defining an End-to-End Framework for Internal Algorithmic Auditing*, they introduce a framework to do this.

③ See Articles 1 and 2 of European Commission(2016), *Commission Delegated Regulation(EU)* 2017/589, Official Journal of the European Union, L87/417.

4.2 识别和补救现有危害

4.2.1 信息收集

4.14 CMA 的数据、技术和分析(DaTA)部门监测投诉、媒体和研究论文,以确定本文件所确定的算法危害的潜在线索。然后,该小组可能会使用第 3.1 节中概述的一些方法来测试潜在的危害理论,并主动确定潜在的案例。

4.15 如果启动正式调查,相关的信息收集权力允许作者获取信息,以便采用第 3.2 节所述的方法进行更深入的分析和审计。数字市场工作组建议 DMU 还应该能够使用信息收集权力来主动监控数字市场,并进行正式调查。①

4.16 其他各方,如研究人员、调查记者和其他民间社会组织,经常对潜在的损害进行自己的调查。作者邀请感兴趣的各方与作者联系,提供相关线索,并在相关情况下,与作者合作开发和应用识别竞争和消费者损害的方法。在适当的情况下,作者可以利用信息收集权力进一步开展调查。

4.17 作者还对相关软件的设计和使用感兴趣,这些软件可以帮助消费者保护自己。

4.2.2 正式的调查和补救措施

4.18 如果作者有合理的理由怀疑一家企业对算法的使用可能违反了消费者保护法或竞争法,CMA 就可以展开正式调查,或者 CMA 可以就与在英国获取或供应商品和服务有关的任何事项发起市场研究或市场调查,这些事项可能对消费者的利益产生不利影响。

4.19 在这些情况下,作者可以使用一系列的权力来获取信息和数据,正如上一节关于技术的讨论(见第 3.2 节)。这些信息收集权涵盖了数据、代码和文件,并包括对公司的要求,以帮助作者了解和测试他们的算法系统。强大的信息收集权力对于有效监测和调查算法系统至关重要,这就是为什么作者建议 DMU 应该有足够的信息收集权力来做到这一点。

4.20 如果发现了问题,CMA 就希望责任人能够结束问题行为,并防止其在未来出现。干预权力取决于采用哪种法律工具和方法来处理这些危害,以及是在进行竞争案件、消费者执法,还是在进行市场研究。企业可以针对问题提出补救

① See Appendix G. of the Advice of the Digital Markets Taskforce.

措施,如果作者认为这些补救措施能够解决问题,则可以接受。在某些情况,作者可以设计并对企业实施补救措施。在这两种情况下,作者都会对提议的补救措施进行测试,以确保它们是有效的、相称的,并且(在相关情况下)可以监测遵守情况并评估其有效性。根据调查结果和使用法律方法,补救措施可能仅限于一个或几个公司,也可能是整个市场。作者还建议,DMU 应该有强大的补救能力。

4.21 补救措施是根据具体情况而定的,取决于发现的问题的性质和规模。举例说可能采取的措施:

(1)可以命令企业向消费者披露有关其算法系统的信息。

(2)可能要求一个公司向经批准的研究人员、审计师和监管机构披露更详细的信息,并配合测试和检查。合作可能涉及提供对实际用户数据的安全访问,访问关于算法系统设计和维护的文件和内部沟通,以及访问开发人员和用户进行访谈。审计可能是临时性的,也可能是比较定期的。

(3)可能会施加持续的监测要求,并要求公司提交合规报告,向审计师和监管机构提供持续和连续的报告数据或 API 访问关键系统。

(4)可能要求公司对未来的算法系统和变化进行并公布算法风险评估,和/或对其现有系统进行影响评估。

(5)可能会命令公司对关键算法系统的设计和操作作出某些改变,并要求公司任命一名监督受托人,以确保遵守规定并作出必要的改变。

4.22 开展正式调查具有更广泛的战略利益。正式调查可以阐明法律,为适用和完善相关政策提供机会。它们可以为其他人提供一个榜样,有可能阻止其他公司损害消费者的行为。此外,从正式调查中获得的经验和教训将反馈到更好的指导和工具中(如上所述),以帮助企业合规。

4.3 持续的算法监测

4.23 算法系统通常会随着新的或不断发展的数据集和动态模型而定期更新,这意味着一次性的审计可能很快就会过时。因此,必须对可能持续带来竞争和消费者损害的算法系统进行监测,并对发生的违规行为进行处罚。

4.24 监测可以采取多种形式。上文概述的收集信息的工具(第 4.2.1 节)可以用来检查过去被调查的算法系统,包括新闻报道,以及学术界和民间社会组织进行的研究。

4.25　监管沙盒[①]对于监管机构来说是有用的，它可以为企业提供一个安全的空间，让它们在实际环境中对算法进行技术测试，且不会受到通常的监管影响。[②] 在数字市场工作组的建议中，这被推荐为 DMU 的一个潜在方法。FCA 和 ICO 已经使用监管沙盒来允许实验、数据共享，并为使用敏感信息检测和减轻偏见提供安全环境。[③] 当监管机构拥有审计算法所需的敏感数据而公司本身并不拥有这些数据时，使用沙盒可能特别有成效。[④] 然而，沙盒测试的实施具有挑战性。设计一个具有外部有效性的沙盒环境，并充分体现算法将在其中运行的环境，这可能很困难，也很难确保算法在部署一段时间后的行为与测试条件下表现出的行为不一样。如果算法的行为取决于其与其他企业行为的互动（也可能由其他算法驱动），或者算法在学习过程中预计会随着时间的推移而改变，那么这就是一个特别值得关注的问题。因此，沙盒测试可能需要定期重复。

4.26　如果要求企业雇用合规人员，并报告遵守要求的补救措施或为解决上述危害而制定的标准，就可以进行更加一致和定期的监测。[⑤] 这也可能有助于促进专业公司市场的发展，以提供算法审计服务，证明对这些标准的认证。[⑥] 监管机构可以超越这一点。例如，金融行为管理局有一个强大的监督职能，对可能产生的危害进行积极的调查，重点是那些构成最大危害的企业。[⑦]

4.27　在国际上，有许多报告建议设立一个新的监管职能或机构，对数字平

---

① 监管沙盒是一个在几个月内运行的项目，在这个项目中，企业可以在监管机构的监督和反馈下，在受控环境中与真正的客户测试其产品，同时不受适用于受监管企业的通常规则的约束。一个关键的目的是评估创新是否符合监管要求的可行性。See UNSGSA (2020), *Early Lessons on Regulatory Innovations to Enable Inclusive FinTech: Innovation Offices, Regulatory Sandboxes, and RegTech.*

② See Financial Conduct Authority (2015), *Regulatory sandbox.*

③ See Information Commissioner's Office (2020), *Blog: ICO regulatory sandbox.*

④ Veale 和 Binns 讨论了一个类似的解决方案，即通过他们所谓的“受信任的第三方”，在无法获得受保护特征数据的情况下缓解歧视问题，tin Veale M. & Binns R. (2017), *Fairer machine learning in the real world: Mitigating discrimination without collecting sensitive data*, Big Data & Society, 4(2)。

⑤ 例如，这些都可以建立在 IEEE 道德统一设计倡议的基础上，开发出算法系统透明、负责任和公平的认证。

⑥ 尽管我们承认这种认证过程对算法来说可能特别具有挑战性，因为算法可能不断发展，经常更新，并可能作为更广泛的系统的一部分而存在，而这个系统本身也可能发生变化。

⑦ See Financial Conduct Authority (2019), *FCA Mission: Approach to Supervision.*

台进行事前监管。[①] 目前,英国政府已经宣布从 2021 年 4 月起在 CMA 内设立数字市场部。数字市场工作组建议 DMU 有权执行战略市场地位(SMS)公司的行为准则,并实施有利于竞争的干预措施。它还建议 DMU 拥有信息收集权,以更广泛地监测数字市场,而不是 SMS 制度。在每一种情况下,这些权力都需要足以暂停、阻止和扭转通过算法实践促成或推动的行为。[②]

4.28 CMA 在更广泛的数据和技术技能方面进行了投入,具体投入与算法有关。作者招聘数据科学家和工程师、技术专家和行为科学家,作为数据、技术和分析(DaTA)团队的一部分,以开发和部署新的分析和调查技术,并扩大作者的证据和情报范围。可已经利用新能力来监测企业和市场,收集和追查潜在的线索,协助正式调查,并设计和实施有效的补救措施。其他监管机构也可能从对类似能力的投资中受益,作者希望有机会分享其经验。

4.29 在不违反任何法律规定的情况下,作者还可以通过分享信息与其他监管机构合作,如提交的投诉可能表明哪里出现了算法伤害,或者在涉及数据保护和消费者问题的具体案例中,可能存在向多个监管机构投诉的问题,特别是作者将继续与 ICO 和 Ofcom 合作,并作为数字监管合作论坛(DRCF)的一部分发展联合能力。

4.30 作者拟开展更多的国际合作,包括竞争管理机构之间的合作。这种合作有助于相互学习,分享良好做法和见解,并有可能分享代码和工具,只要这些代码和工具不包含任何机密信息。在关键算法和系统在全球范围内应用的情况下,作者打算继续与同行合作,在有效的监管和标准方面达成国际共识。

5. 结论

5.1 算法是许多市场和公司运作方式的一个组成部分。它们极大地提高了效率,使企业能够向消费者提供更好的产品和服务。然而,企业也可能有意或无意地滥用它们,通常是通过加剧或更多地利用市场和消费者的现有问题和弱点,

---

① 其中包括:*Unlocking digital competition*, *Report of the Digital Competition Expert Panel*, March 2019; Crémer et al. (2019), *Competition policy for the digital era*; ACCC(2019), *Digital platforms inquiry-final report*; Stigler Centre Committee on Digital Platforms(2019), *Final Report*; and the CMA(2020), *Online platforms and digital advertising market study final report*。

② 必须考虑是否应进行测试或审计,或由独立的第三方进行核实,以确保其正确进行;定期重复以捕捉算法中的变化;以及在部署前评估算法的伤害风险时是否需要适用预防原则。

从而可能对消费者和竞争造成伤害。在本文件中,作者对滥用算法对消费者和竞争造成的一些潜在危害进行了分类和讨论。作者将重点放在与 CMA 的使命特别相关的领域,即让市场更好地为消费者、企业和经济服务。

5.2 虽然人们对算法的危害有很多关注和讨论,但对消费者和竞争危害的一些具体领域的实证工作相对较少,而且据作者所知,在英国几乎没有。作者发现在围绕自动定价的运作和对合谋的影响、有效识别和控制的技术方面、评估个性化的影响存在差距,更普遍的操作性选择架构也是如此。

5.3 当然,案例和文献一般会反映当前(或历史)的情况。但数字市场是动态的。已部署的算法系统及其使用的数据会随着技术的改进而迅速变化,因此新的危害可能会迅速显现。例如,即使假设算法合谋现在不是一个重要的问题,但如果有足够数量的公司开始使用更复杂的算法系统在特定市场上定价(如通过采用第三方解决方案),它就可能迅速成为一个重要的问题。

5.4 企业追求利润最大化。在追求这一目标的过程中,如果没有足够的治理,为实现这一目标而设计机器学习系统的公司将不断地利用任何有用的数据进行完善和优化。算法系统可以与预先存在的市场失灵来源互动,如市场力量和消费者的行为偏见。这意味着,使用一些算法系统可能会导致产品的危害。作为监管者,作者需要确保公司有动力采用适当的标准和制衡。

5.5 最大的"看门人"平台的市场地位是巨大的,而且似乎是持久的,因此他们的算法系统产生的意外伤害会对其他依赖看门人平台业务的公司产生巨大影响。如果算法系统不能保持可解释性和透明性,就可能使监管机构越来越难以质疑对抗危害的无效措施。

5.6 基于本文件所指出的各种危害,企业必须确保能够解释其算法系统的工作原理。

5.7 本文件伴随 CMA 的分析算法计划启动。作者将与其他机构合作,确定有问题的市场和违反消费者保护法或竞争法的公司,在需要采取行动的情况下推进案件。作者将与其他监管机构和行业合作,共同制定标准并确定应如何审计算法。

附录:典型案例索引

扫描二维码下载本书中案例的判决书原文,可直接阅读。